신디케이티드대출의 담보에 관한 연구

신디케이티드대출의 담보에 관한 연구

최준희

경인문화사

머리말

신디케이티드 대출은 우리나라를 포함한 전 세계의 대규모 금융 거래에서 널리 사용되고 있는 필수적인 자금 조달 수단이다. 그러나 국내 법체계의 특성상 이와 관련된 담보권 설정 및 이전 과정에서 절차적 복잡성, 과도한 비용 발생 등의 문제들이 발생하고 있다. 특히, 해외 금융기관들은 복잡한 담보권 설정 및 이전 절차와 높은 비용으로 인해 국내 소재 담보물이 있는 대출 거래에 참여하는 데 상당한 부담을 느끼고 있다. 이는 국내 기업의 자금 조달을 지연시키거나 거래 비용을 불필요하게 증가시켜 국내 기업들의 자본 조달을 어렵게 할 뿐 아니라 글로벌 금융 시장에서 한국의 경쟁력을 떨어뜨리고 있다. 그럼에도 불구하고 이와 관련한 실무가, 정부부처, 입법기관의 문제 의식이 충분하지 못한 것이 현실이다.

필자는 20년여 동안 금융 실무를 하면서 해외의 전문가들과 업무를 진행하는 과정에서 국내의 신디케이티드 대출의 담보에 관한 연구 및 논의가 절대적으로 부족하다는 점을 피부로 느껴왔다. 이러한 문제 의식을 바탕으로 본서에서는 우리나라와 관련된 신디케이티드 대출 거래에서 사용되고 있는 현행 담보권 설정 방식인 개별담보설정방식의 한계를 체계적으로 분석하고, 그 대안으로서 담보권신탁 제도 및 병행채무방식의 법적 유효성과 실무적 활용 가능성에 관하여 구체적으로 다루었다. 특히 담보권신탁 제도, 병행채무방식의 국내법적 측면에서의 문제점을 검토하고 국외의 사례를 비교 분석하여 우리 법체계 내에서 담보권신탁 제도와 병행채무방식이 어떻게 유효하게 작용할 수 있을지 검토하였다. 현재 국내에서 이러한 대안적 방식들의 법적 제도화가 시도되거나 실무에서 제한적으로 사용되고는 있지만, 관련된 법적 쟁점에 관한 연구가 미비하고 적법성에 관한 검토 및 논의가 부족하여 거래의 불확실성이 상존하고 있다. 가령, 담보권신탁 제도는 영미법계에서 널리 사용되고 있지만 국내에서는 신탁법이 전면 개정된지 10년이 넘었음에도 불구하고 아직 제대로 활용되지 못하고 있으며, 병행채무방식 또한 많은 주요 대륙법계 국가에서 부종성 문제에 대한 실질적인 해결책으로 자리 잡고 있으나 국내 실무가들 사이에서는 여전히 그 유효성에 관한 일치된 견해는 고사하고 관련 논의조차 전혀 없다고 보아도 무방한 실정이다. 본서에서는 이러한 대안적 방식들과 국내 법체계 간의 관계에서 발생할 수 있는 문제점들을 분석하고 해당 문제들이 어떻게 해결될 수 있는지에 관해 검토하였으며, 이를 통해 국내 신디케이티드 대출 시장의 활성화와 대출 유통 시장의 발전을 촉진하는 방안을 제안하였다.

 본서는 2024년 8월 발표된 같은 제목의 필자의 서울대학교 박사학위논문을 수정·보완하여 출간하는 것이다. 실무에서 느낀 문제 의식을 가지고 시작한 연구가 단순한 실무가이드가 아닌 학문적 가치가 있는 논문과 책으로 만들어질 수 있었던 것은 지도교수님을 비롯한 여러 훌륭하신 교수님들의 도움 덕분이었다. 바쁘신 일정 가운데서도 헌신적인 지도와 가르침 그리고 따뜻한 격려와 조언으로 필자가 포기하지 않고 계속해서 연구할 수 있는 힘과 용기를 불어넣어 주신 필자의 큰 스승이자 인생의 멘토이신 송옥렬 지도교수님께 깊은 감사와 존경의 마음을 표한다. 또한 부족한 논문 초안을 처음부터 끝까지 상세히 읽어 주시고 필자가 미처 생각하지 못했던 부분들을 빠짐없이 깨우쳐 주시며 연구의 깊이를 더하고 수준을 높일 수 있도록 인자하게 지도해 주신 박준 교수님께도 마음을 다해 감사드린다. 필자는 논문 심사 과정에서도 심사위원 교수님들의 도움을 참으로 많이 받았다. 연구 초기 단계에서부터 연구 주제에 관하여 큰 관심을 가져 주시고 실무적 경험과 학문적 지혜를 아낌없이 나누어 주시며 연구의 방향을 확고히 세울 수 있도록 지도해 주신 정순섭 교수님, 민법 관련 사안들은 물론 논문을 관통하는 모든 주요 사안들에 대한 깊은 통찰력과 세심한 지도로 필자의 부족한 부분을 넘치게 채워주신 최준규 교수님, 매 심사가 진행되는 동안 논문을 꼼꼼하게 읽어봐 주시고 필자가 간과한 부분들을 빠트림 없이 깨우쳐 주시며 자상한 격려와 함께 연구의 질과 완성도를 높여주신 최문희 교수님, 그리고 다양한 각도에서 논문이 단순한 학문적 서술이 아닌 살아있는 연구로 발전할 수 있도록 세밀한 조언을 주신 이정수 교수님께 진심으로 감사드린다.

필자가 본서를 출간할 수 있게 된 데에는 필자가 실무가로 성장할 수 있도록 지난 20년간 아낌없는 도움과 지원을 베풀어 주신 선배 동료 변호사님들의 도움이 컸다. 필자가 속한 법무법인(유) 광장의 이은재, 정우영, 서윤정, 김인수, 우동석, 이소영, 조의연, 양선영, 김경래, 최재백 변호사님을 비롯한 여러 선배 동료 변호사님들이 안 계셨더라면 연구의 첫 걸음도 떼지 못했을 것이다. 특히 본서 초안을 처음부터 끝까지 꼼꼼하게 읽어주시고 소중한 의견을 나누어 주신 이소영 변호사님과 늦은 밤까지 업무와 씨름하시면서도 필자가 고민하는 여러 이슈들에 대해서 고견을 나누어 주신 조의연 변호사님께 깊이 감사드린다. 논문을 쓰는 동안 여러가지로 큰 힘이 되어준 옛 동료 성신여대 법과대학의 이민경 교수님에게도 감사한 마음을 전한다.

마지막으로 변함없이 필자 인생의 큰 등불과 영감이 되어주시고 밤낮으로 필자를 위해 기도와 응원을 아끼지 않으시는 사랑하는 부모님, 은방울 자매의 맏이로서 논문을 쓰는 내내 큰 힘과 용기가 되어준 언니 한국투자공사의 최서진 실장, 그리고 언제나 묵묵하게 곁에서 응원하고 지지해주는 듬직한 남편 법무법인(유) 태평양의 김상철 변호사에게 깊은 감사와 사랑의 마음을 전한다. 곧 세상으로 나올 뱃속 아기들에게도 사랑과 고마움을 전한다.

아무쪼록 필자의 연구가 단순한 학문적 논의에 그치지 않고, 금융 실무자, 법률 전문가, 정책 입안자들에게 폭넓게 활용되어 실무적 변화를 이끌어내는 중요한 도구로서 사용되어 우리나라 금융거래의 선진화와 국제화를 촉진되는 계기가 되기를 희망한다.

2025년 4월
최준희

차 례

머리말

제1장 서 론 ···1
　제1절 연구의 배경 및 목적 ···3
　제2절 연구의 범위 ···10
　제3절 논의의 순서 ···13

제2장 신디케이티드대출을 통한 자금 조달 ·····················17
　제1절 신디케이티드대출의 의의 ···19
　　제1항 개념 및 장점 ··19
　　제2항 거래의 단계 ··24
　　제3항 성격 ··32
　　　1. 개별대출의 집합 ···32
　　　2. 공동대출의 성격 ···33
　　　3. 신디케이티드대출의 증권성 ·······································34
　　제4항 대주단의 의사결정 방식 및 제한 ························42
　　　1. 대주단 의사결정의 원칙 ···43
　　　2. 대출채권의 행사 관련 대주들의 의사결정 ·············47
　　　3. 담보권의 실행 관련 대주들의 의사결정 ·················50
　제2절 신디케이티드대출과 대출채권의 거래 ·····················52
　　제1항 대출채권 거래의 의의 및 중요성 ························52
　　제2항 대출채권 거래와 유통시장 ····································53
　　　1. 대출채권 거래의 목적 ···53
　　　2. 유통시장의 의의 ···57
　　　3. 유통시장의 발달과정 ···57

          4. 유통시장 발전의 역할 및 중요성 ·····································60
          5. 유통시장의 발전을 위한 주요 선진국의 노력 현황 ··········62
          6. 국내 유통시장의 현황 ··67
          7. 해외 선진국 사례의 시사점 ···69
      제3항 대출채권 거래의 방식 ··71
          1. 채권양도의 방식 ··71
          2. 채권양도의 방식은 여러 장점을 제공한다 ······················72
          3. 대출참가에 의한 방식 ···73
          4. 경개에 의한 방식 ··77
          5. 계약상 지위의 이전에 의한 방식 ···································81
      제4항 대출채권 거래의 제한 ··83
          1. 대출계약상 제한: 대주와 차주간 이해 대립에 따른 제한 ···83
          2. 양수도 절차의 복잡성 및 거래비용에 따른 현실적 제한 ··90
   제3절 소결론 ··91

제3장 신디케이티드대출에서의 담보설정 ·······························95
   제1절 개별담보설정방식 ··97
      제1항 의의 ··97
      제2항 담보대리인의 법적 지위 및 역할 ·································98
   제2절 개별담보설정방식의 문제 ···99
      제1항 절차적 번거로움 및 거래비용의 증가 ························100
      제2항 대출채권 유통시장 발전의 저해 ································107
   제3절 개별담보설정방식의 문제점의 실무적 해결 방안 및 한계 ········109
      제1항 대출참가를 통한 대출채권의 거래 ·····························109
      제2항 일부 담보권을 담보물에서 제외 ································111
      제3항 근저당권 채권최고액의 하향 조정 ·····························114
      제4항 일부 담보권에 대한 담보권 성립요건 충족의 유예 ·········115
      제5항 연속적인 양도 거래에서 일부 등기·등록절차의 생략 ········116

제4절 부종성 원칙 ···117
  제1항 부종성에 대한 논의의 배경 ·····································117
    1. 부종성의 개념: 피담보채권과 담보권의 관계 ············117
    2. 부종성의 분류 ···119
    3. 기능적 측면에서의 부종성 ···124
  제2항 부종성의 완화 사례 ···127
    1. 우리법상 부종성의 완화, 예외 사례 ································127
    2. 독일법상 부종성의 완화, 예외, 배제 사례 ····················131
    3. 프랑스법상 부종성의 완화, 예외 사례 ····························134
    4. EU회원국의 유로저당 ···135
제5절 소결론 ··137

제4장 개별담보설정방식의 대안 1: 담보권신탁 ··············141

제1절 의의 ···143
  제1항 개념 ··143
  제2항 신디케이티드대출에서의 담보권신탁 ·······················143
  제3항 신디케이티드대출에서 사용 가능한 담보권신탁의 유형 ····147
  제4항 개별담보설정방식과의 차이 ·······································150
  제5항 신디케이티드대출에서 담보권신탁 사용시 장점 및 편리성 ··152
제2절 영미식 담보권신탁 ··156
  제1항 개념 ··156
  제2항 수익자의 지위 ···157
  제3항 수탁자의 의무 ···158
  제4항 영미식 담보권신탁에서의 부종성 ·····························160
  제5항 대륙법계 국가의 유사 제도 접근 사례: 프랑스 ·······164
제3절 한국식 담보권신탁 ··169
  제1항 개념 및 도입 배경 ··169

제2항 영미식 담보권신탁과의 비교 ·································171
              1. 수익자의 지위 ··172
              2. 수탁자의 의무 ··174
           제3항 기존 제도와의 비교 ···177
              1. 담보신탁 제도와의 차이 ····································177
              2. 담보부사채신탁 제도와의 차이 ·······························183
       제4절 한국식 담보권신탁의 문제점 ·······································184
           제1항 신탁업자가 수탁할 수 있는 재산의 제한:
                자본시장법상 규정 ··185
           제2항 담보권신탁에 대한 구체적 규정의 부재 ······················191
           제3항 타 법률과의 구체적인 법률관계에 대한 규정의 부재 ·······196
           제4항 기존 제도와 비교시 담보신탁의 선택 유인 ··················199
           제5항 기타 한국식 담보권신탁의 활성화 방안 ······················205
       제5절 부종성 측면에서 담보권신탁의 유효성 검토 ······················208
           제1항 담보권신탁에서의 부종성 문제 ·······························208
              1. 개정 신탁법 도입 이전 ······································208
              2. 개정 신탁법 도입 이후 ······································209
              3. 부종성 충족의 전제조건 ······································213
              4. 부종성 문제의 입법적 해결 방안 ·····························217
           제2항 역외거래에서 부종성으로 인한 담보권신탁의
                사용 제한 여부 ··220
              1. 개정 신탁법 도입 이전 ······································220
              2. 개정 신탁법 도입 이후 ······································221
       제6절 소결론 ···224

제5장 개별담보설정방식의 대안 2: 병행채무방식 ·····················227
   제1절 의의 ···229
       제1항 개념 ···229
       제2항 구조 ···230

제3항 개별담보설정방식과의 차이점 ···231
　　제4항 담보권신탁 제도와의 차이점 ···233
　　제5항 장점 ···234
　　제6항 계약적 구현 및 유의점 ··235
　　　　1. 병행채무방식의 계약적 구현 ···235
　　　　2. 병행채무 조항의 작성 및 해석시 유의점 ·································239
제2절 사용 배경 및 현황: 독일의 사례 ··248
　　제1항 독일 사례 연구의 필요성 ···248
　　제2항 독일의 담보제도 ··250
　　　　1. 부종성을 갖지 않는 담보권: 토지담보권 ································250
　　　　2. 부종성을 갖는 담보권: 저당권 ··252
　　제3항 독일 실무의 특이점 ···253
　　제4항 법리적 근거 ··254
　　　　1. 병행채무방식의 법리적 근거 ···254
　　　　2. 병행채무의 법리적 해석에 관한 비판적 검토 ·························255
　　　　3. 법원 판례 존부 ···262
　　　　4. 독일에서의 병행채무방식의 적용범위 ····································262
　　제5항 우리법제에 주는 시사점 ···263
제3절 우리나라에서의 사용 가능성: 역외거래 ·····································263
　　제1항 병행채무방식의 유효성: 실질법과 국제사법의 문제 ··············263
　　제2항 역외거래와 국내거래의 구별 실익 ··266
　　제3항 외국의 사례: 프랑스 파기원의 판례 ·····································267
　　제4항 우리법상 유효성 여부 ···273
제4절 우리나라에서의 사용 가능성: 국내 거래 ···································276
　　제1항 병행채무방식의 유효성: 실질법의 문제 ································276
　　제2항 외국의 사례: 일본의 입법 사례 ··278
　　　　1. 개정 일본민법 도입 이전 '일본식' 병행채무방식의
　　　　　 개념화 ··278
　　　　2. 일본법상 병행채무방식의 유효성 근거 ·································280

  3. 일본법상 병행채무방식의 유효성을 둘러싼 기타 논의 ····· 283
  4. 일본 개정민법에 연대채권 조항의 신설 ························ 285
 제3항 우리법상 병행채무방식의 유효성 여부 ························ 291
 제4항 병행채무방식의 사용 근거 보강 방안:
    연대채권 조항의 신설 ·· 298
제5절 부종성 측면에서의 병행채무방식의 유효성 검토 ················ 305
 제1항 논의의 배경 ·· 305
 제2항 부종성을 극복하는 담보권 설정방식으로서
    병행채무방식 ·· 306
 제3항 우리나라 대법원 판례에 비추어 본 병행채무방식의
    부종성 문제 ·· 307
제6절 소결론 ··· 313

제6장 결 론 ··· 319

참고문헌 334

〈표 차례〉

표 1 담보유형별 담보권 설정 및 이전 절차 및 거래비용 ·············100
표 2: 개별담보설정방식과 담보권신탁의 비교 ·····················151
표 3: 담보권신탁과 기존 제도 간의 차이 ························179
표 4: 담보권신탁의 거래유형별 활용도 ··························223
표 5: 개별담보설정방식과 병행채무방식의 비교 ···················232
표 6: 담보권신탁과 병행채무방식의 비교 ·························233
표 7: 병행채무방식 관련 조항의 예시 ···························237
표 8: 병행채무방식의 거래유형별 활용도 ·························297
표 9: 담보권신탁과 병행채무방식의 거래유형별 활용도 비교 ·······297
표 10: 연대채권 관련 신설규정의 제안 ··························304
표 11: 담보권 설정 방식의 비교 ································331

〈그림 차례〉

그림 1: 신디케이티드대출의 기본구조 ····························24
그림 2: 항공기금융의 구조 ·····································28
그림 3: 개별담보설정방식의 구조 ································98
그림 4: 담보권신탁의 구조 ····································144
그림 5: 설정형·이전형 담보권신탁의 구조 ······················148
그림 6: 담보권신탁과 담보신탁의 구조 비교 ·····················179
그림 7: 병행채무방식의 구조 ··································230

제1장

서 론

제1절 연구의 배경 및 목적

　기업은 여러 방식으로 자금을 조달한다. 대출은 주식발행, 채권발행과 더불어 기업이 자금을 조달하는 주된 방식이다. 대규모 대출의 경우 다수의 금융기관이 대주단을 구성하여 하나의 대출계약에 의하여 공통의 조건으로 차주에게 자금을 대출하는 방식인 신디케이티드대출(syndicated loan)의 형식이 사용된다. 신디케이티드대출은 우리나라를 포함하여 전 세계적으로 프로젝트금융, 항공기금융, 선박금융, 인수금융 등 다양한 목적의 금융 거래에 활발히 활용되고 있다.

　미국, 유럽, 일본, 홍콩 등 해외 주요 금융선진국에서 이루어지는 신디케이티드대출 거래에서는 금융기관들이 추후 대출채권의 양수도를 염두에 두고 대출거래에 참여하는 경우가 일반적이다. 대출채권의 양수도는 은행에 대한 건전성 규제에 부합하기 위한 목적, 안정적인 신디케이트(syndicate)를 구성하기 위한 목적, 대출 포트폴리오를 다각화하기 위한 목적 등 여러 목적으로 이루어진다. 대출채권의 양수도가 활발하게 이루어지는 해외 금융 선진국에서는 신디케이티드대출이 최초로 이루어지는 1차 시장인 대출시장(primary market)과 대출채권의 거래가 이루어지는 2차 시장인 유통시장(secondary market)이 선순환 구조를 이루며 균형 있게 발전해왔다.

　신디케이티드대출은 통상 담보 제공 조건부로 이루어지므로 대출채권의 양수도시 담보의 처리가 간명하게 이루어져야 한다. 해외 금융선진국의 경우 최초 대출시 향후 대출채권의 양수도를 용이하게 하기 위하여 담보권의 수탁자를 별도로 두는 담보권신탁이나 병행채무방식과 같은 담보권 설정 방식을 사용하는 것이 일반적이다.

그러나 우리나라에서는 담보설정시 거의 예외 없이 모든 담보권을 개별 대주 앞으로 설정·유지·집행하는 것을 전제로 하는 개별담보설정방식을 고수하고 있다. 개별담보설정방식은 담보권자와 채권자는 동일해야 한다는 부종성 원칙을 충실하게 따른다. 개별담보설정방식에서도 (대주들을 위하여) 담보대리인이 선임되기는 하나, 담보대리인은 담보와 관련된 행정적인 관리업무를 수행할 뿐, 법적 담보권자는 여전히 개별 대주들이다. 많은 국제 신디케이티드대출 거래에서 피담보채무의 준거법은 우리법이 아닌 영국법이나 미국 뉴욕주법이 되는 경우가 일반적인데 그럼에도 불구하고 담보물이 우리나라에 존재하는 이상 담보권 설정 방식은 개별담보설정방식이 사용된다.

그런데 개별담보설정방식을 사용하는 경우 대출채권의 양수도시 여러 어려움이 발생한다. 담보권 이전에 요구되는 요건을 일일이 갖추어야 하기 때문이다. 예컨대 대출 규모가 큰 거래에서는 대출채권의 양수도시 마다 매번 복잡한 이전등록 절차를 거쳐야 할 뿐만 아니라 (담보대상 자산의 유형에 따라 편차는 있으나) 수 천만 원에 달하는 담보권 이전등기·등록 비용이 발생하기도 한다. 이러한 부담은 대출채권의 양수도인들에게 과중한 부담을 주므로 대출채권 거래 및 유통시장의 활성화를 저해하는 요소가 된다.

신디케이티드대출 거래에서 담보권 설정방식의 중요성에도 불구하고 그간 실무계 및 학계 어느 쪽에서도 이러한 부정적 효과에 관한 문제 의식 및 개선 방안에 관한 논의가 거의 이루어지지 않았다. 실무계에서는 오랜 기간 동안 대안적 담보권 설정방식의 법적 유효성에 관한 막연한 불확실성을 이유로 기존의 방식을 고수하는 경우가 대부분이었다. 개별 실무가의 피상적인 검토를 바탕으로 특정 사안에 한하여 대안적 담보권 설정방식의 사용 가능성에 대하여 소극적 의견이 제시되는 경우도 없지는 않았으나 실무계 전체 차원의 문제 제기 및 논의는 전무한 상황이었다. 실무계의 구체적 문제 제기가 없는 상황에서 학계의 논의가 이루어지기도 당연히 어려웠다.

　이러한 상황은 해외 주요 금융선진국과 달리 국내에서는 아직 대출채권의 유통시장이 활성화되지 않은 현실에 기인한 측면도 있다. 하지만 이를 대출채권 거래 수요의 부족으로 보기는 어려우며, 오히려 개별담보설정방식의 고수 등 유통시장 활성화를 저해하는 요소들로 인하여 잠재된 대출채권 거래 수요가 제대로 발현되지 못하고 있다고 보는게 더 정확하다.

　예컨대 대출채권의 유통을 쉽고 간편하게 하는 담보권 설정 방식이 일반적으로 사용되고 있는 해외 금융 선진국의 경우를 보면 신디케이티드대출 거래에 최초로 참여하는 금융기관들이 대출의 만기까지 대출채권을 보유하는 경우는 찾아보기 어렵다. 반면 우리나라에서는 대출채권의 양수도가 어려우므로 이러한 거래에 최초로 참여하는 금융기관들은 대출의 만기까지 대출채권을 보유하는 경우가 더 많다. 결국 대출채권의 양수도에 수반하는 과다한 거래 비용은 금융기관들의 적극적인 자산 분배 및 위험 분산을 어렵게 한다. 한편 대규모 신디케이티드대출 거래에 최초의 대주로서 참여하지 못하는 중소형 은행, 지방은행, 신설은행, 연기금, 저축은행, 새마을금고 등과 같은 금융기관들이나 기관투자자들은 대출채권의 양수를 통한 우량의 대출채권을 보유할 수 있는 기회를 잃게 된다.

　따라서 현재 억제되어 있는 대출채권 양수도의 수요에 기인하여 현행 담보권 설정 방식에 관한 문제 제기의 필요 여부를 판단하는 것은 현실적이지 못하다. 미국, 유럽, 일본, 홍콩 등 해외 주요 금융선진국들은 신디케이티드대출에 특화된 유통시장을 확대 및 발전시켜 나가기 위한 인프라를 구축하는 차원에서 이미 오래전에 거래 협회를 설립하여 활발히 운영 중이다. 예컨대 미국의 대출 신디케이션 및 거래협회(LSTA), 영국의 대출시장협회(LMA), 일본대출채권시장협회(JSLA), 홍콩의 아시아태평양 대출시장협회(APLMA) 등 각 국가를 대표하는 신디케이티드대출의 유통시장의 발전 과정은 우리에게도 잘 알려진 바이다. 해외 금융 선진국을 중심으로 하여 전 세계적으로 대출채권 거래의 수요는 점차 높아지고 이에 따른 유통시장도 지속적으로 확대 및 발전해 나가고 있는 추세이다. 이러한 추세에 역행하여 우리나라에만 대출채권 유통의 수요가 없다고 보는 것은 타당하지 않다.

최근 토스뱅크와 광주은행의 공동대출 논의에서도 볼 수 있듯이 우량 기업이나 대규모 대출거래에 접근이 용이한 대규모 시중은행 등 메이저급 금융기관들은 이와 같은 접근성은 상대적으로 떨어지지만 이러한 거래에 참여할 만한 대출재원은 확보하고 있는 중소형 은행, 지방은행 및 기타 비은행 금융기관들과의 대출채권 거래를 통해 1차시장인 대출시장에서의 출구전략을 확보하기를 바라고 있다. 마찬가지로 중소형 은행, 지방은행 및 기타 비은행 금융기관들은 대규모 시중은행 등 메이저급 금융기관들로부터 우량의 대출채권을 양수받아 양질의 자산을 축적하고 좀 더 확대된 영업기반을 구축하고자 한다. 이에 비추어 볼 때 우리나라에도 발현되지 않은 잠재적 대출채권 거래의 수요가 결코 적지 않고, 이러한 수요를 충족시킬 수 있는 유통시장의 활성화가 절실히 필요한 상황이다.

이와 같은 배경에서 본 연구에서는 대출채권의 유통을 저해하는 주요 요인으로서 현행 담보권 설정 방식이 가지는 문제를 검토하고, 그 대안으로 사용될 수 있는 담보권 설정 방식에 관하여 분석하였다. 특히 우리나라에서 현행 담보권 설정 방식의 대안으로 활용을 고려할 수 있는 방식들이 이미 법적으로 명문화되거나(담보권신탁제도) 실무상 제한적으로나마 사용되고 있음(병행채무방식)을 고려하여, 해당 대안들의 의의, 도입 배경, 한계, 실무상 활용 가능성 및 활용 여부, 법적 근거, 국내법과의 상충 여부 등에 관한 문제를 검토하였다.

첫 번째 대안적 방식으로서 담보권신탁(security trust)은 영미에서 유래한 제도로 담보권신탁 방식을 따르는 경우 모든 담보권이 수탁자 앞으로 설정·유지·집행되므로 채권의 양수도에 따른 담보권자 변경 및 담보권 이전 절차가 요구되지 않는다. 우리나라에서도 2012년 개정 신탁법에 따라 영미 국가에서 보편적으로 사용하는 담보권신탁 제도를 도입한 바 있다. 개정 신탁법은 담보권 설정에 있어 외관이나 형식에 있어서는 부종성의 법리에 반하더라도 실질에서는 부종성 원칙에 부합하는 방법으로 담보권을 설정할 수 있도록 특례를 인정해 준 것으로 해석된다. 그러나 실무상 신디케이티드대출에서 담보권신탁이 실제 사용된 사례는 거의 없다.

본 연구에서는 우리나라에서 담보권신탁 제도가 실제 거래에서 활용되지 못하고 있는 원인으로 자본시장법상 신탁업자가 수탁할 수 있는 재산에 담보권이 포함되어 있지 않는 데에서 비롯되는 실무적 제약, 신탁법상 담보권신탁을 규율하는 구체적인 법률 규정의 부재 및 신탁법과 타 법률간의 관계를 명확히 규율하는 법률 규정의 부재로 인한 법리적 불확실성 등을 검토하고 이에 대한 해결 또는 개선 방안을 제시하였다. 아울러 담보권신탁이 입법을 통하여 제도화되었음에도 불구하고 여전히 막연하게 제기되고 있는 부종성 관련 우려에 관하여 이러한 문제 제기의 근거 및 타당성 여부를 논하였다.

두 번째 대안적 방식으로서 병행채무(parallel debt)[1] 개념을 사용하는 방법이 있다. 병행채무방식은 독일 등의 대륙법계 국가에서 활용되고 있는 담보권 설정 방식으로서 차주가 대주에 대하여 부담하는 채무(즉 원채무)와 동일한 내용으로(in parallel), 원채무에 추가하여 담보대

---

[1] 우리나라에서 'parallel debt'이라는 용어는 실무에서는 '병렬채무' 또는 '병행채무'로 번역되어 사용되고 있는 것으로 파악된다. 그러나 '병행채무'라는 용어가 'parallel debt'의 개념과 메커니즘을 표현하는 데 더 적합하다고 생각되어 본 연구에서는 '병행채무'로 번역하였다. 실제로 'parallel debt'에 대하여 설명하고 있는 우리나라의 문헌에서도 이를 '병행채무'라고 번역하였다. 예를 들어, 한 민 (2012), 230면, 한 민(2011), 55면 및 윤여균·우동석(2011), 132-133면에서는 'parallel debt'을 설명함에 있어 '병행채무'라는 용어를 사용하였다.

리인을 채권자로 하는 별도의 병행채무를 설정하고, 병행채무를 피담보채무로 하여 오로지 담보대리인에게만 담보권을 설정하는 방식을 의미한다. 병행채무방식에서는 채무자에 대한 이중회수(double recovery)를 방지하기 위하여 채권자 또는 담보대리인의 어느 일방이 채무를 변제 받은 때에는 채무가 소멸하는 약정이 이루어진다. 병행채무방식에서는 담보대리인이 병행채무에 대한 채권자 겸 담보권자가 된다. 따라서 채권자와 담보권자가 동일해야 한다는 담보물권법상 부종성 원칙을 위배하지 않는다.

병행채무방식에 따라 담보권을 설정하는 경우, 대출채권의 양수도시 별도의 담보권 이전 절차를 밟을 필요가 없어 담보권 이전에 수반되는 절차적 번거로움과 거래비용을 피할 수 있다. 따라서 이러한 방식은 영미 국가에서 사용하는 담보권신탁 제도와 마찬가지로 대출채권 유통시장의 활성화에 기여한다.

본 연구에서는 병행채무방식의 개념 및 실제 구현 방식을 살피고 독일, 프랑스, 일본의 사례와 함께 우리나라에서 병행채무방식의 법적 유효성을 검토하였다. 아울러 병행채무방식의 법적 근거를 명확히 하기 위한 방안을 논의하였다. 또한 일부 실무계 및 학계에서 제기되는 부종성 원칙 위반에 관한 우려에 관하여, 병행채무방식과 관련하여 법리적인 측면에서 부종성의 문제가 실제 존재하는지, 만일 존재한다면 구체적으로 어떠한 근거로 부종성이 문제될 수 있는지를 논하였다.

우리나라의 현행 담보권 설정 방식의 제약이 우리나라 신디케이티드대출의 대출시장과 유통시장에 실질적으로 미치는 영향은 일견 생각할 수 있는 단순한 일회성의 행정적 부담 및 거래 비용 증가의 차원을 현격히 넘어선다. 해외 금융기관들의 경우 이러한 대출채권 거래의 제한 요소에 더욱 민감하므로 대출 유인이 저하되고, 거래를 진행하는 경우에도 국내 소재 담보물은 아예 제외한 상태에서 채무자의 담보여력을 평가하여 대출 규모를 제한하는 등의 문제가 발생하게 된다. 결국 국내에서 사용하는 담보설정방식은 대출거래 및 대출채권의 유통 모두에 부정적인 영향을 미치게 되고, 궁극적으로 우리나라 기업들의 자금조달을 어렵게 한다.

우리나라 신디케이티드대출 유통시장의 확대 및 발전의 필수적인 전제 조건으로서 현행 담보권 설정 방식에 대한 대안적 방식을 논의하는 것을 두고 신디케이티드대출에 대해서만 유통 특례를 부여하려는 것이라고 해석하는 것은 곤란하다. 대출은 주식발행, 채권발행과 더불어 우리나라의 기업이 자금을 조달하는 주된 방식이고, 고액의 대출은 대부분 신디케이티드대출 형식으로 이루어진다는 점을 고려해 볼 때, 대출채권의 거래가 이루어질 수 있는 유통의 통로를 확보하여 발전시켜 나가는 것은 매우 중요하다. 앞서 언급된 바와 같이 현재 우리나라의 상황은 해외 주요 금융선진국에서 이미 오래 전에 신디케이티드대출에 특화된 유통 관련 거래 협회를 설립하여 활발히 운영 중인 것과는 매우 대조적이다.

이에 비추어, 현 시점에 우리나라 신디케이티드대출의 유통시장을 발전시켜 나가기 위한 필수적인 전제 조건으로서 대출채권의 양수도에 용이한 대안적 담보권 설정 방식을 논하는 것은 신디케이티드대출의 유통시장에 특례를 주기 위한 것이 아니라, 오히려 우리나라 유통시장의 발전을 저해하는 고질적인 문제와 비효율성을 제거함으로써 신디케이티드대출의 유통시장이 시장 참가자들의 본연의 취지대로 제대로 기능하고 대출시장과 맞물려 균형 있게 발전할 수 있도록 회복시켜주기 위함이다.

제2절 연구의 범위

본 연구에서는 신디케이티드대출 거래에서 대출채권의 거래시 고려될 수 있는 두 가지 대안적 담보권 설정 방식으로서 담보권신탁 및 병행채무방식을 검토하였다. 아울러 각 대안적 방식이 두 개의 거래유형(국내거래 및 역외거래)에 대하여 사용 가능한지도 함께 검토하였다.

개별담보설정방식의 대안으로서 담보권신탁 및 병행채무방식을 검토하기로 한 이유는 이 두 가지의 담보권 설정 방식이 현재 국제 신디케이티드대출 거래에서 가장 널리 사용되고 있기 때문이다. 현재 피담보채무의 준거법이 영미법인 대출계약은 여러 법제의 국가에 흩어져 소재하는 담보물에 대하여 현지법상 담보권의 설정이 필요할 것을 예정하여 작성되고 있다. 이러한 대출계약에 포함되는 담보권 관련 조항에는 두 개 이상의 담보권 설정 방식이 동시에 규정되는 사례가 많다.

예컨대 이러한 조항에서는 (개별담보설정방식에 추가하여) 담보권신탁 방식과 병행채무방식도 규정함으로써 거래 당사자들이 (관련 담보물의 소재지의 법률에 따라 허용되는 한도 내에서) 담보권 설정 방식을 적절히 선택하여 사용할 수 있도록 하고 있다.[2] 이와 같이 현재

---

[2] 좀 더 구체적으로, 관련 조항에서 규정하고 있는 담보권설정 방식은 다음과 같다.
가) (영미 국가에 소재하는 담보물에 대하여 담보권신탁이 사용될 것을 예정하여) 신탁에서의 수탁자를 담보권자로 하여 설정되는 담보권(즉 담보권신탁);
나) (대륙법계 국가에 소재하는 담보물에 대하여 병행채무방식이 사용될 것을 예정하여) 병행채무의 유일한 채권자로서 담보대리인을 담보권자로 하여 설정되는 담보권(즉 병행채무방식);
다) (대륙법계 국가에 소재하는 담보물에 대하여 연대채권방식이 사용될 것을 예정하여) 개별 채권자들과 연대채권 관계에 놓여 있는 담보대리인을 담보권자로 하여 설정되는 담보권(즉 연대채권방식(joint and several creditorship)); 및
라) (위 가) 내지 다)의 방식이 사용될 수 없는 국가에 소재하는 담보물에 대하여 개별담보설정방식이 사용될 것을 예정하여) 개별 대주들을 담보권자로 하여 설정되는 담보권(즉 개별담보설정방식). Sue Wright(2014), 258-261면

국제 금융시장에서 이루어지는 많은 신디케이티드대출에 사용되는 대출계약은 담보권신탁이나 병행채무방식이 사용될 것을 전제로 하여 작성되고 있다.

담보권신탁과 병행채무방식 외에, 연대채권의 개념을 사용한 '연대채권방식(joint and several creditorship)'이라는 담보권 설정 방식도 포함되는 경우가 있다. 그러나 연대채권방식이 사용되는 국가는 러시아를 포함한 일부 동유럽 국가로 한정된다는 점에서, 연대채권방식이 (담보권신탁이나 병행채무방식과 같이) 독자적인 담보권 설정 방식으로 연구될 만큼의 중요도를 가진다고 보기는 어렵다. 다만 연대채권은 우리나라와 일본 등 대륙법계 국가에서 병행채무방식을 구현하는 데에 있어 중요한 개념적 요소이기 때문에 연대채권방식에 대해서도 간략히 논하였다.

한편 본 연구에서는 신디케이티드대출 거래 중에서도 부동산에 대한 근저당권, 항공기에 대한 근저당권, 지적재산권에 대한 근질권과 같은 특정 유형의 담보권을 수반하는 거래로 연구의 범위를 제한하였다. 그 이유는 이러한 유형의 담보권의 경우 담보권의 이전을 위해서는 (담보권의 성립요건으로서) 담보권 이전 등기·등록이 이루어져야 하기 때문이다. 이러한 담보권의 이전 등기·등록에는 복잡하고 번거로운 행정적 절차가 수반된다. 또한 계약서의 작성 및 법률의견서의 발급 등에 소요되는 법률비용, 행정적인 업무 처리를 위하여 법무사·변리사의 선임에 소요되는 수수료 및/또는 (담보권 유형에 따라서는) 통상 피담보채권의 130%의 수준으로 책정되는 채권최고액에 연계되는 이전 등기 비용 등이 소요되기 때문에 거래비용의 측면에서 적지 않은 부담이 된다. 반면 예금, 주식, 보험, 매출채권 등에 대한 근질권과 같은 유형의 담보권의 경우, 대출채권의 양도시 별도의 절차 없이도 담보권의 이전이 이루어지며, 다만 담보권의 이전에 대한 제3자에 대한 대항력을 구비하기 위하여 확정일자부 통지 또는 승낙 등 추가적인 형식적 절차가 요구된다.

　우리나라의 현행 담보권 설정 방식의 문제점은 대출채권의 양수도에 수반되는 담보권의 이전시 발생하는 절차적 복잡성 및 거래비용과 관련된다. 본 연구의 초점은 이러한 문제를 해결·해소하는 대안적 방식을 검토하여 궁극적으로는 우리나라에서도 대출채권의 양수도가 원활하게 이루어지도록 하는 것이다. 따라서 앞서 설명한 특정 유형의 담보권을 염두에 두고 대안적 방식을 검토하였다.

　본 연구에서는 각 대안적 방식이 (1) 피담보채무의 준거법이 우리 법인 대출계약에 따라 국내 소재 담보물에 대하여 담보권을 설정하는 거래(국내거래)에서 사용 가능한지 여부 및 (2) 피담보채무의 준거법이 영국법이나 미국 뉴욕주법과 같은 영미법인 대출계약에 따라 국내 소재 담보물에 대하여 담보권을 설정하는 거래(역외거래)에서 사용 가능한지 여부를 검토하였다. 국내에서는 대출채권 양수도시 수반되는 담보권 이전 절차 및 비용으로 인하여 대출채권의 양수도를 전제하여 이루어지는 담보부 신디케이티드대출 거래 자체가 활발하지 못하다. 국내에서의 신디케이티드대출 활성화를 위해서는 국내거래에서 활용 가능한 대안적 담보권 설정 방식에 관한 검토가 필요하다. 한편 한국 기업이 역외거래에 참여할 기회를 늘리고 영미 국가와 우리나라 간에 이루어지는 국제 금융거래의 효율성 및 거래 빈도를 높이기 위해서는 양국 간 호환 가능한 담보권 설정 방식에 관한 검토가 선행되어야 한다.

　한편 대출계약의 준거법을 영미법으로 정하여 실행되는 역외 신디케이티드대출 거래에서는 당사자 간에 합의된 대출계약의 준거법에도 불구하고 국제사법의 규정에 따라 정해지는 법이 적용되는 경우가 적지 않다. 예컨대 관련 대출계약 당사자의 내부수권행위(이사회결의, 위임 등)에 관하여는 법인의 설립지 국가의 법이 적용되고, 대출채권의 양도 가능성 및 채무자 및 제3자에 대한 채권양도의 효력(대항요건)에 관하여는 양도대상 채권의 준거법이 적용되며(국제사법 제54

조), 담보권의 설정 및 이전에 관하여서는 목적물의 소재지 국가의 법이 적용된다(동법 제33조).[3]

다만 신디케이티드대출과 관련된 다양한 국제사법상 쟁점을 본 연구에서 상세히 논하기에는 한계가 있고, 본 연구의 목적은 역외거래에서 담보권신탁이나 병행채무방식을 사용하여 우리나라에 소재하는 담보물에 유효한 담보권을 설정하는 것이 가능한지 여부를 검토하는 데에 있으므로, 본 연구에서의 국제사법 관련 논의는 국제사법상 담보물권의 준거법은 소재지법에 따른다는 측면에 한정하였다.

제3절 논의의 순서

제2장에서는 신디케이티드대출에 대하여 소개한 다음, 신디케이티드대출 거래에서 담보권 설정 방식에 대한 연구가 왜 필요한지를 검토하였다.

위 배경에 비추어, 제3장에서는 우리나라의 신디케이티드대출 거래에서 기본 담보권 설정 방식으로 사용되고 있는 개별담보설정방식의 개념을 설명하고, 개별담보설정방식이 지니는 문제점이 무엇인지를 구체적으로 논하였다. 이러한 논의의 일환으로 절차의 복잡성과 거래비용의 관점에서, 그리고 궁극적으로는 유통시장 발전의 저해라는 관점에서, 개별담보설정방식을 사용함으로써 발생하는 문제를 논하였다. 개별담보설정방식의 문제가 우리법상 담보권의 채권에 대한 부종성의

---

[3] 좀 더 구체적으로 동산 및 부동산 담보의 경우 목적물의 소재지 국가의 법이 적용되고(국제사법 제33조), 항공기의 경우 해당 항공기의 국적이 소속된 국가의 법이 적용되며(동법 제34조), 채권, 주식 기타 유가증권을 대상으로 하는 약정담보의 경우는 담보대상인 권리의 준거법이 적용된다(동법 제37조).

법리에서 비롯된다는 점을 상기하며 제3장을 마무리하였다.

제4장에서는 개별담보설정방식에 대한 첫 번째 대안적 방식으로서 담보권신탁에 대하여 논의하였다. 우선 담보권신탁 제도의 개념을 설명하고, 담보권신탁 제도가 개별담보설정방식과 어떠한 점에서 다른지, 개별담보설정방식에 따른 여러 문제점이 담보권신탁 제도하에서는 왜 발생하지 않는지를 검토하였다. 우리법상 담보권신탁(한국식 담보권신탁)을 제대로 이해하기 위해서, 우리 제도의 모델이 된 영미식 담보권신탁을 먼저 검토하였다. 아울러 한국식 담보권신탁이 우리나라의 기존 제도들(담보신탁이나 담보부사채신탁)과 어떠한 점에서 다른지도 검토하였다. 다음으로 담보권신탁 제도가 우리나라에서 제대로 활용되지 못하고 있는 원인을 분석하고 한국식 담보권신탁의 문제점을 해소하기 위한 방안을 검토하였다.

한편, 좀 더 근본적인 측면에서, 담보권신탁 제도와 관련하여 법리적인 측면에서 부종성의 문제가 존재하는지도 논의하였다. 이와 관련하여 담보권신탁에서의 부종성 문제를 채권과 담보권의 분리 가능성 측면에서의 부종성 문제와 담보권신탁의 설정 후 수익권과 채권의 분리 가능성 측면에서의 부종성 문제로 세분화하여 분석함으로써 현행법상 구체적으로 어느 단계에서 부종성에 관한 주의가 요구되는지를 살펴보았다.

제5장에서는 개별담보설정방식에 대한 두 번째 대안적 방식으로서 병행채무방식을 검토하였다. 우선 병행채무방식의 개념을 설명하고, 병행채무방식이 개별담보설정방식 및 제4장에서 논의되는 담보권신탁 제도와 어떠한 점에서 다른지 검토하였다. 아울러 이미 병행채무방식을 사용하고 있거나 (최근의 입법 등을 통해) 병행채무방식의 사용이 가능해졌다고 보는 해외 국가들에서는 구체적으로 어떠한 법적 근거에 의해 그렇게 보는 것인지를 검토하였다. 다음으로 우리법상 병행채무방식이 사용되지 못하고 있는 구체적인 원인을 논의하였다. 이러한

논의의 일환으로서, 우선 피담보채무의 준거법이 영미법인 대출계약에 따라 국내 소재 담보물에 대하여 담보권의 설정이 요구되는 역외거래에서 병행채무방식의 사용 가능 여부를 검토하고, 다음으로 피담보채무의 준거법이 우리법인 대출계약에 따라 국내 소재 담보물에 대하여 담보권의 설정이 요구되는 국내거래에서 병행채무방식의 사용 가능 여부를 검토하였다.

아울러 일부 실무계 및 학계에서 제기되는 부종성 원칙 위반에 관한 우려에 관하여, 병행채무방식과 관련하여 법리적인 측면에서 부종성의 문제가 실제 존재하는지를 논하였다.

제6장에서는 제3장 내지 제5장의 논의를 정리하고 부종성의 법리가 기존 담보제도나 신규 담보제도에 미치는 영향을 고찰하였다. 이와 관련하여 개별담보설정방식의 대안적 방식의 확립이나 도입을 위하여 반드시 필요하다고 판단되는 경우에 한하여, 부종성의 법리를 일부를 좀 더 유연하게, 완화하여 해석할 필요성에 대한 논의를 정리하며 본 연구를 마무리하였다.

제2장

신디케이티드대출을 통한 자금 조달

제1절 신디케이티드대출의 의의

제1항 개념 및 장점

신디케이티드대출[1]은 개별 은행이 단독으로 차주에게 자금을 대출하는 양자간 대출(bilateral loan)[2]과 대비되는 개념으로서, 복수의 금융기관이 대주단을 구성하여 하나의 대출계약에 따라 공통의 조건으로 차주에게 일정한 금액을 대출하여 주는 금융거래를 의미한다.[3] 신디케이티드대출은 단독대출에 비해 대출 규모가 큰 편이다.[4] 신디케이티드대출은 무담보로 실행되기도 하지만 많은 경우 담보부로 실행되는데[5] 그 이유에는 여러가지가 있겠으나 담보부 거래가 무담보부 거래와 비교했을 때 차주에게 더 적은 차입비용으로 더 많은 차입을 할 수 있도록 해주기 때문이다.[6]

---

[1] 신디케이트대출은 '협조융자,' '공동대출,' '차관단대출,' '대주단대출'로도 일컬어진다. 정순섭(2017), 448면; 우동석·김혜원(2015), 28면
[2] 단독대출(single lender loan)이라고도 한다. 박 준·한 민(2022), 141면
[3] 정순섭(2017), 448면; 이미현·고훈(2004), 107면; 박 준·한 민(2022), 141면; Sarah Paterson & Rafal Zakrzewski(2017), 451면; Megan Elizabeth Jones (1999), 173면
[4] 미국의 연방준비제도(Federal Reserve)는 신디케이티드대출을 두 개 이상의 금융기관이 대주로서 참여하는 1억불 이상의 대출거래로 정의하고 있다. Lee M. Shaiman & Bridget K. Marsh(2022), 34면
[5] 1997년부터 2019년까지 홍콩에서 실행된 기업대출(Corporate Loans) 19,512 건을 분석한 결과, 90%가 넘는 거래가 담보부로 실행되었다. Muyang Wu & Zijun Liu(2020), 8면; 미국의 경우 기업대출 거래의 75%가 담보부로 실행되었다. James R. Booth & Lena Chua Booth(2006), 67-90면; 전 세계 대출시장의 선두 주자인 미국이나 홍콩에서는 담보부 대출 거래의 비율이 무담보부 대출 거래의 비율보다 훨씬 높다. R. Glenn Hubbard, Kenneth N. Kuttner & Darius N. Palia(2002), 559-581면
[6] Michael J. Highfield & Donald J. Mullineaux(2004), 98면

신디케이티드대출은 1970년대 말 형성되기 시작한 유로달러시장[7]에서 국가를 상대로 처음 등장한 이래 활성화되기 시작하였다.[8] 이후 신디케이티드대출은 국제금융시장에서 기업의 유력한 자금조달 수단으로 이용되어 왔다.[9]

기업이 차주가 되어 자금을 조달하는 일반 기업금융 거래에서 신디케이티드대출의 형식을 사용하여 대출거래를 실행하면 거래 당사자들에게 여러 측면에서 도움이 된다.

우선 자금수요자의 입장에서 살펴보면, 신디케이티드대출은 단독 대출과 달리 개별 금융기관들을 일일이 접촉하여 복수의 대출계약을 체결하고 유지할 필요 없이, 상대적으로 적은 노력으로 다양한 금융기관들과 폭넓은 대출 관계를 형성하는 것을 가능케 한다.[10] 특히 자금을 제공하는 모든 금융기관들과 일원화된 대출계약을 통하여 거래가 이루어지기 때문에 대출금의 차입과 원리금의 상환이 (개별 금융기관이 아닌) 하나의 대리은행을 통하여 통일적으로 관리되는 등 절차적 편의가 크고[11] 대규모 자금의 신속한 조달이 가능하다.[12] 그 밖에도 양도 가능성을 전제로 유통시장에서 형성된 가격이 발행시장에도 영향을 주어 객관적인 가격산정이 가능하다는 점 등의 장점이 있다.[13]

---

[7] "유로달러는 특정 통화가 그 발행국 이외의 시장에서 거래되는 경우를 말한다. 유로엔 등 모든 통화에 대하여 유로시장이 형성되어 있다." 정순섭(2017), 449면.
[8] 박 준·한 민(2022), 142면; 신디케이티드대출은 미국 경제에서 가장 중요한 자금조달 수단 중 하나로서 전체 기업 자금 수요의 상당액이 신디케이티드대출로 조달된다. Mark J. Kamstra, Gordon S. Roberts & Pei Shao(2014), 1140면; Peter J. Nigro, Jonathan D. Jones & Murat Aydogdu(2010), 33면; Lee M. Shaiman & Bridget K. Marsh(2022), 3면.
[9] Lee M. Shaiman & Bridget K. Marsh(2022), 37면; Sue Wright(2014), 4-5면.
[10] Mitchell A. Petersen & Raghuram G. Rajan(1994), 5면; Megan Elizabeth Jones (1999), 179면.
[11] Sarah Paterson & Rafal Zakrzewski(2017), 452면; 이미현·고훈(2004), 107-108면.
[12] 정순섭(2017), 448면.
[13] 정순섭(2017), 448면.

한편 자금수요자가 자본시장에 잘 알려져 있는 경우에는 불특정 다수인에 대한 공모사채(public offering)의 발행을 고려할 수도 있겠으나 (자본시장법 제9조 제7항), 그렇지 않은 경우에는 공모사채의 발행이 성공적으로 이루어질지에 대한 불확실성이 존재한다.[14] 따라서 자금수요자의 입장에서 필요한 자금을 적시에 차질없이 조달하고자 하는 경우에는 공모사채의 발행보다는 신디케이티드대출을 선호할 유인이 크다.[15] 한편 공모사채 발행의 대안으로 신디케이트대출이 아닌 사모사채(private placement)[16]의 발행을 고려할 수도 있을 것이다(자본시장법 제9조 제8항). 사모사채는 공모사채에 비해 절차가 간소하므로 발행시간과 비용이 절약되고, 모집 또는 매출에 관한 신고서를 제출하지 않아도 된다는 장점이 있다.[17] 다만 사모사채는 신디케이트대출과 비교하였을 때, 만기가 긴 편이고, (변동금리에 기반한 신디케이티드대출과는 달리) 고정금리에 기반하기 때문에 금리 변화에 더욱 민감하며, 담보의 측면에서도 (대체로 담보부(secured)로 제공되는 신디케이티드

---

[14] Sarah Paterson & Rafal Zakrzewski(2017), 452면; "사채 발행과 같은 직접금융을 통한 자금조달은 기업이 어느 정도 성장해서 안정 단계에 들어간 이후에나 선택할 수 있는 수단"이다. 이미현(2021), 124면

[15] 한 민(2012), 135-136면; 박 준·한 민(2022), 141면

[16] 자본시장법에서 "사모"란 새로 발행되는 증권의 취득의 청약을 권유하는 것으로서 모집에 해당하지 아니하는 것을 말한다고 규정되어 있으며(제9조 제8항), "모집"이란 대통령령으로 정하는 방법에 따라 산출한 50인 이상의 투자자에게 새로 발행되는 증권의 취득의 청약을 권유하는 것을 말한다고 규정되어 있다(제9조 제7항). 한편 자본시장법 시행령은 청약의 권유를 받는 자의 수가 50인 미만으로서 증권의 모집에 해당되지 아니할 경우에도 해당 증권이 발행일로부터 1년 이내에 50인 이상의 자에게 양도될 수 있는 경우로서 증권의 종류 및 취득자의 성격을 고려하여 금융위원회가 정하여 고시하는 전매기준에 해당하는 경우에는 모집으로 본다고 명시하고 있다(시행령 제11조 제2항).

[17] 증권의 모집 또는 매출은 발행인이 그 모집 또는 매출에 관한 신고서("증권신고서")를 금융위원회에 제출하여 수리되지 아니하면 이를 할 수 없다(자본시장법 제119조 제1항). 만일 사채를 모집간주 형식으로 발행하는 경우라면, 증권신고서의 제출이 요구된다.

대출과는 달리) 무담보부(unsecured)로 발행되는 경우가 많기 때문에 채무불이행사유의 발생시 채권의 회수율이 낮은 편이다.[18] 한편 담사법(이하 "담사법")에 따라 담보부사채를 발행하는 것도 가능하겠으나,[19] 담사법상 사채에 붙일 수 있는 담보는 물상담보로 한정되므로(동법 제4조 제1항) 만일 회사가 보유하는 담보대상 자산에 지적재산권 등이 포함되어 있다면 이는 사채에 붙일 수 있는 물상담보로 규정되어 있지 아니하므로 담사법에 따른 담보설정이 어렵다는 문제가 발생한다.[20] 실무에서는 사모사채에 대하여 근저당권을 설정하기 위해 반드시 담사법에 따른 담보부사채로 발행하지 아니하고 무보증사채로 발행하면서 사채의 발행인과 최초 인수인 간에 별도의 담보계약을 체결하기도 하는 것으로 보인다.[21]

자금제공자인 금융기관의 관점에서도 신디케이티드대출은 여러 장점을 지닌다. 금융기관이 특정 회사에 대하여 대규모 단독대출을 실행하는 경우 해당 회사의 신용위험이나 채무불이행위험 등을 단독으로 감당해야 하므로 부담이 매우 크다.[22] 이러한 위험을 사전에 조사하기 위해 소요되는 실사 비용도 상당할 수 있다. 그런데 신디케이티드대출의 형식으로 다른 금융기관들과 공동으로 대출거래에 참여하는 경우, 다른 금융기관들과 해당 회사에 대한 신용위험이나 채무불이행위험 등을 분담할 수 있게 된다.[23] 이는 차입 실행의 결정 과정에서의 부담

---

18 Lee M. Shaiman & Bridget K. Marsh(2022), 389면
19 일본의 실무에서는 사채를 위한 담보를 설정하는 경우가 드물어 담보부사채신탁제도가 이용되는 사례가 거의 없다고 한다.
20 담사법 제4조 제1항에 따라 사채에 붙일 수 있는 담보는 동산질, 증서가 있는 채권질, 주식질 및 부동산저당이나 그 밖에 법령에서 인정하는 각종 저당으로 한정되어 있다. "담보권신탁의 도입을 고려할 때 물상담보의 종류에 관한 제한은 폐지되어야 한다." 정순섭(2021), 687면
21 이러한 방식의 사채발행은 실무상 유효한 것으로 보고 있다. 석광현(2006), 77면
22 Alastair Hudson(2013), 995면
23 정순섭(2017), 448면; Sarah Paterson & Rafal Zakrzewski(2017), 451면; Alastair

을 줄여주고, 이로써 여신승인을 위한 내부절차도 더 신속히 이루어지게 된다. 그 밖에도 자기자본비율이나 여신한도 등 규제를 관리할 수 있다는 점,[24] 다양한 차주와의 거래를 통해 고객 범위를 확대시킬 수 있다는 점, 대리은행의 대출관련 전문성과 경험을 최대한 활용할 수 있다는 점, 계약서 작성과 대출관리에 필요한 사무부담을 줄이고[25] 업무를 일률적으로 진행할 수 있으므로 종합적이고 효과적인 대출관리가 가능하다는 장점이 있다.[26]

신디케이티드대출은 기업이 차주가 되어 자금을 조달하는 일반 기업금융 거래뿐만 아니라 프로젝트금융, 항공기금융, 선박금융과 같은 자산금융에도 이용되고 있다.[27] 이러한 금융 거래에서는 일반 기업이 아닌 (조세회피지역에 설립된) 특별목적회사(Special Purpose Company)(이하 "SPC")가 차주가 되는 경우가 많다.

신디케이티드대출 형식을 사용하는 자산금융의 대표적 예로 항공기금융을 들 수 있다. 항공기금융은 항공기의 도입을 목적으로 하는 자산금융으로서 항공기운송사업자 또는 항공기 리스회사에 의한 항공기 도입을 대상으로 한다. 이 중 항공기운송사업자의 직접 구매방식은 항공기저당권 등을 담보로 하는 담보대출에 의한 것을 의미하고, 리스방식은 리스회사가 직접 또는 조세회피지역에 설립된 SPC를 이용하여 항공기를 구매하여 이를 항공회사에 리스해주는 것을 의미한다.[28]

Hudson(2013), 995면; Barry Howcroft, Alper Kara & David Marques-Ibanez (2014), 473-490면

24 정순섭(2017), 448면
25 정순섭(2017), 448면
26 이미현·고훈(2004), 107-108면
27 정순섭(2017), 451면
28 박 준·한 민(2022), 914면; SPC의 소유자는 과거에는 거래와 연관된 금융기관이나 항공사인 경우도 있었지만, 최근에는 SPC의 도산절연기능을 강화하기 위하여 대부분 Orphan Trust 구조를 사용한다. 이 경우 보통 거래 당사자와는 관계없는 독립적인 당사자가 주주로 참여하며, 대부분 SPC가 소재하는 지역의 전문 법무법인

과거에는 항공기운송사업자가 자체적으로 항공기의 소유 주체가 되고자 제조사로부터 항공기를 직접 구매하는 직접 구매 방식이 많이 사용되었으나 최근에는 리스가 선호되고 있는 추세이다.[29] 항공기의 구매자금이 크므로 직접구매방식이든 리스방식이든 통상 신디케이티드대출 형식이 사용된다.

제2항 거래의 단계

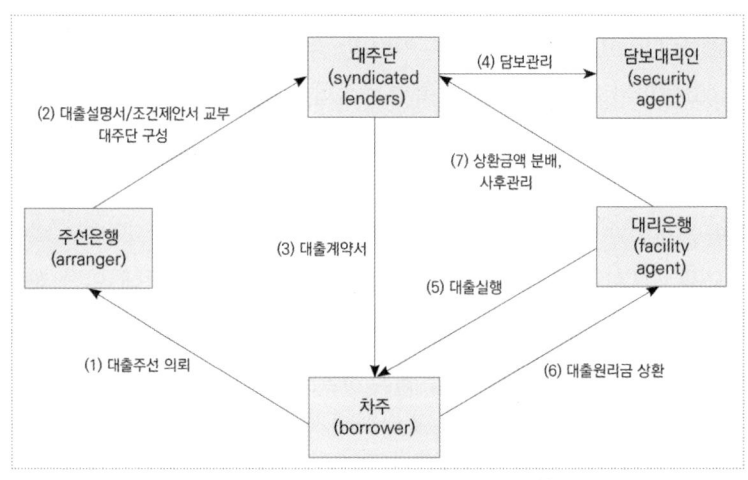

그림 1: 신디케이티드대출의 기본구조[30]

신디케이티드대출 거래는 다음의 단계를 거친다.
첫째, 차주의 의뢰를 받아 주선은행(또는 간사은행)(arranger)[31]이

내지는 기업사무관리회사(corporate service provider)가 수수료를 대가로 역할을 수행한다. 성낙주(2020), 525면
29 특히 자본력이 취약한 저비용항공회사는 거의 대부분 운용리스에 의하고 있다. 박 준·한 민(2022), 914면
30 박 준·한 민(2022), 143면에서 인용

대주단을 구성하여 대출계약이 체결되기까지의 단계이다. 신디케이티드대출 거래는 차주와 (대출의 주선을 담당할) 주선은행 간 협의를 통해 잠재적인 대출참여자들이 수락할 만한 내용으로 주요 대출조건을 정하고 이를 반영한 조건제안서(term sheet)[32]를 작성함으로써 시작된다. 이어서 차주가 주선은행에게 조건제안서에 따라 대주단의 구성 및 대출계약 체결의 주선을 의뢰하는 차입의뢰문서(mandate)[33]를 교부함으로써 주선은행의 공식적인 역할이 개시된다.[34] 그 후, 차주와 주선은행은 주요 대출조건 및 차주의 영업 등에 관한 기본사항을 기재한 대출설명서(information memorandum)[35]를 차주 명의로 작성하고, 주선은

---

[31] 신디케이티드대출 거래에서는 다수의 금융기관이 대주단을 구성하므로 차주와 대주단 사이에서 조율하는 역할을 담당하는 금융기관이 필요한데 이러한 역할을 주선은행이 담당하게 된다. 경우에 따라, 주선은행이 다른 금융기관과 함께 간사단을 구성하여 주선업무를 분담하기도 하다. 박찬동(2014), 136-137면; Sarah Paterson & Rafal Zakrzewski(2017), 471-472면

[32] Rafal Zakrzewski & Geoffrey Fuller(2019), 53면

[33] 정순섭(2017), 452면; Sue Wright(2014), 362면

[34] Sarah Paterson & Rafal Zakrzewski(2017), 469면

[35] Sue Wright(2014), 359면; 대출설명서는 기채취지서라고도 하는데, 이는 증권공모 절차에서 투자설명서에 해당하는 문서이다. 정순섭(2017), 452면; 대출설명서는 공개적으로 구할 수 없는 정보를 포함하는데, 여기에는 대출의 목적, 대출의 상세조건, 차주의 사업개요, 경영진의 구성, 과거 재무자료와 이에 기초한 미래 재무전망 등 차주의 신용과 관련된 사실과 견해를 함께 기재한다. 통상 차주의 회계사, 변호사, 경영자문인, 신용평가사, 감정평가사 등 여러 전문가들이 대출설명서 준비에 참여하고, 주간사는 대출설명서의 편집 작업을 담당한다. 다만 대출설명서의 유일한 작성자는 차주로 표시된다. 박찬동(2014), 138면; 다만 대출설명서의 내용에 대한 책임을 누가 부담하는가의 문제와 관련하여, "차주가 지급능력이 없는 경우에는 참여은행들은 당연히 주간사은행의 책임을 묻게 될 것이다." 다만 책임에 관하여 주간사은행은 대출설명서에 포함된 모든 내용이 차주로부터 제공받은 정보에 기초한 것임을 분명히 하고 대출설명서 자체나 대출계약서에 이와 관련한 면책규정을 둘 것이다. "신디케이티드 대출에 참여하는 은행 그 밖의 대주는 금융기관으로서 전문성과 분석능력을 갖춘 기관이라는 점에서 면책규정의 효력이 인정될 가능성이 높다." 정순섭(2017), 452-453면

행은 잠재적인 대출참여 금융기관들과 비밀유지약정(confidentiality agreement)[36]을 체결한 후, 대출설명서를 조건제안서와 함께 잠재적인 대출참여 금융기관들에게 분배하면서 대출참여를 권유한다. 대출참여 금융기관들이 주선은행에 대하여 대출희망금액과 함께 대출참여 의향을 표시하고 주선은행이 이를 수락함으로써 대주단이 구성된다.[37] 대주단 구성이 완료될 무렵에 주선은행의 법률자문사가 조건제안서를 토대로 대출계약서의 초안을 작성하면 차주와 주선은행은 계약서 협상을 진행하게 된다. 위 구조도의 (1)에서 (3)까지가 이 단계에 해당한다.

둘째, 차주와 대주단 간에 하나의 대출계약이 체결되어 대출이 실행되는 단계이다.[38] 대출계약의 체결에 의해 대주들을 대리하는 대리은행이 선임되고,[39] 이 시점부터 차주와 대주 간의 권리의무 관계뿐만 아니라, 대리은행과 차주, 대리은행과 대주 상호간의 권리의무 관계가 대두된다.[40] 대출계약이 체결되면 대출계약에 의하여 대주들의 대리인으로 선임된 대리은행이 대출관리 사무를 담당하고 담보대리은행이 담보관리 사무를 담당한다.[41] 대출계약 체결 후, 대출금 인출을 위하여 차주가 갖추어야 할 선행조건이 충족되면 차주는 대리은행에 대출금 인출을 요청한다. 대리은행은 차주의 대출금 인출 요청을 대주들에게

---

[36] Michael Bellucci & Jerome McCluskey(2016), 631-633면
[37] 박 준·한 민(2022), 144면; 최초 대출계약의 체결시점에는 단일 또는 소수의 은행들만이 대주단을 구성하여 참여하고(primary syndication) 2단계로 대출계약의 체결 후 일정 시점이 경과한 후 그 대출약정의 전부 또는 일부를 매도하는 방식으로 대주단을 구성(secondary syndication)하는 경우도 있다. 정순섭(2017), 452면
[38] 박 준·한 민(2022), 143면
[39] 대리은행은 주선은행과는 별개의 개념이나, 편의상 주선은행이 대리은행의 역할을 담당하는 경우가 많다. Sarah Paterson & Rafal Zakrzewski(2017), 520-522면; Lee M. Shaiman & Bridget K. Marsh(2022), 44면
[40] 한 민(2012), 137면; 박 준·한 민(2022), 141-142면
[41] Megan Elizabeth Jones(1999), 173-174면; 신디케이트대출 거래에서 차주는 이해관계가 다양한 복수의 대주를 상대해야 하므로 이러한 어려움을 해소하기 위하여 대리은행이 대주단의 대리인 역할을 맡게 된다. 정순섭(2017), 455면

통지하고 대주들은 각자 분담한 대출금을 대리은행에게 송금한다. 대리은행은 대주들이 송금한 자금을 합하여 차주에게 대출금을 지급한다. 위 구조도의 (4) 내지 (5)가 이 단계에 해당한다.

셋째, 대주들의 대리인인 대리은행에 의한 대출채권의 사후관리 단계이다.[42] 차주는 원금 및 이자 지급 기일에 대리은행에게 대출원리금을 지급하고, 대리은행은 차주로부터 지급받은 대출원리금을 각 대주의 참여비율에 따라 분배한다. 대출원리금 상환채무에 관하여 기한이익상실 사유가 발생하는 경우, 대리은행은 대출계약서에서 정한 바에 따라 기한의 이익을 상실시키고 대주단을 위한 대주단을 위하여 담보권도 실행된다. 대출계약의 조건을 유예하거나 변경하고자 하는 등 일정한 경우에는 대출금액 기준으로 과반수 또는 3분의 2이상의 다수대주(또는 사안의 중요도에 따라서는 대주 전원)의 동의나 지시를 요한다.[43] 대리은행이나 담보대리은행은 대출계약상의 채권이 전액 변제되는 때에 그 역할이 종료된다.[44] 위 구조도의 (6) 내지 (7)이 이 단계에 포함된다.

기업이 차주가 되어 자금을 조달하는 일반 기업금융에서와는 달리, 항공기금융과 같이 특정 자산의 인수를 목적으로 하는 자산금융 거래에서는 (위 기본 구조를 토대로 하되) 해당 거래의 목적과 특성을 구체적으로 반영한 특화된 구조를 사용한다. 물론 거래의 유형을 불문하고 신디케이티드대출 거래에 참여하는 여러 당사자들이 대출계약상 가지는 지위나 역할, 그리고 대출의 실행, 대출원리금의 상환 및 분배, 기한이익상실 사유의 발생시 담보권 실행 절차 등 신디케이티드대출의 전체적인 메커니즘은 그대로 유지되므로 이러한 측면에서 크게 달라지는 부분은 없다. 그러나 일반 기업금융이 아닌 자산금융 거래에서

---

42 박 준·한 민(2022), 143면
43 Megan Elizabeth Jones(1999), 175-176면
44 박 준·한 민(2022), 145면

는 대출거래의 목적 및 이에 수반되는 담보물의 유형 및 특성이 다르기 때문에 (일반 기업금융 목적의 신디케이티드대출 거래에서 검토하여야 하는 사항들에 추가하여) 당사자들이 주의 깊게 살피어야 하는 부분들이 많다.

항공기금융을 예로 들어보면, 항공기금융 거래의 목적은 항공기의 도입에 있고 이 항공기가 당해 신디케이티드대출 거래의 담보대상 자산이 된다. 담보대상 자산이 다름 아닌 항공기이기 때문에 특별히 고려해야 하는 사항들이 적지 않다. 이하에서는 항공기금융에서 당사자들이 추가적으로 고려해야 하는 몇 가지 주요 사항들을 예로 들어 이를 설명한다.

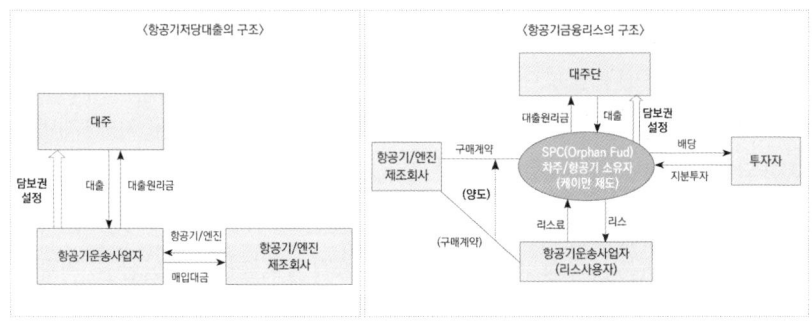

그림 2: 항공기금융의 구조[45]

일반적으로 항공기는 법률적 소유자의 국적보다 항공기의 실제 운항자(operator)의 국적을 따른다. 따라서 어느 항공사가 외국의 소유자로부터 항공기를 리스하여 사용하는 경우 대상 항공기는 소유자가 아닌 항공사의 국적을 취득하고 그 국가의 법령을 적용받게 된다.[46] 예컨대 우리나라의 항공사가 케이만 제도(Cayman Islands)의 항공기 소

---

45 박 준·한 민(2022), 920면, 932면에서 인용
46 성낙주(2020), 505-506면; 박 준·한 민(2022), 915면

유자로부터 항공기를 리스하여 운용하는 경우 대상 항공기는 우리나라에 등록하여야 하며 우리법의 적용을 받게된다. 따라서 항공기에 대한 담보권도 등록국의 법(항공사 국적국의 법)에 따라 설정되어야 한다.[47]

항공기는 국토교통부에 등록하여야 우리나라의 국적을 취득하며 항공기에 대한 소유권의 취득, 상실, 변경의 효력이 생긴다(항공안전법 제9조 제1항). 항공안전법에 따라 항공기등록원부에 등록된 항공기에 저당권을 설정하고자 하는 경우에는 자동차 등 특정동산저당법(이하 "특정동산저당법")에 따라 항공기등록원부에 저당권을 등록하여야 한다(동법 제3조 제4호).[48] 항공기등록원부에 등록될 수 있는 저당권은 특정동산저당법에 따라 설정되는 저당권이어야 하므로 외국법에 따른 저당권은 항공기등록원부에 등록될 수 없다. 따라서 항공기등록원부에 등록할 항공기저당권의 설정계약의 준거법은 우리법이 되어야 한다.[49]

실무상 항공기에 설정되는 항공기저당권은 근저당권이다.[50] 항공기 근저당권설정계약의 당사자는 (근저당권설정자로서) 채무자와 (근저당권자로서) 대주들이다.[51] 다만 전형적인 항공기 리스거래에서는 항

---

47 다만 실무에서는 (대주단의 요구 등에 따라) 대주단에 우호적인 영국법이나 미국법 또는 아일랜드법 등에 따른 저당권으로 등록국의 저당권을 보완하는 경우가 많다.
48 국내 항공회사가 리스에 의해 도입하는 임차항공기는 항공안전법에 따라 우리나라의 국적을 취득하기 위하여 항공기등록원부에 임차권등록을 먼저 하여야 한다(항공안전법 제7조). 따라서 임차권등록이 저당권등록보다 앞서게 된다. 석광현·조영균(2009), 248면
49 석광현·조영균(2009), 243면; 정순섭(2017), 512면
50 석광현·조영균(2009), 242면
51 항공기금융을 위한 신디케이티드대출 거래에서 대주는 SPC로 하여금 항공기를 소유하게 함으로써 항공기 소유에 따른 위험을 피할 수 있고, 대주는 SPC 출자지분에 대한 담보권을 설정받음으로써 SPC의 채무불이행시 항공기저당권을 실행하기보다는 출자지분에 대한 담보권을 실행하여 보다 용이하게 채권을 회수할 수 있다. 박 준·한 민(2022), 919면; 실무에서도 항공기근저당 설정과 함께 SPC 출자지분에 대한 질권을 설정하는 것이 일반적이다. SPC 출자지분에 대한 질권을 설정함으로써 대주단의 SPC에 대한 통제를 가능하게 하고, 담보권을 보강할 수 있기

공기의 소유자인 SPC가 근저당권 설정자가 되고, 항공기금융을 위한 신디케이티드대출에 참가한 모든 대주들이 근저당권의 채권자로 표시되어 근저당권을 준공유하게 된다.52 이 경우 담보물권의 부종성 원칙에 따라 개별 대주들의 채권 양도시 저당권도 함께 양도되어야 한다. 만약 최초 등록 이후에 대출채권의 양수도가 발생하여 채권자가 변경되는 경우에는 그때마다 이전등록이 요구된다.

  항공기저당권의 효력이 어디에까지 미치는가에 관한 이슈도 있다. 우리 민법에서는 저당권의 효력범위에 관해 저당목적물에 부합된 물건과 종물에 미친다고 규정하고 있으므로(민법 제358조) 항공기저당권설정계약에서도 국제관행에 따라 항공기(aircraft)의 개념을 기체, 엔진 및 부품을 포함하는 것으로 정의하고 있다. 다만 항공기저당권의 효력범위는 그리 간단한 문제가 아니다. 예컨대 엔진 부품은 저당권설정자의 소유에 속하는 것이어야 한다.53 따라서 영구적으로 교체되어 부착된 엔진은 처음부터 기체에 부착된 것처럼 저당권설정자의 소유물이 되어 저당권의 대상이 되며, 반대로 항공기에서 분리된 엔진이나 부품은 자동적으로 저당권자의 양도담보 대상이 되어 저당권 설정자는 관련된 소유권 이전 등의 절차를 취하도록 하고 있다.54 이에 실무에서는 항공기에 원래 부착된 엔진에 대해서는 항공기저당권과는 별

때문이다.
52 성낙주(2020), 510면; 박 준·한 민(2022), 924면
53 성낙주(2020), 513면
54 성낙주(2020), 513면; 박 준·한 민(2022), 924-926면; 실무상으로는 양도담보계약서를 따로 작성하지 않고 항공기저당권설정계약서에 엔진 양도담보에 관한 약정을 포함시킨다. 양도담보 약정은 엔진이 어떠한 이유로든 항공기저당권의 효력 범위를 벗어나게 되는 경우, 저당권자를 위해 양도담보권이 자동적으로 설정된다는 내용이다." 조영균·김영민(2018), 31면; 한편 "실무상 리스회사 등이 금융리스에 의하여 항공회사에게 예비엔진만을 리스하는 때에는 리스회사 등에게 엔진 구입자금을 대출한 대주 앞으로 그 엔진에 대하여 동산채권담보법에 따른 동산담보권을 설정해 주는 경우도 있다." 박 준·한 민(2022), 925-926면

도로 항공기저당권자 앞으로 동산양도담보권을 설정하는 것이 통상적이다.[55] 한편 우리나라를 포함한 대부분의 나라에서는 항공기 등록법규상 엔진이 별도의 등록사항이 아니므로 엔진을 담보로 하는 금융거래에서 담보권이 공시되지 못하는 제약이 있다.[56]

이와 같이 특정 유형의 금융거래(예컨대 항공기금융)에 사용되는 신디케이티드대출 거래에서는 일반 기업금융 거래에서 사용되는 신디케이티드대출 거래에 추가하여 당해 거래의 당사자들이 관련 거래에 특화된 거래구조에 따라 추가적으로 고려하고 협의해야 하는 사항들이 적지 않고, 특히 담보권의 설정, 이전, 실행 등과 관련하여서도 어려운 이슈들이 다수 있을 수 있다는 점에 유의해야 한다.[57]

---

[55] 다음은 2023년 C사의 차입 건과 관련하여 실제로 체결된 제1순위 항공기 근저당 설정계약서에 포함된 관련 조항(엔진과 부품의 소유권)을 발췌한 것이다:
  "*(1) 엔진이 대체되는 경우, 그 대체 엔진은 본건 항공기에 설치 또는 부착됨과 동시에 근저당권설정자의 소유가 되며, 해당 대체 엔진은 본 계약 체결일 이전에 본건 항공기에 설치 또는 부착된 것과 같이 본건 저당권의 효력이 그에 미친다. (2) 부품이 대체되는 경우, 그 대체 부품은 본건 항공기에 설치 또는 부착됨과 동시에 근저당권설정자의 소유가 되며, 해당 대체 부품이 본 계약 체결일 이전에 본건 항공기에 설치 또는 부착된 것과 같이 본건 저당권의 효력이 그에 미친다. (3) 본건 항공기에서 분리된 엔진, 부품 기타 부품은 본 계약 당사자들의 별도의 의사표시 없이 자동적으로 근저당권자를 위한 양도담보의 목적물이 된다. 근저당권설정자는 엔진, 부품 및 기타 부품이 본건 항공기에서 분리되는 경우 그에 대한 소유권을 피담보채무의 담보 목적으로 근저당권자에게 양도하기로 약정하며, 근저당권자가 요구하는 경우 해당 엔진 기타 부품이 근저당권자의 소유임을 표시하는 행위를 포함하여 기타 해당 엔진, 부품 및 기타 부품에 근저당권자를 위한 양도담보를 설정하기 위해 필요한 모든 조치를 근저당권설정자의 비용으로 취하여야 한다. 본항에 따라 설정되는 양도담보에는 제[XX]제[XX]항이 적용되며, 해당 양도담보는 엔진, 부품 또는 기타 부품이 대체될 때에 해지되어, 그에 따라 대체된 대체 엔진 또는 대체 부품 또는 기타 부품이 본건 저당권의 목적물이 된다.*"
[56] 성낙주(2020), 513면.
[57] 한편 항공기금융과 관련하여 중요한 국제협약으로 케이프타운협약(Capetown Convention)을 들 수 있다. 케이프타운협약은 이동자산의 담보권, 리스, 디폴트,

제3항 성격

1. 개별대출의 집합

신디케이티드대출에서는 모든 대주들과 차주 간에 형식상 하나의 대출계약이 작성된다. 그러나 이러한 대출계약에는 각 대주의 권리와 그에 대응되는 차주의 채무가 개별적이고 독립적이라는 점이 명시된다.[58] 이에 실질적인 측면에서, 대주단을 구성하는 개별 대주와 차주 간에는 개별적이고 독립적인 채권채무 관계가 성립된다.[59] 따라서 신디케이티드대출에 사용되는 대출계약에서 달리 정하지 않는 한, 어느 대주가 약정한 금액을 대출하지 않았다고 해서 나머지 대주들이 동 미이행대주의 약정금을 대신 대출하여야 할 책임을 부담하는 것은 아니다.[60] 또한 각 대주는 차주에 대하여 각자의 상계권을 가진다.[61] 즉 신

판매계약 등에 관한 표준절차를 규정한 국제협약으로서 2001년 11월 남아프리카의 케이프타운에서 채택되고 2006년 3월 발표되었다. 이러한 협약이 채택된 배경에는 전 세계적으로 항공기 도입수요가 증가함으로써 항공기금융의 규모 또한 크게 늘었음에도 불구하고, 각국 사법체계의 차이에 따른 담보권 관련 불확실성이 존재한바, 이러한 불확실성을 제거하고 항공기금융을 더욱 활성화시키기 위하여, 항공기담보에 대한 국제적 권리의 생성과 보호, 담보집행, 수출, 등록말소 등과 관련된 이슈를 국제적이고 통일된 표준원칙에 따라 규율할 필요성이 커졌기 때문이다. 동 협약의 적용으로 오늘날 대부분의 항공기금융 담보계약서에도 관련 내용이 언급되는 등 거의 모든 항공기금융 거래에 상당한 영향을 미치고 있다. 다만 우리나라는 아직 동 협약의 가입국이 아니다. 성낙주(2020), 615면 이하

58 Sarah Paterson & Rafal Zakrzewski(2017), 454면; Lee M. Shaiman & Bridget K. Marsh(2022), 110면; Michael Bellucci & Jerome McCluskey(2016), 31면
59 정순섭(2017), 448면; Alastair Hudson(2013), 997-998면
60 실무에서 체결되는 대출계약서에는 통상 다음과 같은 취지의 조항이 포함되어 있다: "금융계약상 각 금융당사자의 의무는 개별적이다. 금융계약상 어느 한 금융당사자의 의무불이행은 금융계약상 다른 당사자의 의무에 영향을 미치지 아니한다. 어느 금융당사자도 금융계약상 다른 금융당사자의 의무에 대한 책임을 부담하지 아니한다."

디케이티드대출은 기본적으로 개별대출의 집합이라는 성격을 가진다.[61]

2. 공동대출의 성격

그러나 신디케이티드대출이 단순히 개별대출 거래의 집합에 불과한 것은 아니다. 일정한 범위 내에서 공동대출로서의 성격도 가지기 때문이다.[63] 이러한 성격은 신디케이티드대출의 여러 측면에서 확인된다.[64] 첫째, 신디케이티드대출에서는 (단독대출 거래에서는 볼 수 없는) 주선은행과 대리은행의 역할을 중심으로 하여 새로운 유형의 권리의무 관계가 발생한다.[65] 둘째, 주요 사항에 관하여는 대주단의 의사결정 방법을 정하여 공동으로 권리를 행사한다.[66] 셋째, 대주가 개별적으로 회수한 채권금액은 그 즉시 대리은행에게 지급되고, 대리은행은 수령한 금원을 대출계약의 '균등분배 조항(pro rata sharing)'[67]에 따라 대

---

61 "다만 그러한 상계권의 행사나 차주의 자발적 지급으로 인하여 어느 대주가 자신의 지분비율 이상을 수령한 경우 이에 대한 처리조항을 두는 것이 일반적이다." 이미현·고훈(2004), 108-109면

62 "신디케이티드대출에 참여하는 대주들은 위험의 분산과 관리라는 점을 활용하고자 공통된 조건 아래 대주단을 구성하고 일정한 지분비율에 따라 그에 참여하였을 뿐, 본질적으로는 자신의 지분비율에 해당하는 대출약정금을 자신의 판단과 책임 하에 대출한 것으로 볼 수 있다." 이미현·고훈(2004), 108-109면

63 Sarah Paterson & Rafal Zakrzewski(2017), 454면; "신디케이티드대출에서는 복수의 대주가 대주단을 구성하여 공통의 조건으로 대출하는 점에서 대출의 실행과 회수 과정에 단체성이 반영된다." 정순섭(2017), 448면; "공동대출은 2개 이상의 금융회사가 동일인 차주에게 담보권을 설정하고 취급하는 대출을 의미하는데, 공동대출은 신디케이티드대출의 형식을 취한다." 정순섭(2017), 450면

64 정순섭(2017), 457면

65 Sue Wright(2014), 270-271면

66 Sue Wright(2014), 285-287면; "기한이익의 상실, 계약의 변경, 소송제기 등 중요 사항은 대주단의 다수결정의 원칙에 의한 의사결정에 따라 대리은행이 처리한다." 정순섭(2017), 456면

67 균등분배 조항은 재분배 조항이라고도 하는데 이는 "어느 대주가 개별적으로 차주

주단에게 배분한다. 넷째, 대출계약상 제공되는 모든 담보는 담보대리인을 통하여 공동으로 관리한다.[68]

신디케이티드대출의 개별대출의 집합의 성격과 공동대출의 성격을 종합해 보건대, 피담보채무의 준거법이 우리법인 신디케이티드대출 거래에서 사용되는 대출계약은 "개별 대주와 차주 간에 별개의 금전소비대차계약이 성립하되, 개별채권채무 원칙을 수정하는 일부 계약조항이 특약으로 부가된 구조"[69]로 보는 것이 합당하다.

3. 신디케이티드대출의 증권성

가) 문제의 소재

신디케이티드대출의 성격과 관련하여 신디케이티드대출이 증권성을 가지는지 여부에 관한 문제도 있다.[70] 이는 신디케이티드대출에 증권 관련 규제를 적용할 것인지와 관련되므로 중요성을 가진다.[71] 만일

에게서 대출금을 회수한 경우 자신의 대출금 비율을 초과하는 부분을 다른 대주에게 분배한다"는 조항이다. 실무에서 체결되는 대출계약서에는 통상 다음과 같은 취지의 조항이 포함되어 있다: "어느 대출당사자가 금융계약과 관련하여 차주로부터 직접 어떠한 금원을 수령한 경우(이하 "최초 수령자"), 자발적이거나 비자발적이거나 상계, 변제 충당, 담보권 행사, 소송 기타 어떠한 사유로 수령한 것인가를 불문하고, 즉시 여신대리금융기관에게 동 금원을 지급하여야 하고, 여신대리금융기관은 동 금원을 수령하는 즉시 금융계약상 동 금원을 수령할 권한이 있는 대출당사자들에게 (그 액수가 부족할 경우 참가비율에 따라서) 이를 분배하여야 한다." 정순섭(2017), 471면

[68] Sue Wright(2014), 259-261면; Rafal Zakrzewski & Geoffrey Fuller(2019), 148-149면; 이미현·고훈(2004), 108-109면; 대리은행이 담보대리인의 역할도 겸하는 경우가 많은데, 그 이유는 대리은행과 담보대리인의 책임과 역할이 겹치는 부분이 있어 완벽한 구분이 어렵고, 원활한 업무처리를 위해서는 대출계약상 대리은행과 담보대리인간에 실시간 공유되어야 하는 정보가 적지 않기 때문에, 동일한 금융기관이 대리은행 및 담보대리인의 역할을 맡는 게 효율적이기 때문이다.

[69] 박 준·한 민(2022), 147면

[70] 정순섭(2017), 476면

신디케이티드대출이 증권성을 가진다고 보아 증권(securities)으로 분류되면, 신디케이티드대출 거래의 당사자들이 대출을 의도하고 거래에 참여하였음에도 통상 증권에 적용되는 복잡한 절차적·형식적인 요건과 각종 민사·형사 책임의 위험부담에 노출되게 된다.[72] 한편 신디케이티드대출 거래의 당사자들은 신디케이티드대출이 증권으로 분류되지 않도록 하기 위하여 계약상 추가적인 주의를 기울이거나 조치를 취하여야 할 수도 있는데, 이는 법률비용(즉 거래비용)의 상승을 초래할 수 있다. 더욱 근본적으로는 신디케이티드대출과 채권의 명확한 구분이 사라지게 됨으로써 신디케이티드대출이 독자적인 자본조달 방식으로서 기능하고 신디케이티드 대출시장(syndicated loan market)이 채권시장(bond market)과 독립된 별도의 시장으로 발전하는 데 방해가 될 수 있다.[73]

나) 자본시장법의 규정

우리나라에서 신디케이티드대출이 자본시장법상 증권으로 해석된다면 자본시장법에 따른 규제를 받게 될 여지가 있다. 가령 자본시장법 제178조는 금융투자상품의 매매 그 밖의 거래(증권의 발행이나 매출을 포함)와 관련하여, 부정한 수단의 사용, 중요사항에 관한 부실표시, 기타 일정한 유형의 부정행위 등을 폭넓게 금지하고 있고, 위반에 대해 민사상 손해배상책임 및 형사책임을 부과하고 있다.

그런데 신디케이티드대출에서 간사은행이 대주단 구성 및 대출계약 체결을 주선하는 형태를 보면 증권의 발행 및 인수와 유사한 측면이 있다. 간사은행이 대주단 구성 및 대출계약의 체결을 위해 최선의 노력을 하되 대주단 구성이 되지 않거나 대출계약이 체결되지 않는 경

---

71 Michael Bellucci & Jerome McCluskey (2016), 569면
72 Michael Bellucci & Jerome McCluskey (2016), 569면; 한 민(2012), 221면
73 Michael Bellucci & Jerome McCluskey (2016), 569면

우 간사은행이 차주에게 대출을 할 의무는 부담하지 않는 주선방식(arrangement)의 경우 자본시장법상 투자중개업에 해당되는 증권 발행에서의 "모집주선"과 유사하다(제6조 제3항).[74] 한편 대주단을 구성하지 못한 금액에 관하여 간사은행이 대주로서 대출의무를 부담하는 인수방식(underwriting)은 자본시장법상 증권의 인수 중 "잔액인수"의 개념과 유사하다(제6조 제2항 및 제9조 제11항).[75]

자본시장법은 증권을 "내국인 또는 외국인이 발행한 금융투자상품으로서 투자자가 취득과 동시에 지급한 금전등 외에 어떠한 명목으로든지 추가로 지급의무를 부담하지 아니하는 것"으로 정의한다(제4조 제1항). 이때 금융투자상품은 "이익을 얻거나 손실을 회피할 목적으로 현재 또는 장래의 특정 시점에 금전, 그 밖의 재산적 가치가 있는 것을 지급하기로 약정함으로써 취득하는 권리로서, 그 권리를 취득하기 위하여 지급하였거나 지급하여야 할 금전등의 총액이 그 권리로부터 회수하였거나 회수할 수 있는 금전등의 총액을 초과하게 될 위험이 있는 것"을 의미한다(제3조 제1항).

그런데 대출의 경우 일반적으로 시장위험에 따른 투자원본의 손실 가능성, 즉 자본시장법상 "투자성"이 없다고 보므로 자본시장법상의 금융투자상품에 해당되지 않는다고 해석될 수 있다.[76] 따라서 원칙적으로 증권으로 분류될 수 없다고 볼 수 있다. 이에 신디케이티드대출 거래에서 대출참여를 권유하는 간사은행은 자본시장법 제178조의 적용을 받지 않는다.

참가형 신디케이티드대출[77]의 경우 간사 은행이 대출참가 희망자들

---

[74] 한 민(2012), 216면
[75] 한 민(2012), 216면
[76] 한 민(2012), 221면; 자본시장법상 "투자성"에 관한 상세한 내용은 정순섭(2008), 285-286면
[77] "대출참가형 신디케이티드 대출은, 차주와의 관계에서 먼저 간사은행만이 대출계

에게 대출에 간접적으로 참여하도록 권유한다. 이와 관련하여, 대출참가 거래는 대출참가 증서의 발행인이나 대출참가 거래의 상대방이 아닌 차주의 채무불이행으로 인한 투자 원금 손실 가능성이 있을 수 있으므로, 자본시장법의 적용 여부가 문제된다.[78] 이는 대출참가자가 가지는 대출참가 계약상의 권리가 자본시장법상의 금융투자상품, 특히 "투자계약증권"(제4조 제6항)에 해당하는지에 대한 문제이다.[79]

자본시장법상 투자계약증권은 "특정 투자자가 그 투자자와 타인 간의 공동사업에 금전 등을 투자하고, 주로 타인이 수행한 공동사업의 결과에 따른 손익을 귀속받는 계약상의 권리가 표시된 것"으로 정의된다(제4조 제6항).[80] 그러나 일반적인 대출참가의 경우, 참가자가 대출채권의 관리, 운용, 처분에 대해 명의상의 대주에게 동의하거나 지시함으로써 상당히 관여하게 되므로, 자본시장법에서 말하는 "주로 타인이 수행한 공동사업"이라는 요건을 충족하지 않는다고 볼 수 있다.[81] 따라서 대출참가 증서는 자본시장법상의 투자계약증권에 해당하지 않는다. 그러나 대출참가 거래의 구조나 계약 조건에 따라서는 투자계약증권의 요건을 충족할 수도 있으며, 이 경우 간사 은행은 자본시장법에 따라 대출참가자들에게 정보 제공과 관련하여 손해배상책임

약을 체결한 다음에, (i) 간사은행이 대출계약상의 지위를 참여은행들에게 이전(경개; novation)하거나 대출채권을 양도(assignment)하는 방법과 (ii) 간사은행이 참여은행들과.. 대출참가약정서(loan participation agreement)를 체결하고 참가인으로부터 대출액에 상당하는 자금을 제공받는 방법을 이용할 수 있다." 한 민(2012), 212면

[78] 한 민(2012), 212면
[79] 한 민(2012), 212면
[80] 이는 이는 미국 연방 증권법(Securities Act of 1933)상 증권의 정의 규정에서 증권의 한 종류로 예시된 투자계약(investment contract)의 의미에 관하여 미국 연방대법원의 Securities and Exchange Commission v. W. J. Howey Co., 328 U.S. 293 (1946) 판례를 통해 형성된 개념을 기초로 한 것이다. 정순섭(2008), 296면
[81] 한 민(2012), 221면; 정순섭(2008), 296면

을 질 가능성이 있다.[82]

다) 미국 증권법의 규정 및 관련 판례

우리나라에서 신디케이티드대출이 증권성을 가지는지 여부가 직접적으로 문제된 사례는 아직까지 없는 것으로 보이고 이와 관련하여 학계의 논의도 많지 않다. 반면 이 문제는 미국에서 활발히 논의되어 왔으며, 특히 이와 관련하여 최근에 내려진 미국 연방대법원(U.S. Supreme Court)의 Kirschner v. JP Morgan Chase Bank, N.A. et al.[83] 판결(이하 "Kirschner 판결")[84]을 참고할 만하다. 해당 판결의 경우 사실관계가 결론에 중요한 영향을 미치므로 상세히 설명한다.

Kirschner 판결의 사실관계에 따르면, 캘리포니아에 본사를 둔 소변 약물 검사 회사인 Millennium Health LLC(이하 "Millennium")는 2012년 3월 JP Morgan Chase Bank, N.A., JP Morgan Securities, LLC, SunTrust Robinson Hyumphrey, Inc., SunTrust Bnk, Bank of Montreal과 총 3억 3000만 달러 규모의 대출 계약(이하 "2012년 대출")을 체결하였다. 대출 계약 당시 Millennium은 연방보건법 위반으로 미국 법무부의 수사를 받고 있는 상황이었으며, 리베이트 관련 법령 위반으로 경쟁 회사들로부터 소송을 당하고 있었다.

이러한 상황에서 2012년 대출의 주요 채권자인 JP Morgan은 Millennium이 2012년 대출 중 미상환 금액 약 3억 달러를 상환할 수

---

82 한 민(2012), 221면
83 피고 회사는 JP Morgan Chase Bank, N.A., JP Morgan Securities LLC, Citibank, N.A., Bank of Montreal, BMO Capital Markets Corp., SunTrust Robinson Humphrey, Inc., SunTrust Bank, Citigroup Global Markets, Inc.
84 Kirschner v. JP Morgan Chase Bank, N.A., 2024 U.S. LEXIS 841(2024)(대법원 판결); Kirschner v. JP Morgan Chase Bank, N.A., 79 F.4th 290 (2d Cir. 2023)(2심 판결); Kirschner v. JP Morgan Chase Bank, N.A, 2020 WL 2614765 (S.D.N.Y. May 22, 2020)(1심 판결)

있도록 하기 위하여 대환대출(refinancing)의 방안으로 대규모 신디케이티드대출을 계획하였다.

신디케이티드대출의 첫 단계로 2014년 3월 JP Morgan Chase Bank, N.A., JP Morgan Securities, LLC, Citi, Citigroup Global Markets Inc., Citibank, N.A., Citicorp USA, Inc., Citicorp North America, Inc., BMO Capital Markets, Bank of Montreal, SunTrust Robinson Humphrey, SunTrust Bank(이하 "최초 대주들")는 17억 7500만 달러 규모의 기한대출(term loan) 계약을 체결하였다. 2014년 4월, 최초 대주들은 이 대출을 약 400개의 기관 투자자들에게 신디케이션하였으며, 이들 중 절반 정도는 외국 기관들이었다.[85]

한편 2014년부터 2015년 사이 Millennium은 청구 관행과 관련된 법적 문제에 직면하게 되었고, 회사는 사기 청구와 리베이트 혐의를 받게 되었다. 2015년 10월, Millennium은 False Claims Act 위반 혐의를 해결하기 위해 미국 법무부와 2억 5600만 달러의 합의를 하였다. 합의 직후인 2015년 11월, Millennium은 Chapter 11 파산 보호를 신청하였다. 2016년, Marc S. Kirschner가 신디케이티드대출에서 참여한 대주들을 대표하는 신탁 관리자(trustee)로 임명되었다.

같은 해 Kirschner는 뉴욕 주 법원(Supreme Court of the State of New York)에 최초 대출 기관들을 상대로 주 증권법 위반을 주장하는 소송을 제기하였고, 여기에는 Millennium의 재정 상태와 법적 책임과 관련된 중요 허위 진술 및 누락에 대한 주장도 포함되었다.

2017년, 피고 측은 이 사건이 국제 또는 외국은행 거래와 관련이 있다는 이유로 Edge Act[86]에 따라 사건을 미국 뉴욕 남부지방법원

---

[85] 대출은 최초 61개의 모대주(Parent Lenders)에게 분할(allocate)된 후 해당 모대주들이 약 400개의 자대주(Child Lenders)에게 재분할(sub-allocate)되는 방식으로 이루어졌다. 자대주 중 약 절반이 외국 대주였다. Kirschner v. JP Morgan Chase Bank, N.A., No. 21-2726 (2d Cir. 2023), 10-11면

(Southern District Court of New York)으로 이관할 것을 통보하였다.

2020년 5월, 미국 뉴욕 남부지방법원은 피고 측의 기각 신청을 승인하였다.[87] 법원은 JP Morgan Chase Bank, N.A.가 외국 기관에 대출이익을 신디케이션한 거래가 포함되었기 때문에 Edge Act에 따라 사건을 심리할 관할권이 있다고 보았고, 노트가 투자적 맥락(investment context)이 아닌 상업적 맥락(consumer or commercial context)에서 발행되었으므로 주 및 연방 증권법의 적용을 받지 않는다고 설시하였다.

좀 더 구체적으로, 지방법원은 미국 연방대법원의 Reves v. Ernst & Young의 판결(이하 "Reves판결")[88]에 따른 "동종 유사성 기준(family resemblance test)"의 네 가지 요소[89]를 적용하였을 때 신디케이티드 대출 노트(syndicated loan notes)가 상업 대출과 유사하다고 결론지었다.

---

[86] Edge Act란 에지상원의원(Walter Evans Edge)의 제안에 따라서 제정된 미국법을 말하며, 이 법에 의하여 설립된 회사를 에지법회사(Edge Act Corporation)라고 한다. Edge Act가 도입되기 전에는 타주에서의 금융업무가 금지되어 있으나 Edge Act가 제정됨에 따라 국제금융업무에 한하여 타주에서의 금융업무가 허용되었다. 이후 미국의 은행들은 Edge Act에 따라 에지법회사를 타주에 설립하여 외국고객을 대상으로 영업활동을 해왔다.

[87] Kirschner v. JPMorgan Chase Bank, N.A, 2020 WL 2614765 (S.D.N.Y. May 22, 2020)

[88] Reves v. Ernst & Young, 494 U.S. 56 (1990)

[89] "Under Reves, courts must apply a "family resemblance" test to determine whether a "note" is a "security." The test "begin[s] with a presumption that every note is a security." It then directs courts to examine four factors, each of which helps to uncover whether the note was issued in an investment context (and is thus a security) or in a consumer or commercial context (and is thus not a security).The four factors are: (1) "[T]he motivations that would prompt a reasonable seller and buyer to enter into the transaction; (2) [T]he plan of distribution of the instrument; (3) [T]he reasonable expectation of the investment public; (4) [W]hether some factors such as the existence of another regulatory scheme significantly reduces the risk of the instrument, thereby rendering the application of the Securities Act unnecessary." (Kirschner v. JP Morgan Chase Bank, N.A., 79 F.4th 290 (2d Cir. 2023)에서 인용)

첫째, 당사자들의 동기는 대출이 Millennium의 운영 자금을 조달하기 위한 상업적 목적으로 이루어졌다. 둘째, 분배 계획은 대출이 일반 대중이 아닌 제한된 그룹의 전문성을 가진(sophisticated) 기관 투자자들에게 분배되었다. 셋째, 대중의 합리적인 기대는 전문성을 가진 투자자들이 해당 대출이 증권이 아닌 상업 대출임을 알고 있었다는 것이다. 넷째, 다른 규제 체계의 존재는 대출이 은행 규제에 따라 관리되었음을 보여주며, 이는 증권법의 보호 필요성을 줄이는 것이다.

2020년 이후, 지방법원의 판결에 불복한 원고 측은 항소를 제기하였다. 2023년 8월 24일, 제2순회항소법원(United States Court of Appeals for the Second Circuit)은 지방법원의 판결을 확정하고,[90] 신디케이트 대출 노트가 증권이 아니라고 판단하였다. 항소법원은 Reves 기준을 적용하여, 대출 노트가 상업적 맥락에서 발행되었으며 증권법의 적용을 받지 않는다고 재확인하였다. 항소법원의 판결은 2024년 2월, 미국 연방대법원에 의해 최종 확인되었다.

미국 연방대법원의 Kirschner판결로 인하여 적어도 미국에서 신디케이티드대출이 증권성을 가지는지 여부를 둘러싼 논란은 일단락된 것으로 보인다. 한편 아직 우리나라에서는 신디케이티드 대출채권의 거래가 활성화되지 못한 상황이나, 추후 국내 대출채권의 유통시장을 저해하는 요소들이 제거되어 우리나라에서도 대출채권의 유통이 활발하게 이루어지게 된다면, 신디케이트대출의 증권성 여부에 대한 국내 논의도 활발해질 것으로 생각된다.

---

[90] Kirschner v. JP Morgan Chase Bank, N.A., 79 F.4th 290 (2d Cir. 2023)

제4항 대주단의 의사결정 방식 및 제한

다수의 금융기관이 대주단을 구성하여 차주와 거래하는 신디케이티드대출에서는 대주단의 의사결정에 관한 사항을 규정하는 것이 중요하다. 대주단의 의사결정 원칙을 명확히 규정하지 않으면 대출기간 중에 발생할 수 있는 여러 이슈들에 대하여 거래의 당사자들이 신속하고 효율적으로 대응하기 어렵기 때문이다. 예컨대 신디케이티드대출에서 대주단의 의사결정 사안이나 절차 등에 대하여 명확히 규정되어 있지 않다면, 차주는 이해관계가 다양한 복수의 대주를 개별적으로 상대하고 설득해야 하는 어려움을 겪게 될 수 있고, 대주는 어느 한 대주가 대주단 전체의 이익과 상충되게 단독으로 행위하는 상황과 마주하게 될 수 있다. 거래 당사자들이 이러한 상황과 마주해야 한다면 신디케이티드대출이 단독대출에 비해 효율적이라고 하기 어렵다.

이에 신디케이티드대출에서는 개별 대주가 단독으로 권리행사를 하는 것에 일정한 제한을 둔다. 대신 대출채권에 관한 권리행사는 대출계약에서 정한 다수대주(또는 사안의 중요도에 따라서는 대주단 전원)의 의사에 따라 이루어지는 것으로 정한다.[91] 다수대주나 대주단 전원의 의사를 반영한 결정은 대리은행을 통해서 실행·집행된다.

이하에서는 신디케이티드대출에서 대주단의 의사결정 방식과 관련된 일반적인 사항을 논하고, 좀 더 구체적으로는 대출채권의 행사 및 담보권의 실행과 관련된 대주들의 의사결정을 논한다. 대출채권의 행사 및 담보권의 실행은 신디케이티드대출의 당사자들에게 있어 가장 핵심적인 사안에 해당한다고 볼 수 있으므로 이러한 검토 없이 신디케

---

[91] Sarah Paterson & Rafal Zakrzewski(2017), 456-457면; 신디케이티드대출에서 대주의 개별적 대출채권 행사의 허용 범위 및 그 효과에 관한 사항은 대출계약의 조항 및 그 해석에 의하여 정해진다. 박 준·한 민(2022), 178면

이티드대출 거래를 정확히 이해하기는 어렵다.

1. 대주단 의사결정의 원칙

대주단 의사결정 원칙이 적용되는 사항에는 채무불이행사유의 면제, 금융계약의 수정,[92] 기한의 이익 상실 선언, 담보권 실행 등에 요구되는 대주단 의결정족수 등이 포함된다.[93] 이러한 사항은 통상적으로 대출계약이나 채권자간계약(intercreditor agreement)[94]에 규정된다. 의결정족수를 결정함에 있어서는 대출만기의 변경, 이자율 인하, 담보권에 영향을 미치는 사항과 같이 모든 대주에게 중요도가 높은 사항의 의결은 대주단 전원의 동의로만 가능하도록 규정하고, 기타 일반적인 사항의 의결은 다수대주의 의결로 가능하도록 규정하는 것이 일반적이다.[95]

---

[92] 실제 금융관행에서는 대출금의 약정, 인출, 상환에 관한 사항을 정한 기본계약서만을 대출계약서라 칭하고, 담보계약서 등 동 대출계약서와 관련하여 체결되는 모든 계약, 약정, 문서를 포괄하여 "금융관련계약서" 또는 "금융계약서"로 정의하는 것이 일반적이다. 이미현·고훈(2004), 111면

[93] Sue Wright(2014), 285-287면

[94] Sue Wright(2014), 360면; 채권자간계약은 선순위대출과 후순위대출이 사용되는 경우 이해관계가 다른 두 대주단 간의 관계를 규율하기 위하여 체결된다. 채권자간계약에서 가장 중요한 내용은 도산절차에서 후순위채무의 선순위채무에 대한 후순위화이다. "영미의 경우 후순위약정이 도산법상 채권자 평등의 원칙(pari passu)이나 법이 정한 절차에 따라 자원 분배의 효율성을 도모하는 도산절차에서의 공서양속(public policy)에 비추어 그 효력이 인정되는지 여부에 대한 오랜 논의가 있어 왔으며, 오늘날에는 후순위약정의 효력이 일반적으로 인정된다." 한편, 국내의 경우 "채무자 회생 및 파산에 관한 법률 제446조 제2항이 "채무자와 채권자가 파산절차에서 다른 채권보다 후순위로 하기로 정한 채권은 그 정한 바에 따라 다른 채권보다 후순위로 한다"라고 규정하여 파산절차에서의 후순위약정의 효력을 인정하고 있다." 우동석·김혜원(2015), 33면

[95] Sara Barin, Caroline Gregson & Anouschka Zagorski(2024); Lee M. Shaiman & Bridget K. Marsh(2022), 263면

이와 관련하여 다수대주의 결정에 의한 대출계약의 변경이 소수대주에게 불리한 경우 다수대주의 의사결정이 효력이 있는지의 문제를 다룬 영국 법원의 판결을 참고할 만하다.[96] Redwood Master Fund Ltd. v. TD Bank Europe Limited 판결[97]에서 국제 금융기관들로 구성된 대주단은 차주사에게 40억 유로(€4,000,000,000)를 대출하였다. 관련 대출계약에는 두 개의 대출항목(Tranche A Facility(대출항목A 대출약정)[98] 및 Tranche B Facility(대출항목 B대출약정))이 포함되어 있었고, 당시 대출계약의 (최초 대주로서) 참여한 국제 금융기관들은 Tranche A Facility 및 Tranche B Facility에 균등한 비율로(pro rata) 참여하였다. 한편 대출계약상 대주의 권리 유예·포기·변경(waiver)에 관한 대주단의 의사결정은 (대출만기의 변경, 이자율 인하, 담보권에 영향을 미치는 사항과 같이 대주단 전원의 동의를 요구하는 사안을 제외하고는) Tranche A Facility 및 Tranche B Facility을 합하여 전체 대주의 662/3% 이상(금액 기준)에 의하는 것으로 규정되어 있었다.

---

[96] Philippe Max & Timothy Stubbs(2013); 국제금융시장에서 실무적으로 금융거래의 준거법은 영국법이나 미국 뉴욕주법이 주로 선택되고 영국법이나 미국 뉴욕주법이 속한 영미법은 판례를 중요한 법원으로 이용된다. 박찬동(2014), 136면; 이상을 참고하여 본 연구에서도 사안에 따라 영미법 판례를 검토하였다.

[97] Redwood Master Fund Ltd and Others v. TD Bank Europe Limited and Others [2002] Ewhc 2703(Ch), [2002] All E.R. (D) 141(Chancery Division, Rimer J.); Sarah Paterson & Rafal Zakrzewski(2017), 458-459면; 정순섭(2017), 456면에는 이 건에 대하여 "신디케이티드 대출 계약상 다수결원칙을 적용할 '신디케이티드 민주주의'(syndicate democracy)"라고 설명하였다.

[98] 단일 신디케이트 내에서 제공되는 대출금에 대하여 이자율 등 일부 조건의 적용을 달리하는 대출금이 존재하는 경우, 그 각 대출금을 국제금융용어로는 "대출항목(tranche)"이라고 하여, "대출항목A(tranche A)" 또는 "대출항목A대출약정(tranche A facility)," "대출항목B(tranche B)" 또는 "대출항목B대출약정(tranche B facility)"이라고 부른다. 이미현·고훈(2004), 111면 참고; 한편, 신디케이티드대출 계약에서 "Commitment"라는 용어는 "대출약정금"으로, "Facility"라는 용어는 "대출약정"으로, "Loan"이라는 용어는 "대출금"으로 통상 번역되어 사용되고 있다.

대출계약에 따른 최초 대출의 실행 이후 차주사는 심각한 재정적 위기를 맞게 되었고 대출계약상 채무불이행사유(event of default)가 발생하였다. 이에 차주사에 대한 회생계획(restructuring plan)을 둘러싼 대주단과 차주사 간의 협의가 진행되었다. 이러한 협의가 진행되던 당시, 대출계약상 Tranche A Facility는 전액 미인출된(wholly undrawn) 상태였고 Tranche B Facility에 대해서는 거의 전액이 인출된(almost fully drawn) 상태였다. 차주사와의 협의 끝에, 대주단은 차주사가 구조조정을 단행할 수 있도록 대출약정금을 감액한다는 취지의 면제계약(waiver letter)을 체결하기로 합의하였는데, 이러한 대출약정금의 감액은 (당시 미인출 상태였던) Tranche A Facility에서 대출을 실행하여 발생하는 자금을 Tranche B Facility에 따른 대출원리금의 일부를 상환하는 방식으로 이루어지는 것으로 하였다.

한편 대출계약상 채무불이행사유가 발생한 이후 당사자들 간에 차주사의 회생계획을 둘러싼 협의가 한창이던 당시, Tranche A Facility의 최초 대주로서 참여하였던 일부 대주는 자신이 보유하고 있던 대출채권(즉 부실채권)의 일부를 (경개의 방식으로) 헤지펀드에게 매각하였다. 대출채권의 양수인으로서 헤지펀드(즉 원고)는 차주사의 장래 존립이 불확실한 상황에서 Tranche A Facility에 따른 추가 대출금을 Tranche B Facility의 대주들의 대출채권 회수에 사용하기로 한 면제계약은 (자신을 포함하는) Tranche A Facility의 대주들에게 명백히 불공정한 계약이고, (자신과 같은) 소수 대주에게 효력이 미치는 행위를 할 수 있도록 다수대주에게 부여된 권한은 전체 대주들의 이익을 위하여 신의성실의 원칙에 따라 행사되어야 한다고 주장하며 소를 제기하였다. 이에 대하여 영국 법원은 다수대주의 결정이 유효하다고 보고 원고의 주장을 받아들이지 아니하였다.

이 건에서 영국 법원은 다수대주는 악의(injurious ill-will or malice)를 가지고 부정하게(bad faith) 행동하지 않았고, 비록 (소수대주로서)

원고가 추가 실행한 Tranche A Facility의 대출금으로 다른 대주들(즉 Tranche B Facility의 대주들)의 대출원리금을 상환하게 되었다는 점에서 원고가 불리한 상황에 처하게 된 것은 사실이지만, 이러한 결과는 대출계약상 의사결정의 권한을 가진 다수대주가 내린 상업적인 결정(commercial decision)에 의한 것이었고, 이러한 결정은 차주사 그룹의 회생 가능성의 제고, 면제계약 체결 대가로 대주단이 수령하는 수수료, 이자율의 인상 등 전체 대주들의 이익을 위한 결정이었다는 점에서 소수대주에게 명백하게 불공평하거나(manifestly unfair) 억압적인(oppressive)행위라고 볼 수 없다고 보았다. 영국 법원은 또한 대출계약상 다수대주의 결정이 모든 대주들을 구속하도록 의도하고 있음이 명백하고, 대출계약은 상사계약으로서 다수대주가 계약변경을 하여 전체 대주들에게 효력을 미치도록 하고 있는데, 어느 한 대주가 그러한 결정으로 자신이 다른 대주들에 비하여 더 영향을 받는다고 하여 계약상 약정을 벗어날 수는 없다고 설시하였다.

영국 법원은 다수의 대출항목이 존재하는 신디케이티드대출 거래에서 다른 대출항목에 참여하는 대주들 간에 이익충돌(conflicts of interest)이 발생할 수 있는데, 대출계약상 의사결정(voting) 조항은 다수대주의 의사결정을 통하여 이러한 이익충돌 상황을 해결·해소하기 위하여 고안된 것이라고 보았다. 영국 법원은 이와 관련하여, 만일 모든 대주들을 동일하게 취급되어야 하거나(treated equally), 대출계약상 어떠한 의사결정이 이루어질 때마다 다수대주 관련 의사결정이 모든 대주들의 이익에 부합하는지 여부(whether the decision benefitted each lender)를 증명해야 한다면 (이러한 경우 소수대주가 매번 거부권(veto)을 행사할 것이 자명하다는 점을 고려하였을 때) 대출계약의 의사결정 절차는 마비될 것이라며, 다수대주의 결정을 대출계약에서 정한 대로 집행하는 것이 중요하다는 점을 강조하였다.[99]

위 법원 판결에서 볼 수 있듯, 신디케이티드대출에서는 대출계약에서 정한 바에 따라 이루어지는 다수대주의 결정이 설령 일부 대주에게 불리하다고 하더라도 다수대주의 결정이 전체 대주단에게 효력을 미치도록 하고, 다수대주의 의사결정에 불복하거나 이러한 의사결정의 효력에 이의를 제기할 수 없도록 한다.[100] 이렇게 하지 않으면 다수의 기관들이 참여하는 신디케이티드대출이 효율적으로 실행되거나 관리되기 어려울 것이므로 이렇게 하는 것이 합당하다.

2. 대출채권의 행사 관련 대주들의 의사결정

일반적으로 대출채권에 관한 권리행사(예컨대 기한이익상실)는 대출계약에서 정한 다수대주의 의사에 따라 이루어지는 것으로 정한다.[101]
대출채권의 행사와 관련해서는 두 개의 미국 법원 판결을 참고할만하다.

New Bank of New England, N.A. v. The Toronto-Dominion Bank 사건[102]에서 신디케이티드대출 거래에 참여한 다수의 대주들은 채무불이행사유가 발생한 차주를 상대로 하여 대출원리금의 변제조건을 재조정하기 위한 합의를 진행하였다. 다수대주는 해당 협의가 진행되는 동안에는 대출채권의 기한의 이익을 상실시키지 않기로 합의하였다. 그

---

99 Redwood Master Fund Ltd and Others v. TD Bank Europe Limited And Others [2002] Ewhc 2703(Ch); Philip R. Wood(2023), 261~263면; Association of Corporate Treasurers, London(2022), 252면
100 Alastair Hudson(2013), 1011-1012면
101 다만 만기의 도래 또는 기한이익상실에 의해 일단 변제기가 도래한 대출채권에 대해서는 개별 대주가 대출채권을 행사하는 것을 금지하지는 않는다. 그러나 설령 대주의 개별적인 대출채권의 행사가 가능한 경우에도 어느 한 대주가 대출채권을 개별적으로 행사하여 채권을 회수한 때에는 그 회수된 금액은 원칙적으로 분배조항에 의하여 모든 대주들에게 안분되어야 한다. 박 준·한 민(2022), 178면.
102 New Bank of New England, N.A. v. The Toronto-Dominion Bank, 768 F.Supp. 1017 (S.D.N.Y. 1991)

런데 이에 반대하는 어느 한 대주(NBNE)가 대리은행을 상대로 하여 자신은 대출채권의 기한의 이익을 상실시키지 않겠다는 다수대주의 입장에 동의하지 않는다고 통지하였다. 이후에도 NBNE는 자신이 더 이상 차주사의 자본구조조정 협의에 참여하지 않을 것이며 이와 관련하여 다른 어느 대주도 자신의 입장을 대리할 권한을 가지지 않는다는 취지로 대리은행에 통지하였다.

한편 다수대주와 차주사는 차주사에 대한 기존 선순위 채무의 구조조정을 위한 주요 조건에 대한 협의를 계속 진행하였고 이에 대한 결과물로서 대주단은 차주사에게 대출원리금의 지급 기한을 연장해 주고 이자율을 낮추어 주기로 하였다. 이에 NBNE는 대리은행을 상대로 하여 차주사에 대한 기한이익상실 및 담보권 실행을 청구하였다. 이에 대하여 미국 법원은 대출계약상 대주 단독으로는 이와 같은 권리를 행사할 수 없다는 점이 대출계약상 명확하다고 판시하며 원구의 청구를 받아들이지 않았다. 미국 법원은 고도의 전문성을 갖춘 금융기관들 간에 합의된 대출계약에 따라 어느 대주가 단독으로 권리를 행사할 수 없음이 명백한 상황에서 이에 반대하는 어느 한 금융기관이 대출계약의 관련 조항을 달리 해석 또는 의도했다고 해서 대출계약상 의미가 불명확해지거나 모호해지는 것은 아니라고 설시하였다.[103]

Beal Savings Bank v. Sommer판결[104]은 차주사의 대출원리금채무에 관하여 차주사의 모회사가 대주단에게 차주사의 재무지표가 일정 수준 이하로 떨어지면 모회사가 차주사에게 증자를 통해 자금을 투입하겠다는 소위 "Keep-Well Agreement"를 제공한 사안을 다루고 있다. 해당 사안에서 대부분의 대주들은 차주사에 대하여 미국 연방파산법

---

103 New Bank of New England, N.A. v. The Toronto-Dominion Bank에 대한 판결은 박 준·한 민(2022), 178면에, Beal Savings Bank v. Sommer건에 대한 미국 법원의 판결은 박 준·한 민(2022), 178면에도 언급되어 있다.
104 Beal Savings Bank v. Sommer, 8 N.Y. 3d318(2007)

에 따른 도산절차가 개시된 후 모회사에 대한 Keep-Well Agreement에 따른 권리행사를 유예하기로 합의하였다. 그런데 이에 반대하는 어느 한 대주가 차주사의 모회사를 상대로 Keep-Well Agreement에 따른 의무이행을 청구하였다. 이에 대하여 미국 법원은 대출계약 및 (Keep-Well Agreement를 포함하는) 관련 금융계약에 포함되어 있는 구체적이고 모호하지 않은 여러 조항들을 전체적으로 고려하였을 때, 다수대주의 지시에 의해 권리를 행사할 수 있도록 한 대출계약의 조항은 다수대주의 지시에 의한 권리행사의 유예도 포함된다고 보았다.

미국 법원은 차주사에 대하여 불이행 사유가 발생하는 경우 대주단은 다수대주의 의사결정에 따라 공동으로 행하는 것을 의도하였고 이러한 대주단의 의사가 관철되는 것을 방해하는 개별 대주의 단독 행위를 계약적으로 차단하려고 하였음이 명백하다고 보았다.[105] 미국 법원은 이러한 대출계약 및 관련 금융계약의 해석에 따라, 신디케이티드대출 거래에서 대주단을 구성하는 1군데 대주가 나머지36군데 대주(금액 기준 95.5%)의 의사에 반하여 (Keep-Well Agreement상 의무를 부담하는 모회사를 상대로) 대출채권에 대한 권리를 행사할 수 있는 근거가 없다며 원고의 청구를 기각하였다.

위 미국 법원의 판결들은 신디케이티드대출에서 대출채권 관련 권리의 행사에 공동의 의사를 반영하는 것이 원칙이기 때문에 개별 대주가 개별적으로 대출채권에 대한 행사를 하는 것은 허용하지 않는다는

---

105 "We are asked to determine whether one lender in a syndicated loan arrangement has standing to sue for breach of contract, contrary to the will of the other 36 lenders to forbear from taking action. The specific, unambiguous language of several provisions, read in the context of the agreements as a whole, convinces us that, in this instance, the lenders intended to act collectively in the event of the borrower's default and to preclude an individual lender from disrupting the scheme of the agreements at issue." Beal Savings Bank v. Sommer, 8 N.Y. 3d318(2007)

점을 보여준다.106

3. 담보권의 실행 관련 대주들의 의사결정

신디케이티드대출에서는 특정 대주가 대리은행에게 담보권 실행을 요청하더라도 다수의 대주들이 담보권 실행을 원하지 않는 경우 대리은행은 담보권을 실행할 수 없다. 이러한 경우에 특정 대주가 단독으로 담보권 실행을 할 수 있는지 여부가 문제될 수 있다.

신디케이티드대출에서는 개별적인 담보권 실행을 금지하는 조항을 명시적으로 두는 경우가 많다.107 한편 대출계약상으로는 개별적인 담보권의 실행을 금지하는 명시적인 규정을 두고 있지 않더라도 담보의 구조에 따라 개별 대주가 단독으로 담보권을 실행하는 것이 허용되지 않을 수도 있다.108 예컨대 대주들이 제1순위 근저당권을 공유하는 경우 공유자의 1인으로 근저당권을 실행하는 것은 어려울 것이다.109 반면 개별적인 담보권 실행을 허용하는 조항을 명시적으로 두는 경우도 전혀 없지는 않다.110

신디케이티드대출에서 특정 대주가 변제기가 도래한 대출채권에 대하여 대주들에게 개별적인 담보권 실행을 허용할지 여부는 궁극적으로는 당사자들의 합의에 달려있다. 따라서 만일 이와 관련하여 문제가 발생한다면 법원은 대출계약상 문구의 해석에 따라 판결할 가능성

---

106 한 민(2012), 228-229면
107 Michael Bellucci & Jerome McCluskey(2016), 469면, 473-476면; Alastair Hudson(2013), 1001면; 설령 개별적인 담보권 실행이 허용되더라도 담보권 실행에 의한 회수금은 분배조항이 규정하는 바에 따라 모두 대주들에게 안분되어야 한다. 박 준·한 민(2022), 180면
108 박 준·한 민(2022), 181면
109 박 준·한 민(2022), 181-182면
110 Michael Bellucci & Jerome McCluskey(2016), 473-476면

이 높다.111 만일 대출계약상 변제기가 도래한 대출채권에 대하여 어느 한 대주가 개별적으로 담보권을 실행하는 것을 예정하지 않았다면 이러한 행위를 명시적으로 금지하는 조항을 대출계약에 반영해 두는 것이 바람직하다.112 이렇게 해야 추후 이와 관련하여 발생할 수 있는 당사자간의 혼란이나 기타 분쟁을 방지할 수 있을 것이기 때문이다.113

---

111 개별적인 담보권 실행을 금지하는 조항의 예는 다음과 같다:
"*Each Lender agrees that it shall not take or institute any actions or proceedings, judicial or otherwise, for any right or remedy against any Loan Party or any other obligor under any of the Loan Documents (including the exercise of any right of setoff, rights on account of any banker's lien or similar claim or other rights of self-help), or institute any actions or proceedings, or otherwise commence any remedial procedures, with respect to any Collateral or any other property of any such Loan Party, without the prior written consent of the Administrative Agent. The provision of this Section [ ] are for the sole benefit of the Lenders and shall not afford any right to, or constitute a defense available to, any Loan Party.*"
반면, 개별적인 담보권 실행을 허용하는 조항의 예는 다음과 같다:
"*The amount payable at any time hereunder to each Lender shall be a separate and independent debt and each Lender shall be entitled to protect and enforce its rights arising out of this Agreement, and it shall not be necessary for any other Lender to be joined as an additional party in any proceeding for such purpose.*" Michael Bellucci & Jerome McCluskey(2016), 473-476면

112 이와 관련한 여러 미국 법원의 판결에서 미국 법원은 대출계약에 어느 한 대주의 개별적인 담보권 실행을 허용하는 명시적인 문구가 포함되어 있지 않는 한 이러한 개별적인 담보권실행은 허용되지 않는다고 보았다("individual lender action is precluded unless a credit agreement explicitly grants such authority to each lender"). Michael Bellucci & Jerome McCluskey(2016), 475면

113 참고로 "담보권신탁이나 병행채무방식으로 사용하여 담보권을 설정한 경우에는, 대리은행은 다수대주의 동의나 지시를 받은 후에 담보수탁자 또는 담보대리인에 대하여 담보권 실행 지시를 하게 되므로 이러한 경우에는 개별 대주에 의한 담보권 실행은 (구조적으로) 허용되지 않는다." 따라서 위에서 우려한 상황이 발생할 가능성이 없다. 박 준·한 민(2022), 182면

제2절 신디케이티드대출과 대출채권의 거래

제1항 대출채권 거래의 의의 및 중요성

금융기관은 투자자금을 조기에 회수하기 위하여 통상 (i) 대출 거래에 참여한 기존 금융기관이 아닌 다른 금융기관에게 대출채권을 양도하거나, (ii) 대출채권을 증권화하여 일반 공중에 분산 매각함으로써 대출채권을 유동화한다.[114]

이 중 전자는 채권양도, 대출참가, 경개, 계약상 지위의 이전 등의 방식으로 이루어지고,[115] 후자는 대출채권을 표창하는 증권을 발행하여 이를 제3자에게 매각하거나, 만기·상환방식·이율 등의 조건이 유사한 다수 채권을 한데 모아 이를 담보로 채권을 발행하는 방식으로 이루어진다.[116]

신디케이티드대출과 관련해서는 대출채권의 양수도가 특히 중요한 의미를 가진다. 신디케이티드대출 거래에 참여하는 금융기관들 중에는 최초 대출 실행일(closing date) 이후 자신이 보유한 대출 채권의 전부 또는 일부를 양도할 것을 예정하여 거액의 대출금을 약정하는 경우가 적지 않기 때문이다.[117] 당장은 거액의 대출금을 약정하며 대출 거

---

114 반기로·박훤일(1996), 52~52면
115 대출채권의 양도 방식에 대해서는 본 절의 제3항을 참고.
116 반기로·박훤일(1996), 52~52면
117 "[T]he facility documentation may contemplate the mechanics of a syndicated loan, but the wider syndicate will be brought together at a later stage, by virtue of a 'selling down' exercise, under which the bank or small group of banks that initially entered into the transaction with the borrower (often referred to as 'underwriters' or 'co-arrangers') will transfer participations of their commitments and exposures to the larger syndicate

래에 참여하되, 추후 대출채권의 양수도를 통해 대규모 대출에 따른 위험을 분산하려는 것이다. 이러한 금융기관의 입장에서 추후 대출채권의 양수도를 전제할 수 없는 상황이라면, 최초의 대출거래에 거액의 대출금을 약정하는 데 부담이 따를 것이므로 여신승인을 위한 심사 절차가 더 까다로울 수 있다. 차주의 입장에서도 추후 대출채권의 양수도가 전제되어야 대출거래의 신디케이션 구성이 상대적으로 용이하다.[118]

제2항 대출채권 거래와 유통시장

1. 대출채권 거래의 목적

신디케이티드대출 거래에서 대출채권의 양수도는 여러 목적에서 이루어진다. 첫 번째 목적은 은행에 대한 건전성 규제와 관련된다.[119] 대출채권을 가진 은행이 그 채권을 법적으로 양도하거나 그 채권에 내재된 신용위험을 이전하는 거래를 하는 경우가 있다.[120] 이러한 거래

---

at some time after the facility agreement has been entered into between the borrower and the initial bank or banks." Rafal Zakrzewski & Geoffrey Fuller(2019), 106면; 양자간대출 거래에서도 대출채권의 양수도를 규정하는 경우가 없지는 않으나 이러한 규정은 신디케이티드대출 거래에서 훨씬 흔하다 ("Transfer provisions may occasionally be found in a straightforward bilateral facility, but they are much more common in syndicated facilities."). Rafal Zakrzewski & Geoffrey Fuller(2019), 58면

118 대출거래에 대출채권의 양수도를 제한하는 규정이 많이 포함될수록 차주가 조달할 수 있는 대출금액이 줄어들 수 있다. 즉 대출채권 양수도의 제약에는 비용이 따른다("However, borrowers need to bear in mind that the more restrictive the transfer provisions, the smaller the pool of money will be for funding the loan. Restrictions on transfer may come at a cost."). Sue Wright(2014), 264면

119 김영도(2019), 24면

는 대체로 건전성규제에 따라 은행이 자기자본 비율을 유지하기 위하여, 또는 부실채권의 정리를 위하여 이루어진다. 은행이 대출에 참여하면 채무자의 신용위험에 노출되므로 그 위험가중치에 따른 자기자본이 필요하게 된다. 이 경우, 은행은 위험자산을 일정 수준 이상으로 늘릴 수 없으므로 자기자본을 증액하지 않고 사업을 확대하기 위한 방안을 선택해야 한다.[121] 이를 위한 두 가지 방안으로 위험가중치가 낮은 자산(예컨대 국가, 중앙은행, 신용도가 높은 금융기관 등에 대한 채권)을 운용하는 방안 및 위험가중치가 높은 자산을 줄이는 방안을 생각할 수 있다.[122] 이 중에서 대출채권의 양도는 위험가중자산을 줄이는 대표적인 방안이다.[123] 아울러 차주가 채무를 불이행하여 대출채권이 부실화되면, 은행은 그 부실채권을 계속 직접 관리하는 것보다는 부실채권을 처분하는 편이 낫다고 판단할 수 있다.[124] 이에 부실채권을 양도한다.[125]

---

[120] 예컨대 코로나19(Covid-19) 팬데믹이 한창이던 2020년도에 이루어진 대출채권 거래의 주된 목적은 신용위험을 이전하기 위함이었다. Lee M. Shaiman & Bridget K. Marsh(2022), 400면.

[121] 박 준·한 민(2022), 129면.

[122] 박 준·한 민(2022), 129면; 김영도(2019), 30면.

[123] 박 준·한 민(2022), 129-130면; 김영도(2019), 30면.

[124] Peter J. Nigro, Jonathan D. Jones & Murat Aydogdu(2010), 37면; 박 준·한 민(2022), 130면.

[125] 박 준·한 민(2022), 129-130면; 미국의 경우, 부실채권의 대상회사인 차주가 회생절차(chapter 11 proceedings) 중에 있다면, 지배권(control)을 확보하기 위해서는 의결권 있는 클래스의 2/3에 해당하는 대출채권을, 이에 대한 이의(blocking position)를 제기하기 위해서는 의결권 있는 클래스의 1/3에 해당하는 대출채권을, 인수하여야 한다. 부실채권의 투자자들은 회사의 펀더멘탈은 준수하나(good fundamentals), 부채비율이 매우 높거나(highly levered) 파산/회생이 임박한(soon-to-be bankrupt) 기업의 대출채권을 대량 매수한 후, 이를 주식으로 전환하여 부채가 없는 상태(delevered)로 만든 다음, 해당 기업의 가치를 제고하여, 주식을 다른 투자자들에게 매각하는 방식으로 수익을 창출한다. 실제로 에너지 위기가 한창이던 2015년, 회생절차에 들어간 C&J Energy Services라는 회사의

두 번째 목적은 안정적인 신디케이트(대주단)의 구성과 관련된다. 개별 거래마다 편차가 있겠으나, 대부분의 신디케이티드대출 거래는 정해진 기한 내에 이루어지게 된다. 따라서 신디케이티드대출 거래를 성공적으로 실행하기 위해서는 정해진 기한에 맞추어 신속히 대주단을 구성하는 것이 매우 중요하다. 그런데 금융시장의 상황이나 금융조건이 금융기관들에게 불리하거나, 차주의 필요에 따른 기한이 지나치게 촉박하거나, 연관된 거래에서의 제약으로 인하여 정해진 기한 내에 규모 있는 대주단의 구성이 어려운 상황이 발생하는 경우가 있다. 이러한 상황에서는 차주와 우호적이고 지속적인 거래관계에 있는 소수의 금융기관들만이 최초의 대출거래에 참여하고, 대출 실행일 이후 최초 참여 금융기관들이 보유하는 대출채권의 전부 또는 일부를 양도함으로써 안정적인 신디케이트를 구성할 수 있을 것이다.[126] 이 때 최초의 대출거래에 참여하는 소수의 금융기관들은 상대적으로 고액의 대출금을 약정할 수밖에 없으므로 이러한 부담을 줄이기 위하여 추후 대출채권의 양도를 예정한다.

세 번째 목적은 대출 포트폴리오의 다각화와 관련된다.[127] 금융기관들은 균형 있는 대출 포트폴리오의 유지를 위하여 특정 회사에 집중된 신용위험이나 채무불이행위험을 부담하기를 꺼려한다. 또한 금융기관들의 입장에서는 금융시장의 급격한 변화로 시장 내 전반적인 위험요

대출채권의 거래가는 액면가(par value)보다 훨씬 높은 130 정도였는데, 이러한 거래가는 "회생절차 이후의 주식가치(post-reorg equity)"에 대한 대출채권 투자자들의 엄청난 기대를 반영한 것이었다. Lee M. Shaiman & Bridget K. Marsh (2022), 401-402면

126 거래 일정이 촉박한 경우, 1차적으로 차주사와 우호적인 관계에 있는 소수의 대주들이 차주에게 대출을 실행하여 주고, 2차적으로 대출채권의 양수도를 통하여 좀 더 안정적이고 영구적인 대주단을 구성하기도 한다. 이를 일컬어 "Two-Step Syndication"이라고 한다. Lee M. Shaiman & Bridget K. Marsh(2022), 49면

127 Peter J. Nigro, Jonathan D. Jones & Murat Aydogdu(2010), 34면; George G. Pennacchi(1988); Rebecca S. Demsetz(2000)

소가 높아지는 상황에 대비할 필요가 있다. 따라서 보유하고 있는 대출채권의 양수도를 통하여 충분히 분산되고 다각화된 대출 포트폴리오를 유지하려 한다.[128]

네 번째 목적은 대출채권의 증권화와 관련된다. 대출채권의 잠재적인 양수인에는 은행 이외에 보험회사, 연기금, 헤지펀드, 자산유동화를 위한 SPC 또는 부실채권의 양수를 전문으로 하는 펀드(이른바 벌처펀드) 등이 포함될 수도 있다.[129] 이러한 유형의 금융기관들은 신디케이티드대출의 직접 당사자가 되기 위해서가 아니라 양수받은 대출채권을 기초로 하여 자산유동화를 하는 것을 염두에 두고 대출채권의 양수인이 된다. 만일 대출채권의 양수인이 자산유동화를 위한 특별목적회사라면 해당 양수인은 다른 사업은 전혀 하지 않고 단지 대출채권에 기초한 유동화증권을 발행할 뿐이다.[130] 대출채권을 보유한 은행이 그 채권을 직접 양도하지 않고 신용파생거래 등을 통하여 차주에 대한 신용위험만 이전하는 경우도 있다.[131] 이 경우 이전된 신용위험을 바탕으로 합성유동화증권이 발행되면 증권투자자가 대출채권의 신용위험을 부담하게 된다.[132] 이러한 경우에서의 대출채권의 양수도는 대출시장을 증권시장으로 연계하는 역할을 한다.[133]

---

[128] Oliver Wyman(1999); Peter J. Nigro, Jonathan D. Jones & Murat Aydogdu (2010), 34면.
[129] 박 준·한 민(2022), 130면; 대출채권의 양수인이 누가 될 수 있는지에 대해서는 당사자 간의 협의에 따라 개별 대출계약에서 정하기 나름일 것이다. 실무에서는 이 부분에 대하여 당사자간에 상당한 협의가 이루어진다.
[130] 박 준·한 민(2022), 130면
[131] 박 준·한 민(2022), 130면
[132] 박 준·한 민(2022), 130면
[133] 박 준·한 민(2022), 130면

2. 유통시장의 의의

대출채권의 유통시장이란 대출채권이 금융기관 간에 거래되는 금융시장으로서 주로 은행들이 신디케이티드대출 거래에 따른 대출채권을 이러한 시장을 통해 대출이 만료되기 이전에 매각 또는 판매하는 것을 의미한다.[134] 다만 이와 관련하여 주식처럼 거래소나 결제를 대행하는 기관이 따로 있는 것은 아니다.[135]

3. 유통시장의 발달과정

대출채권의 유통시장은 1980년대에 미국에서 부실채권의 매각이 이루어지는 과정에서 일부 형성된 것으로 파악된다.[136] 그러나 정상채권[137]의 거래는 1980년대 말부터 미국과 유럽을 중심으로, 인수금융거래(특히 차입매수(leveraged buyout))가 활발해지면서 시작되었다.[138] 1990년대 초부터는 대출시장에서 조성된 대출채권이 거래될 수 있는 유통시장이 형성되었다.[139]

---

[134] 대출채권의 거래에 따라 은행업 사업모델도 변화되었다. 과거 은행의 전통적 사업모델은 대출을 실행하면 만기까지 보유하는 모델(OTH: Originate-To-Hold)이었는데, 이런 방식이 점차적으로는 보유하고 있던 대출채권을 매각하여 관련 신용위험 등을 분산하는 모델(OTD: Originate-To-Distribute)로 변화하였다. Peter J. Nigro, Jonathan D. Jones & Murat Aydogdu(2010), 36면

[135] The Association of Corporate Treasurers(2022), 387면; "Loans are not a security; they are nonTRACE instrument where one cannot look to an exchange to find the last transaction levels in a loan." Alastair Hudson (2013), 1013면; 이재복·윤경수(2018), 5면

[136] Peter J. Nigro, Jonathan D. Jones & Murat Aydogdu(2010), 37면; 신용균 외(2004), 210, 214면

[137] 정상채권은 부실채권과 대조되는 용어로서, 투기 또는 투자등급 채권을 의미한다.

[138] Allison Taylor & Alicia Sansone(2007), 584면

[139] The Association of Corporate Treasurers(2022)

이후 유통시장은 1990년대 중반부터 2000년대 초반 사이에 세계 주요 금융시장에서 신디케이티드대출 거래를 활성화하기 위한 목적으로 시장참여자들이 주축이 되어 자율적으로 거래협회를 만들기 시작하면서 새로운 발전의 계기를 맞았다. 거래협회를 통하여 거래계약서가 표준화[140]되고 거래방법도 정립되었으며, 신용평가사들이 대출채권의 등급을 평가하여 공표하기 시작하였던 것이다.[141]

특히 거래협회의 출연을 통하여 대출채권의 거래가 활성화될 수 있는 인프라의 정비가 이루어진 덕분에 대출채권 유통시장은 크게 확대되었다.[142] 일반적으로 대출은 주식이나 채권처럼 이전을 전제로 하지 않고 대주 금융기관과 차주 기업 간에 '맞춤형'으로 계약이 체결되기 때문에 거래대상으로는 적합하지 않다는 인식이 있었다.[143] 그런데 거래협회의 출연으로 인하여 대출채권의 거래에 사용될 수 있는 계약서의 표준양식이 제작되고 보급됨으로써 신디케이티드 대출채권의 양수도가 쉽고 빠르게 이루어질 수 있게 되었다.[144] 이에 대출거래의 당사자들은 추후 대출채권의 양수도를 미리 염두에 두고 대출계약을 체결하는 것이 가능해졌다.

---

[140] 현재 이루어지고 있는 신디케이티드대출 거래는 주로 영국의 대출시장협회(LMA), 홍콩의 아시아태평양 대출시장협회(APLMA), 미국의 대출 신디케이션 및 거래협회(LSTA), 일본대출채권시장협회(JSLA)가 작성한 표준계약서를 사용하고 있다. 정순섭(2017), 458면
[141] 신용균 외(2004), 248면
[142] 1990년대 중반까지는 대출시장의 주요 자금 제공자는 대형은행에 한했기 때문에 유통시장에서 이루어지는 대부분의 거래는 최초 신디케이션 이후 가치가 하락한 부실채권에 대하여 이루어졌다. 다만 이 시기에도 BT Alex Brown, Bear Stearns, Citibank 및 Goldman Sachs와 같은 대형은행들은 별도의 트레이딩데스크를 운영하며 대출채권 거래에서 브로커(broker)역할을 수행하였다. Peter J. Nigro, Jonathan D. Jones & Murat Aydogdu(2010) 및 Glenn Yago & Donald McCarthy(2004); The Association of Corporate Treasurers(2022), 410-411면
[143] Lee M. Shaiman & Bridget K. Marsh(2022), 411면
[144] Lee M. Shaiman & Bridget K. Marsh(2022), 411면

대출채권의 유통시장이 확대되면서 참여은행들의 전통적 사업 모델도 대출을 실행하여 만기까지 보유하는 모델에서, 보유하고 있던 대출채권을 만기 이전에 유통시장에서 매각함으로써 리스크를 분산하는 모델로 변화하였다.[145] 이러한 변화의 시기를 거치면서 대출채권 투자자들의 범위도 자연스레 대형은행들에서 기관투자자들[146]로 점진적으로 확대되는 등 유통시장의 투자자 기반이 다양해졌다.[147]

이후 대출채권의 유통시장은 글로벌 금융위기를 겪으며 일부 정체되기도 하였으나 최근 다시 시장 규모가 늘어나기 시작하였다. 현재 대출채권의 거래는 미국과 유럽 등 선진 금융시장에서 활발히 이루어지고 있다.[148] 실제로 2017년을 기준으로 미국, 유럽, 일본의 거래량을 합친 규모는 약 7,200억달러에 이르렀다. 이 중에서 미국의 거래량은 6,000억달러 수준으로 상당히 큰 비중을 차지한다.[149]

---

[145] Peter J. Nigro, Jonathan D. Jones & Murat Aydogdu(2010), 36면

[146] 여기서 기관투자자란 비은행금융기관, 헤지펀드, 뮤추얼펀드, CLO 펀드, 하이일드(high yield) 펀드, 보험회사, 부실채권 펀드 등을 포함하는 금융기관들을 의미한다. 미국의 경우, 2010년부터 2020년의 기간 동안, 이러한 기관투자자들의 수는 꾸준히 증가하였다. Standard & Poor's의 자료에 따르면, 2010년도 미국 기관투자자들의 수는 225군데였으나, 이러한 수치는 꾸준히 증가하여 2020년도 미국 기관투자자들의 수는 300개에 달하였다. The Association of Corporate Treasurers(2022), 39면

[147] The Association of Corporate Treasurers(2022), 408-409면

[148] 미국 신디케이티드대출의 유통시장은 매우 가파른 성장을 기록한 대출시장을 초과하는 엄청난 성장율을 기록하였다. 예컨대 1991년도에 약 80억 달러 수준이었던 미국 유통시장의 규모는 2010년도에는 약 4,130억 달러 수준으로 성장하였다. 동 기간 미국 신디케이티드대출 유통시장의 연평균 복합 성장율(compound annual growth rate)은 35.2%를 기록하였다. Mark J. Kamstra, Gordon S. Roberts & Pei Shao(2014), 1140면; "Secured debt is actively traded in England and Wales so the beneficiaries may well change," Practical Law Finance3(2024), 4면

[149] 2017년 대출채권의 거래량은 미국 6,350억달러, EmeA(Europe, Middle East, And Africa) 577억달러, 일본 247억달러를 기록하였다(loanconnector.com 참조). 아울러 각 시장의 발달과정을 살펴보면, 미국과 유럽의 경우 금융시장의 필

4. 유통시장 발전의 역할 및 중요성

대출채권 유통시장이 형성되고 거래가 활발해지면 금융시장과 금융시장에 참여하는 기관들의 관점에서 여러 긍정적 효과가 발생한다.

가) 대출채권의 매도자의 관점에서

우선 대출채권의 매도자의 관점에서, 대출채권 거래의 활성화는 다음과 같은 이점을 제공한다. 첫째, 대출자산의 대출기간이 긴 경우 대출기관은 유통시장에서 대출채권을 매각함으로써 자본을 실현하거나 새로운 대출기회를 활용하기 위한 유동성을 확보할 수 있다. 둘째, 대출기관의 대출 포트폴리오가 특정 차주, 특정 지역, 특정 산업, 또는 특정 만기에 집중되어 있을 경우 이를 매각함으로써 신규 대출기회를 확보하여 대출 포트폴리오의 다각화를 이룰 수 있다. 셋째, 대출기관의 대출 능력은 일정 수준 이상의 내부적 그리고 외부적 자본 요구에 대응할 필요가 있는데[150] 유통시장은 이러한 자본요구에 대한 관리수단의 기능을 한다. 넷째, 차주의 상환 가능성이 낮다고 판단하는 경우 대출기관은 대출채권의 매각을 통해 이를 시가로 정리할 수 있고, 부실채권에 특화된 시장참여자의 참여를 이끌어낼 수 있다.[151]

나) 대출채권의 매수자의 관점에서

대출채권의 매수자의 관점에서 대출채권의 거래는 금융기관들로

요에 의해 자생적으로 발달한 반면, 일본의 경우 1990년대 금융개혁의 일환으로 기업금융 활성화를 추진하면서 정부가 신디케이티드대출의 확대를 도모한 측면이 있다. Faster Capital(2024)에 따르면, 미국은 전 세계 신디케이티드대출 시장에서 가장 큰 시장 점유율(50%)을 차지한다. 유럽은 두 번째로 큰 시장 점유율(30%)을 차지한다. 이재복·윤경수(2018), 8-9면

150 Peter J. Nigro, Jonathan D. Jones & William W. Lang(2005), 401면
151 김영도(2019), 30면

하여금 대출시장에서 이루어지는 최초 거래에 직접 참여하지 않았더라도 추후 유통시장을 통해 이러한 거래에 참여할 수 있는 통로가 되어주고, 이러한 금융기관들이 대출 포트폴리오의 다각화를 이룰 수 있도록 해준다.[152] 아울러 유동성은 풍부하지만 기업에의 접근이 어려운 중소형 금융기관들에 대하여 대출자산 투자의 플랫폼 역할을 한다는 점에서 의미가 있다.[153]

다) 차주의 관점에서

차주의 관점에서 대출채권 거래의 활성화는 다양한 자금조달 수단을 확보할 수 있도록 해 주고 이로써 차주의 재무안정성을 높여준다. 전통적인 대출시장의 참여자들뿐만 아니라 여타 자금 공급의 여력이 있는 기관투자자들이 시장에 참여할 수 있게 되므로 대출시장에서의 공급이 확대되기 때문이다.[154] 이러한 유통시장의 발달이 신디케이티드대출의 활성화로 이어질 경우 기업은 여러 금융기관을 상대해야 하는 부담은 줄이면서도 거액의 자금을 조달할 수 있게 된다.

또한 유통시장에서 대출채권 거래의 활성화는 차주로 하여금 더 낮은 비용으로 자금을 조달할 수 있게 해 준다.[155]

---

152 Rebecca S. Demsetz(2000), 221면
153 김영도(2019), 31면
154 Rafal Zakrzewski & Geoffrey Fuller(2019), 62면
155 대출채권의 재판매(loan resale) 가능성은 1차 시장(즉 대출시장)에서의 가산금리(loan spread)를 53bp 정도로 크게 낮추는 효과를 가진다. 반면, 대출채권의 재판매를 제약하는 규정(loan sale restricting covenants)이 대출계약에 포함되어 있는 경우, 해당 규정은 가산금리 상승(37bp)의 원인이 된다. 대출채권의 재판매 가능성을 높이는 동시에, 대출채권 재판매를 제약하는 규정을 없애는 경우, 가산금리를 14.3~34.1bp까지 낮출 수 있는데, 이는 차주사(중견기업 전제)가 매년 약 435,000불 내지 1,036,000불에 상당하는 이자비용을 절감할 수 있음을 의미한다. 다만 이러한 영향 또는 효과는 차주가가 비투자등급(non-investment grade) 회사인 경우에 한한다. 대출채권의 재판매 가능성이 가산금리를 낮추는 효과를

라) 금융시장의 관점에서

금융시장의 기능적 관점에서 대출채권 거래의 활성화는 금융시장의 유동성을 공급하고 대출 가능성을 높여준다. 따라서 궁극적으로는 기업의 자금시장에 긍정적인 역할을 수행하고 금융시장의 양적·질적 성장의 계기를 마련해 준다. 예컨대 당초 대형은행 위주로 형성되어 있던 기업대출 시장에 비은행 금융기관들을 포함하는 기관투자자들이 참여할 수 있는 기회가 늘어나면서 기업 금융시장이 활성화될 수 있다.[156] 또한 기업대출에 투자하는 기관이 늘어나면 개별 기관의 수요에 맞는 다양한 등급의 대출채권이 필요해지므로 우량등급뿐만 아니라 비우량등급 기업의 대출채권에 대한 수요도 증가하게 된다.[157] 결과적으로 금융의 양극화 완화에도 기여한다.[158]

5. 유통시장의 발전을 위한 주요 선진국의 노력 현황

해외 주요 금융선진국들은 유통시장의 발전과 활성화가 자국내 금융시장의 발전 및 확대에 직접적으로 영향을 미친다는 점을 오래 전부터 숙지하고 있었다. 이에 이들 국가는 대출채권의 유통시장 발전과 확대를 모색하고 이를 통하여 대출시장과 유통시장 간의 선순환을 도모하기 위한 여러 제도적, 정책적 노력을 기울여 왔다. 특히 이들 국가들은 대출채권의 유통시장을 발전시키기 위한 핵심 메커니즘으로서

가진다는 점은 기존의 가격 할인 가설(price concession hypothesis)과도 일맥상통한다. Mark J. Kamstra, Gordon S. Roberts & Pei Shao(2014), 1140면; 은행 등의 최초 대출취급기관이 대출채권을 유통시킬 수 있는 경우 이러한 대출에 대해서는 스프레드를 낮게 제공하여 대출 금리를 낮출 수 있다. Anurag Gupta, Ajai K. Singh & Allan A. Zebedee(2006) 및 A. Burak Güner(2006), 713면

156 정순섭(2017), 449면
157 Rebecca S. Demsetz(2000), 221면
158 이재복·윤경수(2018), 11-12면

대출 유통시장의 표준화, 시장 준칙 설정, 대출계약서의 표준양식의 제작 및 보급 등 다양한 기능을 염두에 둔 거래협회를 설립 및 운영해 왔다.

우선 미국의 대출 신디케이션 및 거래협회(Loan Syndication and Trading Association) (이하 "LSTA")[159]는1995년, 대출 유통시장의 표준화, 시장 준칙 설정 등을 위해 설립된 비영리조직이다.[160] LSTA는 계약내용, 거래절차, 발생 가능한 법률문제 등 주요 이슈에 대한 시장 가이드라인을 제공하여 유통시장의 거래효율성과 투명성 강화에 기여한 것으로 평가받는다.[161] 또한 거래가격, 시장지수 등의 공시를 통해 시장 데이터를 제공함으로써 참여자간 정보 비대칭성을 완화시키는 역할도 수행한다.[162]

특히 LSTA가 초기 시장형성에 기여하게 된 것은 표준계약서의 작성과 거래준칙의 정립을 통해서이다.[163] LSTA는 지속적으로 대출시장 및 유통시장 각각의 표준계약서 생성과 개정을 반복해 왔는데 표준화된 계약서 및 각종 서류의 양식은 거래시간을 단축하는데 크게 기여했다.[164] 예컨대 거래 초기에는 거래시점과 결제시점 간 시차로 매입자에게 리스크와 비용이 발생하는 문제가 있었는데 LSTA는 이러한 문제의 해결을 위해 주요 법률자문사 및 시장참여자와의 협의를 통해 문서의 표준화를 지속적으로 시도하였다.[165] 민간 주도로 시장이 정립된 것은 미국시장의 주요 특징 중 하나이다.

계약서 표준화와 함께 시장컨센서스(market consensus)에 입각한 거

---

[159] https://www.lsta.org/
[160] Allison Taylor & Alicia Sansone(2007), 32면
[161] Peter J. Nigro, Jonathan D. Jones & Murat Aydogdu(2010), 37면
[162] 이재복·윤경수(2018), 27면
[163] Lee M. Shaiman & Bridget K. Marsh(2022), 411면
[164] Allison Taylor & Alicia Sansone(2007), 32-33면
[165] Allison Taylor & Alicia Sansone(2007), 32-33면

래준칙을 마련한 것도 LSTA가 시장 활성화에 크게 기여한 점이다. 1998년에는 행동준칙(code of conduct)과 비밀정보보충문서(confidential information supplement)의 발표로 시장참여자들이 수용 가능한 일반적인 거래 표준을 정립하였다. 이후 2016년에도 최근 계약조건, 시장 동향 등을 반영한 계약 가이드라인(LSTA's Complete Credit Agreement Guide)을 제시하였다.166 이외에도 LSTA는 1995년에 대출시장 최초로 거래자들이 보유한 매수/매도(bid/offer) 가격의 대출 목록을 작성하였고 1997년에는 이를 주간 간격으로, 1999년에는 일별로, 서비스를 제공하였다. 이와 함께 LSTA는 S&P와 공동으로 시장 인덱스를 개발하여 투자정보를 제공하는 등 시장 인프라 확충에 중요 역할을 한 것으로 평가받고 있다.167

다음으로 영국의 대출시장협회(Loan Market Association) (이하 "LMA")168는 유럽, 중동, 아프리카 지역의 대출채권의 대출시장 및 유통시장의 효율성과 투명성을 제고할 목적으로 1996년에 HSBC 등 유럽 대형은행 주도하에 설립된 민간기관이다. 2023년 기준으로 은행, 비은행금융기관, 신용평가사, 법률자문사 등 총 69개국, 850개 이상의 회원사가 가입되어 있다.169

LMA의 주요 역할로는 우선 미국이나 일본과 마찬가지로 계약서 등 거래문서의 표준화 작업을 들 수 있다. LMA는 대출채권의 대출시장과 유통시장에 대한 계약양식, 거래절차 등에 관련된 문서를 표준화하고 이를 지속적으로 개정해왔다. 1997년에 정상대출채권의 유통시장 표준계약서가 도입된 이래, 이 양식은 유럽지역 내에서 통상적으로 사용되고 있다. 또한 대출시장 표준계약서도 영국기반의 기업재무협

---

166 Michael Bellucci & Jerome McCluskey(2016)
167 Megan Elizabeth Jones(1999), 176면; 이재복·윤경수(2018), 27면
168 https://www.lma.eu.com
169 https://www.lma.eu.com/membership

회(Associate of Corporate Treasurers) 및 영국은행협회(British Bankers' Association)와의 협력하에 1999년에 개발하였다. 2000년대 들어서는 레버리지론(leveraged loan)[170] 시장의 중요성이 확대됨에 따라 표준화된 레버리지론 계약서를 개발했으며, 이후에도 2009년 채권자간 약정서, 2012년 개발도상국을 위한 대출계약서 출시 등으로 유통시장 표준화를 지속적으로 시도하고 있다.

다만 미국과 유럽의 유통시장을 모두 경험한 실무가들에 따르면, 유럽 내 대출거래는 미국과 비교시 거래량의 측면에서 덜 활발한 편이고 유통시장에서의 거래를 종결하는 데에 더 오랜 시간이 소요된다.[171] 유럽의 유통시장이 미국의 유통시장에 비해 덜 활발한 이유는 대출채권의 거래에 영향을 미칠 수 있는 유럽 내 국가들의 법제시스템과 세무정책 등이 다르기 때문에 하나의 거래를 실행하는 데에 더 많은 시간과 노력이 소요되기 때문이라는 분석이 있다.[172]

마지막으로 일본대출채권시장협회(Japan Syndication and Loan-trading Association) (이하 "JSLA")[173]는 신디케이티드대출과 대출채권 거래 활성화를 위해 2001년 1월 미즈호은행 등 일본 내 32개 금융기관에 의해 설립된 민간기관이다. 1990년대 후반 이래, 대출채권 거래시

---

[170] 신디케이트대출 시장은 차입자의 신용등급을 기준으로 투자적격 대출시장(Investment-Grade Market)과 레버리지론 시장(Leveraged Loan Market) 등으로 구분된다. 이 중에서 레버리지론이란 신디케이트대출 중 차입자의 신용등급이 투자등급(Investment-Grade)이하인 대출을 지칭한다. Lee M. Shaiman & Bridget K. Marsh(2022), 35-36면
[171] 유럽의 유통시장에서 대출채권의 거래가 지연되는 경우에 별도의 지연수수료(Ticking Fee)가 부과되는 사례는 미국에 비해 드물었다. 다만 최근에는 유럽에서도 대출채권의 거래절차의 지연 등과 관련하여 발생하는 비효율성을 개선하려는 노력이 진행 중이라고 한다. Lee M. Shaiman & Bridget K. Marsh(2022), 741-742면
[172] Lee M. Shaiman & Bridget K. Marsh(2022), 742-743면
[173] https://www.jsla.org

장의 규모가 증가하면서 계약 표준화, 시장 인프라 구축 등의 필요성이 제기되기 시작했는데, 이는 협회 설립의 계기로 작용했다.[174]

JSLA의 주요 역할은 거래계약을 표준화한 것이다.[175] JSLA는 2001년에 대출채권 양도계약에 관한 표준형 계약서를 공표하였다. 여기에는 동 계약서로 이용 가능한 대출의 기본요건이 규정되어 있고, 거래에 수반되는 비용과 양수인에 대한 정보제공 범위 등도 포함되어 있다. 또한 JSLA는 지표금리 산출·공표의 업무도 하고 있다. 2005년부터 신규 신디케이티드대출과 대출채권 거래에 적용되는 지표금리를 산출·공표하고 있는데, 이는 은행, 증권사, 보험사 등 협회 회원사들이 신디케이티드대출의 실행 시 보고하는 정보를 취합하여 차주의 업종, 대출조건, 기간 등을 기준으로 평균 금리를 산출하고 이를 공표하는 업무이다. 이외에도 신디케이티드대출의 행위규범(2003년), 신디케이티드대출에 관한 거래 참가자의 실무 지침(2007년) 등을 발표함으로써 시장참여자의 행동준칙을 마련하는 데 지속적으로 기여하고 있다.[176]

이와 같이 미국의 LSTA, 영국의 LMA, 일본의 JSLA가 수행하고 있는 업무·활동에는 표준 거래서류 작성, 매매를 위한 거래 행동 준칙 마련, 거래 네트워크 형성, 거래대상 여신에 대한 가격 공표, 연간 시장거래 규모 통계조사, 신디케이션 데이터베이스 운영, 다자간 상계 약정의 운영, 분쟁 해결을 위한 중재기구와 절차 마련, 가치평가 기법 개발, 시장의 유동성 확대를 위한 홍보활동 등이 포함된다.[177] 각 시장을 대표하는 거래협회를 통하여 대출채권의 유동성 확보 및 유통에 필요한 거래의 표준화 작업 및 기타 업무가 체계적으로 이루어지고 있는

---

174 이병관(2022), 25-27면; 이재복·윤경수(2018), 22-23면; 신용균 외(2004), 232-234면
175 신용균 외(2004), 234-236면
176 이재복·윤경수(2018), 22-23면
177 신용균 외(2004), 243면

것이다.[178]

6. 국내 유통시장의 현황

국내 유통시장을 논하기에 앞서, 우선 우리나라 대출시장의 규모를 파악해 보자면, 2023년 기준, 국내 신디케이티드대출 시장의 규모는 508억달러였고, 한 해 동안 총 233건 거래가 이루어졌다.[179] 같은 해 기준, 미국의 신디케이티드대출 시장의 규모는 2조 4천억 달러, (일본을 제외한) 아시아태평양 지역 국가들의 총 대출시장의 규모는 6천억 달러에 달했다. (일본을 제외한) 아시아태평양 지역 국가들 중 우리나라 대출시장의 규모는 중국(37%)과 호주(13%)에 이어 세 번째(10%)로 큰 것으로 파악된다.[180]

비교적 활발한 국내 신디케이티드대출 시장과는 대조적으로, 국내 유통시장은 1997년 외환위기 이후 은행의 부실채권 처리를 위해 국내 대출채권의 유통이 시작되면서 일부 형성되었으나, 다른 해외 국가들과 비교시, 성장·발전의 측면에서는 여전히 초기단계이다.[181]

더욱이 우리나라에서는 유통시장의 거래 규모에 대한 통계조사조차 이루어지지 않고 있기 때문에 국내 유통시장의 현황을 파악하고 발전의 추이를 살펴보는 것이 현재로서는 매우 어려운 실정이다. 특히, 미국, 유럽, 일본과는 달리, 우리나라에는 아직까지 대출채권의 거래협회가 따로 설립되어 있지 않은바, 유통시장의 체계적인 발전을 추구할

---

178 정순섭(2017), 478면
179 Bloomberg Professional Services(2024); Bloomberg Professional Services (2023)
180 Bloomberg Professional Services(2024); Bloomberg Professional Services (2023)
181 그 이전에도 대출채권의 유통이 없었던 것은 아니나 조직적 형태의 유통시장이 형성된 것은 1997년도 이후이다. 정순섭(2017), 478면; 신용균 외(2004), 243면

수 있는 인프라를 제대로 갖추지 못하고 있는 상태이다.

예컨대 우리나라에서는 대출계약서의 표준 양식조차 마련되어 있지 않다. 따라서 개별 거래를 진행함에 있어, 홍콩의 아시아태평양 대출시장협회(Asia Pacific Loan Market Association) (이하 "APLMA")[182]에서 제작·보급하는 대출계약서의 표준양식을 많은 부분 참고하고 있다.

해외 주요 금융선진국과 달리, 우리나라의 유통시장이 제대로 성장·발전하지 못하고 있는 원인이 대출채권 거래 수요의 부족에 있다고 보기는 어렵다. 오히려 개별담보설정방식의 고수 등 유통시장 활성화를 저해하는 요소들로 인하여 잠재된 대출채권 거래 수요가 제대로 발현되지 못하고 있고, 이로써 대출채권의 유통시장이 활성화되지 못하고 있다고 보는 게 더 정확하다.

최근 토스뱅크와 광주은행의 공동대출 논의에서도 짐작 가능하듯,[183] 우리나라에도 발현되지 않은 잠재적 대출채권 거래의 수요는 크다. 다른 해외 금융 선진국들의 경우와 같이, 만일 우리나라에도 대출채권의 유통시장이 이미 활성화된 상태였다면 광주은행과 같이 자금력은 갖추었으나 기업에의 접근이 어려운 여러 여러 중소형 은행 및 기타 비은행 금융기관들은 대출시장에서 이루어지는 대규모 신디케이티드대출에 (대주로서) 직접 참여한 대형은행 등으로부터 우량의 대출채권을 양수받아 양질의 자산을 쌓을 수 있었을 것이다. 한편 대형은행 등 금융기관들은 대출시장에서 (대주로서) 직접 인수한 대출채권을 유통시장에서 자유롭게 매각함으로써 적극적인 자산의 분배 및 위험의 분산을 이루어낼 수 있었을 것이다.

---

[182] https://www.aplma.com/.
[183] 금융감독원 보도참고자료(2023).

7. 해외 선진국 사례의 시사점

국내 유통시장의 발전을 위해서는 미국의 LSTA, 영국의 LMA, 홍콩의 APLMA, 일본의 JSLA의 사례를 벤치마크하여 우리나라도 국내 대출채권의 유통시장 관련 기구(예컨대 Korea Syndication and Loan-Trading Association: KSLA)(이하 "국내 거래협회")를 설립할 필요가 있다.[184]

국내 거래협회를 통해 우리나라에서도 해외 금융 선진국들의 거래협회처럼 대출채권 유통시장의 발전에 필수적인 업무를 좀 더 체계적으로 관리 및 수행해 나가야 한다. 우선 유통시장의 표준화뿐만 아니라 유통시장에서 거래되는 대출에 대한 객관적인 가격 산정 등 시장의 형성에 필요한 제반 여건의 제공까지 다양한 기능을 수행해야 한다.

다음으로 국내 거래협회를 주축으로 하여 시장참가자에 공유되는 규칙(code of practice)과 같은 것을 적극적으로 형성하고 시장의 효율적인 운영을 위한 상관습을 자체적으로 만들려는 노력을 기울여야 한다. 신디케이티드대출 채권의 매매를 규율하는 상관습이 없으면 이슈가 발생할 때마다 민법 등의 해석론에 의지해야 할 텐데 촉박한 기한 내에 이루어지는 수많은 거래에서 이러한 해석론에 의지하여 이슈를 해결하는 것은 현실적이지 못하다. 이에 거래협회를 주축으로 하여 우리나라의 사정이나 상황에 맞는 시장거래규범을 형성하는 것은 매우 중요하다.

마지막으로 신디케이티드대출 거래 및 대출채권의 거래에 사용될 수 있는 표준계약서를 작성하고 거래준칙을 확립함으로써 대출채권 관련 국제적인 표준에 맞는 유통시장을 조성할 필요가 있다. 우선 표준계약서의 작성과 거래준칙을 정립을 모색하기 위해서는, 영국의

---

[184] 김영도(2019), 50면

LMA이나 미국의 LSTA 모델을 참고하여, 금융 변호사들, 금융기관들, 기업들로 구성된 그룹을 결성하여 삼자 간에 자율적인 논의가 이루어질 수 있도록 해야 한다. 좀 더 구체적으로는, 대규모의 신디케이티드 대출 거래에 사용될 수 있는 시장 표준(market standard) 조항을 어떻게 규정할 지를 정하여야 한다. 이러한 선제적인 작업을 통해 시장 표준 조항과 거래 관행에 대하여 삼자 간에 의견 일치가 이루어지면, 그 다음 단계에서는 이를 바탕으로 대형규모의 대출거래뿐만 아니라 중소기업을 상대로 하는 중소규모의 대출거래에 대해서도 수요를 발굴하고 은행들이 참여하는 모델로 발전시켜 나갈 필요가 있다.

이와 같이 국내 거래협회를 설립하여 대출채권의 공정한 가격책정이 이루어질 수 있도록 하고, 신디케이티드대출 채권의 매매를 규율하는 상관습을 확립하고, 시장 표준 조항과 거래 관행이 반영된 표준 계약서를 작성하여 공급하는 것은 우리나라 유통시장의 발전을 위해서라면 반드시 필요한 과정이다. 이러한 기반이 다져지지 않은 상태에서는 대출거래에 참여하는 것이 적절한지를 판단하기 위한 사전 실사 작업(최초 대출의 실행 당시 체결된 대출계약의 검토, 대출채권의 가격 책정, 대출채권의 거래시 체결되어야 하는 추가적인 계약의 검토 등)에만 과도한 시간과 비용이 소요될 수 있다. 대출채권의 거래에 참여하려고 할 때마다 이와 같이 과도한 시간과 비용이 소요된다면, 이를 감당할 여력이 부족한 중소형 금융기관들이 대출채권의 매수인으로서 유통시장에 참여하기란 현실적으로 어려울 것이다.

반면 최초 대출의 실행 당시 체결된 대출계약이 표준형 계약을 토대로 작성되었고, 대출채권의 거래에 필요한 각종 서류에의 접근이 가능하고, 대출채권의 객관적인 가격 산정을 위한 정보의 접근이 용이하다면, 1차 시장인 대출시장에 직접 참여하기에는 어려운 조건에 놓였거나, 우량 기업을 상대로 이루어지는 대규모 대출거래에서 상대적으로 소외되어 있는 중소형 은행, 지방은행, 신설은행, 기타 비은행 금융기관들도 2차 시장인 유통시장에의 참여를 통해 우량 대출채권을 보유할 수 있게 될 것이다.

이와 같이 대출채권의 유통이 활발해지게 되면, 1차 시장인 대출시장에 참여하는 대규모 시중 은행 기타 금융기관들에게도 출구전략이 확보된다는 측면에서 고액의 대출약정을 결정하는 게 상대적으로 수월해질 것이다. 이는 결국 우리나라 기업들(특히 중소기업 등 비우량 기업)이 고액의 자금조달을 더 쉽게 할 수 있는 길을 열어준다는 점에서 모두에게 있어 이로운 결과를 가져다준다. 전체적으로는 우리 경제에 자금이 원활하게 순환하는 효과를 가져다줄 수 있기 때문에 거시적인 차원에서도 기여하는 바가 클 것으로 기대된다.

제3항 대출채권 거래의 방식

신디케이티드대출 거래에서 기존 대주인 금융기관이 보유하는 대출채권을 다른 금융기관에게 양도하는 방식에는 채권양도,[185] 대출참가,[186] 경개[187] 및 계약상 지위의 이전[188]이 있다.

1. 채권양도의 방식

채권양도의 방식은 대출계약상 양도특약에 의하여 채권자가 제3자

---

[185] 채권양도에 상응하는 영미법상의 개념은 assignment이다.
[186] 대출참가에 상응하는 영미법상의 개념은 participation이다. 대출참가는 "신디케이티드 대출에서 대출채권 유통수단으로 사용될 수 있다." 정순섭(2017), 450면
[187] 경개에 상응하는 영미법상의 개념은 novation이다.
[188] 우리법을 준거법으로 하여 영문으로 체결되는 대출계약서에서는 계약상 지위의 이전을 통상 transfer라고 표현하여 사용하고 있다.

에게 채권을 양도함으로써 성립하며, 대항요건을 갖추기 위해 채무자에게 통지하거나 채무자의 승낙을 받는 방법을 취한다.[189] 즉 원채권자와 신채권자 간에 양도계약을 체결하고 이를 채무자인 차주에게 통지하거나 이에 대한 차주의 승낙을 받는 방식이다.[190]

2. 채권양도의 방식은 여러 장점을 제공한다

첫째, 대출채권은 그 동일성을 유지한 채 양수인에게 이전된다.[191] 예컨대 양도인의 대출채권이 담보부인 경우, 양도 후에도 담보부 채권채무관계가 인정된다.[192] 또한 채권에 수반하는 권리(이자채권, 위약금채권, 보증채권 등)도 별도의 약정이 없는 한 당연히 양수인에게 이전된다.[193]

---

[189] 우리 민법은 채권양도(assignment)와 채권인수(assumption)를 나누어 각각 별개의 규정을 두고 있다. 채권양도(민법 제449조)는 채권의 동일성을 유지하면서 계약에 의하여 채권을 이전하는 것을 의미하고, 채무인수(민법제4533조)는 채무의 동일성을 유지하면서 계약에 의하여 인수인이 채무를 인수하는 것을 의미한다. 반기로·박훤일(1996), 55-56면; 영미법에서도 이와 같이 구분하고 있다. 우리법상 채권양도와 영미법상 assignment는 근본적으로 유사하므로 본 연구에서는 채권양도의 논의와 관련하여 영미 문헌도 함께 참고하였다.

[190] "채권자와 양수인간의 계약만으로 성립하므로 세 당사자에 의한 삼면계약이어야 하는 경개와다르고 대출참가거래와 비슷하다." 반기로·박훤일(1996), 55면; 정순섭(2017), 478면; "대출계약상 채무자에 대한 채권양도의 대항요건을 배제할 수 있는가" 하는 문제와 관련하여, "실무에서 양도성 대출계약(Transfer Loan Agreement)은 "채무자에 대한 사전통지 또는 동의를 거칠 필요 없이 주간사에 대한 등록절차만으로 금융기관의 채권양도를 예정하고 있는" 대출계약을 말한다. 우리 법원은 이러한 계약에 대한 효력을 인정하였다. 이와 관련하여서는 정순섭(2017), 478-479면을 참조.

[191] 반기로·박훤일(1996), 56면

[192] 반기로·박훤일(1996), 56면

[193] 채권에 부착된 각종 항변도 그대로 존속하기 때문에 채무자가 양도인에 대하여 반대채권을 가진 경우 양수인에 대하여 상계로써 대항할 수 있다. 반기로·박훤일(1996), 56면; 박 준·한 민(2022), 132면

둘째, 대출채권의 양도에 의하여 양수인은 양도인의 계약상의 지위를 승계하므로 권리의무 일체를 양수받아 채무자와의 직접적인 채권관계가 성립한다.[194] 따라서 원채권자가 도산하여도 양수인과 차주 사이에 채권자·채무자 관계가 존재하므로 양도인을 개입시킬 필요 없이 차주에 대하여 채무의 이행을 청구할 수 있다.[195]

반면 채권양도의 방식에 따르는 경우 대출계약상의 권리와 이익의 양도만이 가능하고 대출계약상의 의무의 이전은 이루어질 수 없다.[196] 즉 기존대주가 차주에게 대출금을 인출할 의무가 남아 있는 상태라면 이러한 의무는 신규 대주에게 이전될 수 없다. 따라서 채권양도는 대출계약상 대출금이 모두 인출된 상태인 경우에 한하여 사용 가능한 방식이다.[197]

3. 대출참가에 의한 방식

대출참가에 의한 방식은 이미 성립된 채권관계에서 원대주를 여전히 채권자로 유지한 상태에서 새로운 대주가 참가하는 것을 의미한다.[198] 대출참가에 의한 방식을 따르는 경우 원대주가 가지는 공식적

---

[194] 반기로·박훤일(1996), 56면; Rafal Zakrzewski & Geoffrey Fuller(2019), 260면
[195] 반기로·박훤일(1996), 56면
[196] Sarah Paterson & Rafal Zakrzewski(2017), 720면; Rafal Zakrzewski & Geoffrey Fuller(2019), 262면
[197] The Association of Corporate Treasurers(2008), 295면; Alastair Hudson(2013), 1013-1014면
[198] "대출참가거래(loan participation)는 특정 은행(lead bank)이 차주와 대출계약을 체결 후 그 대출채권 중 원리금을 수취할 수 있는 이익만을 참여은행(participation)에게 양도하는 거래를 말한다." 대출참가거래의 법적 성질과 관련하여, "대출참가거래는 계약자유의 원칙상 유효하다는 전제하에 그 법적 성질에 대해 원채권자가 참가를 위한 회수대리인 역할을 한다고 보는 견해, 원채권자가 원채무자에 대하여 가지는 권리 중에 원리금청구권(부수적으로 지연손해금을 포함)만을, 참가자가 원채무자에 대하여 직접적으로 아무런 청구권을 갖지 않는 것을 조

인 대주의 지위에는 변동이 없다.[199] 따라서 대출계약상 양도제한을 받지 않는다. 대출참가는 채권양도나 경개 또는 계약상 지위의 이전에 의한 대출채권의 매각이 불가능하거나 대주와 차주간의 관계 유지가 중요한 경우에 선호된다.[200] 실제로 대출참가거래는 1990년대 초 "차주와의 계속적 관계를 유지하면서 대출에 따른 자금 부담이나 신용위험을 참여은행에게 이전하는 거래"로 이용되었다.[201] 그 외에도 대출채권의 매수자가 대출계약상 최소 대출 금액보다 적은 금액을 매수하고자 하는 경우, 또는 (전략적인 이유로) 차주나 대출계약의 다른 당사자들 모르게 상당한 대출채권을 매수하고자 하는 경우에도 대출참가

건으로 하여, 원채권자로부터 참가자에게로 상대적으로 이전하는 원채권자와 참가자 간의 무명계약이라는 견해, 그리고 대출원리금 채권 등의 상대적 이전의 효력이 생기는 매매계약으로 보는 견해가 있다." "대출참가거래의 자금 흐름은 실행단계에서는 특정 은행이 대출한 후 회수단계에서는 차주가 특정 은행에게 원리금을 지급하면 특정 은행이 이를 참여은행에게 분담금 비율대로 분배하는 구조를 취한다." 정순섭(2017), 479-481면; 대출참가거래의 법적 성질과 관련하여 자세한 논의는 반기로·박훤일(1996), 59-61면을 참조; Sarah Paterson & Rafal Zakrzewski(2017), 717-718면; Megan Elizabeth Jones(1999), 173면

199 반기로·박훤일(1996), 59면
200 통상적으로 대출계약은 채권양도나 경개 관련하여서만 제한을 두고, 대출참가에 대해서는 특별한 제한을 두지 않는데, 그 이유는 대출참가에 따른 참가자에게는 대주의 지위가 부여되지 않기 때문에 차주와 직접적인 계약적 관계를 가지지 않기 때문이다. The Association of Corporate Treasurers(2008), 295면; Alastair Hudson(2013), 1013면
201 대출참가거래는 "자산유동화 이전에 유동화목적을 달성하기 위한 거래라고도 볼 수 있다." 대출채권 자체가 아니라 "채무자에 대한 신용위험의 일부만을 인수하는 위험참가거래(risk participation)도 있다." 정순섭(2017), 479면; "위험참가거래에서는 "위험참가한 부분에 대해 대출채권자가 위험참가거래 성립 시부터 참가자로부터 자금을 받는 것은 아니지만, 채무자가 채무불이행했을 때 그 불이행한 대출원리금 중 참가비율에 해당하는 금액을 참가자로부터 지급받으므로 채무자의 채무불이행에 따른 손실을 입지 않게 된다. 대신 참가자가 채무자의 채무불이행에 따른 손실을 입게 되므로 채무자의 신용위험을 참가자가 지게 된다." 박준·한 민(2022), 136면

의 방식이 선호된다.[202]

대출참가의 방식은 여러 장점을 제공한다. 첫째, 대출참가의 사실을 차주에게 통지할 필요가 없다. 왜냐하면 참가거래가 발생한다고 하더라도 원대주와 차주와의 법률관계는 전혀 영향을 받지 않기 때문이다.

둘째, 대출참가는 채권양도나 경개 또는 계약상 지위의 이전에 비해 법률의 구성이나 요건이 덜 까다롭고 신축적이다.[203] 실무에서도 대출 심사능력이 우수하고 지명도가 높은 대형은행이 대출자산을 중소형 은행, 지방은행, 신설은행에 매각할 때 이 방식을 활용한 바 있다. 대출참가의 방식을 이용하는 경우, 참가자는 원대주의 심사능력에 의존하여 양질의 자산을 쌓을 수 있다.[204]

반면 대출참가의 방식은 몇 가지 한계를 가진다. 첫째, 참가자와 차주간의 직접적인 법률관계가 없기 때문에 참가자는 직접 차주에 대해 원리금을 청구할 수 없고 상계권도 행사할 수 없다.[205] 따라서 채권회수 등은 계속 원대주가 수행하고 참가자는 그를 통해 원리금을 수취할 수 있을 뿐이다.[206]

---

202 Lee M. Shaiman & Bridget K. Marsh(2022), 461면
203 반기로·박훤일(1996), 58면
204 과거 한국산업은행은 해외현지법인들과 더불어 국제금융시장에서 신디케이티드대출 주선업무를 활발히 추진하는 한편, 대출참가 거래를 통해 양질의 대출자산을 쌓는 일에 주력하였다. 또한 이중과세방지 협정상 원천세를 물지 않는 정부은행이라는 이점을 활용하여 개도국에 대한 차관의 Fronting Bank로서 계약을 체결하고 다른 은행들이 원천세부담없이 이에 참가할 수 있게 하는 거래도 여러 건 성사시킨 사례가 있다. 반기로·박훤일(1996), 58면
205 대출참가에서 "참여은행은 차주에게 직접 권리를 행사할 수 없고 특정 은행을 통하여 할 수밖에 없다는 점에서 신디케이티드대출과 다르다." 정순섭(2017), 450면
206 정순섭(2017), 79면: 예컨대 차주에 대한 대출을 위하여 A, B의 두 은행이 신디케이션을 구성하여 각 100억원씩 합계 200억을 대출하기로 하였는데, 그 중 A은행이 자신의 약정금 중 50억원 상당의 금액에 대하여 C은행으로 하여금 대출참가를 하게 한 경우, 내부적으로는 C은행이 대출참여기관으로서 존재하지만 대외적으로는 차주에 대한 관계에서 A은행이 100억원에 대한 대출의무를 부담하는 것

둘째, 대출참가 거래는 원대출과 별개이므로 원대출채권이 담보부일지라도 참가자의 예치금(여신)에는 그 담보의 효력이 미치지 않는다.207 따라서 참가자가 차주가 제공한 담보에 대한 권리도 취득하기 위해서는 별도의 담보권 이전 절차가 요구된다.

셋째, 원대주가 도산하였을 때 파산관재인이 담보권의 실행을 대행하여 원리금을 회수하더라도 참가자는 그로부터 우선 변제받을 수 없다.208 만일 어느 금융기관이 대주의 지위를 가지고 있다면 대출금은 각 대주들에게 귀속되는 것이므로, 대리은행이 도산하는 경우라도 해당 대리은행을 해임하면 각 대주들은 대리인의 도산절차의 영향을 받지 않고 직접 차주로부터 추심을 하는 것이 가능하다. 반면 대출참가의 경우 참여 금융기관은 원대출계약상 대주의 지위를 가지고 있지 않으므로 원대주의 파산채권자 또는 정리채권자 등으로 원대주의 도산절차에 참여할 수 있을 뿐, 자신이 차주를 상대로 직접 추심절차를 진행할 수 없다.209 따라서 대출참가의 경우에는 차주의 도산위험뿐만 아니라 원대주의 도산위험도 함께 고려하여야 한다.210

을 말한다.
207 반기로·박훤일(1996), 66면
208 예컨대 부동산 담보부 대출채권에 대출참가의 방식으로 참가하는 경우를 상정해 볼 수 있다. 이러한 대출에는 차주가 약속어음과 함께 부동산에 저당권을 설정하고 대출은행에 모기지 증서(indenture of mortgage)를 제공하는 것이 보통이다. 만일 원대주가 참가자에 대하여 아무런 담보도 제공하지 않는다면 참가자는 모기지를 설정한 차주와 당사자관계(privity)가 생기지 않으므로 모기지에 대한 권리를 주장할 수 없다. 그런데 원대주가 참가자에게 모기지를 양도하였다면 이를 등기하여야 부동산을 양수한 자나 차주의 다른 채권자에게 대항할 수 있다. 반기로·박훤일(1996), 66면
209 "대출참가거래의 가장 큰 법적위험은 형식상 차주와 직접적 계약관계를 유지하면서 참여은행에게 원리금 수취권능을 이전한 특정은행이 차주로부터 원리금을 수취한 후 참여은행에게 분배하지 전에 파산한 경우에 발생한다." 정순섭(2017), 480면
210 "채무자가 채무불이행하는 경우에는 대출채권자가 참가자에게 지급할 의무가 없

이와 같이 대출참가에 의한 방식은 원칙적으로 참가자의 차주에 대한 계약상 및 법률상의 권리를 인정하지 않는다.[211] 따라서 참가자의 채권보전이나 권리보호가 불확실하다는 한계가 있다.[212]

4. 경개에 의한 방식

경개는 원계약의 당사자가 새로운 채권채무관계를 성립시키기 위하여 제3자를 새로 가입시켜 체결하는 계약을 의미한다.[213] 경개의 방식에 따르는 경우 원계약에 기초한 채권채무는 소멸하고, 당해 제3자

다. 즉 대출채권자는 참가자로부터 받은 자금이 있으므로 채무자로부터 상환을 받지 못하더라도 참가가 이루어진 부분에 대해서는 손실이 없고, 참가자는 지급을 받지 못하게 되므로 채무자에 대한 신용위험을 참가자가 부담한다. 또한 참가자는 대출채권자가 채무자로부터 상환을 받고도 참가자에게 지급하지 않을 위험, 즉 대출채권자의 신용위험도 부담하므로 이중의 신용위험을 부담한다." 박준·한 민(2022), 131면; "[i]f the grantor becomes insolvent and goes into liquidation, the grantee merely has an unsecured claim against the grantor and cannot claim any proprietary entitlement in the underlying facility, even with respect to payments made by the borrower after the commencement of the insolvency of the grantor. The grantee has therefore assumed a 'double credit risk'; namely, the risk of default by either (or both) the borrower and the grantor." Rafal Zakrzewski & Geoffrey Fuller(2019), 260면; 이러한 위험을 관리하기 위하여 특정 은행을 신용도가 높은 은행으로 제한하는 방안을 고려할 수 있다. 정순섭(2017), 480면

[211] 정순섭(2017), 479면
[212] 반기로·박훤일(1996), 59면; The Association of Corporate Treasurers(2022), 273-274면
[213] 우리 민법상 경개는 당사자가 채무의 중요한 부분을 변경함으로써 신채무를 성립시키는 동시에 구채무를 소멸시키는 계약을 의미한다(민법 제500조). 채권자의 변경은 당연히 채무의 중요한 부분에 해당하므로 채권자의 변경을 목적으로 하는 3면 계약은 바로 경개에 해당한다. 반기로·박훤일(1996), 53면; 우리법상 경개는 영미법상 novaton과 유사하므로 본 연구에서는 채권양도의 논의와 관련하여 영미 문헌도 함께 참고하였다.

와 구채무자 사이에 동일한 내용의 새로운 채권채무관계가 발생된다.[214] 즉 경개는 원계약당사자 및 신가입자가 계약당사자가 된다는 점에서 두 당사자간의 계약인 채권양도나 대출참가와 구별된다.[215]

경개의 방식에 따르는 경우 기존 대주의 대출계약상의 권리 및 이익과 더불어 대출계약상의 의무도 신규 대주에게 함께 이전된다. 따라서 대출계약상 미인출 대출금이 남아 있는 상태에서는 반드시 채권양도가 아닌 경개(또는 후술하는 계약상 지위의 이전)가 사용되어야 한다.[216] 그렇게 하지 않으면, 기존대주는 신규대주에 대한 지속적인 신용위험에 노출되고 이러한 신용위험은 자본적정성 요건에 영향을 줄 수 있다.[217]

경개의 방식에 따른 채권 거래는 여러 장점을 지니기 때문에 영미법을 준거법으로 하는 신디케이티드대출 거래에서 가장 널리 사용된다.[218]

첫째, 채권채무의 신·구관련자 모두 계약에 참여하기 때문에 거래관계가 확실하다는 장점이 있다.[219]

---

214 반기로·박훤일(1996), 53면
215 반기로·박훤일(1996), 53-54면; Rafal Zakrzewski & Geoffrey Fuller(2019), 256면
216 반기로·박훤일(1996), 52면; The Association of Corporate Treasurers(2022), 295면
217 Richard Gray, Suhrud Mehta & Daisy East(2010), 1013-1014면
218 Sarah Paterson & Rafal Zakrzewski(2017), 716면; Lee M. Shaiman & Bridget K. Marsh(2022), 460면, 164면; In the case where "the wider syndicate will be brought together at a later stage, by virtue of a 'selling down' exercise," "the method of effecting the syndication will involve a transference of the participations, using the techniques for transferring loan and facility participations, most probably by the use of transfer certificates to effect novations." "It is common in syndicated facilities to find a mechanism providing for the syndicate members to be able to transfer their participations in the facility, that is their rights and obligations, by way of a novation.." Rafal Zakrzewski & Geoffrey Fuller(2019), 106면, 258면
219 반기로·박훤일(1996), 52면

둘째, 대출계약상 미인출 대출금이 남아 있는 상태에서 사용할 수 있는 유일한 대출채권의 거래 방식이다.[220] 상당수의 대규모 담보부 대출거래는 만기대출 약정(Term Credit Facility)[221]과 더불어, 한도대출 약정(Revolving Credit Facility)[222]을 포함하고 있다.[223] 한도대출이란 은행이 신용공여 규모를 미리 설정해 두고 차주에 대하여 일정기간 동안 여신한도 범위 내에서는 일정한 자금인출요건만 갖추면 언제든지 신용을 공여하겠다는 차주와의 법적인 약정 하에 이루어지는 융자방식을 말한다.[224] 한도대출은 수시 인출·상환을 전제로 하므로, 한도대출이 포함된 대출계약에 따른 대출채권을 이전하고자 하는 경우에는 채권양도의 방식을 사용할 수 없고, 오로지 경개(또는 후술하는 계약상 지위의 이전)를 통해서만 한도대출에 따른 권리와 의무를 함께 이전할 수 있다.[225]

셋째, 경개의 방식에 따르는 경우 대출채권을 매도한 양도인은 대출채권을 자신의 대차대조표상 자산 항목에서 공제할 수 있다.[226]

---

220 Sarah Paterson & Rafal Zakrzewski(2017), 715면
221 만기대출은 '기한대출' 또는 '기간부 대출'이라고도 한다. 정순섭(2017), 450면; 우동석·김혜원(2015), 28면; Lee M. Shaiman & Bridget K. Marsh(2022), 339면
222 한도대출은 '회전대출'이라고도 한다. 우동석·김혜원(2015), 28면; Lee M. Shaiman & Bridget K. Marsh(2022), 339면
223 Peter J. Nigro, Jonathan D. Jones & Murat Aydogdu(2010), 36면
224 한도대출은 법인신용카드(corporate credit card)에 비유될 수 있다. 또한 한도 내에서 반복적으로 빌리고 갚을 수 있다는 점에서 마이너스 통장 대출에 비유되기도 한다. Lee M. Shaiman & Bridget K. Marsh(2022), 338면; 한도대출은 일반적으로 예상치 못한 운영 자본 요구에 대한 백업 자금원으로 차주사에게 제공되고, 1년 이상의 대출 약정에 대한 규제 자본 요구 사항을 피하기 위해 364일만 제공되기도 한다. Peter J. Nigro, Jonathan D. Jones & Murat Aydogdu(2010), 36면
225 "[A] novation may involve the transfer of both rights and obligations, whereas an assignment can only concern a transfer of rights," Rafal Zakrzewski & Geoffrey Fuller(2019), 257면
226 Practical Law Finance(2024), 8-9면

다만 경개의 경우 기존대주, 신규대주, 차주를 포함하는 대출계약의 당사자 전원이 신규대주에게 대출계약의 일부를 이전하는 데 동의해야 하므로 절차적인 번거로움이 있다.[227] 또한 경개 계약은 차주와 신규대주 간에 새로운 대출계약이 체결의 효과를 갖기 때문에 이전 대상 채권에 대하여 기존에 설정된 담보권의 우선순위가 영향을 받는 등 불이익이 발생할 수 있다.[228] 이와 달리 채권양도에 의한 방식은 이전

---

[227] Sarah Paterson & Rafal Zakrzewski(2017), 715면; LMA 대출계약서의 표준양식 조항에 따르면 경개는 기존대주, 신규대주, 대리은행이 양도확인서(Transfer Certificate)를 체결하는 방식으로 이루어진다. 대출계약의 나머지 당사자들의 동의는 대출계약에 포함된 조항에 따라 사전에 이루어진 것으로 간주된다. Clifford Chance(2018); 신디케이티드대출의 경우, 원칙적으로 원대출계약상의 구대주, 차주, 신대주 모두 계약의 당사자가 된다. 다만 다수의 금융기관이 대주로 참여하는 신디케이티드대출에서 이렇게 하려면 실무적으로 어려우므로 미리 계약서에 경개의 절차 및 양식을 정해놓고 증서형태로 이를 양도하는 것이 보통이다. 이에 의하면 경개증서를 대출계약의 부속(Schedule)으로 만들어 놓고 이 서류에 주간은행과 신대주가 서명한 것을 대리인이 다른 대주들과 차주를 대신하여 서명하면 계약이 효력을 발생하는 것으로 하고 있다. 때로는 차주가 장래의 예상참가자들에게 취소불능의 청약(offer)을 하고, 참가자가 이에 서명하여 대리인에게 제출함으로써 경개를 성립시키기도 한다. 이 방법은 장래의 경개에 대한 관계자의 동의를 미리 얻어 둠으로써 법적인 요건을 충족시키고 절차를 단순화시켜 간편히 하기 위한 것이다. 반기로·박휘일(1996), 53-54면
[228] "경개 대상인 대출채권이 담보부인 경우 그 목적의 한도에서, 또 제3자가 담보를 제공한 경우에는 그의 승낙을 얻어야 유효하게 이전되는 바(민법 제505조), 미국에서는 담보물권·권리에 미리 신탁을 설정하여 채권자의 변동에 영향을 받지 않도록 하고 있다. 만일 담보의 종류, 소재지의 법제가 이를 허용하지 않는 경우(예: 저당권자를 실제 채권자에 한하고 수탁자의 명의로 등기할 수 없게 하는 경우)에는 현지법제에 따라 등기·등록 등 요건을 갖추어야 할 것이다. 그러나 이 경우 등기·등록의 변경에 따른 비용 증가, 이미 확보된 담보권우선순위의 상실 등 실무상 많은 어려움이 따를 것이다." 반기로·박휘일(1996), 54면; "[I]f the old lender enjoyed the benefit of guarantees or security, they may... expire with the release of the borrower from its obligations to the old lender. In that case, it will be necessary for the new lender to take new guarantees and security for its own benefit." In contrast, "in an assignment, it should be possible to include an assignment of such guarantees and security in so far

대상 채권에 대하여 기존에 설정된 담보의 내용이나 담보권의 우선순위 등이 영향을 받지 않기 때문에, 담보권과 관련한 추가적인 문제는 발생하지 않는다.

5. 계약상 지위의 이전에 의한 방식

계약상 지위의 이전은 대주가 차주에 대하여 가지는 대출채권을 법적으로 유효하게 다른 사람에게 양도하는 방식 중 하나로서 대출계약상 가지는 대주로서의 지위를 이전하는 것을 의미한다.[229] 영미법을 준거법으로 하는 신디케이티드대출 거래에서 대출채권의 거래방식으로서 경개가 가장 널리 사용되고 있는 것과는 달리, 우리나라의 실무에서는 신디케이티드 대출채권의 거래방식으로서 통상 경개가 아닌 계약상 지위의 이전이 사용된다.

계약상 지위의 이전은 채권채무의 신·구관련자 간의 삼면 계약이라는 점에서 경개와 유사한 측면이 있다.[230] 또한 계약상 지위의 이전은

---

as they relate to the rights of the old lender against the borrower that are included in the assignment." Rafal Zakrzewski & Geoffrey Fuller(2019), 257면; Sarah Paterson & Rafal Zakrzewski(2017), 716면

229 우리 민법에는 계약상 지위의 이전(또는 계약이전)을 직접적으로 규율하는 규정이 없다. 그러나 계약이전은 빈번하게 행해지는 거래이다. 예컨대 "임대 목적 부동산을 양도하면서 하는 임대인지위의 이전이나, 임차권 양도, 영업양도에 따른 고용계약상지위승계, 보험 목적물의 양도에 수반한 보험계약상지위승계, 수분양권의 양도는 실제로 어렵지 않게 볼 수 있다." 이동진(2012), 670면

230 우리나라의 판례·통설은 계약이전의 요건으로 양도인·양수인·상대방 사이의 삼면계약 또는 양도인과 양수인 사이의 양도합의와 상대방의 동의를 요구한다. 이동진(2012), 682-683면; "..이러한 계약인수는 양도인과 양수인 및 잔류당사자의 합의에 의한 삼면계약으로 이루어지는 것이 통상적이며 관계당사자 3인 중 2인의 합의가 선행된 경우에는 나머지 당사자가 이를 동의 내지 승낙하여야 그 효력이 생긴다." 대법원 2020. 12. 20. 선고 2020다245958 판결; 대법원 2012.5.24. 선고 2009다88303 판결

모든 대출계약상 채권·채무의 이전을 수반하기 때문에[231] 경개와 마찬가지로 대출계약상 미인출 대출금이 남아 있거나 대출계약에 만기대출 약정과 더불어 한도대출 약정을 포함하고 있는 경우에 사용가능한 대출채권의 거래 방식이다.[232] 앞서 언급된 바와 같이 한도대출은 수시 인출·상환을 전제로 하므로, 한도대출이 포함된 대출계약에 따른 대출채권을 이전하고자 하는 경우에는 채권양도의 방식을 사용할 수 없고, 경개 또는 계약상 지위의 이전을 통해서만 한도대출에 따른 권리와 의무를 함께 이전할 수 있다.

그러나 계약상 지위의 이전은 채권의 동일성이 유지되지 않는 경개와는 차이가 있다. 좀 더 구체적으로, 계약상 지위의 이전은 계약의 동일성을 유지하면서 계약관계를 그대로 제3자에게 이전하는 것을 의미하므로[233] 종전 계약의 해소와 새로운 계약의 체결을 수반하는 경개와는 구분되어야 한다. 또한 경개의 경우 민법 502조가 대항요건 구비를 요구하나, 계약상 지위의 이전의 경우 판례가 동요하나[234] 대항요건 구비를 요구하지 않는 판례가 유력하다.[235]

---

[231] 다만 계약인수는 계약으로부터 발생하는 채권·채무의 이전 외에 계약관계로부터 생기는 해제권 등 포괄적인 권리의무의 양도를 포함하는 것으로서 단순한 채권양도와 채무인수의 결합은 아니다. 이동진(2012), 697면; "계약당사자의 지위 승계를 목적으로 하는 계약인수는 계약으로부터 발생하는 채권·채무의 이전 외에 계약관계로부터 생기는 해제권 등 포괄적 권리의무의 양도를 포함하는 것으로서, 계약인수가 적법하게 이루어지면 양도인은 계약관계에서 탈퇴하게 되고, 계약인수 후에는 양도인의 면책을 유보하였다는 등 특별한 사정이 없는 한 잔류당사자와 양도인 사이에는 계약관계가 존재하지 않게 되며 그에 따른 채권채무관계도 소멸"한다. 대법원 2020. 12. 20. 선고 2020다245958 판결; 대법원 2012.5.24. 선고 2009다88303 판결
[232] 이동진(2012), 694면
[233] 이동진(2012), 691면
[234] 대법원 2017. 1. 25. 선고 2014다52933 판결
[235] "계약인수는 개별 채권·채무의 이전을 목적으로 하는 것이 아니라 다수의 채권·채무를 포함한 계약 당사자로서의 지위의 포괄적 이전을 목적으로 하는 것으로

제4항 대출채권 거래의 제한

본 항에서는 신디케이티드대출 거래에서 대출채권의 거래를 제한하는 요소에 관하여 검토한다

1. 대출계약상 제한: 대주와 차주간 이해 대립에 따른 제한

신디케이티드대출 거래의 대주로서 참여하는 금융기관들에게 있어 대출채권을 자유롭게 양도할 수 있는지 여부는 매우 중요하다.[236] 만일 대출계약에 대출채권의 자유로운 양수도를 보장하는 메커니즘이 적절히 구현되어 있지 않다면, 이는 대출채권의 양수도를 염두에 두고 참여하는 금융기관들의 참여를 저해할 수 있으므로 신디케이션의 조성 단계에서부터 문제가 발생할 수 있다.[237]

서 계약 당사자 3인의 관여에 의해 비로소 효력을 발생하는 반면, 개별 채권의 양도는 채권 양도인과 양수인 2인만의 관여로 성립하고 효력을 발생하는 등 양자가 그 법적인 성질과 요건을 달리하므로, 채무자 보호를 위해 개별 채권양도에서 요구되는 대항요건은 계약인수에서는 별도로 요구되지 않는다. 그리고 이러한 법리는 상법상 영업양도에 수반된 계약인수에 대해서도 마찬가지로 적용된다." 대법원 2020. 12. 20. 선고 2020다245958 판결

[236] Sarah Paterson & Rafal Zakrzewski(2017), 721-723면; Michael Bellucci & Jerome McCluskey(2016), 545면; Sarah Paterson & Rafal Zakrzewski(2017), 716면
[237] 물론 대주의 입장에서 대출채권의 양수도를 제한하는 것이 필요한 경우도 없지 않다. 예컨대, 대출채권의 총액 대비 과반수 이상을 보유하고 있는 대주가 자신의 대출채권을 다른 금융기관에게 양도하는 경우, 만일 해당 양수인이 채무자가 지분 보유, 임원 지명 또는 그 밖의 다른 방법으로 사실상 또는 법률상 지배력을 행사할 수 있는 자(예컨대 채무자의 계열사 또는 이해관계인에 해당하는 자)라면 이는 문제가 될 수 있다. 이러한 상황에서 양수인이 기존 대주의 대출채권을 인수하여 다수대주를 구성하게 되면, 해당 신규 대주는 담보권 행사를 포함하여 당해 대출거래의 중요한 의사결정을 함에 있어, 대주단의 이익만을 생각하는 것이 아니라, 채무자의 이익도 함께 생각하여 결국은 대주단의 이익을 양보하는 결정

반면 차주의 입장에서는 대주들로 하여금 대출채권을 아무런 제한 없이 양도하도록 허용하기 어려운 측면이 있다.[238] 대주의 지위를 가지는 금융기관은 차주에 대해서 적지 않은 권한을 행사할 수 있게 되기 때문이다. 예컨대 대주는 차주가 대출계약상의 의무를 위반하였거나 위반할 것으로 예상되는 경우 해당 위반사항이 채무불이행사유를 구성하지 않도록 대주의 권리행사를 유예하거나 계약조건을 변경하는 것에 동의할지 여부를 결정할 권한이 있다. 따라서 차주는 대출계약의 체결 이후 발생 가능한 여러 위기 상황에서 차주가 유연하게 대처할 수 있도록 신속히 협조해 줄 수 있는 친밀한 관계에 있는 금융기관과 차입관계를 맺는 것을 선호한다.[239]

또한 대주는 차주나 차주가 속한 기업그룹에 대하여 포괄적인 금융·재무 정보를 요청할 권한을 가진다.[240] 이는 대출기간 동안 차주의 대출금 상환 능력이 유지되는지 여부를 확인하기 위한 것이다. 그런데 만일 차주와 경쟁관계에 놓여있는 어느 기관이 대주의 지위를 획득한 후 차주에 대한 특정 정보를 수집할 목적 또는 다른 이면의 동기를 가지고 이러한 정보 요청권을 행사한다면 차주의 사업에 위협이 될 수 있다.[241]

을 내릴 가능성을 배제할 수 없기 때문이다. 실무에서도 이러한 경우가 발생한 사례가 있었는데, 당시 대출계약서에 이러한 경우에서의 대출채권의 양수도를 제한하는 문구가 포함되어 있지 않았기 때문에, 대주단에서 큰 우려를 표하였다. 다만 이러한 예외적인 경우를 제외하고는, 대주 입장에서는 대출채권의 자유로운 양도가 보장되어야 함이 원칙이다.

[238] Sarah Paterson & Rafal Zakrzewski(2017), 721-723면; Michael Bellucci & Jerome McCluskey(2016), 545면; Sue Wright(2014), 263면

[239] 정순섭(2017), 480-481면; Sarah Paterson & Rafal Zakrzewski(2017), 722면

[240] Megan Elizabeth Jones(1999), 178면

[241] 대출채권 거래의 측면에서도, 대주단에게 제공되는 차주사에 대한 정보 등을 취득하기 위한 목적으로(to "get in the information flow") 최소한의 대출채권을 인수하는 사례가 있다. Lee M. Shaiman & Bridget K. Marsh(2022), 401면

이러한 점들을 고려하여 차주는 대출계약상 최초 대출 실행일 이후 대주들이 보유하고 있는 대출채권을 차주의 개입없이 자유롭게 양도하는 것을 제한하려 한다.242 그런데 이러한 차주의 입장은 대출채권의 양수도에 아무런 제한이 없기를 바라는 대주단의 입장과 대립된다.243

이러한 이해관계의 대립이 신디케이티드대출 자체에 부정적인 영향을 주지 않도록 하기 위해서는 대출계약에 양자의 입장이 충분히 반영된 양수도 조항이 포함되도록 하여야 한다.244 실제로 대출채권의 양수도 조항은 신디케이티드대출의 계약서의 작성 시 가장 비중 있게 협의가 이루어지는 조항 중 하나이다.

이와 관련하여 우선 두 가지 옵션을 고려할 수 있다.

첫 번째 옵션은 대주로 하여금 대출채권을 양도하기에 앞서 차주와 미리 협의하도록 하는 것이다.245 다만 사전 협의 절차가 있더라도 대주가 차주의 의견에 따를 것이 강제되는 것은 아니므로, 어느 정도의 협상력을 가지고 있는 차주라면 이러한 옵션을 수용하지 않을 가능성

---

242 Michael Bellucci & Jerome McCluskey(2016), 545면
243 Sue Wright(2014), 263면
244 이와 관련하여 미국 뉴욕주 법원은 계약의 양수도는, 이를 제한하는 명백하고 명시적인 문구가 없는 한, 허용되어야 한다고 본다("in the absence of clear language expressly prohibiting assignment, contracts are generally assignable") Sullivan v. International Fidelity Ins. Co., 465 N.Y.S.2.d 235 (App. Div. 2d Dep't 1983); 그러나, 이와 동시에, 미국 뉴욕주 법원은 계약자유의 원칙에 따라 당사자들이 명백하고 명시적인 문구를 사용하여("clear, definite, and appropriate language") 계약의 양수도를 제한하는 경우 보통법(common law)에 따라 이러한 제한이 허용된다는 점 분명히 하였다. Allhusen v. Caristo Const. Corp., 303 N.Y. 446 (1952). Michael Bellucci & Jerome McCluskey (2016), 545면에 설명된 바와 같이, 신디케이티드대출에서 당사자들이 대출채권의 양수도에 대해서 어느 정도의 제한을 둘 건인지 여부는 결국 당사자 간의 협의에 달렸다.
245 "If the borrower's consent is not needed for transfer, it should consider specifying certain parameters within which the right to transfer must be exercised." Sue Wright(2014), 264면

이 높다.

　두 번째 옵션은 대주로 하여금 대출채권의 양수도에 대하여 차주의 사전 동의를 받도록 하는 것이다.[246] 그런데 차주의 사전 동의를 대출채권의 양수를 위한 필수 조건으로 규정할 경우 장래 대출채권 거래에 상당한 불확실성을 초래하여 금융기관들이 여신승인을 받는 데에 어려움이 발생할 수 있다.[247] 따라서 일정 규모 이상의 신디케이티드대출 거래에서 이러한 조건을 그대로 수용하여 신디케이션에 참여하는 금융기관들은 많지 않다. 설령 차주와 우호적인 관계에 있는 소수의 금융기관들이 이러한 조건을 수용하더라도 신디케이션을 구성하는 모든 금융기관들로 하여금 이러한 양수도 조항을 수용하도록 하는 것은 어려울 것이다.

　이러한 점을 고려하여 영국의 LMA나 미국의 LSTA에서 제작·보급하는 대출계약서의 표준양식은 위 두 옵션의 중간 지점에서 당사자들이 합의점을 찾을 수 있도록 하고 있다. 즉 대출채권의 양수도의 조건으로서 차주의 사전 동의를 요구하되, 미리 합의된 특정 사안에 대해서는 차주의 사전 동의가 요구되지 않도록 예외(carve-outs)를 두는 것이다.[248] 이는 실제 신디케이티드대출 거래에서 일반적으로 사용되는

---

[246] 우리법상, 채권은 양도할 수 있다. 그러나 채권의 성질이 양도를 허용하지 아니하는 때에는 그러하지 아니하다(민법 제449조 제1항). 그리고 채권은 당사자가 반대의 의사를 표시한 경우에는 양도하지 못한다. 그러나 그 의사표시로써 선의의 제3자에게 대항하지 못한다(민법 제449조 제2항). 당사자가 양도를 반대하는 의사를 표시한 것을 "양도금지특약"이라고 한다. 양도금지특약을 위반하여 이루어진 채권양도는 원칙적으로 효력이 없다는 것이 통설이고, 대법원판례에서도 이와 같이 보고 있다(대법원 1999. 12. 28. 선고 99다8834 판결, 대법원 2000. 12. 22. 선고 2000다55904 판결, 대법원 2009. 10. 29. 선고 2009다47685 판결, 대법원 2019.12.19. 선고 2016다24284 전원합의체 판결 등 참조).

[247] Michael Bellucci & Jerome McCluskey(2016), 545면; Sue Wright(2014), 264면

[248] 유럽의 LMA 대출계약서의 표준양식 및 미국의 LSTA 대출계약서의 표준양식을 기준으로 하였을 때 차주의 사전 동의나 차주와의 사전협의 없이 대출채권의 양도가 허용되는 예외 사유의 구체적인 예는 다음과 같다: (가) 당사자 간에 사전

방식이다.249 다만 예외 규정의 범위 등 구체적인 합의 내용은 시장 상황이나 당사자들의 협상력 등에 따라 달라진다. 한편 예정된 대출채권의 양수도가 대출계약에서 정하고 있는 예외 사유에 해당하지 않더라도 차주의 사전 동의는 비합리적으로 유보되거나 지체될 수 없다.250 또한 만일 차주가 사전 동의 요구를 받는 날로부터 일정 기한(예컨대 5 영업일) 내에 회신하지 않는 경우에는 차주가 사전 동의한 것으로 간주되기도 한다.251

이러한 조항은 대출채권의 양수도와 관련하여 대주들과 차주 간에 존재하는 근본적인 입장 차이에 기반한 갈등을 해소할 수 있는 실무적 절충안에 해당한다고 볼 수 있다. 그러나 온전히 대주의 입장에서 생각해 보면, (대출채권의 양수도가 대출계약에서 정하고 있는 예외사유에 해당하는 경우가 아니라면) 대주가 의도하는 장래 대출채권의 양수도가 제한을 받을 수 있기 때문에 대출계약상 양도관련 제한 규정은 대주에게 문제가 될 수 있다. 물론 차주의 사전 동의는 비합리적으로 유보되거나 지체될 수 없다는 취지의 단서가 대주단에게 어느 정도의 도움은 되겠으나, 차주가 대주의 사전 동의 요구를 거절할 수 있는 "합리적인" 근거나 사유는 결코 적지 않다.252 예컨대 차주는 아래의 이유로 대주의 사전 동의 요구를 거절할 수 있을 것이다.253

첫째, 대출채권의 잠재적 양수인이 기존 대주보다 낮은 신용도를

승인(pre-approved)되어 대출계약서에 적격 양수인(Qualifying Transferee)으로 명시된 금융기관에 대한 양도; (나) 대주단을 구성하는 다른 대주(또는 그 계열사)를 상대로 이루어지는 양도; (다) 차주의 채무불이행이 발생 및 계속되는 경우. Michael Bellucci & Jerome McCluskey(2016), 544-545면; Sue Wright(2014), 263면
249 Sue Wright(2014), 263면
250 Sarah Paterson & Rafal Zakrzewski(2017), 726-727면
251 Rafal Zakrzewski & Geoffrey Fuller(2019), 269면
252 Sue Wright(2014), 264면
253 Rafal Zakrzewski & Geoffrey Fuller(2019), 263-264면

가지고 있는 경우;[254]

둘째, 과거에 차주가 실행한 대출거래에서, 차주가 대출계약상의 의무를 위반하였거나 위반할 것으로 예상되는 상황에서, 대주단에게 권리행사의 유예 및/또는 계약조건의 변경을 위한 동의를 요청하였으나 이를 거절한 금융기관이 당해 거래의 잠재적 양수인에 포함되어 있는 경우(즉 대출채권의 잠재적 양수인이 차주에 대하여 비협조적 이력을 가지고 있는 기관인 경우);

셋째, 대출채권의 잠재적 양수인이 대주가 된다면 차주에게 추가적인 세금이나 기타 비용이 발생할 가능성이 있는 경우;[255] 및/또는

넷째, 대출채권의 잠재적 양수인이 차주의 경영진 또는 차주사의 경영방식에 적대적인 경우.[256]

만일 실제 거래에서 차주가 위의 이유로 대주의 대출채권 양도를 위한 사전 동의 요구를 거절한다면 대주가 "차주의 사전 동의가 비합리적으로 유보되거나 지체될 수 없다"는 점을 근거로 이러한 결정에 불복하기 어려울 수도 있다.

이와 관련하여 Barclays Bank Plc v. Unicredit Bank AG건[257]에 대한 영국 법원의 판결을 참고할 만하다. 이 건에서 영국 법원은 대주들의 동의 요구을 거절한 차주는 이러한 결정을 내림에 있어 대주들의 상업적 이익을 배제하고 자신의 상업적 이익만을 고려할 수 있다고 판시하였다. 영국 법원은 또한 이러한 사안에서의 '합리성'이라는 것은 객관적으로 판단되어야 하는 성질의 것이기 때문에 '합리적인 사람'이 주어진 상황이나 지위에서 상대방의 동의 요구에 대해 어떻게 결정했을

---

254 일부 대출거래에서는 대출계약서에 대출채권의 양수도가 허용되는 양수인들(permitted transferees)을 정의함에 있어, 일정 신용등급 이상을 가진 기관일 것을 요구하는 경우가 있다.
255 Rafal Zakrzewski & Geoffrey Fuller(2019), 264면
256 Michael Bellucci & Jerome McCluskey(2016), 552면
257 [2012] EWHC 3655 (Comm); [2014] EWCA Civ 302.

지를 따져 판단해야 한다고 설시하였다. 이는 차주의 거부의사의 합리성 여부가 개별 거래에서의 당사자들이 처한 관련 구체적 상황에 따라 달라질 수 있음을 시사한다.

아울러 위의 영국 법원의 판결에 따르면 차주의 거절이 비합리적이었음을 증명해야 할 당사자는 대주일 가능성이 높다.[258] 그런데 설령 차주의 거절에 합리성이 결여되는 것처럼 보였다고 하더라도 대주가 소를 제기하는 부담을 무릅쓰고 차주의 비합리성을 증명하고자 하는 경우는 실제로 많지 않다.[259]

결론적으로 실제 신디케이티드대출 거래에서 대주에게 완전히 자유로운 대출채권의 양도를 보장하기는 어려우며,[260] 차주의 입장을 고려해 보았을 때 대출채권의 양수도에 대해서 아무런 제약이 없는 대출계약은 실무적으로도 매우 드물다.[261] 다만 대주의 대출채권 양수도에 관한 이러한 계약적 제한에 관해서는 각 거래별로 해당 거래의 특성 및 이해 관계 등을 고려하여 당사자들간에 충분한 협의가 이루어지게 된다. 결국 대출채권의 양수도를 염두에 두고 대출거래에 참여하는 대주단이라면 이러한 계약상 제한에 관하여 수용할 수 있는 수준의 합의를 무리 없이 이끌어낼 수 있다.[262] 한편 이러한 대출계약상 제한에 관

---

[258] The Association of Corporate Treasurers(2022)
[259] The Association of Corporate Treasurers(2022)
[260] 대출채권의 자유로운 양수도를 제한하는 규정의 구체적인 내용은 거래마다 다르다("..the exceptions to free assignability are customized from deal to deal"). Michael Bellucci & Jerome McCluskey(2016), 546면
[261] Sue Wright(2014), 263면
[262] 만일 어느 금융기관이 대출계약에 포함된 양수도 조항에 만족하지 못한다면, 해당 기관은 장래 대출채권의 양수도를 구상함에 있어 (경개나 채권양도가 아닌) 대출참가에 따른 방식을 고려할 수도 있을 것이다. 대출참가에 따르면 공식적인 대주의 지위에는 변동이 없으므로 대출계약상 양도제한을 받지 않기 때문이다. 다만 대출참가에 의한 방식은 차주에게는 문제가 될 수도 있다. 특히 재정적인 어려움을 겪고 있는 차주라면 대출계약상 재무적 구속약정의 위반 등 계약조건의 위반이 드물지 않게 발생할 수 있고 이럴 때마다 대주단에게 권리행사의 유예

한 협의 및 조율은 모든 국제적 신티케이티드대출 거래에 동일하게 적용되는 것으로 거래에 참여하는 특정 국가의 법제도에 특별한 영향을 받지 않는다.

2. 양수도 절차의 복잡성 및 거래비용에 따른 현실적 제한

대출채권의 거래와 관련하여 실질적으로 더 크게 문제가 되는 것은 실제 양수도 거래를 할 때 요구되는 절차의 복잡성 및 거래비용에 따른 현실적 제한이다. 이는 특히 개별 국가의 법제도에 영향을 받게 되므로 앞서 설명한 바와 같이 대출계약상 제한의 경우 대주가 만족할 만한 수준의 양수도 조항이 반영되어 있다고 하더라도 반드시 계약상 예정된 메커니즘에 따라 대출채권의 양수도가 보장되는 것은 아니다. 어떠한 담보권 설정 방식이 사용되었는지 여부에 따라 대출채권의 이전시 담보권 이전 절차가 수반될 수도 있기 때문이다.

예컨대 우리나라를 포함한 여러 대륙법계 국가에서는 담보권의 채권에 대한 부종성 원칙[263]이 엄격히 적용되고 있는데, 만일 이러한 국가에 소재한 자산에 대하여 담보권의 설정이 요구되는 신디케이티드대출 거래에서 대출채권의 양수도 절차를 간소하게 해주는 담보권 설정 방식이 사용되지 못한다면 대출채권의 양수도에 따른 부가적인 담보권 이전 절차 및 관련 비용이 요구될 것이다.[264]

나 계약조건의 변경을 요청해야 할 텐데, 차주가 아무런 영향력을 행사할 수 없는 대출참가라는 방식을 통해 실질적인 대주 지위를 획득한 자가, 막후에서 차주에게 비협조적이거나 불리하게 대주로서의 권리를 행사하려 든다면, 차주는 기존 대주단에게서 기대했던 협조와 이해를 얻어 위기 상황을 극복하기 어려운 상황을 맞게 되고 당해 위기 상황은 더 심각한 단계로 발전하게 될 수도 있다. 이에 통상적이지는 않으나, 대출참가에 대해서도 차주의 사전 동의를 받도록 하는 경우도 전혀 없지는 않다. The Association of Corporate Treasurers(2022)
263 곽윤직·김재형(2024), 383-384면, 448면; 최수정(2023), 586면

제3절 소결론

본 장에서는 우리나라를 포함한 세계 각국의 금융시장에서 널리 활용되고 있는 주요한 자금 조달 방식인 신디케이티드대출을 검토하였다. 신디케이티드대출은 자금수요자인 기업에게는 개별 금융기관들을 상대로 복수의 대출계약을 체결할 필요없이 대규모 차입을 쉽게 할 수 있도록 해주고, 자금제공자인 금융기관에게는 한 회사에 대하여 단독으로 대규모 차입을 실행하는 데 수반되는 신용위험이나 채무불이행 위험을 분산할 수 있도록 해준다는 점에서 유익하다.

신디케이티드대출 거래에 참여하는 금융기관들 중에는 최초 대출실행일 이후 자신이 보유한 대출 채권의 전부 또는 일부를 양도할 것을 예정하여 거액의 대출금을 약정하는 경우가 많다. 이러한 대출채권의 거래는 다양한 목적에서 이루어지는데 통상 은행에 대한 건전성규제에 부합하기 위하여, 안정적인 신디케이트를 구성하기 위하여, 대출포트폴리오를 다각화하기 위하여 및/또는 대출채권의 증권화를 위한 가교 역할을 하기 위하여 이루어진다.

이러한 대출채권의 거래는 주로 경개나 계약상 지위의 이전의 방식으로 이루어지는데 그 이유로는 경개나 계약상 지위의 이전에 따르는 경우, 기존 채권자 및 신규 채권자를 포함한 모든 관련자들이 계약에

---

264 담보권의 채권에 대한 부종성과 관련된 "전통적 법리는 현실에서 많은 불편함을 야기한다." 예컨대, 채무자의 사업규모가 커서 다수의 채권자들로부터 대출을 받고 이들 채권자들에게 저당권을 설정해 주었다고 가정하였을 때, 저당권은 등기하여야 효력이 생기기 때문에(민법 제361조) 채권자 전원에게 공동저당등기를 경료해 주어야 할 텐데, 만일 이 때 채권자 중 1인이 시장에서 자신의 채권을 타인에게 이전하고 싶어한다면, 그 채권을 새로이 취득하는 사람 앞으로 저당권의 변경등기절차를 밟아야 한다. "그러나 빠르게 진행되는 금융실무에서는 이는 여간 번거로운 일이 아닐 수 없다." 오영걸(2021), 51면

참여하기 때문에 거래관계가 확실하다는 점, 경개나 계약상 지위의 이전은 대출계약상의 권리 및 이익과 더불어 대출계약상의 의무의 이전도 함께 이루어질 수 있도록 하기 때문에 대출계약상 미인출 대출금이 남아 있는 상태에서 사용할 수 있는 유일한 대출채권의 거래 방식이라는 점 등을 들 수 있다. 상당수의 대규모 담보부 대출거래는 수시 인출·상환을 전제로 하는 한도대출 약정을 수반하는데, 이에 따른 대출채권을 이전하고자 하는 경우에는 경개나 계약상 지위의 이전의 방식을 사용하여야만 권리와 의무를 함께 이전할 수 있다.

우리나라의 현행법상 신디케이티드대출 거래에서 대출채권의 양수도를 제한하는 직접적인 규정이 있다고 보기는 어렵다. 대출채권의 양수도에 대한 계약적 제약이 크다고 보기도 어렵다. 대출계약의 체결시 대출채권의 양수도 관련 사항에 대해서는 당사자들간에 충분한 협의가 이루어지게 되고 대출채권의 양수도를 염두에 두고 거래에 참여하는 대주단에서 이에 관한 필요한 수준의 합의를 이끌어 낼 수 있기 때문이다.

반면 우리법에는 담보권의 채권에 대한 부종성의 법리가 존재하기 때문에 대출의 최초 실행일 이후 대출채권의 양수도시 채권의 이전과 함께 별도의 담보권 이전 절차가 요구된다. 따라서 신디케이티드대출 거래에서 대출채권의 양수도를 제한하는 법적, 계약적 요소가 그 자체로는 없거나 크지 않다고 하더라도, 다른 측면의 제약(즉 담보권의 채권에 대한 부종성의 법리로 인한 담보권 이전 관련 거래비용)이 존재한다고 볼 수 있다.

채권 양수도에 수반하는 부가적인 담보권 이전 절차는 국제거래 요소가 많은 신디케이티드대출에서 실무적으로 절차를 복잡하게 하는 등 여러 어려움을 야기하며, 담보권 이전을 위한 별도의 등기·등록에 상당한 비용이 소요되므로 거래비용의 측면에서도 부담을 가중시킨다. 특히 거래규모가 큰 대출거래에서는 담보권 이전 등기·등록 비용만 수 천만원에 달하기도 한다.

결국 담보권의 이전에 요구되는 절차 및 소요되는 비용의 부담을 덜어주는 담보권 설정 방식이 전제되지 않는다면, 대출채권의 양수도가 실질적으로 활발해지기는 어렵다. 따라서 대출채권의 양수도를 더 간명하고 용이하게 하는 담보권 설정 방식을 연구하여 도입하는 것은 신디케이티드대출의 활성화를 위한 핵심 과제라 할 것이다.

본 장에서의 배경적 논의를 토대로 하여, 다음 장에서는 우리나라의 신디케이티드대출 거래에서 기본 담보권 설정 방식으로 사용되고 있는 현행 방식(즉 개별담보설정방식)의 문제점을 구체적으로 검토한다.

제3장

신디케이티드대출에서의 담보설정

제1절 개별담보설정방식

제1항 의의

개별담보설정방식은 모든 담보권을 개별 대주 앞으로 설정·유지·집행하는 것을 전제로 하는 담보권설정방식이다. 개별담보설정방식은 우리법상 담보권자와 채권자는 동일해야 한다는 부종성 원칙을 가장 충실하게 따른다.[1] 개별담보설정방식에서도 대주들을 위하여 담보대리인이 선임되기는 하나,[2] 담보대리인은 담보와 관련된 행정적인 관리업무를 수행할 뿐, 법적 담보권자는 여전히 개별 대주들이다.

현재 우리나라에 소재하는 담보물에 대하여 담보권을 설정하는 경우 부종성 원칙에 부합하기 위하여 개별담보설정방식이 사용된다. 많은 국제 신티케이티드 대출 거래에서 피담보채무의 준거법은 우리법이 아닌 영국법 또는 미국 뉴욕주법이 되는 경우가 일반적인데[3] 그럼에도 불구하고 담보물이 우리나라에 소재하는 이상 담보권 설정 방식은 대부분 개별담보설정방식이 사용된다.

---

[1] 鈴木 健太郎·宇治野 壯步(2014), 63면; 곽윤직·김재형(2024), 383-384면, 448면
[2] 대리은행이나 담보대리인은 차주가 아닌 대주단을 대리한다. The Association of Corporate Treasurers(2022), 257면
[3] 박찬동(2014), 136면

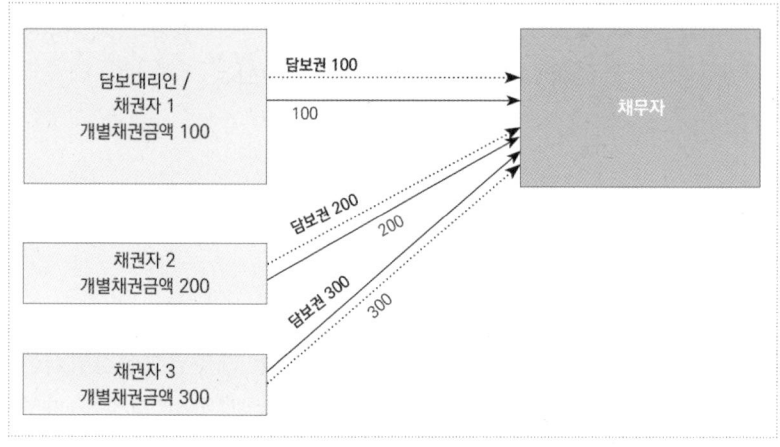

그림 3: 개별담보설정방식의 구조

제2항 담보대리인의 법적 지위 및 역할

개별담보설정방식에서 담보대리인의 법적 지위는 대주들을 위하여 위임받은 업무를 수행하는 대리인에 불과하다. 이는 다른 대안적 담보권 설정 방식에서 담보대리인이 담보권수탁자나 담보권자의 지위를 갖는 것과는 다르다. 따라서 개별담보설정방식을 사용하는 경우 신디케이티드대출 거래에서 요구되는 모든 담보권은 개별 대주들을 담보권자로 하여 설정되어야 한다.

개별담보설정방식에서 대출계약상 담보대리인이 부담하는 업무는 담보관리업무이다.[4] 이러한 업무에는 담보물의 관리, 담보계약서의 보관, 담보관련 권리관계서류의 징구 및 보관, 담보실행으로 인한 금원의 수령 등이 포함되는데 이러한 사항에 대해서는 대출계약서와 관련

---

[4] Rafal Zakrzewski & Geoffrey Fuller(2019), 217면; 정순섭(2017), 469면

담보계약서에 구체적으로 규정된다.[5] 대출계약상 담보대리인이 맡는 역할의 성격은 행정적이고 사무적이며[6] 담보대리은행이 관련 업무를 수행하더라도 담보대리인과 다른 대주들의 관계가 수탁이나 위임관계에 있어서의 신뢰관계(fiduciary relationship) 만큼 강하다고 할 수 없다.[7] 또한 대출계약에는 담보대리인이 대주들에게 신인의무(fiduciary duty) 및 기타 책임이나 의무를 부담하지 않는다는 취지의 문구가 포함되는 것이 일반적이다.[8]

제2절 개별담보설정방식의 문제

개별담보설정방식에서는 개별 대주가 담보권자가 되므로 후술하는 담보권신탁(제4장) 및 병행채무방식(제5장)과 비교시 담보권의 설정

---

[5] 위임사무의 범위는 대출계약의 대리조항에서 정해진다. 정순섭(2017), 469면; 다음은 2023년 C사의 차입 건과 관련하여 실제로 체결된 선순위대출계약서에 포함된 담보대리인의 선임 관련 조항을 발췌한 것이다.
   "*각 대주는 철회불가능한 조건으로 담보계약상 목적을 위해 자신의 대리인으로서 행위할 자로 담보대리금융기관을 임명하고, 담보대리금융기관에게 자신을 대리하여 담보계약상 명시적으로나 묵시적으로 위임받은 권리 및 재량권과 그에 부수된 합리적인 범위 내의 권리 및 재량권을 행사할 수 있는 권한을 부여한다. 담보관리업무에는 담보물의 관리, 담보계약서의 보관, 담보관련 권리관계서류의 징구 및 보관, 담보실행으로 인한 금원의 수령 등이 포함된다.*"
[6] "[T]he agent's duties are ministerial and not discretionary." Michael Bellucci & Jerome McCluskey(2016), 488면
[7] 이미현·고훈(2004), 110면; 박세민(2000), 125면
[8] 유럽의 LMA 대출계약서의 표준양식 및 미국의 LSTA 대출계약서의 표준양식에는 담보대리인에 대한 "No Fiduciary Duty; Exculpation" 조항이 포함된다. Sara Barin, Caroline Gregson & Anouschka Zagorski(2024); The Association of Corporate Treasurers(2022), 257면; Michael Bellucci & Jerome McCluskey (2016), 491-492면; 이미현·고훈(2004), 110면

및 이전 절차가 번거롭고 거래비용이 높아 결국 대출채권 유통시장의 발전을 저해하는 주요 요인이 된다. 본 절에서는 이러한 문제점들을 구체적으로 검토한다.

제1항 절차적 번거로움 및 거래비용의 증가

개별담보설정방식은 대출채권의 양수도를 어렵게 한다. 대출채권의 양수도시 담보권 이전에 요구되는 담보권 성립 요건을 일일이 갖추어야 하기 때문이다.[9] 이러한 절차는 실무적·행정적으로 번거로울 뿐 아니라 추가적인 등기·등록 비용을 발생시킨다. 따라서 대출계약의 체결 이후 대출채권의 양수도가 빈번하게 일어나는 상황이라면 이는 상당한 시간과 노력, 비용으로 이어질 것이며 결국 총 거래비용의 상승을 초래할 수 있다.

표 1: 담보유형별 담보권 설정 및 이전 절차 및 거래비용

	부동산에 대한 근저당권 (부동산, 공장)	동산에 대한 근저당권 (항공기)	근질권(지적재산권 (특허, 실용시안/ 디자인/ 상표))
최초 설정시 담보권의 성립요건	근저당권의 설정시 (근저당권설정자로서) 차주는 근저당권설정계약을 체결하고 동 계약에 기재된 근저당 담보목적물에 대하여 관련법률[10]	근저당권의 설정시 (근저당권설정자로서) 차주는 근저당권설정계약을 체결하고 동 계약에 기재된 근저당 담보물에 대하여 관련법(자동차 등 특정동산 저당법)에 따른 1순위 항공기근	근질권의 설정시, (근질권설정자로서) 차주는 지적재산권 근질권설정계약을 체결하고 동 계약에 기재된 근질권의 목적인 지적재산권에 대하여 1순위 지적재산권근질권을 설정하여야 함. 지적재산권근질권 등록을 경료한 후에는 담보대상지적재산권에 관하

---

9 Philippe Max & Timothy Stubbs(2013)

	부동산에 대한 근저당권 (부동산, 공장)	동산에 대한 근저당권 (항공기)	근질권(지적재산권 (특허, 실용신안/ 디자인/ 상표))
		저당권을 설정하여야 함. 근저당권설정등록을 경료한 후에는 근저당 설정사실이 기재된 항공기등록원부를 담보대리인에게 교부하여야 함.[11]	여 근질권 설정사실이 기재된 등록원부를 담보대리인에게 교부하여야 함. 한편 지적재산권근질권을 설정하기 위해서는 담당 변리사가 국문 근질권설정계약에 (대주로서) 각 근질권자의 날인을 받아 특허청에 접수하여야 함. 특허청 접수를 위해서는 질권설정자인 특허권자의 인감날인이 필요하고 질권설정자인 특허권자와 질권자인 대주의 위임장이 필요함. 이 때 질권설정자뿐만 아니라 질권자 모두 특허고객번호를 가지고 있어야 하며, 없는 경우 특허고객번호 부여신청을 미리 해야 함. 다수의 해외 금융기관들이 참여하는 대규모의 대출 거래에서 각 금융기관별로 특허고객번호부여신청을 진행하고 각 금융기관으로부터 근질권설정계약에 날인을 받고 위임장까지 수령하는 데에는 적지 않은 시간이 소요됨.[12]
이전시 담보권의 성립요건	근저당권의 설정 이후 기존 대주단 구성원의 변경이 발생한 경우에는 근저당권자 중 1인의 변경을 위한 이전등기를 하여야 함. 이를 위해서는 근저당권을 설정하기	근저당권 설정 이후 기존 대주단 구성원의 변경이 발생한 경우에는 근저당권자 중 1인의 변경을 위한 이전등록을 하여야 함.	근질권 설정 이후 기존 대주단 구성원의 변경이 발생한 경우에는 근질권자 중 1인의 변경을 위한 이전등록을 하여야 함. 이를 위해서는 근질권을 설정하기 위해서 요구되는 서류

	부동산에 대한 근저당권 (부동산, 공장)	동산에 대한 근저당권 (항공기)	근질권(지적재산권 (특허, 실용신안/ 디자인/ 상표))
	위해서 요구되는 서류의 구비 및 절차가 반복되어야 함.	이를 위해서는 근저당권을 설정하기 위해서 요구되는 서류의 구비 및 절차가 반복되어야 함.	의 구비 및 절차가 반복되어야 함.
최초 설정시 담보권의 등기·등록 비용	근저당권 등기 비용의 대략적 예시는 아래와 같음: • 등록면허세(설정): 채권최고액 x 0.2%[13]	근저당권 등록 비용의 대략적 예시는 아래와 같음: • 등록면허세: 건당 1만2천원[14]	지적재산권근질권 등록 비용의 대략적 예시는 아래와 같음: • 관납료(설정등록료): 건당 20,000원
이전시 담보권의 등기·등록 비용	근저당권 이전등기 비용은 전체 근저당권설정 비용 대비 피담보채권 중 변경된 근저당권자가 보유하는 채권액에 비례하여 발생하게 된다. 예컨대 A, B, C가 각 200억, 300억, 500억의 채권을 가지고 있고, 채무자 보유의 부동산에 대하여 A, B, C를 근저당권자로 하고 채권최고액을 피담보채권액의130%인 1,300억으로 하는 근저당권이 설정되어 있는 경우, A가 자신의 채권을 A'에게 양도할 때 발생하는 비용은 [(1,300억원을 채권최고액으로 할 때 근저당권설정에 소요되는 총 비용) x (200억/1,000억)]이 된다. 즉 근저당권설정등기에 소요되는 비용만큼은 아니지만 근저당권이전에 필요한 이	근저당권 이전등록 비용은 설정시 비용과 동일함.	근질권 이전등록 비용은 설정시 비용과 동일함.

	부동산에 대한 근저당권 (부동산, 공장)	동산에 대한 근저당권 (항공기)	근질권(지적재산권 (특허, 실용신안/ 디자인/ 상표))
수수료 등	전등기의 경우에도 적지 않은 비용이 발생함. 근저당권이전등기를 경료하기 위해서는 통상의 법률자문비용에 추가하여 별도의 법무사 수수료 및 근저당권 이전등기 비용이 소요됨.	근저당권설정등록을 경료하기 위해서는 통상의 법률자문비용에 추가하여 별도의 법무사 수수료 및 근저당권 이전등록 비용이 소요됨.	지적재산권근질권설정등록을 경료하기 위해서는 통상의 법률자문비용에 추가하여 별도의 변리사 수수료 및 근질권 등록 비용이 소요됨.[15]

〈표 1〉에 따른 1순위 부동산근저당권을 설정하여야 함. 근저당권설정등기를 경료한 후에는 근저당 설정사실이 기재된 등기원부를 담보대리인에게 교부하여야 함.

한편 근저당을 설정하기 위해서는 담당 법무사가 근저당설정계약에 (대주로서) 각 근저당권자의 날인을 받아 관련 부동산 소재지에 위치한 등기소를 방문하여야 함.

---

10 여기서 관련법률이란 담보목적물이 부동산인 경우에는 부동산등기법, 담보목적물이 공장인 경우에는 공장 및 광업재단저당법을 의미한다. 곽윤직·김재형(2024), 534면
11 우리법상 항공기에 대한 저당권 설정 및 항공기 저당권 설정계약의 주요 내용 및 검토사항 등에 관해서는 성낙주(2020), 508-516면을 참조.
12 의료장비 제조를 전문으로 하는 G사를 위한 해외 담보부 대출거래에 참여한 해외 금융기관은 110곳에 달했다. 이에 근질권 설정 등록을 위하여 특허청 접수에 필요한 서류를 징구하는 데에만 2-3개월의 시간이 소요되었다.
13 지방세법 제28조1호 다. 2)
14 지방세법 제28조14호
15 맥주제조 전문기업인 A사의 인수금융에 대한 리파이낸싱거래에서 근질권의 목적인 지적재산권은 938건에 달했고 이에 소요된 변리사 수수료만 수 천만원에 달했다.

근저당권 등록신청은 등록권리자와 등록의무자가 공동으로 신청하도록 되어 있고, 통상 법무법인이 각 당사자로부터 위임장을 받아 대리인으로 국토교통부에 출석하여 근저당권설정계약서, 인감증명서 등 원인서류를 첨부하여 등록을 신청하고 있음.[16]

- 지방교육세: 등록면허세 × 20%[17]
- 수입증지대: 필지당 × 15,000원
- 국민주택채권매입액: 채권최고액 × 1%

즉 근저당권설정등기를 경료하기 위해서는 통상 피담보채권액의 130%의 수준으로 책정되는 채권최고액에 연계된 근저당권 등기 비용이 소요된다.[18] 대출규모에 따라 차이는 있겠으나, 규모가 큰 대출거래의 경우 근저당권 등기 비용이 전체 거래비용 대비 상당한 금액일 수 있음.

- 지방교육세: 등록면허세 × 20%[19]
- 행정수수료(수입인지 구매로 납부): 8천 2백원[20]

한편 항공기금융과 같이 거액의 딜로서 채권자의 수가 복수인 경우가 많은 신디케이티드대출 거래에서, 관련 근저당권설정계약의 체결 및 담보권의 성립요건의 구비와 관련하여 담보대리인 또는 수탁자만을 근저당권자로 등록할 수 있는지에 대한 해외 법률자문사 또는 금융

---

16 성낙주(2020), 510면
17 지방세법 제151조2호
18 채권최고액이란 근저당권자가 우선변제권을 가지는 한도를 의미한다. 양창수·김형석(2023), 495-497면
19 지방세법 제151조2호
20 자동차 등 특정동산 저당법 시행령 제10조3호

기관들의 문의는 빈번하다.

그러나 우리나라의 실무에서는 대부분의 거래에서 개별담보설정방식을 사용하여 담보권을 설정하고 있는 실정이기 때문에, 대출채권의 양수도시 마다 발생하는 번거로운 담보권의 이전 절차와 이에 소요되는 이전 등기·등록비용 기타 법률비용을 해외 금융기관들에게 일일이 설명하고 납득시키는 것이 쉽지 않다.

한편 담보권의 최초 설정시 발생하는 비용을 차주측에서 부담하는 것과는 달리, 담보권의 이전시 발생하는 비용은 차주측에서 부담하지 않는 것이 통상적이라는 점을 고려해 볼 때,[21] 이러한 부가적인 비용

---

[21] 아래는 2022년 3월 A사의 인수금융 건과 관련하여 실제로 체결된 선순위대출계약서(Senior Facilities Agreement)에 포함된 거래비용(Transaction expenses)의 조항을 발췌한 것이다. 동 조항에 따르면 담보권의 최초 설정 비용 및 최초 인출일로부터 90일 내에 이루어지는 대출채권 양수도에 따른 담보권의 이전 비용은 차주가 부담하도록 되어 있다(최초 인출일로부터 90일 이후에 이루어지는 대출채권 양수도에 따른 담보권의 이전 비용은 대주(좀 더 정확하게는 해당 대출채권 양수도 거래의 양수인)이 부담하게 된다.

"*The Borrower shall, within five (5) Seoul Business Days of demand (which demand shall be accompanied by copies of receipts, invoices or other supporting documents in relation to the amount demanded) pay the costs and expenses (including legal fees and fees of other advisors) reasonably and properly incurred by the Finance Parties in connection with (a) the negotiation, preparation, printing, execution, syndication and <u>perfection of (i) this Agreement and any other documents referred to in this Agreement and the Transaction Security provided to secure its Secured Obligations</u>; and (ii) any other Finance Document to which it is a party executed after the Original FA Signing Date; (b) <u>the registration of the collateral to effect the transfer of security interest over the Transaction Security in connection with the assignment of any Loan during the period from (and including) the Initial Drawdown Date to (and including) the date falling ninety (90) days from the Initial Drawdown Date)</u>; and (c) (A) the financing feasibility report prepared by a third party consulting firm incurred as part of the Lender(s)' due diligence and (B) the legal services (including legal services provided in connection with the assignment of any Loan by the Mandated*

은 기존 대주와 잠재적 대주들 간에 이루어지는 대출채권의 양수도를 저해하는 요소가 될 수 있다.[22]

> Lead Arrangers during the period from (and including) the Initial Drawdown Date to (and including) the date falling ninety (90) days from the Initial Drawdown Date); **provided that**, the Borrower shall only be responsible for paragraphs (a) and (c) above subject to an aggregate cap of USD[____]."

[22] 한편 개별담보설정방식을 사용하여 담보권을 설정함으로써 발생하는 행정적인 절차 및 그에 수반되는 비용은 담보권의 최초 설정시에도 발생한다. 다만 담보권의 이전이 아닌, 최초 설정과 관련하여 요구되는 이러한 절차 및 비용은 개별담보설정방식에서뿐만 아니라 다른 대안적 담보권 설정 방식에서도 마찬가지로 요구된다는 점에서, 이러한 절차 및 비용을 개별담보설정방식 고유의 문제라고 하기는 어렵다. 그러나 오로지 개별담보설정방식을 사용함으로써 발생하는 절차나 비용에 대해서는 따로 언급할 필요가 있다. 가장 문제가 되는 경우는 부동산이나 항공기에 대한 근저당권 및 지적재산권에 대한 근질권의 설정과 관계된다. 부동산에 대한 근저당권의 경우, 근저당을 설정하기 위해서는 담당 법무사가 국문 근저당설정계약에 (대주로서) 각 근저당권자의 날인을 받아 관련 부동산 소재지에 위치한 등기소를 방문하여야 한다. 항공기에 대한 근저당권 설정시에도 유사한 행정적 절차가 요구된다. 이러한 번거로움은 제4장의 담보권신탁 제도나 제 5장의병행채무방식을 사용하는 경우에는 발생하지 않는다. 담보권신탁 제도나 병행채무방식에 따를 경우, 유일한 근저당권자는 수탁자 또는 담보대리인이기 때문에, 담당 법무사는 근저당권 설정등기를 위한 서류에 오로지 수탁자 또는 담보대리인의 날인만 받으면 되기 때문이다. 지적재산권에 대한 근질권과 관련하여서도 유사한 문제가 발생한다. 지적재산권근질권을 설정하기 위해서는 담당 변리사가 국문 근질권설정계약에 (대주로서) 각 근질권자의 날인을 받아 특허청에 접수하여야 한다. 특허청 접수를 위해서는 질권설정자인 특허권자의 인감날인이 필요하고, 질권설정자인 특허권자와 질권자인 대주의 위임장이 필요하다. 이 때 질권설정자뿐만 아니라 질권자 모두 특허고객번호를 가지고 있어야 하며, 없는 경우 특허고객번호부여신청을 미리 해야 한다. 다수의 해외 금융기관들이 참여하는 대규모의 대출 거래에서 각 금융기관별로 특허고객번호부여신청을 진행하고, 각 금융기관으로부터 국문 근질권설정계약에 날인을 받고 위임장까지 수령하는 데에는 적지 않은 시간이 소요된다. 이러한 문제는 제4장의 담보권신탁 제도나 제5장의병행채무방식을 사용하는 경우에는 발생하지 않는다. 담보권신탁 제도나 병행채무방식에 따를 경우 유일한 근질권자는 수탁자 또는 담보대리인이기 때문에, 담당 변리사는 근질권 설정등기를 위한 서류에 오로지 수탁자 또는 담보대리인의 날인만 받으면 되기 때문이다.

제2항 대출채권 유통시장 발전의 저해

본 절의 제1항에서 살펴본 바와 같이, 모든 대주를 담보권자로 하여 담보권을 설정하는 개별담보설정방식은 1차적으로는 담보권의 이전시 필요한 요건을 갖추는 데 소요되는 절차적 비용 및 등기·등록 비용이 거래당사자들에게 부담이 된다는 점에서 문제가 된다.

그러나 단순한 거래비용의 증가나 이로 인하여 파생되는 문제보다 더 크고 심각한 문제는 따로 있다. 대출채권의 양도가 발생할 때마다 수반되어야 하는 담보권의 이전 절차 및 비용은 무엇보다 대출채권의 거래를 저해한다.

앞서 언급된 바와 같이, 대출채권의 거래는 신디케이티드대출 거래의 기본 전제이다. 대출채권의 거래가 자유롭게 이루어지지 못하면, 대출채권의 유통시장이 제대로 발전하지 못한다.[23] 전형적인 신디케이티드대출 거래에서 대출채권의 유통 가능성은 중요한 요소이다.[24] 대출채권의 유통시장은 대출시장과 상호보완적으로 발달하면서 금융시장과 시장참여자들 모두에게 다양한 장점을 제공한다.[25] 따라서 대출

---

[23] 과거 자본시장에서의 신디케이티드대출의 역할 등 신디케이트 대출에 대한 연구가 부족한 이유 중 하나는 주식 및 채권과는 대조적으로 신디케이트대출이 2차 시장인 유통시장에서 활발히 거래되지 않았기 때문인데, 1995년 이후 신디케이트대출 거래이 급속도로 확장되면서 유통시장이 발전하면서 상황은 크게 바뀌었다. Sue Wright(2014), 369면; Peter J. Nigro, Jonathan D. Jones & Murat Aydogdu (2010), 33면

[24] 대출채권의 양도인은 타인에게 대출채권을 양도함으로써 부실채권 처리나 자기자본비율 관리 등을 위해 위험을 이전할 수 있고, 대출채권의 양수인은 대출채권을 양수받음으로써 분산투자나 자산부채종합관리를 위한 위험의 다양화를 추구할 수 있다. 또한 대출채권의 유통시장은 전통적인 은행의 대출영업모델을 증권의 발행인에 가깝도록 변화시킨다. 정순섭(2017), 478면

[25] 미국의 신디케이티드대출 시장(U.S. syndicated corporate loan market)은 지난 30년간 미국 자본시장(U.S. capital markets)에서 가장 획기적이고 성장율이 빠른 시장으로 자리를 굳혔고, 이러한 시장은 효율적인 대출시장(efficient primary

채권의 유통시장이 제대로 발전하지 못하면 대출시장의 발전 또한 기대하기 어렵다. 실제 해외사례를 보면 대출채권의 거래가 늘어나면 그에 따라 대출 규모도 커지고, 이로 인하여 대출시장이 활성화되면 대출채권의 거래가 또다시 증가하는 선순환적 발전 양상이 있음을 볼 수 있다.[26]

영국이나 미국에서는 거의 모든 신디케이티드대출 거래에서 담보권신탁이라는 제도를 사용하여 담보권을 설정하고 있기 때문에 이러한 문제와 마주할 일이 없다.[27] 한편 프랑스, 일본과 같은 주요 대륙법계 국가의 사정은 영미 국가와는 다르지만, 입법 등의 노력을 통해 대출채권의 유통시장의 활성화에 장애가 되지 않는 담보권 설정 방식을 갖추고 있는 상황이다.

우리나라도 신디케이티드 대출시장과 유통시장의 발전 및 확대를 위하여 여러 해외금융선진국 및 세계 금융 시장의 흐름에 부합하는 대안적 담보권 설정 방식을 도입 및 활성화할 필요가 있다. 효율적인 담보 제도는 유통시장이 원활하게 운영되도록 하는 필수적 윤활유와 같은 역할을 하며 이러한 담보 제도 개선 없이는 선진 금융 시장을 모델

---

market)과 유동성이 높고 투명한 유통시장(liquid and transparent secondary trading market)을 기반으로 한다. The Association of Corporate Treasurers (2022), 408면

[26] 신디케이드대출의 유통시장은1991년 80억불에서 2003년 1,450억불로 1,700% 이상으로 거래 규모가 증가하였는데 이는 연평균 27% 성장율을 의미한다. 동 기간 발행시장도 450% (연평균 14%) 성장하였는데 이는 유통시장의 활성화에 따른 것이었다. 김영도(2019), 22면; 유럽의 대출채권 거래협회인 LMA는 신디케이티드대출시장의 발전이 2차 시장인 유통시장의 발전에 매우 중요하다는 점을 지적해왔다. Loan Market Association(2018); The Association of Corporate Treasurers (2022)

[27] 제4장에서 논의되는 담보권신탁이란, "예컨대 다수의 금융기관들로 구성된 차관단(syndicate)이 담보부대출을 하면서 모든 대주들을 담보권자로 하는 대신 대리은행을 수탁자로 하여 담보권을 설정하는 경우와 같이, 차주 또는 물상보증인인 제3자가 담보권자를 수탁자로 하고 대주들을 수익자로 하여 담보권을 설정하는 것을 말한다." 석광현(2006), 78면

로 한 거래 협회의 설립 등 다른 부분의 개선을 시도하더라도 금융 시장의 선순환적 발전을 기대하기는 어려울 것이다.

제3절 개별담보설정방식의 문제점의 실무적 해결 방안 및 한계

제2절 제1항에서 논의된 바와 같이 개별담보설정방식에 수반되는 절차적 번거로움 및 거래비용의 증가는 거래 당사자들에게 큰 부담으로 작용한다. 이에 담보부 신디케이티드대출에서 최초 대출 실행일 이후에 대출채권의 양수도가 빈번할 것으로 예상되는 경우, 거래 당사자들은 이에 수반되는 거래 비용을 피하거나 절감하기 위한 여러 대안적 방안을 고려하기도 한다.

본 절에서는 개별담보설정방식이 대출채권의 양수도를 제한하는 문제를 해소하기 위하여 실무적으로 사용되고 있는 대안적 방안들을 검토하고, 이러한 방안들이 어떠한 이유로 당해 문제에 대한 근본적인 해결책이 될 수 없는지 살펴본다.

제1항 대출참가를 통한 대출채권의 거래

개별담보설정방식이 대출채권의 양수도를 제한하는 문제를 해소하기 위하여 실무적으로 사용되고 있는 첫 번째 방안은 대출채권의 거래 방식과 관련된다. 즉 대출참가의 방식을 사용하여 대출채권을 거래하는 것이다.[28]

대출참가에 의한 방식은 이미 성립해 있는 채권관계에 새로운 대주가 참가하는 것이기 때문에 원대주가 여전히 채권자로 남게 된다.[29] 즉 대출참가에 의한 방식을 따르는 경우, 공식적인 대주의 지위에는 변동이 없다.[30] 따라서 대출계약상 양도제한을 받지 않고 담보권의 이전과 관련하여서도 별도의 조치를 취할 필요가 없다.

다만 앞서 논의된 바와 같이 대출참가의 방식에는 다른 문제들이 따른다. 이러한 문제들은 대출참가의 참가자가 원대출계약의 당사자로서 지위를 가지지 아니하기 때문에 차주와 직접적인 법률관계를 형성하지는 않는다는 점에서 비롯된다.[31] 예컨대 참가자와 차주간의 직접적인 법률관계가 없기 때문에 참가자는 직접 차주에 대해 원리금을 청구할 수 없고 상계권도 행사할 수 없다. 따라서 채권회수 등은 계속해서 원대주가 수행하고 참가자는 그를 통해 원리금을 수취할 수 있을 뿐이다.[32]

또한 대출참가 거래는 원대출과 별개의 것이므로 원대출채권이 담보부일지라도 참가자의 여신에는 그 담보의 효력이 미치지 않는다.[33]

---

28 제1장 제2절에 따른 연구의 범위에서 언급한 바와 같이, 본 논의에서 '채권양도의 방식'을 고려하지 않은 이유는 채권양도의 방식에 따르는 경우 대출계약상의 권리와 이익의 양도만이 가능하고 대출계약상의 의무의 이전은 이루어질 수 없기 때문이다. 즉 채권양도는 대출계약상 대출금이 모두 인출된 상태인 경우 및 대출계약에 한도대출 항목이 포함되어 있지 않은 경우에 한하여 사용 가능한 방식이다. 상당수의 대규모 담보부 대출거래는 수시 인출·상환을 전제로 하는 한도대출 항목을 포함하는 경우가 많은데, 한도대출 항목이 포함된 대출계약에 따른 대출채권을 이전하고자 하는 경우에는 채권양도의 방식이 아닌 경개의 방식을 사용하여야만 한다. 만일 경개의 방식을 사용하기 어려운 상황이라면 대출참가의 방식을 고려해야 할 것이다. Rafal Zakrzewski & Geoffrey Fuller(2019), 257면
29 반기로·박훤일(1996), 59면
30 반기로·박훤일(1996), 59면
31 The Association of Corporate Treasurers(2022), 268면
32 The Association of Corporate Treasurers(2022), 268면; 반기로·박훤일(1996), 59면
33 따라서 참가자는 차주가 제공한 담보와 관련하여 별도의 대항요건을 갖추어야만

원대주가 도산하였을 경우에도 문제가 된다. 대출참가의 참가자로서 원대출계약상 대주의 지위를 가지고 있지 않는 경우 참가인은 원대주의 파산채권자 또는 정리채권자 등으로 원대주의 도산절차에 참여할 수 있을 뿐 자신이 차주에게 직접 청구할 수 없다.[34] 따라서 대출참가의 경우 차주의 도산위험뿐만 아니라 원대주의 도산위험에도 노출될 수 있다.[35]

이와 같이 대출참가에 의한 방식은 원칙적으로 참가자의 차주에 대한 계약·법률상의 권리를 인정하지 않기 때문에 참가자의 채권보전이나 권리보호가 불확실한 단점을 지닌다.[36]

결국, 경개나 계약상 지위의 이전이 아닌 대출참가의 방식을 사용함으로써 개별담보설정방식에 수반되는 담보권 이전비용 및 절차를 피할 수는 있겠으나, 참여 대주들은 또 다른 문제와 위험에 노출되기 때문에 대출채권의 거래 방식의 변경은 당해 문제의 효과적인 해결책이 되지 못한다.

제2항 일부 담보권을 담보물에서 제외

개별담보설정방식이 대출채권의 양수도를 제한하는 문제를 해소하기 위하여 실무적으로 사용되고 있는 두 번째 방안은 우리법상 설정되는 담보권 중에서 담보권의 등록 및 이전 절차에 상당한 비용과 절차가 소요되는 담보권을 아예 제외시키는 것이다.

한다. 반기로·박훤일(1996), 66면
34 정순섭(2017), 480면
35 박 준·한 민(2022), 131면; Rafal Zakrzewski & Geoffrey Fuller(2019), 260면
36 반기로·박훤일(1996), 59면; The Association of Corporate Treasurers(2022), 273-274면

예컨대 실무에서는 어느 거래를 개시하기 이전에, 전체적인 거래를 주도하는 해외 법률자문사가 참여 관할 별로 현지 법률자문사를 선임하고 현지법상 담보권의 설정 및 이전에 필요한 절차나 비용 등에 대하여 문의하는 형식의 관할별 리서치(jurisdictional survey)를 수행하는 경우가 있다. 이러한 관할별 리서치의 결과를 취합하여 당해 거래에 대하여 구체적으로 어느 관할의 어느 담보물까지 당해 거래의 담보물에 포함시킬지 여부를 최종 결정하려는 것이다. 이 경우 특정 관할에 소재하는 담보물에 대한 담보권의 설정 및 이전에 소요되는 거래 비용이 과도하거나 기타 전체 거래의 효율성에 부정적이라고 판단되는 경우, 거래를 주도하는 당사자들은 해당 관할에 소재하는 담보물을 당해 거래의 담보물(transaction security)에서 아예 제외하기도 한다.

실제로 한국에 계열회사를 둔 해외 차주사가 해외 금융기관들로 구성된 대주단에게 제공하는 담보물에 우리나라에 소재한 부동산을 포함시키려고 계획하였다가, 부동산에 대한 담보권의 설정 및 이전에 소요되는 거래비용과 절차에 대한 안내를 받은 후, 이러한 계획을 철회한 사례가 있었다.[37]

위의 사례에서와 같이 대규모 국제 금융거래에서 해외 차주사 그룹에 속하는 한국회사(예컨대 한국 모회사, 자회사 또는 계열사)가 보유하는 한국 소재 담보물이 거래 담보물에서 제외되는 것은 다음의 이유에서 바람직하지 않다.

첫째, 담보물을 축소시키는 것은 거래 당사자들에게 부담이 된다. 대주단의 입장에서 보면, 채무불이행사유 등의 발생시 차주로부터 대

---

[37] 관련 거래의 담보물 소재지가 영미 국가가 아닌 경우 현지 담보물에 대하여 담보권을 설정할 지 여부는 이와 관련하여 소요되는 거래비용이 합당한 수준인지 여부에 달려 있다. 만일 거래 목적을 고려하여, 현지 담보권의 설정 및 이전비용이 전체 거래 비용 대비 과도하다고 판단되는 경우, 당사자들은 현지 담보물에 대한 담보권의 설정을 아예 포기하는 편이 낫다고 볼 것이다.

출원리금을 회수를 보장받기 위해서는 무엇보다도 담보물의 가치가 중요하기 때문에 담보물의 축소는 예민한 문제이다.[38] 차주의 입장에서 보면, 담보물을 축소시키는 것은 대주단에게 (담보물의 축소에 상응하는 정도의) 더 까다로운 대출조건(예컨대 더 높은 마진이나 더 엄격한 재무적 구속약정 등)을 제시하여야 한다는 것을 의미하기 때문에 부담이 된다.

둘째, 한국회사가 대규모 국제 대출거래에 참여하지 못하게 됨으로써 발생하는 경제적 손실이 있다. 차주사 그룹에 속하는 한국회사가 직접적인 담보제공수혜자(즉 차주)는 아니더라도, 한국회사가 담보제공수혜자의 차입거래에 담보제공자로서 참여하는 경우, 한국회사는 관련 담보 제공의 대가로서 그룹 내 차입금이나 별도의 수수료 등과 같은 금융의 이익을 얻을 수 있다. 또한 관련 담보의 제공을 통하여 한국회사가 직·간접적 경영상 이익을 향유할 수도 있게 된다.[39]

그런데 담보권 설정 및 이전에 소요되는 거래비용 및 절차가 과도하다는 이유로 한국회사가 담보제공자로서 대규모 국제 대출거래에 참여할 수 있는 기회 및 한국회사가 보유하는 한국 소재 자산이 담보물로서 활용될 수 있는 기회가 제한된다면, 이는 회사 차원에서뿐만 아니라 궁극적으로는 국가 차원에서의 경제적 손실을 의미한다.

---

[38] 따라서 대주로서는, 추후 차주에 대하여 채무불이행사유가 발생할 가능성에 비추어, 대출채권 양수도의 예상 빈도 및 이에 수반되는 담보권 이전과 관련하여 발생하는 예상비용을 따져본 후, 경제적으로 합리적인 결정을 내리려고 할 것이다.
[39] 한국회사가 자신의 계열사인 해외 차주의 차입거래에 담보를 제공하는 것에 대한 대가로 얻게 되는 금융의 이익이나 경영상의 직·간접적 이익 등에 대한 내용은 외국환거래법상 한국회사가 한국은행에게 제출하여야 하는 담보제공거래신고에 첨부되는 사유서에 반영되어야 한다.

제3항 근저당권 채권최고액의 하향 조정

개별담보설정방식이 대출채권의 양수도를 제한하는 문제를 해소하기 위하여 실무적으로 사용되고 있는 세 번째 방안은 부동산 등에 대한 근저당권의 설정이 요구되는 거래와 관련된다. 이러한 거래에서 피담보채권액의 130% 정도로 책정되는 채권최고액[40]이 근저당권의 대상이 되는 부동산의 감정평가금액이나 장부금액보다 현저히 높은 경우, 채권최고액을 하향 조정하여 근저당권 등기·이전 비용을 절감하는 것이다. 이러한 방안은 실제 거래에서 종종 사용되고 있다.[41]

근저당권설정계약서에 채권최고액을 하향 조정하여 기재하고 이에 대하여 근저당권 등기를 하도록 하는 방안은 차주와 대주 모두에게 경제적 실익이 된다. 통상적으로 담보권의 최초 설정 비용은 차주가 부담하고, 추후 대출채권의 양수도로 인한 담보권의 이전 비용은 관련 대주가 부담하게 되는데, 이러한 방안은 차주에게는 근저당권의 최초

---

40 양창수·김형석(2023), 490-497면.
41 사례 1: 맥주제조 전문기업인 A사의 인수금융에 대한 리파이낸싱 거래에서 피담보채권액의 130%에 해당하는 금액은 2조원에 가까웠다. 이에 근저당권 설정 비용도 십억원을 훨씬 초과하는 수준으로 예상되었다. 그런데 당시 감정평가법인의 검토보고서에 따르면 근저당 대상 부동산의 평가금액은 6천억원에 미치지 않은 것으로 평가되었다. 이에 당사자들은 근저당권 설정 효과에 비해 차주가 지나치게 높은 근저당권 설정 비용을 부담하는 결과를 초래한다는 점을 감안하여 설정금액을 하향 조정하기로 합의하였다. 반면, 지적재산권근질권계약상 채권최고액은 근질권의 설정 비용에 영향을 주지 않는다는 점을 고려하여 실제 채권최고액을 기재하였다.
사례 2: 다수의 해외 금융기관들이 대주로 참여한 반도체 후공정 업체인 B사를 위한 담보부 대출거래에서도 근저당권 설정의 과도한 비용이 문제되었다. 당시 피담보채권액의 130%로 책정된 채권최고액은 미화1,137,500,000였으나, 실제 부동산의 장부가액은 미화260,000,000에 불과하였다. 이에 당사자들은 근저당권 설정 효과에 비해 차주가 지나치게 높은 근저당권 설정 비용을 부담하는 결과를 초래한다는 점을 감안하여 채권최고액이 아닌 장부가액의 130%에 해당하는 금액을 부동산근저당설정계약상 채권최고액으로 기재하기로 합의하였다.

설정시 설정등기비용을 절감할 수 있게 해 주고, 대주에게는 근저당권의 이전시 이전등기비용을 절감할 수 있게 해 준다.

그러나 근저당권설정계약서에 채권최고액을 하향 조정하여 기재하여 근저당권 등기비용은 절감하는 방안에 대한 대주단의 합의를 이끌어 내는 게 쉽지 않은 경우도 있다. 대주의 입장에서 근저당권설정계약에 기재되는 하향 조정된 금액이 실제 피담보채무액에도 미치지 못한다는 점이 여신승인을 위한 심사시 문제가 될 수 있기 때문이다. 실제로 이러한 방안의 실익이 명백함에도 불구하고 일부 대주의 반대로 이러한 방안이 채택되지 못한 사례가 종종 있다.

제4항 일부 담보권에 대한 담보권 성립요건 충족의 유예

개별담보설정방식이 대출채권의 양수도를 제한하는 문제를 해소하기 위하여 실무적으로 사용되고 있는 네 번째 방안은 특정 유형의 담보권에 대해서는 담보권의 설정 및 이전에 요구되는 요건을 거래의 종결일이 아닌, 차주에 대하여 채무불이행사유 등이 발생한 시점으로 유예하는 취지의 문구를 관련 담보권설정계약에 추가하는 것이다.

다만 이러한 방안에 따른 담보권 설정시기의 유예는 대주단의 입장에서는 당장 적법한 담보권을 설정받지 못하는 데에 따른 위험을 감수해야 함을 의미하고, 차주의 입장에서는, 이러한 대주단을 보상해 주기 위한 더 까다로운 대출조건(예컨대 더 엄격한 재무적 구속약정, 높은 마진 등)을 제공해야 한다는 것을 의미하기 때문에 바람직하지 않다.

이러한 이유로 이 방안은 부동산에 대한 근저당권이나 지적재산권에 대한 근질권 등 담보가치가 높은 담보물에 대해서는 사용되는 경우가 드물고, 상대적으로 담보가치의 중요도가 낮은 담보물에 한하여 사용된 사례가 있다.

제5항 연속적인 양도 거래에서 일부 등기·등록절차의 생략

개별담보설정방식이 대출채권의 양수도를 제한하는 문제를 해소하기 위하여 실무적으로 사용되고 있는 다섯 번째 방안은 대출채권의 연속적인 양도가 예정되어 있는 경우에 사용되는 방안이다. 즉 최초 대주 A가 대주 B에게 대출채권의 이전을 예정하고 있고, 대주 B는 대주 A로부터 대출채권을 양수한 이후 이를 대주 C에게 이전할 것을 예정하고 있는 경우, 대주 A로부터 대주 B에게로 양도되는 대출채권에 대한 담보권 이전 절차 및 대주 B로부터 대주 C에게로 양도되는 대출채권에 대한 담보권 이전 절차를 연속하여 밟고 두 배의 거래비용을 부담하는 대신, 최초 양수도에 대한 담보권 이전 절차는 아예 건너뛰는 방안을 채택하는 것이다. 이러한 방안에 따를 경우, 기존 담보권자A에서 신규 담보권자 C로 담보권자의 변경이 이루어진 것으로 근저당권을 이전 등기·등록하게 된다. 이러한 방안은 실무적으로 종종 사용되고 있다. 다만 이러한 방안은 B가 대출채권을 보유하는 기간이 비교적 짧고, 동 기간 동안 채무자에 대한 채무불이행 사유(즉 담보권 집행사유)가 발생할 가능성이 매우 적은 경우에 한하여 사용 가능하다.

본 절에서 검토한 바와 같이, 실무에서는 개별담보설정방식이 대출채권의 양수도를 제한하는 문제를 우회하기 위한 여러 방안이 시도되고 있다. 그러나 방안에는 한계가 따른다. 또한 이러한 방안들에 대하여 당사자들간에 협의하는 과정 자체에서 적지 않은 법률비용과 실무적 노력이 소요되기도 한다. 결론적으로 개별담보설정방식이 대출채권의 양수도를 제한하는 문제를 우회하기 위한 실무적 방안들은 당해 문제에 대한 근본적인 해결책이 되어주지 못한다.

제4절 부종성 원칙

제1항 부종성에 대한 논의의 배경

개별담보설정방식의 대안을 논의하는 것은 매우 중요하다. 그러나 개별담보설정방식의 대안적 방식을 검토하기에 앞서, 우리나라의 현행 담보권 설정 방식을 개별담보설정방식으로 제한하는 근본적인 원인으로서 우리법상 부종성의 법리를 우선적으로 검토할 필요가 있다. 부종성에 대한 통찰 없이 개별담보설정방식의 대안을 논하는 것은 문제에 대한 미봉책을 찾는 것에 불과하다.

따라서 본 절에서는 부종성의 법리를 면밀히 살펴보고, 부종성의 법리에 대한 완화, 예외 또는 배제 사례를 검토한다. 이로써 제4장 및 제5장에서 다루는 각 대안적 방식과 부종성의 법리 간의 관계에 대한 고찰이 이루어질 수 있는 토대를 만들고자 한다.

1. 부종성의 개념: 피담보채권과 담보권의 관계

현재 우리 민법에 사용되고 있는 부종성의 개념은 독일민법으로부터 계수된 것으로서,[42] '피담보채권의 존재를 전제로 해서만 담보물권이 존재할 수 있는 성질,'[43] 즉 담보권이 피담보채권에 일방적으로 종속되는 성질을 의미한다.[44] 부종성은 "담보물권이 채권담보의 목적을 위하여 존재하는 것"이라는 데에서 비롯된다.[45] 이러한 성질에 기하여,

---

42 홍윤선(2022), 63면
43 임채웅1(2011), 6면; 곽윤직·김재형(2024), 383-384면, 448면
44 곽윤직(1992), 213-224면; 홍윤선1(2020), 170면
45 곽윤직·김재형(2024), 383-384면, 448면

담보물권은 "채권으로부터 독립성을 갖지 못하고 피담보채권과 운명을 같이" 한다.[46]

부종성을 이해하고 부종성이 우리법리상 정확히 어떠한 기능을 수행하는지 파악하기 위해서는 부종성이 정확히 어느 단계에, 어떠한 방식으로, 발생하는지에 대한 이해가 선행되어야 한다.

첫 번째 단계는 부종성 발생의 시작점이 되는 담보권이 담보하는 채권(즉 피담보채권)의 성립이다.[47] 예컨대 대주와 차주 간에 체결된 대출계약으로부터 발생한 대주의 대출채권이다. 대주는 채권의 만족을 확보하고자 이에 대한 저당권의 설정을 요청하고, 차주는 이에 대하여 저당권을 설정한다.

두 번째 단계는 (피담보채권이 발생하는 채권관계 외에) 저당권의 설정 의무를 발생시키는 별도의 채권계약(즉 저당권설정계약)의 체결이다.[48] 채무자가 피담보채권의 담보를 위해서 채권자에 대해 저당권을 설정할 의무는 (앞서 언급된 대출계약이 아닌) 별도의 저당권설정계약으로부터 발생한다.[49]

마지막 단계는 물권행위로서의 저당권설정의 합의이다.[50] 저당권설정행위는 저당권설정의 합의와 등기로 성립한다. 저당권설정의 합의는 위 두 번째 단계에서의 채권행위의 이행행위로서 이 계약의 당사자는 저당권설정계약의 당사자와 같고 저당권설정자는 저당권을 설정하고 채권자는 저당권자의 지위를 취득한다.

즉 부종성의 발생은, 첫 번째 단계로서 저당권이 담보하려는 피담

---

[46] 남영(2002), 159면
[47] Dr. habil. Christoph U. Schmid & Christian Hertel(2005), 90면; 홍윤선2(2020), 83면; 홍윤선(2022), 70면
[48] 홍윤선2(2020), 83-84면
[49] 피담보채권의 채권자와 저당권을 설정하려는 부동산소유자 사이에 원인행위로서 저당권설정계약이 체결되는 것이다. 홍윤선(2022), 70면
[50] 홍윤선2(2020), 84면

보채권이 성립하는 단계, 두 번째 단계로서 피담보채권의 채권자와 저당권을 설정하는 자 사이에 (원인행위로서) 저당권설정계약이 체결되는 단계, 마지막 단계로서 저당권을 설정하는 처분행위인 물권행위가 일어나는 단계, 이렇게 세 단계로 요약될 수 있다.[51] 이 중 첫 번째 단계와 세 번째 단계의 관계가 부종성의 문제이다.[52]

2. 부종성의 분류

부종성은 채권의 성립에서 소멸에 이르기까지 각 단계에 따라 크게 세 가지, 즉 성립, 존속(민법 제361조), 소멸(민법 제369조) 측면에서의 부종성으로 구분되고,[53] 더 세부적으로는 성립, 범위, 귀속, 실행, 소멸 측면에서의 부종성으로 구분된다.[54]

첫 번째는 성립에서의 부종성(이하 "성립부종성")이다. 성립부종성이란 담보권이 성립하기 위해서는 채권도 성립해야 한다는 것을 의미

---

51 Dr. habil. Christoph U. Schmid & Christian Hertel(2005), 90면 및 홍윤선2(2020), 84-85면
52 "The existence of the secured claim for money payment is a requirement for the creation of the mortgage (accessorium sequitur principale)." Dr. habil. Christoph U. Schmid & Christian Hertel(2005), 90면; 여기에서 두 번째와 세 번째 단계의 관계가 유인·무인의 문제이고 첫 번째와 세 번째의 관계가 부종성의 문제이다. 홍윤선(2022), 70면
53 남영찬(2002), 159면
54 "부종성원칙에 따라 담보권은 피담보채권의 존재를 전제로 해서만 성립할 수 있고(성립부종성), 채권이 실현될 수 없는 경우에는 담보권도 실행될 수 없으며(실행부종성), 담보권자는 담보목적물로부터 채권액을 넘는 범위에서 만족을 얻을 수 없고(범위부종성), 채권이 양도되는 경우에는 담보권도 자동적으로 이전하고(귀속부종성), 피담보채권이 소멸하면 담보권도 소멸하거나 채권자에게는 귀속하지 않는다(소멸부종성)." 홍윤선1(2020), 170면; 부종성은 성립, 존속, 소멸로 분류되기도 한다. "민법상 담보물권은 성립, 존속, 소멸에 있어서 피담보채권을 전제로 하며 그 운명을 같이 한다는 의미에서 부종성을 논하고 있다." 김동근(2014), 60면

한다.[55] 우리법은 부종성 원칙을 명시적으로 규정하고 있지는 않으나[56] 학설은 일치하여 부종성이라는 것은 채권을 담보하기 위해 존재한다는 담보물권의 존재목적 자체에 근거하는 것이라고 보아 부종성을 인정하고 있다.[57] 이에 피담보채권의 존재를 전제로 해서만 담보물권이 존재할 수 있으므로 채권이 성립하지 않으면 담보물권이 성립하지 않고, 채권이 소멸하면 담보물권도 소멸하는 것으로 본다.[58]

두 번째는 범위에 관한 부종성(이하 "범위부종성")이다. 범위부종성이란 담보권의 책임범위가 피담보채권에 의해 결정되는 것을 의미한다. 우리 민법은 제360조 제1문에서 '피담보채권의 범위'라는 제목 아래 저당권이 담보하는 범위를 "원본, 이자, 위약금, 채무불이행으로 인한 손해배상 및 저당권의 실행비용"으로 규정한다. 그리고 부동산등기법 제 75조 제1항에서 채권액, 변제기, 이자 및 발생기와 지급시기, 채무불이행으로 인한 손해배상에 관한 약정, 제358조 단서의 약정, 채권의 조건 등을 저당권의 등기사항으로 규정하고 있다. 이러한 규정에 비추어, 저당권자가 우선변제를 받을 수 있는 범위가 피담보채권 및 그에 부수하는 채권에 해당하는 금액이라는 점을 알 수 있다. 저당권이 담보하는 범위는 등기된 피담보채권의 범위이다. 이는 범위부종성

---

55 김동근(2014), 51면
56 우리 민법은 제356조에서 "저당권자는 채무자 또는 제3자가 점유를 이전하지 아니하고 채무의 담보로 제공한 부동산에 대하여 다른 채권자가 자기채권의 우선변제를 받을 권리가 있다"고 규정한다. 여기서, "채무의 담보로", 저당권의 "자기채권"과 같은 표현으로부터 저당권의 성립에 채권의 존재가 전제될 것으로 해석할 수 있을 것이다. 하지만 이러한 규정에 근거하여 우리 민법이 부종성 원칙을 명식적으로 규정하고 있다고 보기는 어렵다. 한편, 근저당에 관하여는 명문의 규정을 두면서 "채무가 확정될 때까지의 채무의 소멸 또는 이전은 저당권에 영향을 미치지 아니한다"고 정하여(제357조), 우리 민법이 소멸(이로써 성립)과 이전에서의 부종성을 전제하고 있음을 알 수 있다. 김동근(2014), 51면
57 남영찬(2002), 159면; 홍윤선2(2020), 90면
58 이러한 점에서 볼 때 우리법의 해석에서는 성립부종성과 소멸부종성이 구분되지 않는다. 김동근(2014), 51면; 홍윤선2(2020), 90-91면

이 우리 민법에 규정되어 있는 것으로 해석될 수 있다.[59]

세 번째는 귀속에서의 부종성(이하 "귀속부종성"[60] 또는 "수반성")이다. 귀속부종성이란 피담보채권의 귀속주체에게 담보권도 귀속하는 것을 의미한다.[61] 우리 민법은 제361조에서 "저당권은 그 담보한 채권과 분리하여 타인에게 양도하거나 다른 채권의 담보로 하지 못한다"고 규정하고 있다.[62] 이 규정에 따르면 저당권은 반드시 피담보채권과 함께 양도하거나 입질될 수 있다. 즉 저당권을 양도하거나 입질하는 경우에는 피담보채권과 함께 이전해야 하는 것으로 귀속부종성을 인정한다. 학설과 판례는 귀속부종성을 수반성이라고 정의하고 제361조가 규정하는 수반성이란 "채권담보라고 하는 담보권의 존재 목적에 비추어 볼 때, 특별한 사정이 없는 한, 피담보채권의 처분에는 저당권의 처분도 당연히 포함된다고 보는 것이 합리적이라는 의미"이다.[63] 우리 민법 제361조의 규정은 채권의 양도 및 입질의 경우에 귀속부종성을 규율하는 것이나, 성립 단계에서의 귀속부종성은 자명한 것으로 전제한 것으로 받아들여지기 때문에 성립 단계에서 귀속부종성을 적용하면 '저당권자는 피담보채권자이어야 한다'는 원칙이 성립한다.[64]

---

59 홍윤선2(2020), 92면
60 '귀속부종성'과 '존속부종성'은 같은 의미로 이해된다.
61 곽윤직·김재형(2024), 496면
62 곽윤직(1992), 73-80면; 김동근(2014), 53면
63 저당권의 귀속부종성에 따르면 피담보채권의 처분을 수반하지 않는 저당권만의 양도는 무효이다. 아울러 피담보채권이 처분되었음에도 불구하고 담보권의 처분이 따르지 않는 특별한 사정이 있는 경우에는 채권양수인은 담보권이 없는 무담보의 채권을 양수한 것이 되고 채권의 처분에 따르지 않는 담보권은 소멸한다. 피담보채권의 처분에는 저당권의 처분도 당연히 포함된다는 것이 저당권이 법률상 당연히 이전된다는 의미는 아니다. 따라서 저당권부채권이 양도되는 경우 채권의 양도인이 저당권을 취득하기 위해서는 저당권이전에 관한 물권적 합의와 저당권이전의 부기등기가 있어야 한다. 이와 같은 방법으로 우리의 해석에서도 귀속주체의 동일성은 유지된다. 홍윤선2(2020), 96면
64 이러한 원칙은 "채권과 이를 담보로 하는 저당권은 담보물권의 부종성에 의하여

우리법상 담보권의 설정 방식이 개별담보설정방식으로 한정되는 이유는 이러한 수반성에서 비롯된 것이다.

네 번째는 실행에서의 부종성(이하 "실행상 부종성")이다. 실행상 부종성은 권리자와 의무자의 측면으로 나누어 설명되고 있다. 우선 권리자의 측면에서의 실행상 부종성이라는 것은 "담보권자는 피담보채권의 채권자로서 채권의 만족을 얻기 위해 담보권을 실행하는 것을 의미"하는 것으로서 결국 귀속부종성과 다르지 않고, 의무자 측면에서는, "담보제공자는 담보권 실행에 대해 담보제공자의 지위에 귀속하는 대항사유뿐만 아니라 채무자의 대항사유를 주장할 수 있[음]"을 의미하는 것이다.[65] 우리 민법에 명문의 규정은 없으나 실행상 부종성 역시 널리 인정되고 있는 것으로 볼 수 있다.[66]

마지막으로 소멸 부종성(이하 "소멸부종성")이다. 소멸부종성이란 피담보채권이 소멸한 경우에는 담보권이 담보권자에게 존속할 수 없다는 것을 의미한다.[67] 우리 민법은 제369조에서 '부종성'이라는 제목 아래 "저당권으로 담보한 채권이 시효의 완성 기타 사유로 소멸한 때에는 저당권도 소멸한다"고 규정하고 있다.[68] 저당권에서 '부종성'이라는 개념이 직접적으로 사용된 유일한 조문이다. 제369조는 피담보채권이 소멸하면 자동적으로 저당권은 소멸하는 것으로 해석되어야 한다.[69]

원칙적으로 그 주체를 달리할 수 없기 때문이다'라고 설시한 과거 재판례에서도 확인된다. 대법원 1963. 3. 14. 선고 62다918; 대법원 1986. 1. 21. 선고 84다카681 판결; 홍윤선2(2020), 96면; 남영찬(2002), 159면

65 홍윤선2(2020), 97면
66 관련 사안에 대한 판례도 "저당권은 피담보채권을 담보하기 위해 설정하는 것이므로 피담보채권이 존재하지 않는 때에는 저당권설정등기는 원인무효이고 변제 또는 소멸시효 등에 의해 소멸된 때에는 담보물권의 부종성에 의하여 저당권설정등기 역시 원인이 없는 것"이라고 해석되어야 한다고 본다. 홍윤선2(2020), 99-100면
67 김동근(2014), 60면
68 곽윤직(1992), 213-224면; 곽윤직·김재형(2024), 511면; 남영찬(2002), 159면
69 홍윤선2(2020), 96면

위에서 부종성을 담보권의 성립, 범위, 귀속, 실행, 소멸, 이렇게 다섯 가지의 세부적인 측면에서 나누어 살펴본 바에 따르면, 우리 민법에서 명문의 규정으로써 부종성에 대하여 규정하고 있는 사항은 귀속부종성(수반성)과 소멸부종성으로 한한다. 그러나 "성립부종성, 범위부종성은 저당권에 관한 다른 규정으로부터 추론할 수 있고, 실행에서의 부종성은 근거 규정이 없으나 일반적인 부종성 원칙으로부터 해석되고 있는 것"[70]으로 볼 수 있다.[71]

위에 논의에 비추어, 부종성에 대해서는, 비록 우리 민법에 일부 규정되어 있기는 하나 모든 측면에서 섬세하게 규정되어 있다고 보기는 어렵다. 그런데 우리법은 이와 같이 민법에 완벽히 명문화되어 있다고 보기 어려운 측면이 있는 부종성을 (필요한 경우, 다른 법률로부터의 추론이나 학술이나 판례의 해석에 의지하여서라도) 널리 인정하고 이를 관철시키려는 태도를 보이고 있다. 부종성에 대한 우리법의 이러한 태도가 부종성 원칙으로 초래되는 여러 법률적 기타 실무적 문제를 고려해 보았을 때 과연 적절한가 하는 의문이 생긴다. 이에 대한 답은 우리법상 부종성 원칙이 수행하는 핵심적인 역할 또는 기능을 살펴봄으로써 찾을 수 있다.

---

70 남영찬(2002), 159면; 홍윤선2(2020), 102면
71 민법 제369조는 부종성이라는 표제하에 소멸상의 부종성만을 정하고 있다. 그러나 부종성의 의미는 이에 국한되지 않는다. 예컨대 (i) 민법 제356조는 저당권의 내용으로서 저당권자는 채무자 또는 제3자가 채무의 담보로 제공한 부동산에 대하여 우선변제권이 있음을 선언함으로써 저당권이 피담보채무의 존재를 전제로 하고 있음을 분명히 하고 있고, (ii) 근저당권에 관한 민법 제357조가 피담보채무 확정시까지 채무의 소멸이나 이전은 저당권에 영향을 미치지 않는다고 정한고 있는데, 이는 확정된 채무의 담보를 위한 일반적인 저당권의 경우에는 채무의 소멸이나 이전이 저당권에 영향을 미친다는 점을 보여주며, (iii) 민법 제361조는 저당권을 피담보채권과 분리하여 양도하거나 다른 채권의 담보로 제공하지 못하도록 함으로써 존속상의 부종성을 명시하고 있다. 최수정(2023), 586면

3. 기능적 측면에서의 부종성

앞서 언급된 바와 같이 부종성에 대한 현재 독일의 입장은 '담보권의 피담보채권에 대한 일방적 종속성'으로 축약될 수 있다.72 이러한 개념정의에 기초하여 부종성의 기능에 관하여 다양한 논의가 이루어졌다. 이러한 논의에 따른 부종성의 주된 기능 두 가지를 요약하면 다음과 같다.

첫 번째 기능은 담보기능이다. 부종성의 가장 확실한 기능은 다름 아닌 채권자를 위하여 채권을 담보하는 기능이다.73 부종성은 담보권이 오로지 피담보채권의 회수를 확실히 하기 위한 목적으로만 성립되고 실행되도록 통제한다. 만일 담보권자와 피담보권자가 분리되는 상황이 발생 가능하다면, 담보권의 실행에 의해 담보권자에게 지급된 자금이 피담보채권의 회수에 미처 충당되지 못할 우려가 있다. 그렇게 되면 담보권이 피담보채권의 회수를 확실히 하지 못하는 결과가 초래된다. 이러한 결과는 애초에 담보권을 설정한 당사자들의 의도나 취지에도 어긋날 것이다. 부종성은 이러한 상황이 발생할 가능성을 미연에 방지한다는 점에서 채권자를 위한 담보기능이 확실히 이루어지도록 해준다.

두 번째 기능은 보호기능이다. 부종성의 보호적 기능은 담보권의 채권에 대한 종속성으로부터 비롯되는 것으로서, 채권에 대하여 어떠한 변동사항이 발생하면 이러한 사항이 담보권에도 그대로 반영될 수 있도록 해준다는 점에서 채무자의 입장에서는 보호장치가 되어 준다고 볼 수 있다.74 이에 따라 담보권자는 피담보채권의 채무자에 대해

---

72 독일민법에서는 부종성이란 담보권의 채권에 대한 종속성이고, 그 반대의 종속성은 인정될 수 없다고 하여 '일방적 종속관계'임을 강조하였다. 홍윤선2(2020), 77-78면
73 Tomasz Tomczak(2022), 493-511, 495면; 곽한직·김재형(2024), 383-384면, 448면
74 Andrew J M Steven(2009), 416면; Maria Kaczorowska(2017), 81-82면; Dr. habil.

채권을 행사할 수 있는 경우에 한하여서만 담보권설정자에 대하여 담보권을 실행할 수 있다. 따라서 부종성은 채무자가 피담보채권의 범위를 초과하는 급부를 이행하지 않도록 보호해주고 채권이 집행될 수 없는 경우에는 담보권 또한 실행될 수 없도록 함으로써 채무자를 보호해주는 역할을 한다.[75]

위 두 가지 기능 외에 부종성은 간명화 기능과 정렬 기능이라는 추가적인 기능을 지닌다. 간명화 기능은 "부종성을 법률에서 규정함으로써 거래의 당사자들이 법률행위로 약정하거나, 당사자의 의사가 법률행위의 해석을 통해 밝혀질 필요 없이 간명하게 처리되는 기능(법질서 내에서의 간명화 기능) 및/또는 담보권에 대한 별도의 규율이 생략되도록 하여 법을 간명화 하는 기능(입법기술적인 측면에서의 간명화 기능)으로 설명된다.[76] 정렬 기능은 담보권이 채권에 의한 일방적 부종성에 따라 피담보채권과 함께 이전하도록 하고 이로써 담보권과 채권이 분리되지 않도록 함으로써 법률관계의 질서를 유지하는 기능으로 설명된다.[77]

종합해 보건대, 부종성의 핵심적인 기능은 담보기능과 보호기능이다. 부종성의 핵심적인 기능이라는 것은 결국 채권자의 측면에서는 담보권이 오로지 피담보채권의 회수를 위하여 실행될 수 있도록 한다는 측면에서 담보기능을 제공하는 것이고, 채무자의 측면에서는 담보권자가 피담보채권의 채무자에 대해 채권을 행사할 수 있는 경우에 한하

Christoph U. Schmid & Christian Hertel(2005), 85면; 홍윤선2(2020), 79면
[75] 홍윤선2(2020), 79면; 홍윤선(2022), 63면
[76] 홍윤선2(2020), 79면
[77] "예컨대 저당권과 피담보채권이 분리되는 경우가 발생한다면, 피담보채권의 양수인은 저당권을 실행할 수 없고, 양도인은 채권이 없으므로 여전히 채권에 종속하는 담보권을 실행할 수 없는 상황이 발생하게 될 것이다. 이러한 기능은 담보기능과도 연동되는 기능으로서 귀속부종성, 즉 수반성에 초점을 맞춘 기능으로 보인다." 홍윤선2(2020), 79면

여, 피담보채권의 범위 내에서만, 담보권설정자에 대하여 담보권을 실행할 수 있도록 한다는 점에서 보호기능을 제공하는 것이다.

이러한 부종성의 핵심적 기능이 금융거래의 구조 및 관련 계약에서 합의된 내용상 충족될 것이 확실시된다는 전제 하에, 우리법상 부종성을 부분적으로나마 좀 더 유연하게 완화하여 해석할 여지가 있을지에 대한 고민이 필요하다. 이미 국제적 표준에 맞추어 우리의 담보제도를 개선해야 할 필요성에 관한 논의가 계속되고 있고, 특히 저당권의 부종성을 완화하여야 한다는 견해가 계속해서 제시되고 있는 상황이다.[78] 예컨대 "부종성 역시 제도의 하나일 뿐이므로 필요하다면 그에 대한 예외를 인정하는 것은 얼마든지 가능하며, 나아가 폐지될 수도 있다"고 보는 견해,[79] "부종성은 변화하지 않고 고정된 원리가 아니며, 그 목적을 이룰 수 없다면 포기할 수 있는 것"이고 따라서 "모든 담보물권이 절대적이고 보편적으로 부종성이 있을 필요는 없[으며]" "부종성은 절대적으로 지켜져야 하는 '도그마'가 아니라, '열린 구성원리'라고 보아야" 한다는 견해,[80] "저당권에 부종성을 요구하면 금융거래를 저해하게 되고 담보권의 기능을 원활하게 수행하지 못하는 결과를 초래하게 되므로 저당권의 부종성에 관한 판단을 함에 있어서는, 채권담보로서의 법률적 성질을 해하지 않는 한도 내에서 그 부종성을 최소한도로 요구할 필요성이 있다"는 견해[81] 등이 그것이다. 우리법상 부종

---

[78] 참고로 다른 대륙법계 국가에서도 부종성으로 인하여 저당권은 근대 저당권 시장의 필요를 채워주지 못하는 비효율적인 담보권으로 인지되고 있다. 채권과 저당권 사이에 존재하는 엄격한 부종성 원칙은 저당권이 대출거래에서 담보권으로 사용되는 것을 어렵게 하기 때문이다. Maria Kaczorowska(2017), 82면
[79] 임채웅1(2011), 10-11면은 이러한 견해에 덧붙여 "그러나 부종성 제도가 우리나라 법제상 확고한 제도라면, 그에 어긋나는 제도를 만들려면 그만한 충분한 검토를 통하여 학계 및 실무계의 전반적인 합의를 이루어야" 하며, "단순히 실무상의 필요가 있다고 하여 충분한 검토 없이 부종성의 예외를 인정하는 것은 바람직하지 못하다"고 하였다.
[80] 김성은(2016), 389면.

성의 일부를 좀 더 유연하게 완화하여 해석할 수는 있는 여지가 있는 가를 판단하기 위해서는 우선 우리법상 또는 외국법상 존재하는 부종성의 완화, 예외 또는 배제의 사례에 대한 검토가 선행되어야 한다. 다음 항에서는 이러한 사례를 검토한다.

제2항 부종성의 완화 사례

우리나라는 부종성의 법리를 상당히 엄격하게 해석하고 있다.[82] 그러나 우리법제의 테두리 안에서도 부종성을 완화하였거나[83] 이에 대한 예외를 둔 사례가 없지 않다.

1. 우리법상 부종성의 완화, 예외 사례

우리법상 부종성(특히 성립부종성)이 완화된 예로서 우선 근저당에 있어서 부종성의 완화를 생각할 수 있다.[84] 근저당권은 우선변제를 받을 최고액만을 정하고 장래에 확정될 채권을 담보하는 저당권을 의미한다.[85] 즉 근저당권은 "부종성이 초래할 수 있는 불편을 피하기 위하

---

81 남영찬(2002), 159-160면.
82 "우리 민법은 저당권제도에 관하여 독일 민법과 달리 유통저당권이나 토지채무제도를 채택하지 아니하고 보전저당권제도만을 인정하고 있어서 저당권의 부종성에 관하여 독일보다는 훨씬 엄격한 입장을 취하고 있다." 남영찬(2002), 158면
83 "..다수의견이 인용한 판례들의 생성과정에 있어서도 자연 부종성이론에 반하는지 여부가 문제되어 왔으나 판례는 거래계의 실정과 구체적 타당성을 이유로 부종성이론을 점차 완화하여 왔다고 할 수 있다." 남영찬(2002), 158-159면
84 곽윤직·김재형(2024), 509-511면; 남영찬(2002), 159면; 홍윤선(2022), 64면
85 우리나라의 근저당은 오히려 저당권의 보편적인 형태이다. 일회적인 금융거래를 담보하는 경우에도 일반저당권이 설정되는 일은 별로 없고, 그 피담보채권액에 적어도 3할 정도를 가산한 액을 채권최고액으로 하여 등기하는 것이 통상이다. 특히

여" 증감 변동하는 불특정 채권을 장래의 결산기에 일정한 한도까지 담보하는 저당권이다.[86] 일반적인 저당권은 피담보채권이 유효하게 존재하여야만 하고, 피담보채권이 존재하는 경우에는 그 범위 내에서만 효력이 있고, 피담보채권이 처음부터 성립하지 않거나 성립하였더라도 취소 또는 해제되어 소멸하면 그에 따라 저당권도 성립하지 않거나 소멸하게 된다. 다시 말해, 일반적인 저당권에 대해서는 부종성이 엄격하게 적용·유지된다. 반면 근저당권은 부종성이 완화되어 피담보채권이 확정되기 전까지는 피담보채권이 성립하지 않거나 소멸하더라도 근저당권의 효력에는 영향이 없으며 증감 변동하는 채권을 채권최고액까지 담보한다.[87] 다만 근저당의 경우 피담보채권에 따른 부종성이 완화되어 있다고 하여, 부종성이 완전히 배제되어 있다고 볼 수는 없다. 비록 근저당권이 증감변동하는 채권에는 부종하지 않으므로 저당권의 부종성 중에서 존속·소멸상의 부종성은 요구되지 않으나 성립상의 부종성은 적용되기 때문이다.[88]

우리법상 부종성(특히 성립부종성)이 완화된 또 다른 예로서, '장래의 특정한 채권'을 담보하는 저당권에 있어서 부종성의 완화를 들 수 있다. 장래의 불특정의 채권을 담보하는 저당권인 근저당과는 달리, 장래의 특정한 채권을 담보하는 저당권에 대하여도 부종성의 완화를 인정할 수 있는가의 문제에 대하여, 학설은 저당권이 실행될 당시에 채권이 존재하면 충분한 것으로 보아서 이를 인정하는 데에 다툼이 없고, 판례도 그러하다.[89] 이 때 저당권은 채권이 성립하는 때에 성립하

금융기관의 담보거래실무에서는 근저당 아닌 저당을 찾기 어렵다. 민법 제357조 제1항 제1문: 양창수·김형석(2023), 490-491면
[86] 지원림(2023), 540면; 곽윤직·김재형(2024), 509-511면; 양창수·김형석(2023), 490-491면
[87] 양창수·김형석(2023), 491-492면
[88] 남영찬(2002), 159면; 최명구(2019), 79면
[89] 홍윤선2(2020), 90면; 대법원 1993. 5. 25. 선고 93다6362판결

는 것이 아니라 저당권설정의 합의와 등기가 있으면 성립하는 것으로 본다. 다만 장래의 채권을 담보할 목적으로 설정된 저당권은 현재 유효하게 성립하지만 부종성으로 인하여 채권이 성립하여야 저당권을 실행할 수 있는 것으로 보아야 할 것이다.[90]

한편 우리법상 저당권자는 피담보채권의 채권자이어야 한다는 수반성을 완화하여 해석한 예로서 제3자를 근저당권 명의인으로 하는 근저당권을 설정하는 경우에도 예외적으로 저당권의 효력을 인정한 대법원 판례를 들 수 있다.[91] 해당 판결은 근저당권은 채권담보를 위한 것이므로 원칙적으로 채권자와 근저당권자는 동일인이 되어야 하지만, 제3자를 근저당권 명의인으로 하는 근저당권을 설정하는 경우 그 점에 대하여 채권자와 채무자 및 제3자 사이에 합의가 있고, 채권양도, 제3자를 위한 계약, 불가분적 채권관계의 형성 등의 방법으로 채권이 그 제3자에게 실질적으로 귀속되었다고 볼 수 있는 특별한 사정이 있는 경우에는 제3자 명의의 근저당권설정등기도 유효하다고 보아야 할 것이고, 이를 부종성에 반하는 무효의 등기라고 볼 수 없다고 판시하였다.[92] 이에 대하여 전원합의체 판결의 반대의견은 근저당권설정등기에 '본래 채권자라고 되어야 할 소유자인 자가 채무자로 되는 것'

---

90 홍윤선2(2020), 90면
91 대법원 1995.9.26. 선고 94다33583판결; 대법원 2000.12.12 선고 2000다49879 판결; 대법원 2001. 3. 15. 선고 99다48948 전원합의체 판결; 지원림(2023), 543-544면; 곽윤직·김재형(2024), 496면; 한편, 제3자를 근저당권 명의인으로 하는 근저당권을 설정하는 경우 외에, 제3자를 채무자로 한 경우도 부종성의 예외에 해당된다고 볼 수 있는지 여부가 문제된다. 이와 관련하여서는 "근저당권설정계약상의 채무자와 등기상 채무자가 상이한 경우는 부종성의 문제라기보다는 근저당권자를 제외한 저당권의 다른 기재사항이 잘못 등기된 경우와 마찬가지로 등기와 실체의 부합이라는 관점에서 등기의 효력 문제로 해결하면 된다"고 보는 견해가 있다. 남영찬(2002), 170-171면, 173면
92 제3자 명의의 근저당권 등에 관한 대법원 판례의 검토와 관련하여서는 남영찬(2002), 161-166면을 참조.

을 허용하게 되면 이는 마치 우리 민법이 채택하지 않은 제도를 승인하는 것과 같은 결과로 되므로,[93] 이 때에는 부종성의 관점에서 그 근저당권을 무효라고 보아야 하고 이를 유효로 하는 것은 비록 당사자 간의 의사의 합치가 있다 하더라도 그에 의한 새로운 제도의 창설을 금지하는 물권법의 대원칙인 물권법정주의에 반하게 되어 허용될 수 없다고 보았다.

이를 종합적으로 고려하면, 비록 저당권자가 피담보채권자와 다른 경우라고 할지라도 구체적인 사안의 사실관계 등을 고려하여 피담보채권이 저당권자에게 실질적으로 귀속될 수 있다고 볼 특별한 사정이 있는지 여부에 따라, 수반성의 원칙을 완화하여 해석하는 것은 충분히 논의의 대상이 될 수 있으며 이러한 논의는 신디케이티드 대출에서의 담보권 설정 방식에도 확장될 수 있는 여지가 있다.[94]

우리법상 부종성에 대하여 예외를 적용한 사례로서 담보부사채신탁 제도 및 담보권신탁 제도를 들 수 있다.[95] 담보부사채신탁이나 담보권신탁의 경우 채권자·사채권자가 아닌 수탁자가 담보권자라는 점에서 외관이나 형식에 있어서는 "저당권은 그 담보한 채권과 분리하여 타인에게 양도하거나 다른 채권의 담보로 하지 못한다"고 규정한 민법 제361조에 반한다. 두 제도 모두 입법이라는 수단으로써 부종성의 예외를 인정한 사례에 해당한다.[96]

---

93 예컨대 독일민법의 피담보채권과 독립한 담보물권이 인정되는 토지채무와 같은 제도를 승인하는 것과 같은 결과를 의미한다.
94 "일단 이상의 판례들이 유효한 한, 우리나라에서도 저당권 설정 단계에서는 부종성의 예외가 상당히 인정되고 있다고 하지 않을 수 없다." 임채웅(2011), 43면
95 정순섭(2021), 687면; 오영걸(2021), 52면
96 한 민(2011), 52면, 59면; 박 준·한 민(2022), 494면

2. 독일법상 부종성의 완화, 예외, 배제 사례

독일법하에서는 부종성 법리의 여러 완화, 예외, 배제 사례가 존재한다.

독일법상 부종성(특히 성립부종성)이 완화된 예로서 장래의 채권이나 조건부 채권에 있어서의 부종성 완화를 들 수 있다. 독일민법은 장래의 채권 또는 조건부 채권을 위해서도 저당권을 설정할 수 있다고 명시적으로 규정하고 있다.[97] 이는 계약체결이 기대되는 것과 같이 채권성립의 가능성이 있는 경우 채권을 확정할 수 있는 이상 이에 대한 담보를 확보할 실무상의 필요를 고려한 입법이라고 한다.[98] 이에 독일법상 저당권은 확정 가능한 채권을 전제로 하여 성립한다.[99]

독일법상 부종성(특히 성립부종성)이 완화된 또 다른 예로서 독일의 최고액저당권(Höchstbetragshypothek)을 들 수 있다.[100] 독일민법은 보전저당권(Sicherungshypothek)의 특수한 형태로서, 토지가 책임지는 최고액만을 확정하고 이를 등기하여, 그 외의 채권의 확정은 유보하는 내용으로 설정하는 최고액저당권을 명시적으로 규정하고 있다.[101]

---

[97] 독일민법 제1113조 제2항; Andreas Rahmatian(2010), 42면, 45면
[98] 홍윤선2(2020), 87-88면
[99] 장래의 채권이나 조건부 채권의 경우, "통설은 저당권을 설정하였음에도 채권이 아직 성립하지 않았으므로, 저당권은 저당목적물의 소유자에게 귀속하여 장래의 채권이 성립하거나 조건이 성취될 때까지 소유자 저당권(Eigentümerhypothek)의 형태로 존재하는 것으로 해석한다(제1163조 제1항 제1문). 이 경우 저당권과 소유권이 소유자에게 혼동한 상태에서 소유자에게 채권이 귀속하지 않으므로, 소유자저당권은 채권을 전제하지 않는 소유자토지채무(Eigentümergrundschuld)로 전환된다(제1177조 제1항 제1문)." 이와 같이 독일에서는 "아직 성립하지 않은 채권을 위한 저당권 성립을 인정할 거래계의 필요와 부종성 원칙의 충돌을 해결하기 위해 피담보채권을 전제로 하지 않는 토지채무의 성립으로 이론구성"하고 있다. 홍윤선2(2020), 87-88면
[100] 독일민법 제1190조; Jae Hyung Kim(2014), 284면; 우리 민법의 근저당권은 독일의 최고액저당권에 연원을 두고 있다.

독일법상 부종성의 예외 사례도 있다. 이러한 사례는 귀속부종성에 대한 것으로서, "등기부상의 저당권자이나 실제로는 저당권이 귀속하지 않은 경우, 저당권(정확하게는 피담보채권)을 양도한 경우에 양수인이 저당권을 취득할 수 있는가"[102] 에 관한 것이다. 독일민법에 따르면,[103] 채무자와 저당권설정자가 동일인이 아닌 경우, 채무자의 이행으로 채무가 소멸하면 소유자가 저당권을 취득한다. 그런데 이 경우에 만일 저당권자가 여전히 등기부에 기재되어 있고, 이 때 등기부상 저당권자가 채권도 귀속하는 것처럼 보이는 외관을 만들어낸 후 채권을 양도하는 경우를 상정할 수 있다. 이 경우 채권법에서는 선의취득이 인정되지 않으나, 저당권은 선의취득될 수 있으므로 부종성에 상충하는 문제가 발생한다. 이와 관련하여, 독일민법은 부종성 원칙을 일부 포기함으로써 채권법과 물권법 규율의 조화를 유지하는 방법을 선택하였다.[104] 즉 "귀속부종성에 대한 예외를 인정하여 채권이 없는 경우에도 저당권의 선의취득이 가능하다고 하며, 저당권을 취득할 수 있도록 피담보채권을 의제하는 것"이다. 이는 채권의 선의취득 가능성을 규정하는 것이 아니므로 채권법상의 원칙에도 부합하는 한편, 물권법상의 선의취득에 의한 거래보호 목적도 달성한다.[105]

---

[101] 최고액저당권도 채권이 확정되지 않았으므로 설정된 당시부터 저당권설정자에게 소유자토지채무의 형태로 귀속하고, 채권이 확정되어 성립하면 저당권자에게 이전하는 것으로 본다. 이 때 채권자의 채권이 등기부에 기재된 최고액에 미달하는 경우에는 채권액의 한도에서 저당권자에게 저당권이 귀속하고, 최고액저당권이 담보하는 최고액을 넘는 금액에 대한 담보권을 토지채무로 소유자에게 귀속하고 있는 것으로 해석한다. 그리고 채권이 확정되지 않는 경우에는 여전히 소유자토지채무의 형태로 존재한다. 홍윤선2(2020), 88-89면; 김성은(2016), 389면

[102] 홍윤선2(2020), 95면

[103] 독일민법 제1163조 제1항 제2문

[104] 독일민법 제1138조

[105] "이 때 양수인에게는 저당권자의 지위가 귀속하지만 피담보채권이 귀속하지 않으므로 양수인은 채권은 행사할 수 없고, 의제된 채권에 기초하여 저당권만을 행사할 수 있다." 즉 저당권의 선의취득자는 피담보채권 없이 저당권만을 가지기

독일법상 부종성을 배제하는 사례도 있다.106 독일의 부동산 담보제도는 부종적 담보제도(akzessorische Hypothek)과 비부종적 담보제도(nicht-akzessorische Grundschuld)로 이루어져 있다.107 부종성을 가지는 저당권은 채권의 만족을 위해 설정되는 것으로 피담보채권을 전제로 하여 성립하는 데 반하여, 부종성이 없는 토지채무는 채권을 전제로 하지 않고 독자적으로 성립·존속한다.108 이 중에서 토지채무는 채권담보의 목적으로 설정되는지 여부에 따라 본래 의미의 토지채무와 '담보를 목적으로 한 토지채무(담보토지채무)'로 구분된다.109 담보토지채

때문에 실제에 있어서는 토지채무와 같다. 홍윤선2(2020), 95-96면
106 과거 부종성이 배제된 담보 제도는 독일과 스위스 법제에서만 찾아볼 수 있었으나 최근 이러한 제도는 에스토니아, 헝가리, 슬로베니아 등에도 도입되었다. 보스니아와 폴란드에서는 이러한 제도의 도입을 위한 입법 제안이 이루어진 상태이다. 금융 실무 및 최근 입법 사례에서는 부종성이 배제된 담보 제도에 대한 관심이 높아지는 추세이다. Dr. habil. Christoph U. Schmid & Christian Hertel (2005), 89-91면
107 독일민법 제1192조 제1항; 최수정(2023), 586면; 홍윤선1(2020), 170면
108 Dr. habil. Christoph U. Schmid & Christian Hertel(2005), 85면; 홍윤선1(2020), 172-173면
109 담보토지채무는 "토지채무 자체는 저당권과는 달리 비부종적 물적부담이라는 점, 그리하여 피담보채권에 대한 토지채무의 관계를 담보계약으로 유연하게 규율할 수 있다는 점을 이용하여 거래계에서 형성된 형태를 판례에서 인정하게 됨에 따라 이를 지칭하는 명칭"이다." "피담보채권에 대한 담보토지채무의 일련의 의존적·종속적 관계는 담보계약의 효력에 의해 형성된다." "이 경우 비부종성에 기하여, 담보토지채무가 성립하기 위해서 피담보채권이 유효하게 성립할 것이 요구되지는 않으나, 이후 담보채무의 실행을 위해서는 담보대상인 채권이 존재해야 하고, 피담보채권과 담보토지채무의 관계가 연결되어야 한다. 이러한 관계는 부종적 담보권에서와 같이 법기술적으로 형성되어 물권적 효력을 가지는 것이 아니고, 담보토지채무를 설정하기 위해 채권적 효력으로서 형성된다. 즉 담보계약은 피담보채권과 담보토지채무의 관계를 연결짓는 채권계약으로, 피담보채권이 발생하는 채권계약(예. 금전소비대차) 자체와 구별되는 별도의 계약이다." "담보토지채무는 민법전 시행 이후 100여 년의 기간 동안 거래계에서 저당권과 비교하여 압도적으로 많은 비율로 담보수단으로 활용되었음에도 불구하고, 학설과 판례에서만 인정되어" 왔으나, 입법자가 이를 민법전 내에서 규율하고자 함에 따라,

무(sicherungsgrundschuld)는 저당권에 비해 선호도가 높고 "저당권과 비교하여 절대적 우위를 차지하는 담보수단'으로 사용되어 왔다.110

이와 같이 독일법제에는 부종성의 측면에서 부종적 담보제도 및 비부종적 담보제도가 병용되고 있고, 이에 따라 독일법제에는 부종성의 완화사례, 예외 사례 및 부종성의 배제 사례가 다양하게 존재한다.

3. 프랑스법상 부종성의 완화, 예외 사례

프랑스에서는 저당권이 피담보채권에 강하게 의존하며 부종성이 있는 저당권을 원칙으로 한다.111 그러나 최근 프랑스에서는 2006년 부동산 담보개혁으로 피담보채권의 대체 가능성을 승인하는 저당권으로 부종성이 크게 완화된 충전식 저당권(hypothèque rechargeable)에 관한 규정이 신설되었다.112

이러한 충전식 저당권은 저당권 설정 후에 동일한 저당권을 설정행위에 기재된 채권과는 다른 채권의 담보로 하는 것을 가능하게 하기 때문에, 설정 단계에서는 전혀 예정되어 있지 않은 별개의 채권을 담보로 한다. 또한 최초의 채권자뿐만 아니라 새로운 채권자에 대해서도

이제 담보토지채무는 법률에서 정하는 담보물권이 되었다. 홍윤선1(2020), 173면, 176면, 186면
110 저당권은 담보토지채무에 비해 그 활용비율이 20% 미만에 그친다. 홍윤선1 (2020), 171면
111 Dr. habil. Christoph U. Schmid & Christian Hertel(2005), 18면
112 "대륙법계국가 중 프랑스 민법은 부종성이 강한 저당권만을 규정했었는데, 2006년 개정(Ordonnance n° 2006-346 du 23 mars 2006(JORF n° 71 du 24 mars 2006))으로 독일의 토지채무와 유사한 충전저당권(hypothèque rechargeable, Art. 2422-2423 Code civil)을 도입하였다." 홍윤선1(2020), 170면; 프랑스민법 제2422-2423조; Rongxin Zen(2021), 143면; 이준형, 프랑스 민법의 충전저당(hypothèque rechargeable)에 관한 연구, 한국민사법학회, 49권, 2호, 2010, 278-279면

충전하는 것을 허용한다.¹¹³ 충전저당권의 이점은 설정비용을 절감할 수 있다는 점이고, 저당제도의 개혁에 있어서는 설정비용을 절감하는 것과 함께 한번 설정된 저당권을 재이용하는 형식으로 비용을 절감함으로써 저당권을 활용한 개인신용의 확대를 목적으로 하고 있다. 프랑스의 충전식 저당권은 저당권의 이론에 있어서 본질적인 개혁으로 평가되고 있다.¹¹⁴

4. EU회원국의 유로저당

부종성의 문제는 개별 국가의 문제로 국한되지 않는다. 부종성의 문제는 유럽 국가를 포함하는 대륙법계 국가들이 공통적으로 안고 있는 문제이다.¹¹⁵ 부종성으로 인한 담보권 설정의 어려움을 극복하기 위한 일환으로서, 범유럽 차원의 논의가 진행되고 있다. 특히, 유럽연합(EU)회원국들 사이에서 유럽 내 공통 부동산 담보제도를 일컫는 '유로저당(Eurohypothek)'¹¹⁶에 대한 논의가 계속되고 있다.¹¹⁷

---

113 Rongxin Zen(2021), 143면
114 Rongxin Zen(2021), 143면; "가히 "혁명"이라고 부를 만한 새 제도의 도입은 엄청난 반향을 불러일으켰다. 저당권의 역할과 신용매개수단으로서의 부동산의 역할을 혁신시켰다." "충전저당 제도를 사용하면 설정자는 담보 설정시에 알지 못하였던 장래의 채권을 담보하기 위하여 저당권을 재활용(충당)할 수 있는 권능을 갖고, 그 권능을 원채권자뿐만 아니라 다른 채권자를 위해서도 사용할 수 있으며, 그 결과 이들 채권자는 모두 처음 설정한 저당권의 순위를 가지게 된다. 결국 프랑스의 입법자가 의도한 것은, 채무자로 하여금 그가 갖고 있는 부동산의 모든 대출가능성을 남김없이 담보로 제공하도록 함으로써 물건의 이용가능성을 극대화하고자 함이었다." 이준형(2010), 279-280면
115 Dr. habil. Christoph U. Schmid & Christian Hertel(2005); 長谷川貞之(2012)
116 "그동안 자기 자신에 대한 저당(Hypothèque sur soi-même), 토지부담(Engagement foncier), 독립저당신용(Hypothèque indépendante du crédit), 토지채무(Dette foncière) 등 다양한 명칭이 제안되었지만, 오늘날에는 대체로 "유로저당"으로 정리되는 듯하다." 이준형(2010), 312면

유로저당에 대한 논의의 중심에는 부종성의 법리로 인한 문제가 자리하고 있다. 부종성은 여러 대륙법계 국가에선 일반적으로 인정되고 있는 법리이나, 부종성이 강한 담보물권(즉 저당권)으로는 개별채권의 발생, 양도, 소멸, 혹은 증감이 자주 반복되는 기업 거래에서 만족할 만한 담보의 제공이 어렵다. 즉 담보권의 유연성, 확실성 및 효율성의 측면에서 부종성은 커다란 방해가 되고 있다. 이러한 문제는 특히 신디케이티드대출 거래에서와 같이 채권자가 상이한 복수의 채권을 하나의 담보권으로 담보하고자 하는 경우에 두드러진다. 이에 EU회원국들은 부종성이 없는 담보제도를 이미 갖추어 운용하고 있는 독일 등의 담보제도를 모델로 삼아 궁극적으로는 범유럽 차원에서 사용 가능한 공통의 담보제도의 창설을 모색 중이다.[118]

담보제도는 시장경제에서 자금과 신용의 이용에 있어 매우 중요한 역할을 수행한다. 담보제도가 얼마나 잘 마련되어 있는가에 따라 투자자의 투자의지 및 투자규모 등이 결정되는 측면이 분명히 있다. 따라서 시장경제체제하에서 자금과 신용을 활용한 활발한 기업활동을 위해서는 담보제도와 관련된 법제가 완비될 필요가 있다. 이러한 차원에서 우리나라에서도 유로저당과 관련된 논의를 관심있게 지켜볼 필요가 있다. 특히 우리의 담보제도를 개선·발전시켜 나가는 데에 있어 유로저당의 맥락에서 이루어지는 부종성에 관한 논의의 전개를 참고하면 유익할 것으로 생각된다.

---

[117] Dr. habil. Christoph U. Schmid & Christian Hertel(2005); 長谷川貞之(2012)
[118] "현재 유럽연합의 부동산담보법 통합(이른바 유로저당권(Eurohypothek))에서 주장되는 모델은 독일의 토지채무를 모범으로 한 비부종적 담보권이다." 홍윤선 1(2020), 171면

제5절 소결론

본 장에서는 우리나라의 현행 담보권 설정 방식인 개별담보설정방식의 문제점을 검토하였다. 우리나라에서는 부종성으로 인한 법리적 제약 때문에 국내 거래에서든, 역외거래에서든, 개별담보권설정방식을 사용하여 담보권을 설정하는 경우가 대부분이다.

개별담보설정방식을 사용하여 담보권을 설정하는 경우 대출채권의 양도시 마다 별도의 담보권 이전 절차가 요구되고 이러한 절차에는 상당한 거래비용이 소요된다. 그러나 더욱 심각한 문제는 이러한 부가적인 절차 및 거래비용이 우리나라 유통시장의 발전에 장애물이 된다는 것이다. 대출채권의 양수도 절차에 수반되는 제약으로 인하여 대출채권의 유통시장이 제대로 발전하지 못한다면, 1차 시장인 대출시장의 발전 또한 기대하기 어렵다. 대출채권의 유통시장의 발전 여부는 우리나라 금융시장 전체의 발전, 더 나아가서는 국가 경제의 발전과도 직결되는 중요한 문제이다. 따라서 해외 금융 선진국들의 사례를 연구하여 우리의 담보제도를 개선할 필요가 있다.

우리의 담보제도를 개선해야 할 필요성과 관련하여 그 핵심인 우리 법상 부종성의 법리를 완화하여야 한다는 주장이 없지 않았다. 그럼에도 우리나라에서 부종성 관련 해석론은 매우 엄격한 편이다.[119] 그런데 우리의 담보제도를 개선하고 발전시켜나가기 위해서는 더 이상 부

---

119 임채웅1(2011), 6면: "우리나라에서는 담보권에서의부종성을 매우 엄격하게 요구하여 왔다. 부종성을 완화하여야 한다는 논의는 조금씩 이루어져 왔으나, 해석론은 매우 엄격하였다. 대법원판례에서 이러한 점이 정면으로 문제된 사건들이 몇 있었지만, 실무에서도 부종성에 대한 요구는 매우 확고하여 이를 문제삼는 사람은 많지 않다." 임채웅(2011), 32면; 부종성에 관한 우리나라의 대법원 판례와 관련하여서는 본서의 제5장 5절 3항의 논의를 참고.

종성 원칙을 절대적으로 수호해야 하는 엄격한 법리로 해석하려고 해서는 안 된다. 대신 부종성의 본질적인 역할 및 기능을 염두에 두고 시대적 변화와 요구에 따라 부종성의 법리에 좀 더 완화된 입장을 취할 필요가 있다. 부종성의 법리에 관한 이와 같은 인식의 전환이 전제되지 않는다면 우리나라의 금융시장이 새로운 유형의 금융 거래, 기법, 상품 등을 도입하는 것이 어려워질 것이고 우리나라와 해외 주요 금융 선진국들간의 간극은 더욱 커질 것이다.

우리나라와 마찬가지로 부종성의 법리의 적용을 받는 대륙법계 국가에서는 부종성의 법리를 그대로 실무에 적용할 때의 한계를 인식하고 실무에서는 이를 완화하는 입장을 취하고 있다. "부종성(accessoriness)은 이론적(教理的) 차원에서 존재하나 비부종성(non-accessoriness)은 실무적(實在的) 차원에서 적용된다"는 표현은[120] 이러한 국가들의 태도를 잘 보여주고 있다. 실무적 측면에서 부종성의 한계를 주장하는 입장에서는 부종성의 법리를 엄격하게 적용하면 할수록 이로 인하여 제약받는 금융거래가 늘어날뿐이므로 이에 따른 비효율성을 제거하기 위해서는 부종성을 엄격하게 적용하기보다, 담보권의 실행·집행을 위하여

---

[120] Andrew J M Steven(2009), 145-416면에 따르면, 부종성의 법리를 아무런 변형없이 순수한 형태 그대로 사용하는 것은 사실상 불가능하다. 유럽연합 내에서 관찰된 바에 따르면, "부종성(accessoriness)은 이론적(教理的) 차원에서 존재하나 비부종성(non-accessoriness)은 실무적(實在的) 차원에서 적용된다." 저자에 따르면, 부종성이라는 것은 담보권의 집행에 있어 실제로 채무가 존재해야 한다는 것을 의미할 뿐이기 때문에, 이러한 전제가 충족된다면 부종성의 근본 원칙은 지켜진다고 보아야 한다. 즉 부종성을 엄격하게 적용할 필요가 없다("[T]here is recognition that accessoriness in its pure form is unworkable. It has been observed of countries in the European Union that "accessoriness is the dogma, non-accessoriness the practice". If this is a reference to strong accessoriness then it is correct, but in truth accessoriness does not have to be strong. It can mean no more than that an actual debt is needed for enforcement. This fundamental rule, at least, is always preserved."); Dr. habil. Christoph U. Schmid & Christian Hertel(2005), 89면

피담보채권이 실제로 존재하면 충분하다고 본다.121 이러한 완화가 부종성의 근본원칙에 위반되는 것은 아니라고 보기 때문이다.

위 장에서 논의된 부종성의 법리 및 이러한 법리의 해석 및 적용에 있어서의 유연성·탄력성의 필요성을 염두에 두고, 제4장과 제5장에서는 개별담보설정방식의 대안으로서 담보권신탁 제도와 병행채무방식을 검토한다. 또한 부종성의 측면에서 각 대안적 방식을 검토함에 있어, 각 대안적 방식과 관련하여 부종성 문제가 존재하는지, 만일 존재한다면 구체적으로 어느 측면·단계에서 이러한 문제가 존재하는지, 각 대안적 방식의 확립이나 도입을 위하여 부종성 법리의 완화가 일부 필요한 부분이 있는지 여부 등을 검토한다.

---

121 "Accessoriness may be more or less strict. Law in action, tends to be less strictly accessory than the law in the books." Dr. habil. Christoph U. Schmid & Christian Hertel(2005), 90면

제4장

개별담보설정방식의 대안 1: 담보권신탁

제1절 의의

제1항 개념

담보권신탁(security trust)이란 채무자가 위탁자의 지위에서 채권자들을 수익자로 하여 제3자인 수탁자에게 담보권을 설정하여 주는 것을 의미한다.[1] 담보권신탁은 다른 유형의 신탁과 본질적으로 다를 바 없고 다만 신탁재산이 담보권이라는 점에서 차이가 있다.[2] 담보권신탁은 전통적으로 신탁[3]의 개념이 인정되어 다양한 상거래 등에서 신탁제도가 널리 사용되어 온 영미 국가에서 활용도가 높다.

제2항 신디케이티드대출에서의 담보권신탁

영미 국가에서는 신디케이티드대출 거래에서 담보권신탁을 사용하여 담보권을 설정하는 것이 일반적이다.[4] 담보권신탁을 사용하는 신디

---

[1] Sue Wright(2014), 258면
[2] 최수정(2023), 582면; 이중기(2013), 664면
[3] "신탁은 기본적으로 재산에 대하여 관리·처분권을 가지는 법적 주체와 실질적(또는 경제적) 주체의 분열을 인정하는 제도인데, 이를 통하여 법인을 설립하지 않으면서도 일정한 재산을 출연자와 관리자의 도산으로부터 절연된 독립한 재산(segregated funds 또는 ring fenced funds)으로 전환할 수 있다는 장점"이 있다. 석광현(2006), 60면
[4] Sue Wright(2014), 258면; 영미에서 신탁은 다수의 채권자를 위한 유용한 담보수단으로 평가된다. 실제 담보권신탁은 다수의 은행이 대주로 참여하는 신디케이티드대출 거래에서 채권자가 대출기간 중 수시로 변경될 필요가 있는 경우에 채권과 함께 담보권을 이전하는 데 드는 시간과 비용, 불편을 줄이기 위하여 사용된다. 최

케이티드대출 거래에서 (위탁자인) 차주사는 (수탁자로 선임된) 금융기관에게만 담보권을 설정해주게 되며, 수탁자는 해당 담보권을 (수익자인) 전체 대주단을 위해 관리하게 된다. 이후 담보권의 유지, 관리, 실행, 집행 등 담보권과 관련된 일체의 행위는 (유일한 담보권자인) 수탁자를 통해서만 이루어지게 된다.[5] 다만 수탁자는 대출계약 및 신탁계약의 규정에 따라 모든 행위를 함에 있어 대주단의 결정에 따라야 한다. 또한 (위탁자인) 차주사의 채무불이행이 있는 경우 담보권의 실행에 따라 매각·환가된 금전을 대출계약 및 신탁계약에서 정한 순위에 따라 (수익자인) 대주단에게 배분하여야 한다.[6]

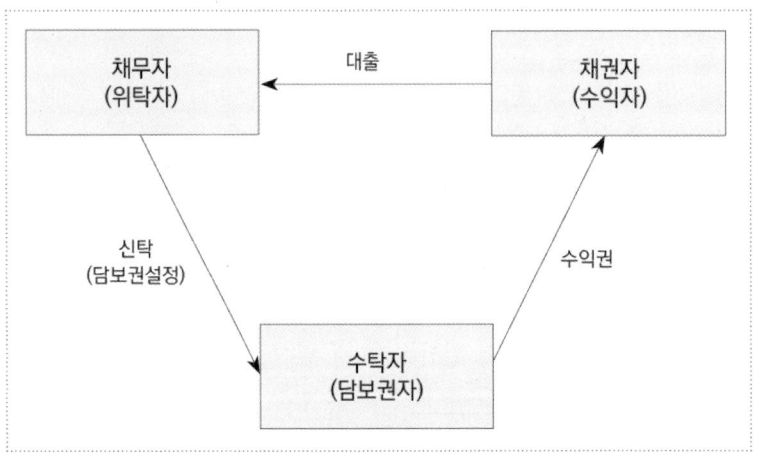

그림 4: 담보권신탁의 구조[7]

수정(2023), 583-584면
[5] 오영걸(2021), 52면
[6] 오영걸(2021), 54면; Rafal Zakrzewski & Geoffrey Fuller(2019), 232면; 양진섭(2013), 107면
[7] 박 준·한 민(2022), 256면에서 인용

한편 신디케이티드대출 거래에 담보권신탁을 사용하여 담보권을 설정하는 경우 대출계약상 담보대리인으로 선임된 금융기관을 수탁자로 두는 경우가 적지 않다.8 예컨대 담보권신탁을 사용하여 담보권을 설정하는 것을 예정하여 실제로 체결된 대출계약에서는 계약 당사자로서 "담보대리인(Security Agent)"을 정의함에 있어 "본건 담보권자들의 담보대리인이자 수탁자로서 [*금융기관명*](이하 "담보대리인") ([*Name of the financial institution*] as security agent and trustee for the Secured Parties (the "Security Agent"))"라고 규정하고 있다. 이 경우, 담보대리인은 수탁자의 역할을 겸하므로 (대출계약에 통상적으로 포함되는 담보대리인 관련 조항에 추가하여) "(수탁자로서) 담보대리인은 대출계약상 담보물을 담보권자들을 위하여 신탁의 형식으로(on trust) 보유한다"는 취지의 규정이 반영된다.9

담보권신탁은 선순위 대출과 후순위 대출을 나누어 대출을 실행하는 신디케이티드대출 거래에서 담보권을 설정하는 경우에도 사용된다. 다만 이 때 담보대리인이 선순위 대주단을 위한 수탁자 역할에 추가하여, 후순위 대주단을 위한 수탁자 역할도 맡는 것은 바람직하지

---

8 한편 우리 개정 신탁법 제36조는 수탁자의 이익향수를 금지하고 있고 다만 수탁자가 공동수익자의 1인이 경우에는 그러하지 아니하다라고 규정하고 있다. 대출계약상 담보대리인은 통상 대주를 구성하는 금융기관들 중에서 선임되므로, 이런 경우 담보대리인은 단순한 수탁자가 아닌 수탁자 겸 수익자중 1인이 된다.
9 다음은 2022년 12월 B사의 인수금융 건과 관련하여 실제로 체결된 선순위대출계약서(Senior Facilities Agreement)에 포함된 "Security Agent as Trustee(수탁자로서 담보대리인)"라는 조항을 발췌 및 번역한 것이다:
"*The Security Agent declares that it holds the Charged Property on trust for (or, if a trust is not recognised in a relevant jurisdiction, as agent for the benefit of) the Secured Parties on the terms contained in this Agreement*(담보대리인은 본 대출계약의 조건에 따라 본건 담보물을 본건 담보권자들을 위하여 신탁의 형식으로(on trust) 보유하고 있음을 선언한다(다만 만일 관련 법역에서 신탁이 인정되지 아니하는 경우, 담보대리인은 본건 담보물을 본건 담보권자들의 대리인으로서 보유한다)*.*"

않을 수도 있다.[10] 이해상충의 문제가 발생할 수 있기 때문이다. 예컨대 채무불이행사유의 발생시 두 대주단 간의 이해관계가 담보권의 집행여부, 시기, 방법 등과 관련하여 대립할 가능성을 배제할 수 없을 텐데, 이 때 담보대리인이 1개 이상의 대주단을 위한 수탁자 역할을 맡고 있는 상황이라면 이해충돌 상황에 직면하게 될 수 있다. 설령 수탁자가 채권자간계약 등의 규정에 따라 모든 절차적 준수사항을 이행한다고 하더라도 수탁자는 일종의 '충성심의 분열(divided loyalty)'과 마주할 가능성이 적지 않다.[11] 이익충돌 상황에서 이를 관리(manage)하고 통제(control)하는 장치로서 정보차단벽(Chinese Wall)을 설치·운영하는 방안도 고려할 수도 있겠으나,[12] 상황에 따라 이러한 조치가 충분하지 않을 수도 있다. 따라서 이러한 상황이 발생하지 않도록 선순위 대출과 후순위 대출을 나누어 대출을 실행하는 경우, 각 대주단을 위하여 별도의 담보대리인을 선임한 후 해당 담보대리인으로 하여금 각 대주단의 수탁자 역할을 맡도록 하는 것이 바람직하다.[13]

한편, 국제 신디케이티드대출 거래에서 사용되는 (피담보채무의 준거법이 영미법인) 대출계약은 여러 법제의 국가에 흩어져 소재하는 담보물에 대하여 현지법상 담보권의 설정이 필요할 것을 예정하여 작성되고 있는데, 이러한 대출계약에 포함되는 담보권 관련 조항에는 두 개 이상의 담보권 설정 방식을 동시에 규정되는 사례가 많다. 예컨대 이러한 조항에서는 (개별담보설정방식에 추가하여) 담보권신탁 방식과 (제5장에서 논의되는) 병행채무방식도 함께 규정함으로써 거래 당사자들이 (담보물의 소재지 법률에 따라 허용되는 한도 내에서) 담보권 설정 방식을 적절히 선택하여 사용할 수 있도록 하고 있다.[14] 이러

---

10 Charlotte Winder(2014)
11 Practical Law Finance3(2024), 12면
12 Practical Law Finance3(2024), 12면
13 Practical Law Finance3(2024), 12면

한 조항의 예시에 따르면, 담보대리인(Security Agent)은 (경우에 따라) 대출계약 및 담보계약상 대리인(agent), 수탁자(trustee) 또는 병행채무의 채권자(beneficiary of parallel debt)의 자격을 가지게 된다.15

제3항 신디케이티드대출에서 사용 가능한 담보권신탁의 유형

신디케이티드대출에서 담보권신탁을 사용하고자 하는 경우 '설정형' 담보권신탁과 '이전형' 담보권신탁 방식을 고려할 수 있을 것이다.16
설정형 담보권신탁은 채무자인 위탁자가 자신 또는 제3자 소유의

---

14 Sue Wright(2014), 258-261면
15 다음은 2022년 12월 B사의 인수금융 건과 관련하여 실제로 체결된 채권자간계약서(Intercreditor Agreement)에 포함된 "The Security Agent(담보대리인)"라는 조항을 발췌 및 번역한 것이다:

"*Each Secured Party (other than the Security Agent) irrevocably appoints the Security Agent to act as its agent, trustee, joint and several creditor or beneficiary of parallel debt (as the case may be) under this Agreement and with respect to the Security Documents and irrevocably authorizes the Security Agent on its behalf to execute each Security Document expressed to be executed by the Security Agent on its behalf and perform such duties and exercise such rights and powers under this Agreement and the Security Documents as are specifically delegated to the Security Agent by the terms thereof, together with such rights, powers and discretions as are reasonably incidental thereto*(각 담보권자는 본건 대출계약 및 담보계약과 관련하여 담보대리인을 (경우에 따라) 자신의 대리인, 수탁자, 연대채권자, 병행채무의 채권자로 선임하고, 자신을 위하여 담보대리인이 각 담보계약을 체결하고 본건 대출계약 및 담보계약상의 의무를 이행하고 권리를 행사하는 데 필요한 모든 권한을 부여한다)."

16 정순섭(2021), 679면; 한편 일본 실무에서는 설정형 담보권신탁을 "직접 설정 방식"으로, 이전형 담보권신탁을 "2단계 설정 방식"이라 칭하기도 한다. 青山 大樹(2010), 3면

재산에 대하여 채권자를 수익자로 하여 수탁자에게 담보권을 설정함으로서 신탁을 설정하는 방식을 의미한다.[17] 반면 이전형 담보권신탁은 두 단계로 구성되는데, 첫 번째 단계에서는 채권자가 채무자나 제3자의 재산에 대하여 자신의 채권을 피담보채권으로 하여 담보권을 설정하고, 두 번째 단계에서는 피담보채권자인 담보권자가 위탁자 겸 수익자가 되어 피담보채권과 분리된 담보권을 신탁재산으로 하여 수탁자에게 담보권을 설정한다.[18] 이 방식에서는 담보권의 이전에 피담보채권자가 직접 관여하고 담보권설정자의 승낙도 필요하다.[19]

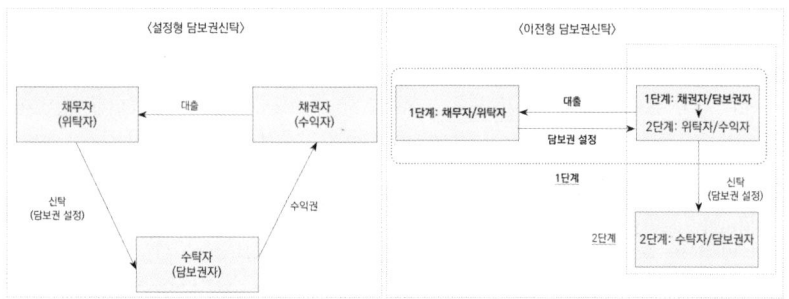

그림 5: 설정형·이전형 담보권신탁의 구조

설정형 담보권신탁은 담보권신탁의 기본 구조로 볼 수 있다. 영미국가들이 신디케이티드대출 거래에서 담보권을 설정함에 있어 사용하는 영미식 담보권신탁도 설정형 구조에 의한다.

일본에서는 두 방식 모두 실무에서 사용 가능한 것으로 보고 있고, 우리나라의 신탁법리상으로도 설정형 담보권신탁과 이전형 담보권신

---

17 정순섭(2021), 679면; 박 준·한 민(2022), 265면에서는 이를 '담보권의 설정적 신탁'이라고 하였다.
18 정순섭(2021), 679면
19 정순섭(2021), 679면

탁 모두 사용 가능할 것으로 보인다. 다만 아직 우리나라의 실무에서는 담보권신탁을 사용하여 담보권을 설정한 사례가 매우 드물고, 특히 신디케이티드대출 거래의 맥락에서 담보권 설정 방식으로서 담보권신탁 구조를 사용한 경우를 찾아보기 어렵기 때문에, 설정형 담보권신탁 방식과 이전형 담보권신탁 방식 중에 어느 방식이 실무에서의 활용도가 높은지를 파악하기는 어렵다.

한편 우리나라의 등기실무차원에서 이전형 방식에 의한 등기가 가능한지 여부에 대해서는 별도의 확인이 필요할 것이다. 등기절차가 신탁법리를 따라가지 못하는 경우가 있을 수 있고, 경우에 따라 등기에 관한 쟁송이 필요할 수도 있기 때문이다.[20]

각 유형의 담보권신탁이 구체적으로 어떠한 상황에 유용할게 사용될 수 있을지를 생각해 보면, 신디케이티드대출 거래의 최초 실행시에 담보권의 설정이 필요한 상황이라면 설정형 담보권신탁을 사용할 수 있을 것이고, 신디케이티드대출 거래에서 이미 대출이 실행되고 개별 대주들을 모두 담보권자로 하여 담보권이 설정된 상황이라면 이전형 담보권신탁을 사용하여 수탁자가 유일한 담보권자가 되도록 담보권을 설정할 수 있을 것이다.[21]

영미 국가에서는 신디케이티드대출 거래에서 담보권의 설정이 요구되는 경우 예외없이 담보권신탁 방식을 사용하고 있는바, 실무상 애초부터 모든 신디케이티드대출 거래에서 설정형 담보권신탁 방식을 사용하여 거래를 실행하고 있으므로 대출기간 도중에 이전형 담보권

---

20 우리나라에서 이전형 담보권신탁 방식이 실무상 인정된다고 본 견해에 따르면 "법제처는 "신탁회사에서 신탁업무로 저당권을 신탁받기 위하여 신탁을 원인으로 한 저당권이전등기와 신탁등기를 신청할 경우 적용할 세율"에 대해 문의를 받고, 신탁을 원인으로 한 저당권이전등기에 대하여 저당권등기에 관한 세율(지방세법 28조 1항 1호 다목 2)을 적용할 수 있다고 답변하였다." 정순섭(2021), 679면
21 青山 大樹(2010), 3면

신탁이 필요해지는 경우를 상정하기는 어렵다.

제4항 개별담보설정방식과의 차이

앞서 논의된 바와 같이 개별담보설정방식은 모든 담보권을 개별 대주 앞으로 설정·유지·집행하는 것을 전제로 하는 담보권 설정 방식이다. 따라서 개별 대주들이 모두 담보권자가 된다. 대주들을 위하여 담보대리인이 선임되기는 하나, 담보대리인은 담보와 관련된 행정적인 관리업무를 수행할 뿐, 법적 담보권자는 여전히 개별 대주들이다.[22]

반면 담보권신탁은 모든 담보권을 오로지 수탁자 앞으로 설정·유지·집행하는 것을 전제로 하는 담보권 설정 방식이다. 따라서 신디케이티드대출에서의 유일한 담보권자는 개별대주가 아닌 수탁자이다.[23] 담보권신탁의 수탁자가 담보권을 실행하는 절차는 통상의 담보권자가 담보권을 실행하는 것과 별반 다르지 않은바, 비록 수익자가 수익권을 매개로 실질적으로 담보권을 보유하고 있더라도 신탁계약에 따로 정함이 없는 한 수탁자는 담보권자로서 고유의 권리를 독자적으로 행사할 수 있다.[24] 다만 수탁자는 형식적으로는 담보권자의 지위를 가지지만 궁극적으로는 수익자인 대주단을 위하여 담보권의 관리 및 실행을 담당하는 것이므로 수익자인 대주단의 결정에 따라 관련 업무를 행하여야 하고 대주단의 권익이 침해되지 않도록 대출계약 및 신탁계약상

---

22 Michael Bellucci & Jerome McCluskey(2016), 490면
23 담보권신탁이 저당권을 신탁재산으로 하는 경우 수탁자가 저당권을 취득하기 위해서는 등기를 해야 하는데, 개정 신탁법상 담보권신탁에 있어 저당권을 취득하는 자는 수탁자이므로 수탁자가 등기 권리자가 된다. 신디케이티드대출과 같이 채권자가 다수인 경우에도 담보권신탁에서 수탁자는 단독으로 저당권을 취득하고, 다수의 채권자는 수익자의 지위를 취득할 뿐이다. 최수정(2023), 589면
24 양진섭(2013), 90면

각종 의무를 준수하여야 한다.[25] 이는 개별담보설정방식에서 담보대리인이 대주단의 결정에 따라 행하여야 하는 의무를 부담하는 것과 유사하다.

표 2: 개별담보설정방식과 담보권신탁의 비교

구분	개별담보설정방식	담보권신탁
개념	개별 채권자 앞으로 모든 담보권을 설정·유지·집행하는 것을 전제로 하는 담보권 설정 방식	신탁을 매개로 하여 채무자가 위탁자의 지위에서 채권자들을 수익자로 하여 제3자인 수탁자에게 담보권을 설정하는 방식
담보권 설정자	채무자	(위탁자로서) 채무자
담보권자	개별 채권자들	수탁자(통상 담보대리인이 수탁자의 역할을 맡음) (즉 담보권자와 채권자가 상이함) *채권자들은 신탁상 수익자의 지위를 가짐
담보물의 도산격리 여부	담보대리인의 도산위험 및 담보대리인 고유채권자의 공취력으로부터 담보물이 보호되지 않음	수탁자의 도산위험 및 수탁자의 고유채권자의 공취력으로부터 신탁재산(즉 담보물)이 보호됨
담보권 설정 비용 및 절차	비용: 담보의 종류 및 규모에 따라 달라짐 (대규모 거래의 경우 통상 상당한 비용 발생) 절차: 복잡함	비용: 개별담보설정방식과 동일한 초기 설정 비용 발생. 단, 별도의 신탁 설정 비용이 추가될 수 있음. 절차: 유일한 담보권자는 수탁자이므로 개별담보설정방식에 비해 구비서류 및 행정적 절차가 간단함
담보권 이전 비용 및 절차	비용: 담보권 설정 비용에 준하는 비용 발생 절차: 복잡함	비용: 없음 절차: 없음; 유일한 담보권자는 수탁자이므로 채권의 양수도가 발생하더라도 담보권자가 변경될 필요가 없어서 이에 따른 부가적인 담보권 이전 절차가 요구되지 않음

---

25 양진섭(2013), 90면

제5항 신디케이티드대출에서 담보권신탁 사용시 장점 및 편리성

영미 국가들이 거의 모든 신디케이티드대출 거래에서 담보권신탁을 사용하고 있는 이유는 담보권신탁이 가지는 여러 장점 및 편리성 때문이다.

첫째, 담보권신탁은 담보권의 설정 및 유지에 있어 절차적으로 간소하고 거래비용도 적게 소요된다.[26] 담보권신탁에서의 유일한 담보권자는 개별대주가 아닌 수탁자이기 때문에 설령 대출채권의 양수도로 인하여 대주단의 구성에 변동이 있더라도, 대출계약에 따라 체결되는 담보권설정계약상 담보권에는 아무런 영향을 미치지 않는다.[27] 즉 채

---

[26] 앞서 논의된 바와 같이, 담보권신탁을 사용하여 담보권을 설정하는 경우 각 담보 유형에 대하여 성립요건이나 대항요건을 충족함에 있어 (다수의 대주가 아닌) 하나의 수탁자에 대해서만 절차를 진행하면 되므로 간소한 측면이 있다. 다만 담보권신탁 제도를 사용하는 경우 기본 거래에 소요되는 비용에 추가하여 신탁 설정 비용이 소요되므로 담보권 설정 단계에서는 개별담보설정방식을 사용하였을 때에 비하여 비용 추가 요소가 존재한다. 신탁 설정 비용은 개별 거래의 구체적인 내용에 따라 달라진다. 실제 담보부 신디케이티드대출 거래에서 담보권신탁 제도가 사용된 사례가 거의 없으므로 일반적인 경향성을 논하기는 어렵다.

[27] 담보권의 채권에 대한 부종성과 관련된 "전통적 법리는 현실에서 많은 불편함을 야기하는데, 빠르게 진행되는 금융실무에서는 이는 여간 번거로운 일이 아닐 수 없다. 그러나 신탁을 이용하여 채무를 담보하면 저당권의 부종성에서 오는 이러한 불편함과 비효율을 극복할 수 있다. 담보권신탁을 사용하여 채무를 담보한 경우라면 설사 채권자 중 1인이 채무의 변제기 이전에 자신의 채권과 이 채권을 담보하는 신탁상의 수익권을 타인에게 이전한다 하더라도 공동저당권의 변경등기절차와 같은 것은 더 이상 필요하지 않기 때문이다. "요컨대, 담보권신탁을 이용하면 담보권을 수익권으로 전환할 수 있고 이를 통해서 채권양도 및 이에 관한 담보이전의 방법을 간소화할 수 있다는 장점이 있다." 오영걸(2021), 51면; "The principal reason why a security trust is used is that it is administratively convenient, particularly where the group of lenders is large and diverse. A security trust is also convenient in circumstances where there may be changes to the class of beneficiaries (creditors) that are entitled to the security interests. Invariably,

권의 양수도가 발생하더라도 담보권자가 변경될 필요가 없기 때문에 부가적인 담보권 이전 절차가 요구되지 않고, 담보권 순위가 바뀔 위험 또한 없기 때문에 담보권의 순위를 보전하기 위한 별도의 계약도 요구되지 않는다.28 따라서 담보권신탁은 대주단이 다수의 금융기관으로 구성되어 규모가 크고 (대출계약의 체결 이후 빈번한 대출채권의 양수도로 인하여) 대주단의 구성에 계속적인 변동이 있을 것으로 예상되는 담보부 신디케이티드대출 거래에서 특히 유용하다.

나아가 최초 신디케이티드대출 실행 시점에는 대출채권의 양수도를 염두에 두지 않았더라도 추후 대출채권 보유 기간 중에 금융시장이나 정책의 변화 및/또는 대출 관련 내부 규정의 변경 등의 이유로 대출채권의 양수도가 필요해지는 경우도 많기 때문에 대주단에게는 담보권신탁 방식을 선호할 유인이 크다.29 담보권신탁 방식을 사용한 거래에서는 대주들이 대내외적 변화에 유연하게 대응할 수 있게 되고, 이는 궁극적으로 대출채권 거래의 활성화에 기여하게 된다. 그리고 대출채권 거래의 활성화는 대출채권의 유통시장은 물론 주식시장을 포함한 금융시장 전반에서의 대출채권의 적절한 거래 가격 형성(소위 가격발견, price discovery)에도 긍정적인 영향을 미칠 수 있다.30

---

the provisions in a syndicated loan agreement will permit transfers to new lenders, who will join the pool of beneficiaries. Secured debt is actively traded in England and Wales so the beneficiaries may well change," Practical Law Finance3(2024), 4면

28 "채권자가 수인인 경우 담보권신탁을 설정하면, 담보권자인 수탁자로 하여금 일원적으로 담보권을 관리하도록 할 수 있으므로 피담보채권이 양도되는 경우에도 담보권 이전에 따른 등기를 경료할 필요가 없고, 계층적인 수익권을 설정하여 담보권의 순위를 사용하지 않고서도 수인인 채권자들 사이의 선·후순위를 설정할 수 있게 된다." 무궁화신탁법연구회(2021), 23면

29 "반드시 차관단대출이 아니라 1인의 대주만이 있는 경우에도 채권자와 상이한 자를 담보수탁자로 지정할 필요가 있을 수 있다." 석광현(2006), 78면

30 신디케이티드대출의 (1차 시장인) 대출시장에서 최초의 대주단을 구성하는 금융기관들에게 대출계약상 제공되는 차주에 대한 각종 비밀정보(차주의 재무정보를 포

둘째, 신디케이티드대출 거래에서 담보권신탁을 사용하여 담보권을 설정하는 경우, 수탁자의 도산위험 및 수탁자의 고유채권자의 공취력(攻取力)으로부터 신탁재산인 담보물을 보호할 수 있다.[31] 즉 신탁재산의 독립성이 보장된다. 신탁재산인 담보물은 오로지 대주단이 차주에 대하여 보유하는 채권의 회수를 보장하는 목적으로만 사용되므로 거래의 안정성을 제고하는 측면에서 대주단뿐만 아니라 거래 당사자들 전체에 유익하다.[32] 이와는 대조적으로, 개별담보설정방식 및 (제5장에서 논의되는) 병행채무방식에서는 (대주단의 행정적인 대리인 또는 병행채무의 채권자로서) 담보대리인의 도산위험 및 담보대리인 고유채권자의 공취력으로부터 담보물이 보호되지 않는다.

셋째, 담보권신탁의 경우 다수 대주의 의견을 반영한 통일되고 일관된 담보권 집행절차가 보장된다. 개별담보설정방식을 사용하여 담보권을 설정하는 경우 담보권의 개별적 실행의 허용과 관련하여 분쟁의 소지가 존재한다.[33] 하지만 담보권신탁 방식을 사용하면 담보권의 최초 설정시 및 추후 차주에 대하여 채무불이행사유 등이 발생함으로써 담보권의 보존 및 집행과 관련하여 추가적인 조치가 필요해진 경우, 오로지 수탁자를 통하여 관련 조치가 이루어진다.[34] 결론적으로,

---

함하며 이에 한정되지 않음)는 대출채권의 거래를 통해 (2차 시장인) 유통시장의 참가자들에게 전달이 된다. 이러한 경로로 전파된 차주에 대한 비밀정보는 유통시장에서 가격발견이 이루어지도록 한다. 뿐만 아니라, 동 정보는 차주의 주식이 거래되는 주식 시장에서의 가격발견에도 영향을 미친다. Robert Michael Bushman, Abbie Smith & Regina Wittenberg-Moerman(2010), 962면; 青山 大樹(2010), 2면; "전통적인 기업자금조달수단인 신디케이티드대출, 채권발행, 주식발행은 상호 연계되어 다양한 선택이 가능한 구조로 발전하고 있다." 정순섭(2017), 449면

31 "Another significant advantage of a security trust is that the beneficiaries will have a proprietary claim to the security interests held by the trust. The trust property (that is, the security) is separate, and so protected from the security trustee's own creditors." Practical Law Finance3(2024), 4면
32 Practical Law Finance3(2024), 4면
33 Michael Bellucci & Jerome McCluskey(2016), 473-476면

담보권신탁에서는 개별 대주의 독립적인 행위가 허용될 여지가 없고 언제나 다수 대주의 의견을 반영한 통일되고 일관된 담보권 집행절차가 보장된다.[35]

넷째, 선순위 대출과 후순위 대출을 나누어 대출을 실행하는 신디케이티드대출 거래에서 담보권신탁을 사용하여 담보권을 설정하는 경우, 대출채권 간에 우선·열후 관계를 창출하는 것이 용이하다.[36] 이러한 경우, 수탁자에게 선순위 대출채권과 후순위 대출채권 모두를 피담보채권으로 하는 1순위 담보권을 설정해 두고, 신탁계약을 규정함에 있어 신탁재산(담보실행시 회수금)의 배당 및 분배시 선순위 수익권자가 후순위 수익권자에 우선한다는 내용을 반영하는 방안을 생각해 볼 수 있다. 이와 같이 담보권신탁 제도는 1개 이상의 대주단이 각 선순위, 후순위의 대주단으로 참여하는 신디케이티드대출 거래에서 "담보권은 수탁자에게 고정된 상태로 수익권을 계층화하여 채권자 사이에 우선·열후 관계를 만들 수 있다"는 점에서 실용성이 높다.[37]

우리나라에서도 개정 신탁법에 따라 담보권신탁이 처음 법제화되었을 당시, 담보권신탁이 "특히 대규모의 중·장기 사업을 계획하는 정부나 기업이 syndicated loan을 통하여 자금을 조달하고자 할 때 유용할 것"이라고 보는 이가 적지 않았다.[38] 특히 신디케이티드대출 거래

---

34 오영걸(2021), 54면
35 Practical Law Finance3(2024), 4면
36 정순섭(2021), 675면, 682면; "다수의 수익자 상호 간에는 담보권 자체의 순위가 아니라 신탁계약에서 정해진 수익권의 선후 순위에 따라 수익을 향유할 수 있을 것이다." 양진섭(2013), 97-98면
37 정순섭(2021), 675면, 682면; 靑山 大樹(2010), 5면
38 "담보권신탁은 채권자가 복수인 신디케이티드론의 경우에 담보권을 관리하는 방법으로 유용하다." 안성포(2012), 123면; "담보권의 신탁은 신디케이티드론 등에 있어 담보권의 관리를 실시하는 방법으로서 신디케이티드론을 담보부로 실시하는 경우, 채무자를 위탁자로 담보권자를 수탁자(신탁회사), 채권자(금융기관)를 수익자로서 신탁설정을 하는 신탁이다." 민경백(2012), 162면; 양진섭(2013), 94면;

에서 "채권자가 금융기간 중 수시로 변경될 필요가 있는 경우에, 채권과 함께 담보권을 이전하는데 드는 시간과 비용, 불편을 줄"일 수 있다는 점,39 및 "다수의 금융기관을 수익자로 할 수 있고, 이러한 수익자가 전문성을 갖춘 수탁자를 통하여 담보권을 실질적으로 보유하여 보다 확실한 채권의 만족을 확보할 수 있"다는 점에서 담보권신탁의 유용성을 높게 평가하였다.40

제2절 영미식 담보권신탁

제1항 개념

본 절에서는 영미법제에 따른 담보권신탁(이하 "영미식 담보권신탁")의 특성을 설명한 후, 이를 바탕으로 다음 절에서 우리 개정 신탁법에 따른 담보권신탁(이하 "한국식 담보권신탁")의 내용을 검토한다.

영미법계에서는 형평법(equity) 개념이 존재하며 이를 바탕으로 보통법상 권리(legal title)와 형평법상 권리(equitable title)를 구분한다. 신탁과 연관된 권리 또한 법적 권리와 형평법적 권리로 분화되며,41 영미 신탁에서의 신탁재산은 보통법상으로는 수탁자의 소유이나 형평법상으로는 수익자가 소유하고 있는 것으로 본다.42

위의 구분은 신탁재산이 위탁자 소유의 자산인 경우뿐 아니라 신탁재산이 위탁자 소유의 자산에 대하여 설정된 담보권인 경우(담보권신

---

39 최수정(2013), 17면
40 양진섭(2013), 94면
41 정순섭(2023), 89면
42 Henry Hansmann & Ugo Mattei(1998), 439-440면

탁)에도 동일하게 적용된다. 즉, 담보권신탁의 경우 신탁재산인 담보권의 법적 권리자는 수탁자이지만 실질적 권리자는 수익자이다. 반면 대륙법체계에서는 형평법상 권리의 개념이 없으므로 수익권자에게 담보권에 관한 형평법상 권리를 부여하는 것이 가능하지 않다. 결국 대륙법체계에서는 수탁자만이 담보권을 가지며 수익자가 가지는 권리는 채권으로 취급한다.[43]

제2항 수익자의 지위

담보권신탁을 사용하여 신디케이티드대출 거래에 참여하는 대주단이 가장 중요하게 고려하는 사항은 담보물권에 대하여 대주단이 가지는 구체적인 권리에 관한 것이다. 대출계약상 채무자에게 제공한 차입금의 회수를 보장받기 위한 핵심적인 장치가 담보권이기 때문이다.

담보권신탁하에서 대주단은 수익자의 지위만 가지므로 신탁계약(security trust deed)의 직접 당사자가 되지는 못한다. 하지만 영미식 담보권신탁하에서 수익자는 형평법상의 권리를 가지게 된다. 영미식 담보권신탁을 활용하는 신디케이티드대출 거래에서 대주단은 담보권에 대하여 형평법상 권리를 가지게 되므로 그 지위가 상대적으로 안정적이다. 반면 앞서 설명한 바와 같이 대륙법계 국가의 유사 제도하에서 수익자의 지위는 일반적으로 신탁계약의 조건과 일반 민사법리에 따라 정해지는 것이고 수익자가 가지는 권리도 일반 채권의 성격을 가진다.[44]

영미식 담보권신탁에서 수익자에게 형평법상의 권리를 부여하는

---

[43] John H. Langbein(1995), 669-670면
[44] 심인숙(2011), 281면

것은 신탁재산의 법적 권리가 수탁자에 이전된 상황에서 신탁재산이 수탁자 고유재산의 일부로 포함되는 것을 방지하고, 수탁자의 파산시 수익자들을 보호하기 위한 목적이 있다.[45] 신디케이티드대출 거래에서 신탁재산의 독립성을 보장하는 것은 신탁재산인 담보물권이 오로지 대주단이 차주에 대하여 보유하는 대출채권의 회수 목적으로만 사용될 수 있도록 한다는 것을 의미하기 때문에 대주단의 입장에서 매우 중요하다.

제3항 수탁자의 의무

신디케이티드대출 거래에서 당사자들이 담보권 설정 방식을 채택함에 있어 수익자의 지위와 권한 다음으로 중요하게 생각하는 부분은 수탁자의 지위와 권한, 그리고 그에 수반되는 수탁자의 의무이다.

영미식 담보권신탁 제도하에서 수익자는 형평법적 권리를 부여받기는 하지만 신탁재산에 대한 관리처분권은 법적 권리자인 수탁자에게 유보되어 있다.[46] 이와 같이 영미식 담보권신탁에서는 수탁자가 신탁재산의 법적 권리자로서의 지위와 더불어 상당한 권한 및 재량을 부여받게 된다.

수익자는 신탁재산과 관련하여 직접적인 권리 행사를 할 수 없고 모든 권리 행사는 수탁자를 통해서 이루어진다. 따라서 수익자는 수탁자에게 수익자를 위해서만 업무를 수행할 의무를 부과하는 것이 중요하다.[47] 위탁자는 이러한 수탁자의 의무에 기반하여, 필요한 경우 수탁

---

45 송지민(2022), 553면
46 Richard Wilson KC(2023), 919면
47 "Whereas a person who is not in a fiduciary position is free to exercise the power in any way that he wishes, unhampered by any fiduciary duties, a

자에 대한 의무이행을 요구할 수 있고, 수탁자가 신탁계약상의 의무를 위반하는 경우 수탁자에게 이에 대한 책임을 묻거나 기타 손해배상을 청구할 수 있게 된다.[48]

영미식 담보권신탁에서는 이와 같은 수탁자의 의무를 충분히 규정하고 있다. 예컨대 영미의 신탁법리는 수탁자의 신인의무(fiduciary duty)와 주의의무(duty of care)를 비롯하여,[49] 그로부터 파생되는 각종 의무, 가령 공평의무(duty of impartiality), 자기집행의무(duty not to delegate), 계산의무(duty to account), 분별관리의무(duty not to commingle) 등을 구체적으로 규정하고 있다.[50]

요컨대 영미식 담보권신탁은 (신탁재산인 담보물권의 실질적인 권리자인) 수익자를 보호하기 위하여 (신탁재산에 대한 법적 권리를 가지는) 수탁자에게 부담시키는 의무의 측면에서, 대주단의 요구를 충족시켜줄 만한 구조적, 기능적 요소를 가지고 있다.

---

trustee to whom, as such, a power is given is bound by the duties of his office in exercising that power to do so in a responsible manner according to its purpose. It is not enough for him to refrain from acting capriciously; he must do more." Re Hay's Settlement [1982] 1 WLR 202, 209면 (Sir Robert Megarry V-C) (Richard Wilson KC(2023), 919면에서 인용됨).

48 영미 신탁의 수익자는 신탁위반의 경우 형평법상 소유권에 기하여 추급권 또한 인정된다. 심인숙(2011), 274-275면

49 수탁자와 수익자 간의 관계를 신인관계(fiduciary relationship), 수탁자를 신인의무자(fiduciary), 신인의무자가 수익자에게 부담하는 의무를 신인의무(fiduciary duty)라고 한다. 신인의무는 영국에서는 충실의무(duty of loyalty)를, 미국에서는 충실의무와 주의의무(duty of care)를 의미한다. 충실의무는 수탁자의 이익을 우선해야 할 이해상충 방지의무를, 그리고 주의의무는 수탁자로서 전문성을 갖추어 신탁사무를 처리할 의무를 의미한다. 정순섭(2023), 89면

50 John H. Langbein(1995), 655-660면

제4항 영미식 담보권신탁에서의 부종성

통상적으로 부종성의 법리는 우리나라를 포함하는 대륙법계 국가들의 법제와 관련해서 주로 논의되며, 영미법 관련 문헌에서 담보권의 채권에 대한 부종성을 언급하는 경우는 흔하지 않다.51 그러나 영미법 체계에서도 부종성의 법리는 엄연히 존재한다.52 예컨대 Carpenter v. Longan판결에서 미국 대법원은 "채권은 주된 것(principal thing)이고 저당권은 이에 종속되는 것(accessory)이라는 점에는 이견이 없다"고 판시하였다.53 Merritt v. Bartholick판결에서도 미국 대법원은 "채권을 수반하지 않는 저당권의 이전은 무효(nullity)"라고 판시하며 "저당권은 채권을 따라간다(the mortgage follows the note)"는 원칙을 더욱 굳건히 하였다.54 앞서 언급된 오래된 미국 대법원의 판결에 추가하여,

---

51 Tomasz Tomczak(2022), 493-511면; Dr. habil. Christoph U. Schmid & Christian Hertel(2005), 89면
52 부종성이라는 것은 대륙법계 국가와 영미법계 국가에 공통적으로 존재하는 법리이다. 다만 부종성의 법리를 해석하거나 적용함에 있어, 부여되는 엄격성의 정도가 국가별로 다를 뿐이다("The rule of accessoriness is common to civil law and common law systems, however it is applied with different degrees of rigidity in particular countries.") Maria Kaczorowska(2017), 80면; 모든 담보권은 부종성을 가진다. 단지 그 정도에 차이가 있을 뿐이다("[E]very security right is at least at some small or very remote level accessory to a secured obligation.") Tomasz Tomczak(2022), 493-511면, 495면
53 "All the authorities agree that the debt is the principal thing and the mortgage an accessory." Carpenter v. Longan, 83 U.S. 271, 275 (1872) (이는 John P. Hunt(2014), 175면에도 인용되어 있다.)
54 Merritt v. Bantholick, 36 N.Y. 44, 45 (N.Y. 1867)의 판결에 따르면, 모든 저당권은 동 저당권이 담보하려고 하는 채무에 부수될 뿐이기 때문에 채권을 수반하지 않는 저당권의 이전은 무효(nullity)이다("[A] mortgage is but an incident to the debt which is intended to secure"; and "[A] transfer of the mortgage without the debt is a nullity, and no interest is acquired by it.") (이는 John P. Hunt(2014), 176면에도 인용되어 있다.)

비교적 최근에 내려진 Best Fertilizers of Ariz., Inc. v. Burns판결에서도 미국 법원은 부종성에 대하여 유사한 취지의 언급을 하고 있다.[55] 해당 판결에서 법원은 "채권은 소의 몸통에 해당하고 저당권은 소의 꼬리에 해당한다. 소는 꼬리 없이도 살 수 있지만 꼬리는 소와 따로 분리되어 존재할 수 없다"고 설명하며 부종성 원칙을 전제하고 있다.

한편 부종성의 원칙은 미국통일상법전(Uniform Commercial Code)(이하 "UCC")의 Section 9-203(g)[56]및 Section 9-308(e)[57]에서도 찾아볼 수 있다.[58] UCC 주석서에 따르면 이러한 규정은 저당권은 채권에 부수한다는 미국의 전통적인 견해(traditional view)를 성문화한 것이다.[59]

---

55 "[A]mong the 'gems' and 'free' offerings of the late Professor Chester Smith of the University of Arizona College of Law was the following analogy. The note is the cow and the mortgage the tail. The cow can survive without a tail, but the tail cannot survive without the cow." Best Fertilizers of Ariz., Inc. v. Burns, 571 P.2d 675, 676 (Ariz. Ct. App. 1977), rev'd, 570 P.2d 179 (Ariz. 1977); Andrew J M Andrew J M Steven(2009), 391면

56 UCC Section 9-203(g) (2011-2012): "[T]the attachment of a security interest in a right to payment or performance secured by a security interest or other lien on personal or real property is also attachment of a security interest in the security interest, mortgage, or other lien."

57 UCC의 Section 9-308(e) (2011-2012): "Perfection of a security interest in a right to payment or performance also perfects a security interest in a security interest, mortgage, or other lien on personal or real property securing the right." 이 규정은 Section 9-203(g)과 더불어, 저당권이 관련 채권에 부속되는 (attached) 권리임을 분명히 하는 UCC 규정 중 하나로 알려져 있다("[T]the comments to the 1999 amendments further suggest that the drafters' intent in making the changes was to codify "the mortgage follows the note"; The commentary on Section 9-308 reads, "Section 9-203(g) adopts the traditional view that the mortgage follows the note; i.e., the transferee of the note acquires the mortgage as well"; Commentary on Section 9-203 likewise states, "Subsection (g) codifies the common-law rule that a transfer of an obligation secured by a security interest or other lien on personal or real property also transfers the security interest or lien.").

58 John P. Hunt(2014), 171-172면

즉, UCC 규정은 부종성 관련 보통법상 원칙(common law principle)을 반영한 것으로 볼 수 있다.60

위에 비추어 영미 국가의 법제에서도 원칙적으로는 부종성의 법리를 전제하고 있음을 알 수 있다.61 다만 부종성의 법리를 해석하거나 적용함에 있어서는 대륙법계 국가에 비하여 비교적 탄력적인 입장을 취하는 측면이 있는 것이다.62

실무적인 차원에서도 영미법제에서는 "담보권은 채권자나 수탁자에 해당하지 않는 자에게는 제공될 수 없다"고 보는 것이 원칙이다.63

---

59 U.C.C. §9-308 Comt. 6(2011-2022)
60 Dale A. Whitman(2014)
61 모든 담보권은 부종성을 가진다. 단지 그 정도에 차이가 있을 뿐이다("[E]very security right is at least at some small or very remote level accessory to a secured obligation.") Tomasz Tomczak(2022), 493-511면, 495면
62 Dr. habil. Christoph U. Schmid & Christian Hertel(2005), 89-90면
63 "[I]t has been thought that security could not be granted to a person unless he was a creditor or a trustee." Sarah Paterson & Rafal Zakrzewski(2017), 827면; Lehman Brothers International (Europe) (in administration)[2012] EWHC 2997 (Ch), [2014] 2 BCLC 294 판결에서 이와 다른 취지의 설시가 있었으나, 이는 예외적인 것이고 궁극적으로는 피담보채권을 가지지 아니하는 자가 담보권을 실행하는 것은 어렵다고 보는 견해가 우세한 것으로 보인다. 해당 판결에 설시된 사실관계에 따르면 (채무자이자 담보권설정자로서) A와 (담보권자로서) B가 체결한 계약은 A가 B에게 부담하는 채무뿐만 아니라 A가 제3자인 C에게 부담하는 채무까지 담보할 것을 약정하는 내용을 포함하였다. 이 건에서 Briggs 판사는 "B에게는, A가 [B 자신에게 부담하는 채무뿐만 아니라] C에게 부담하는 채무도 지급하길 원할만 할, 사업적 또는 개인적 이유가 있을 수 있다"고 하였다(Lehman Brothers International (Europe) (in administration)[2012] EWHC 2997 (Ch), [2014] 2 BCLC 294, at [43]-[44]). 이 판결은 담보계약의 당사자들이 제3자를 담보권자로 정할 수 있다는 취지로 해석되어서는 안 된다. 이 판결은 미국 내에서도 많은 논란을 일으켰다. 특히, (담보권자로서) B가 (채무자이자 담보권설정자로서) A가 자신에게 부담하고 있지도 않은 C의 채무에 대한 담보권을 어떻게 실행·집행할 수 있을 것인가에 대한 의문을 남겼다. 이 판결은 매우 좁게(narrowly) 해석되어야 하고, 대부분의 사례에서, 어느 채무에 대한 담보권은 채권자나 수탁자가 아닌 제3자에게는 제공될 수 없는 성질의 것이라는 견해가 우세한 것으로 보인다. Sarah

여기서 "담보권은 채권자나 수탁자에 해당하지 않는 자에게는 제공될 수 없다"는 것은, 영미법상 전제되어 있는 부종성의 법리에 부합하기 위해서는, 담보권이 개별 채권자에게 제공되거나 또는 (신디케이티드 대출에서와 같이 다수의 채권자들이 존재하는 경우에는) 담보권신탁의 수탁자에게 제공되어야 한다는 의미로 해석될 수 있다. 개별 채권자나 수탁자가 아닌 제3자에게 담보권을 부여하는 경우 해당 담보권이 채권자를 위하여 채권을 담보하는 데에 사용될 것을 보장할 수 없기 때문이라는 점에서 그러하다.

이와 같이 영미 국가에서도 대륙법계 국가에서와 마찬가지로 부종성 법리에 따라 담보권을 채권으로부터 분리하는 것은 불가능하다고 본다. 담보권이 채권을 실행할 권한을 가지는 채권자나 수탁자를 벗어난 제3자에게 귀속되는 경우 원칙적으로 담보권의 효용을 찾을 수 없게 된다고 보기 때문이다.[64]

본 항에서 검토한 바와 같이, 영미법제에서도 부종성 원칙이 존재

Paterson & Rafal Zakrzewski(2017), 827면 ("The decision, however, is controversial. It is difficult, for example, to see how the secured party could enforce security for a debt he is not owed.")

[64] 담보권을 채권으로부터 분리하는 것은 사실상 불가능한데, 그 이유는 담보권이 채권의 실행 권한을 가진자 이외의 자에게 귀속되면 아무런 쓸모가 없어지기 때문이다. 이러한 상황이 발생한다면 한 사람은 무담보부 채권(unsecured debt)을 가지게 되고, 다른 한 사람은 실행이 불가능한 담보권(security instrument that cannot be enforced)을 가지게 될 뿐이다. 담보권은 채권을 따라간다"는 아포리즘은 이러한 배경하에 생성된 것이다("The security is virtually inseparable from the obligation... The reason is that the security is worthless in the hands of anyone except a pseron who has the right to enforce the obligation; it cannot be foreclosed or otherwise enforced. Hence, separating security and the obligation is ordinarily foolish because it will leave one person with an unsecured debt and the other with a security instrument that cannot be enforced. This result is the origin of the widely-stated aphorism that "the mortgage follows the note"). Dale A. Whitman(2014), 37-38면

함을 고려할 때, 신디케이티드대출 거래에서 담보권신탁 제도가 일반적으로 사용되고 있는 이유는 담보권신탁 제도가 부종성의 법리의 본질적 목적에 위배되지 않는다는 이해가 있기 때문이라는 추측이 가능하다. 즉 담보권신탁이 비록 형식에 있어서는 담보권자와 채권자가 분리되는 측면이 있지만 실질적 또는 기능적인 측면에서는 담보권이 수익자인 채권자에게 귀속되도록 보장한다는 점에서 궁극적으로 부종성원칙에 부합한다고 보는 것이다.

제5항 대륙법계 국가의 유사 제도 접근 사례: 프랑스

한편 과거 법제의 차이로 인하여 신탁제도의 활용이 어려웠던 대륙법계 국가들도 (담보권 설정 방식으로서) 담보권신탁이 지니는 여러 장점 및 거래계의 수요를 고려하여 영미식 담보권신탁과 본질적으로 동일하거나 또는 이와 유사한 제도의 도입을 시도하였다.

영미식 담보권신탁과 유사한 제도를 도입한 유럽의 대표적인 국가는 프랑스이다. 비록 대륙법 체계에서의 신탁은 (기본적으로 대륙법계에 속하지만 신탁법에 관한 한 영미의 신탁을 도입하여 양법계의 법리가 혼재하는) 혼합법계에 속하는 일본이나 우리나라의 신탁과는 차이가 있으나, 대륙법계를 대표하는 프랑스가 이러한 유사 제도를 도입한 과정은 우리나라에서도 참고할 만하므로 이하에서는 프랑스식 담보권신탁이 도입된 과정을 간략히 소개한다.

프랑스는 2007년 2월 19일 '신탁제도를 제정하는 법률' (이하 "신탁제정법")[65]을 통해 프랑스식 신탁 개념(이하 "Fiducie")를 도입하였

---

65 Loi n° 2007-211 du 19 février 2007 instituant la fiducie (1), JORF n° 0044 du 21 février 2007 page 3052, texte n° 3.; 신탁제정법은 총 5장으로 구성되어 있

다.⁶⁶ 프랑스법상 Fiducie는 "1인 또는 수인의 설정자(constituant)가 현재 또는 장래의 자산, 권리 또는 담보권을 1인 또는 수인의 수탁자(fiduciaire)에게 이전하고, 수탁자는 이를 자신의 재산과 구분하여 관리하면서 특정 목적을 달성하기 위하여 1인 또는 수인의 수익자(bénéficiare)를 위하여 행위하여야 하는 거래"를 의미한다.⁶⁷ 설정자로부터 수탁자에게 일정한 재산권이 이전되고 수탁자가 신탁재산의 소유명의자가 된다는 점에서 영미신탁과 차이가 없다.

프랑스가 신탁을 도입하는 과정에서 마주했던 문제는 신탁의 도입이 '재산의 단일성과 불가분성'(l'unité et l'indivisibilité du patrimoine)'이라는 프랑스민법의 대원칙에 반할 수도 있다는 데에 있었는데,⁶⁸ 해당 원칙에 따르면 한 사람의 재산(patrimoine)은 전체로서 취급되어야 하므로, 채무자의 재산 전부가 채권자의 만족을 위하여 사용된다.⁶⁹ 프

데 제1장에서 신탁의 기본구조 등 일반 사항을 정하면서 형식상 신탁제정법 자체가 아닌 프랑스민법전(Code Civil) 제2011조부터 제2031조에 어떤 내용의 조항이 신설되어야 하는지를 명시하고 있다(Chapitre Ier: Dispositions générales. (Article 1)). 유사한 형태로 동법의 제2장은 자금세탁 방지에 관한 사항(Chapitre II: Dispositions relatives à la lutte contre le blanchiment de capitaux. (Article 2)): 통화금융법전(Code monétaire et financier)의 관련 조항 수정), 제3장은 조세에 관한 사항(Chapitre III: Dispositions fiscales (Articles 3 à 11): 조세일반법전(Code général des impôts)에 관련 조항 신설), 제4장은 회계에 관한 사항(Chapitre IV: Dispositions comptables. (Article 12)), 제5장은 공통조항을 다루고 있다(Chapitre V: Dispositions communes. (Articles 13 à 18)).
66 https://www.legifrance.gouv.fr/loda/id/LEGIARTI000006523247/2007-02-21/. 프랑스민법은 재산취득의 다양한 방식에 관한 부분인 제3편(Livre III)에서 제14장(Titre XIV)의 2011조부터 2030조의 규정으로 신탁(fiducie)에 대하여 규정하고 있다. 프랑스에서의 신탁(fiducie)은 (i) 어떤 재산을 관리 목적으로 위탁자가 수탁자에게 이전하는 관리신탁(fiducie gestion)과 (ii) 채무를 담보할 목적으로 위탁자가 자산에 대한 소유권이나 담보권 등의 재산을 수탁자에게 완전하게 이전하는 담보신탁(fiducie sûreté)으로 나뉜다. Anker Sorensen & Brice Mathieu(2015); 정태윤(2012), 958-959면
67 프랑스민법 제2011조; 심인숙(2011), 263면
68 Henry Hansmann & Ugo Mattei(1998), 441-45면

랑스는 이러한 문제를 해결하기 위하여 '목적재산'(patrimoine d'affectation) 개념을 인정하는 방식을 택하였다.70 '신탁재산'의 독립성을 인정하는 별도의 규정들에 따르면, 수탁자의 도산은 신탁재산에 대하여 아무런 영향을 미치지 아니하고, 신탁재산은 신탁의 관리운용으로 인하여 발생한 채무에 대하여서만 책임을 진다.71 프랑스민법상 재산의 단일성(unity of patrimony) 원칙에 대한 예외를 신탁재산에 관하여 인정하고 있는 것이다.72

한편 신탁제정법의 내용 중 제5장에 포함된 제16조의 내용은 특기할만 한데, 해당 조항은 프랑스민법전에 현재는 삭제된 제2328-1조를 신설하는 형태였다.73 제2328-1조는 "대출약정서에 따라 피담보채권자들이 제공받는 담보권은 피담보채권자들에 의해 선임된 제3자에 의해, 피담보채권자들을 위하여, 설정·등록·관리 및 유지·집행될 수 있다"고 규정하고 있었다.74 동 조항은 비록 단일 조항이기는 하나 담보대리인

---

69 Muriel Renaudin(2013), 389-391면; 고유강(2023), 254면; 한편, 프랑스민법 제2284조 및 제2285조는 이러한 원칙을 표상하는 조항으로서 공공질서적인 성격을 가진다고 보았다.
70 고유강(2023), 269면; 프랑스민법상 수탁자에게 이전된 재산이 '목적재산'이 된다고 직접 언급하고 있는 조문은 없지만, '신탁재산'의 독립성을 인정하는 별도의 규정들을 두고 있다. 심인숙(2011), 263-264면
71 "즉 수탁자의 도산은 신탁재산에 대하여 아무런 영향을 미치지 아니하고(프랑스민법 제2024조), 신탁재산은 신탁의 관리운용으로 인하여 발생한 채무에 대하여서만 책임을 진다(동법 제2025조)." 심인숙(2011), 263-264면
72 2007년 제정법 제6조 및 제12조는 신탁재산에 대하여 목적재산(patrimoine d'affectation)이라는 용어를 사용하고 있고, 특히 2007년 제정법 제12조는 "민법 제2011조에 규정된 거래에 의하여 이전된 적극재산과 소극재산은 목적재산(patrimoine d'affectation)이 되고... 목적재산에 영향을 끼치는 거래는 수탁자의 재산과는 독립적인 계산의 대상이 된다."고 규정하고 있다. 심인숙(2011), 264면; 고유강(2023), 253-254면
73 Lionel Dechmann, Etienne Gentil, Xavier Farde & Michel Houdayer(2018), 48면; Christine Ezcutari & Martin Gdanski(2017)
74 "Toute sûreté réelle peut être inscrite, gérée et réalisée pour le compte des

(agent des sûretés)의 개념을 명시함으로써 담보신탁과 구별되는 담보권신탁의 내용을 규율하는 취지로 해석된다. 그러나 위 규정에는 여러 법리적 문제와 불확실성이 존재하였다.

이후 프랑스는 2017년 5월 4일 발효된 법률명령(Ordonnance N° 3027748 du 4 Mai 2017)[75]을 통하여, 프랑스민법에 제2488-6조 내지 2488-12조를 신설하였다.[76] 제2328-1조는 삭제되었다. 제2488-6조 내지 2488-12조[77]에 프랑스식 담보권신탁의 메커니즘을 보다 구체화한

---

créanciers de l'obligation garantie par une personne qu'ils désignent à cette fin dans l'acte qui constate cette obligation." (Article 16, Loi n° 2007-211 du 19 février 2007 instituant la fiducie (1)); 강윤희 외(2023), 1057면

[75] Ordonnance N° 3027748 Du 4 Mai 2017 Relative A L'Agent Des Sûretés Jorf N°0106 Du 5 Mai 2017, Texte N° 91

[76] Loi N° 2016-1691 Du 9 Décembre 2016 Relative A La Transparence, A La Lutte Contre La Corruption Et A La Modernisation De La Vie Economique, Jorf N°0287 Du 10 Décembre 2016, Texte N° 2, Art. 117; Lionel Dechmann, Etienne Gentil, Xavier Farde & Michel Houdayer(2018), 47면;

[77] 제2488-6조: (1)담보권수탁자는 담보권과 담보의 권리자이다. (2)담보권수탁자가 그의 업무수행을 통하여 취득한 권리 및 물건은 그에게 위탁된 재산을 구성하며 그의 고유재산과 구별된다. (3) 담보권의 수익자에게 요구되는 자격은 피담보채무의 채권자 본인을 기준으로 판단한다. 제2488-7조: 무효가 되지 않기 위하여, 채권자들이 담보권수탁자를 지정하는 합의는 그의 자격, 임무의 대상과 기간 및 권한의 범위를 기재한 서면에 의하여 확인되어야 한다. 제2488-8조: 담보권수탁자가 피담보채무의 채권자의 이익을 위하여 행위하는 경우, 그는 자신의 자격을 명시적으로 표시하여야 한다. 제2488-9조: 담보권수탁자는 특별한 위임을 증명하지 않더라도, 피담보채무의 채권자의 이익을 보호하기 위한 모든 행위를 수행할 수 있고, 모든 채권신고를 처리할 수 있다. 제2488-10조: (1) 담보권수탁자가 그의 업무수행을 통하여 취득한 권리와 물건은, 그 보존 또는 관리로 인하여 발생한 채권의 권리자에 의하여만 압류될 수 있으나, 추급권의 행사를 유보하고, 사기의 경우에는 압류할 수 없다. (2) 담보권수탁자에 관하여 구제절차, 재판상 회생절차, 회복절차, 채무초과처리절차 또는 은행도산절차가 개시된 경우, 그의 임무에 위탁된 재산에 대하여는 아무런 효력이 없다. 제2488-11조: (1) 담보권수탁자의 교체 요건을 정하는 약정이 없고, 담보권수탁자가 자신의 의무를 다하지 않거나, 자신에게 맡겨진 이익을 위태롭게 하거나 또는 자신에 대하여 구제절차, 재판상 회생절차, 회복절차, 채무초과처리절차 또는 은행도산절차가 개시의 대상이 된 때에는, 모든

것으로 볼 수 있다.[78] 제 2488-6조 내지 2488-12조의 내용은 기존 제 2328-1조에 비해 훨씬 세부적이다. 이는 기존 제2328-1조가 단일 조항으로 구성되어 있었기 때문에 그 해석과 적용에 있어 법적 불확실성이 컸던 것과는 대조적이다.[79] 이와 같이 프랑스는 민법의 개정을 통해 프랑스법상 담보부 신디케이티드대출 거래에서 사용할 수 있는 담보권 설정 방식으로서 (영미의 담보권신탁에 근접하는) 프랑스식 담보권신탁을 추가할 수 있게 되었다.[80]

담보권과 담보를 가진 채권자는 임시담보권수탁자의 지정이나 담보권수탁자의 교체를 재판상 청구할 수 있다. (2)담보권수탁자를 약정상 또는 재판상 교체한 모든 경우에 위탁된 재산은 새로운 담보권수탁자에게 당연히 이전된다. 제2488-12조: 담보권수탁자는 자신의 임무수행 과정에서 범한 과책에 대하여 자신의 고유재산으로 책임을 부담한다. 강윤희 외(2023), 1133-1135면

[78] Lionel Dechmann, Etienne Gentil, Xavier Farde & Michel Houdayer(2018), 49-50면

[79] 예컨대 기존 제2328-1조에는 선임된 제3자(즉 담보권수탁자)에 이 피담보채권자들을 위하여 담보권을 설정·등록·관리 및 유지·집행하는 과정에서 정확히 어떠한 권한을 가지거나 행사할 수 있는가에 대한 언급이 전혀 없었다. 따라서 만일 차주에 대하여 도산의 사유가 발생한 경우, 개별 대주가 차주에 대하여 직접 담보권의 집행 및/또는 기타 필요한 절차를 밟아야 하는지, 아니면 담보권수탁자가 (개별 대주들을 대신하여) 이러한 절차를 직접 밟을 수 있는지 여부 등에 대하여 법리적 불확실성이 존재하였다. 이러한 불확실성은 결국 해석론에 따라 해결될 수밖에 없는 문제일 텐데, 해석론에만 의지하여 실제 거래를 이행하기에는 법리적 확실성과 거래의 안정성이 떨어질 수밖에 없다. 반면, 제2488-6조 내지 2488-12조에서는 단일의 조항으로 다루고자 했던 내용을 여러 세부적인 조항에 걸쳐 규정하고 있다. Lionel Dechmann, Etienne Gentil, Xavier Farde & Michel Houdayer (2018), 49-50면

[80] "[T]he order of 4 May 2017, entered into force on 1 October 2017, replaced, improved and clarified the former legal regime under Article 2488-6 et seq. of the French Civil Code. This new regime provides, in particular, that the security agent is now a beneficiary of the in rem or personal guarantees that are segregated from its own assets, can be appointed in any written agreement and can take certain legal actions in bankruptcy proceedings without a special power granted by the finance parties. French practitioners now rely on this new legal framework to grant security only for the benefit of the security

제3절 한국식 담보권신탁

제1항 개념 및 도입 배경

우리 법제는 대륙법 체계를 바탕으로 하고 있어 과거에는 영미 국가에서 보편적으로 사용되는 담보권신탁 제도를 사용할 수 없었다. 그러나 우리보다 앞서 영미의 신탁을 도입한 일본을 통하여[81] 신탁법(이하 "구신탁법")을 제정함으로써 영미 신탁법을 계수하였다.[82] 이후에는 담사법을 제정하여 신탁을 매개로 한 담보권의 설정방법을 사채에 한하여 인정하였다.[83] 다만 신탁을 매개로 한 담보권의 설정방법은 대출채권과 같은 일반적인 피담보채권에 대해서는 인정되지 아니한 바, 2012년에 시행된 개정 신탁법(이하 "개정 신탁법")을 통하여 한국식 담보권신탁 제도를 도입함으로써, 신탁을 매개로 한 담보권의 설정방법이 사채뿐만 아니라 일반적인 피담보채권에 대해서도 인정되도록 하였다.[84]

---

agent." Bredin Prat(2023)

[81] "일본신탁법 제3조[신탁의 방법]: 신탁은 다음에 든 방법에 의한다. 2. 특정한 자에 대해 재산의 양도, 담보권의 설정과 그 외 재산의 처분을 하는 취지 그리고 당해 특정한 자가 일정한 목적에 따라 재산의 관리 또는 처분 그리고 그 외 당해 목적의 달성에 필요한 행위를 하는 취지의 유언을 하는 방법; 제55조 [수탁자에 의한 담보권 실행]: 담보권이 신탁재산인 신탁의 경우 신탁행위에서 수익자가 당해 담보권에 의해 담보되는 채권에 관한 채권자가 되는 경우, 담보권자인 수탁자는 신탁사무로 당해 담보권의 실행을 신청하고 매각대금의 배당 또는 변제금의 교부를 받을 수 있다." 임채웅(2011), 35면; 최수정(2007)

[82] 정순섭(2023), 90면; 석광현(2006), 60면

[83] 한 민(2011), 55면; 최수정(2013), 18면

[84] 한 민(2011), 55면; 담보권신탁이라 함은 "일반채권에 관하여 담보부사채신탁의 경우와 유사한 방법을 이용하는 것이다." 석광현(2006), 78면

담보권신탁은 "담보권을 신탁재산으로 하여 설정된 신탁"이다.[85] 개정 신탁법의 도입 이전에는 담보권의 설정이 신탁 설정의 방식으로 규정되지 않았고, 신탁재산의 이전, 기타의 처분만이 신탁 설정의 방식으로 규정되었다.[86] 따라서 담보권신탁이 구신탁법 제1조 제2항에 따른 신탁재산의 이전, 기타의 처분에 해당하는지 불분명하다는 해석이 있었다.[87] 그런데 개정 신탁법에서는 신탁재산의 이전방법으로 위탁자가 수탁자에게 하는 '재산의 이전' 외에 '담보권의 설정'을 인정하였다.[88] 이에 따라 채무자 혹은 물상보증인은[89] 채무의 담보를 위해 어떠한 재산 자체를 담보 목적으로 신탁할 필요 없이, 그 재산의 담보권만을 분리하여 신탁을 설정할 수 있게 되었다.[90]

앞서 언급된 바와 같이 우리나라에도 담보권의 설정이 용이하고 대

---

85 개정신탁법78조 3항 단서
86 한 민(2011), 58면
87 최수정(2023), 582면
88 신탁법 제2조(신탁의 정의): 이 법에서 "신탁"이란 신탁을 설정하는 자(이하 "위탁자"라 한다)와 신탁을 인수하는 자(이하 "수탁자"라 한다) 간의 신임관계에 기하여 위탁자가 수탁자에게 특정의 재산(영업이나 저작재산권의 일부를 포함한다)을 이전하거나 담보권의 설정 또는 그 밖의 처분을 하고 수탁자로 하여금 일정한 자(이하 "수익자"라 한다)의 이익 또는 특정의 목적을 위하여 그 재산의 관리, 처분, 운용, 개발, 그 밖에 신탁 목적의 달성을 위하여 필요한 행위를 하게 하는 법률관계를 말한다. 한 민(2011), 58면
89 위탁자는 주로 채무자이지만 채무자가 아닌 제3자도 위탁자가 될 수 있다. 임채웅1(2011), 24면; "담보권의 종류에 따라서 위탁자는 여전히 담보 목적물을 사용·수익할 수 있다. 그리고 단순히 담보권을 설정한 것에 불과할 뿐이기 때문에 위탁자는 소유자로서의 권리를 제약없이 행사할 수 있다. 이처럼 위탁자는 신탁계약상 당사자의 지위를 가지는 점을 제외하고는 통상의 담보권설정자와 별반 다르지 않다." 양진섭(2013), 106면
90 어떠한 재산 자체를 담보 목적으로 설정된 신탁을 '담보신탁'이라고 하고, 해당 재산의 담보권만을 분리하여 설정된 신탁을 '담보권신탁'이라고 한다. 전자는 통상적인 신탁을 의미하는 것으로 신탁의 설정 목적이 담보목적이기 때문에 '담보신탁'이라고 하는 것이고, 후자는 신탁되는 재산이 담보권이기 때문에 '담보권신탁'이라고 하는 것이다. 이중기(2007), 664면

출채권의 양수도가 발생하여도 부가적인 담보권 이전 절차가 요구되지 않는 담보권 설정 수단에 대한 수요가 있다.[91] 담보권신탁 제도는 수시로 변동하는 불특정·다수의 채권자들을 위하여 수탁자 앞으로 담보권을 설정하는 것을 가능하게 하므로, 개정 신탁법이 제정된 이후, 담보권신탁 제도가 잘 사용되어왔다면 이와 같은 수요를 충족시킴으로써 금융·담보거래 및 대출채권 유통시장의 활성화에 많은 도움이 되었을 것이다. 특히 담보권신탁 제도가 처음 법제화되었을 당시, 이러한 제도가 기업이 신디케이티드대출을 통하여 자금을 조달하고자 할 때 유용할 것이라고 본 이가 적지 않았다.[92]

제2항 영미식 담보권신탁과의 비교

한국식 담보권신탁은 우리보다 앞서 영미의 신탁[93]을 도입한 일본[94]과 유사하게 영미식 담보권신탁을 기초로 한 것이라고 볼 수 있다.

---

91 "담보권신탁을 도입한 목적은 "채권이 양도되더라도 담보권이 계속하여 담보권 수탁자에게 남아 있으므로 채권이 양도될 때마다 담보권의 이전등기를 하지 않아도 된다"는 것이다." 이중기(2007), 673면
92 안성포(2012), 123면; 민경백(2012), 162면; 양진섭(2013), 94면
93 영국의 신탁법은 불문법의 형태로 존재하여 오다가 Trustee Act Consolidated (1893), Judicial Trustee Act(1896), Trustee Act(1925) 등 성문법의 형태로 제정되었고, 이 중 1925년 제정된 Trustee Act는 이후 신탁의 현대화 요구에 의하여 2000년 개정되었다. 양진섭(2012), 73면 및 최은순(2010), 24-25면); 미국의 경우, 신탁법은 주법으로 되어 있어 법제가 복잡한데, 신탁에 관해서는 통일적인 법률 제정을 위한 노력에 힘입어 제2차 신탁법 리스테이트먼트가 있고, 2000년에 성립한 통일신탁법전(Uniform Trust Code, UTC)이 있다. UTC 자체는 법이 아니고, 미국의 모든 주가 채택하고 있는 것은 아니지만, 현 단계에서는 미국의 현행 신탁법이라 할 만하다. 양진섭(2012), 73면 및 임채웅(2010), 7면
94 일본에서는 2006년 신탁법 전반을 개정한 바 있다. 양진섭, 73면. 일본에서는 '담보권신탁'이라는 용어 대신 '시큐리티 트러스트'라는 표현을 사용한다. 관련 문헌

따라서 본질적으로 영미식 담보권신탁과 유사하다. 하지만 대륙법 체계인 우리 법제의 특성상 한국식 담보권신탁은 영미식 담보권신탁과 그 성질이나 내용에 있어서 동일하지는 않다.[95] 특히 신탁이라는 개념은 원래 우리의 법률체계에 속한 것이 아니기 때문에 더욱 그러하다.

이러한 점을 고려하여 한국식 담보권신탁 제도를 제대로 이해하고 더 나아가 이를 개선·보완해 나가기 위해서는, 한국식 담보권신탁이 영미식 담보권신탁 제도에 비하여 실질적 또는 기능적인 측면에서 근본적으로 유사한 제도인지 여부를 파악할 필요가 있다. 만일 한국식 담보권신탁이 영미식 담보권신탁 제도에 비하여 실질적 또는 기능적인 측면에서 미흡한 부분이 있다면 이에 대한 보완책을 모색하는 것이 필요하다. 이하에서는 담보권신탁하에서 수익자가 갖는 지위의 측면에서, 그리고 수탁자가 부담하는 의무의 측면에서, 한국식 담보권신탁과 영미식 담보권신탁을 비교한다.

1. 수익자의 지위

담보권신탁을 사용하여 신디케이티드대출 거래에 참여하는 대주단이 가장 중요하게 고려하는 사항은 담보물권에 대하여 대주단이 가지는 구체적인 권리에 관한 것이다.

영미식 담보권신탁에서 수익자는 형평법상의 권리를 가진다. 반면 한국식 담보권신탁에서 수익자에게 부여되는 권리는 채권의 성격을 가진다.[96] 이에 법적 형식이라는 측면에서는 한국식 담보권신탁에서의 수익자가 가지는 지위가 영미식 담보권신탁에서의 수익자가 가지는

에서도 대부분 '시큐리티 트러스트'라는 표현을 사용하고 있다.
95 John H. Langbein(1995), 669-670면
96 "신탁법은 수익권을 채권으로 보면서 물권적 요소는 입법으로 규정한 것이다." 정순섭(2021), 84면

지위보다 약하다고 볼 여지가 분명히 있다.

영미식 담보권신탁에서 수익자에게 형평법상의 권리를 부여하는 것은 신탁재산의 법적 권리가 수탁자에 이전된 상황에서 신탁재산이 수탁자 고유재산의 일부로 포함되는 것을 방지하고, 수탁자의 파산시 수익자들을 보호하기 위한 목적이 있다.[97] 그렇다면 법적 권리와 형평법적 권리의 분화가 인정되지 않는 우리법제하에서도 신탁재산의 독립성은 보장되는지 여부를 살펴보아야 한다.

개정 신탁법에도 신탁재산을 수탁자의 고유재산으로부터 격리하는 메커니즘이 내재되어 있다. 개정 신탁법상 수탁자는 신탁재산을 분별관리할 의무를 부담하기 때문이다(신탁법 제37조 제1항).[98] 분별관리의무는 무엇보다도 "신탁재산의 독립성의 전제"[99]가 된다는 점에서 중요하다.[100] 아울러 분별관리의무는 "신탁재산을 특정하여 확실히 파악할 수 있도록 함으로써 수탁자의 도산으로부터 신탁재산을 절연시키는 기능, 신탁재산에 생긴 손실에 대하여 수익자에 의한 입증을 용이하게 하여 수탁자가 그 지위를 남용하여 충실의무 위반행위를 하는 것을 미연에 방지하는 기능"을 한다.[101]

또한 담보권신탁의 주된 목적은 피담보채권의 채권자인 수익자로

---

[97] 송지민(2022), 553면
[98] 수탁자는 신탁재산을 수탁자의 고유재산과 분별하여 관리하고 신탁재산임을 표시하여야 한다(신탁법 제37조 제1항). 여러 개의 신탁을 인수한 수탁자는 각 신탁재산을 분별하여 관리하고 서로 다른 신탁재산임을 표시하여야 한다(신탁법 제37조 제2항).
[99] "당사자의 신탁설정의사가 명시적으로 표시되지 않은 경우 분별관리의무의 유무가 신탁설정의사의 인정기준이 된다." 정순섭(2021), 407면
[100] "신탁재산의 독립성은 신탁재산의 신탁당사자특히 수탁자의 고유재산으로부터의 분리를 말하는 것으로서 "신탁재산의 감소방지와 수익자의 보호 등을 위하여 수탁자의 고유재산과 신탁재산은 분별하여 관리되어야 하고 양자는 별개 독립의 것으로 취급"되는 것(대법원 2007. 9. 20. 선고 2005다48956판결)이다." 정순섭(2023), 91면
[101] 박 준·한 민(2022), 254면

하여금 대출채권의 변제를 받도록 하는 것인데, 우리나라의 개정 신탁법에는 "강제집행 등에 대한 이의제기권(제22조), 신탁재산의 원상회복 청구권 및 손해배상청구권(제43조), 신탁위반 법률행위의 취소권(제75조), 수탁자에 대한 유지청구권(제77조) 등 수익자의 권리를 보호하여 실질적인 채권의만족을 확보하기 위한 여러 규정들이 포함되어 있다.[102]

요컨대 한국식 담보권신탁은 법적 형식의 측면에서는 영미식 담보권신탁에서 수익자가 가지는 형평법상 권리에는 미치지 못하지만, 기능적인 측면에서는 영미식 담보권신탁에서 수익자가 가지는 지위와 유사하다고 볼 측면이 충분하다. 그 외에도 우리나라의 개정 신탁법에는 수익자의 권리를 보호하기 위한 여러 규정들이 포함되어 있다.

2. 수탁자의 의무

신디케이티드대출 거래에서 당사자들이 담보권 설정 방식을 채택함에 있어 수익자의 지위와 권한 다음으로 중요하게 생각하는 부분은 수탁자의 지위와 권한, 그리고 그에 수반되는 수탁자의 의무이다.

영미식 담보권신탁에서와 마찬가지로 한국식 담보권신탁에서 신탁재산에 대한 모든 관리처분권은 법적 권리자인 수탁자에게 유보되어 있고 수익자에게는 인정되지 않는다. 이에 영미식 담보권신탁에서와 같이 한국식 담보권신탁에서도 수탁자는 신탁재산의 법적 권리자로서의 지위와 더불어 상당한 권한 및 재량을 부여받게 된다.[103] 예컨대 개

---

102 양진섭(2013), 108면.
103 "… 수탁자는 신탁재산을 보유하면서 수익자(혹은 공익 또는 비공익의 목적)를 위해 신탁재산을 관리·운용해야" 하고, "그 전제로서 그에게는 신탁의 목적을 달성하기 위해 필요한 행위를 할 수 있는 권한이 부여될 필요가 있다. 따라서 신탁법에서는 수탁자에게 신탁재산의 관리 및 처분 등을 하고 신탁목적의 달성을 위하

정 신탁법 제31조에서는 "수탁자는 신탁재산에 대한 권리와 의무의 귀속주체로서 신탁재산의 관리, 처분 등을 하고 신탁 목적의 달성을 위하여 필요한 모든 행위를 할 권한이 있다"고 규정하고 있다.

신탁재산과 관련하여 직접적인 권리 행사를 할 수 없고 모든 권리 행사는 수탁자를 통하여야만 하는 수익자로서는 신탁재산의 지배주체인 수탁자가 자신에게 부여된 모든 권한 및 재량을 사용하여 자신의 업무를 수행함에 있어 오로지 신탁재산의 향유주체인 수익자를 위하여 행하도록 하는 의무를 수탁자에게 부담시키는 것이 그 무엇보다도 중요하다고 할 수 있다.[104]

영미의 신탁법리는 수탁자의 충실의무 및 선관주의의무와 그로부터 파생되는 각종 의무를 수탁자에게 부담시키고 있다. 그런데 이러한 수탁자의 의무는 한국식 담보권신탁에서도 존재한다. 우리법상 신탁사무 처리에 관한 수탁자의 의무를 크게 선관주의의무와 충실의무로 구분하여 살펴보자면, 우선 선관주의의무와 관련하여 수탁자는 선량한 관리자의 주의로 신탁사무를 처리하여야 하고 다만 신탁행위로 달리 정한 경우에는 그에 따른다(신탁법 제32조).[105] 수탁자의 선관주의 의무에는 분별관리의무(신탁법 제37조 제1항), 금전의 관리방법(신탁법 제41조), 제3자에 대한 신탁사무의 위임(신탁법 제42조) 등이 포함된다.[106]

여 필요한 모든 행위를 할 권한을 부여하고 있다." 오영걸(2021), 265면
104 신탁법 제31조, 제33조, 제36조; 신탁법상 신탁에 있어서 수탁자는 수익자의 이익을 위하여 신탁재산의 관리 및 처분 등을 하는 자로서, 수탁자 자신은 신탁으로부터 이익을 향유하지 못한다.
105 박 준·한 민(2022), 252-253면; 수탁자의 선관의무, 선관의무의 위반, 선관의무의 감경, 선관의무 위반에 대한 책임과 관련하여서는 오영걸(2021), 215-2019면을 참고.
106 수탁자가 부담하는 선관주의의무 중 분별관리의무는 다음과 같다: 수탁자는 신탁 재산을 수탁자의 고유재산과 분별하여 관리하고 신탁재산임을 표시하여야 한다 (신탁법 제37조 제1항). 수탁자가 신탁법 제37조에 따른 분별관리의무를 위반하

다음으로 충실의무와 관련하여, 수탁자에게는 수익자의 이익을 위하여 신탁사무를 처리하여야 할 의무가 있다(신탁법 제33조). 신탁법 제33조에 따른 수탁자의 충실의무는 (i) 이익상반행위의 금지(신탁법 제34조) 및 공평의무(신탁법 제35조)로 구성되는 이익충돌회피의무와 (ii) 신탁이익의 향수금지(신탁법 제36조)로 대표된다.107

위에 비추어, 개정 신탁법에 따른 한국식 담보권신탁에서의 수탁자는 영미식 담보권신탁에서의 수탁자가 부담하는 것과 유사한 내용과 수준의 의무를 부담하는 것으로 보인다. 요컨대 적어도 수익자의 지위 및 수탁자의 의무라는 두 가지의 측면에서 한국식 담보권신탁이 영미식 담보권신탁에 비해 실질적 또는 기능적인 측면에서 미흡하다고 보기 어렵다.

여 신탁재산에 손실이 생긴 경우 수탁자는 분별하여 관리하였더라도 손실이 생겼으리라는 것을 증명하지 아니하면 그 책임을 면하지 못한다(신탁법 제44조). 분별관리의무는 신탁재산을 특정하여 확실히 파악할 수 있도록 함으로써 수탁자의 도산으로부터 신탁재산을 절연시키는 기능, 신탁재산에 생긴 손실에 대하여 수익자에 의한 입증을 용이하게 하여 수탁자가 그 지위를 남용하여 충실의무 위반행위를 하는 것을 미연에 방지하는 기능 등을 한다. 박 준·한 민(2022), 253-255면

107 신탁법에 따르면 수탁자는 다음의 충실의무를 부담한다((박 준·한 민(2022), 255-260면에서 인용). (가) 이익상반행위의 금지: 신탁법 제34조 제1항에 의하면, 수탁자는 누구의 명의로도 (i) 신탁재산을 고유재산으로 하거나 신탁재산에 대한 권리를 고유재산으로 귀속시키는 행위(제1호), (ii) 고유재산을 신탁재산으로 하거나 고유재산에 관한 권리를 신탁재산에 귀속시키는 행위(제2호), (iii) 여러 개의 신탁을 인수한 경우 하나의 신탁재산 또는 그에 관한 권리를 다른 신탁의 신탁재산에 귀속시키는 행위(제3호), (iv) 제3자의 신탁재산에 대한 행위에서 제3자를 대리하는 행위(제4호)와 (v) 그 밖에 수익자의 이익에 반하는 행위(제5호)를 하지 못한다. (나) 공평의무: 수익자가 여럿인 경우, 수탁자는 신탁행위로 달리 정한 경우를 제외하고, 각 수익자를 위하여 공평하게 신탁사무를 처리하여야 한다(신탁법 제35조). (다) 신탁이익의 향수 금지: 신탁법 제36조에 의하면, 수탁자는 수탁자가 공동수익자의 1인인 경우를 제외하고는 누구의 명의로도 신탁의 이익을 누리지 못한다. 수탁자의 충실의무와 관련하여서는 오영걸(2021), 219-222면 참조.

제3항 기존 제도와의 비교

한국식 담보권신탁 제도는 담보신탁이나 담보부사채신탁과 같은 기존의 제도들과 구별되는 특징을 가지고 있다. 이하에서는 한국식 담보권신탁 제도가 담보권 설정 수단으로서 기존의 제도들과 어떤 차이점이 있는지 비교하여 검토한다.

1. 담보신탁 제도와의 차이

가. 담보신탁 제도의 개념

개정 신탁법에 따라 채무자 혹은 물상보증인은 채무의 담보를 위해 어떠한 재산 자체를 담보 목적으로 신탁할 수도 있지만, 그 재산의 담보권만을 분리해 신탁을 설정할 수 있게 되었다. 이 때 전자의 방법, 즉 담보를 위해 어떠한 재산 자체를 담보 목적으로 신탁하는 것을 '담보신탁' 혹은 '담보목적의 소유신탁' 이라고 하고,[108] 후자의 방법, 즉 담보를 위해 그 재산의 담보권만을 분리해 신탁하는 것을 '담보권신탁'이라고 한다. 전자는 통상적인 신탁으로서, 신탁설정 목적이 담보 목적이기 때문에 담보신탁, 후자는 신탁되는 재산이 담보권이기 때문에 담보권신탁이라고 불린다.[109]

담보권신탁에서는 신탁행위에 의하여 담보권이 수탁자 앞으로 설정되어 수탁자는 담보권을 취득하고 담보물에 대한 소유권은 여전히 위탁자인 채무자에게 유보된다. 반면 담보신탁에서는 담보재산의 소

---

108 "담보신탁은 최근 매우 빈번하게 사용되는 담보형태"로서, "신탁자가 담보 목적으로 소유 부동산을 수탁자에게 이전하고, 수탁자는 수익자(신탁자의 채권자)에게 신탁자(채무자)의 채무불이행시 수탁부동산을 처분하여 변제하는 내용의 수익권을 부여하는 것이다." 이정수(2024), 20면

109 최수정(2023), 582면; 이중기(2007), 664면

유권이 수탁자 앞으로 이전되어 수탁자는 담보물에 대한 소유권을 취득하고 수익자인 채권자는 채권의 담보로 신탁재산에 대한 수익권을 취득한다.[110]

---

[110] "우리나라의 부동산담보신탁을 논하면서 종종 미국의 'deed of trust'를 언급하는 경우가 있는데" 여기서 deed of trust란 미국에서 많이 사용되고 있는 담보방법이다. deed of trust가 많이 사용되는 이유로는, "비용과 시간이 많이 소요되는 mortgage보다는 수탁자가 매각권(power of sale)을 가진 deed of trust를 이용함으로써 담보권 실행이 용이해지고, 특히 환수권 상실(foreclosure)의 소송상의 불편을 극복할 수 있었기 때문이다. 이러한 deed of trust는 소비대차관계에 있는 채무자가 자신의 부동산을 이해관계 없는 제3자인 수탁자에게 양도하고, 수탁자는 채무자의 채무불이행으로 채권자의 청구가 있으면 임의매각의 방법으로 매각하며, 잔여액이 있으면 채무자에게 반환하는 형태로 되어 있다." 우리나라의 부동산담보신탁이 미국의 deed of trust 제도를 도입한 것이라고 보기에는 한계가 있는데 그 이유는 "미국에서는 deed of trust의 실질을 중시하여 deed of trust를 담보의 법리로 구성하고 있는 데 비하여 우리나라의 부동산담보신탁은 신탁의 담보적 기능을 활용한 것이므로 담보의 법리가 아니라 민법의 특별법인 신탁의 법리가 적용된다고 할 것이기 때문이다." 미국의 deed of trust 제도하에는 "실질적으로 채무자가 소유자이고 수탁자는 부동산에 관하여 소유권자로서 아무런 권리를 행사할 수 없으며, 단지 채무자가 채무를 이행하지 못하였을 경우 채권자의 청구에 의해 부동산을 매각할 수 있다. 반면 우리나라의 부동산담보신탁에서는 "신탁 부동산의 소유권이 위탁자로부터 수탁자에게 완전히 이전되어 수탁자가 법률상 소유권자가 되고, 수익권은 채권자인 수익자에게 부여된다". 따라서 미국의 deed of trust 제도는 실질적으로 우리나라의 부동산담보신탁에 가깝다고 보기 어려운 측면이 있다. 양진섭(2012), 80-82면; "미국의 경우에도 대출채무 등을 담보하기 위한 목적으로 채무자가 수탁자에게 재산을 신탁증서(deed of trust)에 의해 신탁함으로써 수탁자에게 재산의 소유권을 이전하는 방법을 이용하는 경우가 있는데, 이는 우리 법상의 담보권신탁과 유사하다." Deed of trust는 "그 형식에 있어서는 통상의 신탁이라고 할 수 있지만 실질에 있어서는 담보권 설정과 기능적으로 동일한 것이라고 보아 위탁자에 대한 도산절차로부터 절연되지 않는다고 하는 유력한 견해가 있다." 일본의 경우에도 "담보신탁에 대하여 원칙적으로 위탁자 도산으로부터 절연을 인정하지 않는 것이 학설상 유력한 견해인 것으로 보인다." "형식을 중시할 것인지, 실질을 중시할 것인지는 법 정책적인 문제에 속하는 것이라고 할 수 있는바, 우리 대법원 판례가 담보신탁에 대하여 채무자인 위탁자로부터의 도산절연을 인정하는 것은 미국이나 일본에서의" 견해와 달리 "권리관계의 실질보다는 신탁 행위의 외관 내지는 형식을 더 중요시하

제4장 개별담보설정방식의 대안 1: 담보권신탁   179

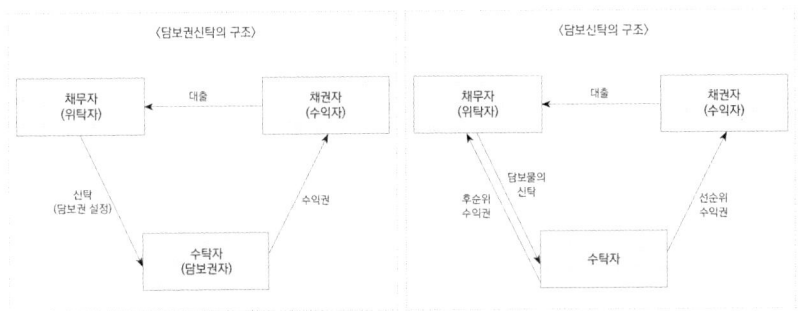

그림 6: 담보권신탁과 담보신탁의 구조 비교[111]

표 3: 담보권신탁과 기존 제도 간의 차이[112]

구분	개별담보설정방식	담보권신탁	담보신탁
소유권 이전 여부	없음 (소유권자= 원소유자)	없음 (소유권자= 원소유자)	있음 (소유권자= 수탁자)
원소유자 사용권 제한 여부	사용권 보장	사용권 보장	사용권 제한
수탁자 책임 정도	해당사항 없음 (신탁 아님)	적은 편임 (소유권 이전 없음)	큰 편임 (무과실책임도 부담)
도산격리 가능 여부	없음	없음 (소유권 이전 없음)	있음
상대적 금리 수준	높은 편임	중간 정도임	낮은 편임
신디케이티드대출에서 담보권 관리의 용이성	어려움	용이함 (수탁자 일괄 관리)	용이함 (수탁자 일괄 관리)

나. 담보신탁 제도에 대한 대법원 판례

우리나라의 일관된 대법원 판례[113]에 의하면 담보신탁도 신탁법상

고 있는 것이라고 볼 수 있다. 학설상으로는 대법원 판례를 지지하는 견해가 지배적이다."한 민(2011), 56면
111 박 준·한 민(2022), 256면 및 270면에서 인용
112 금융위원회(2022), 3면에서 인용
113 대법원 2001.7.13.선고 2001다9267판결; 대법원 2002.12.26.선고2002다4984판

신탁으로 인정되고, 채무자인 위탁자에 대하여 회생절차가 개시되더라도 수탁자 소유의 신탁재산이나 채권자가 보유하는 수익권은 모두 위탁자의 재산이 아니므로 신탁재산의 처분이나 수익권의 행사(또는 신탁재산상에 설정된 담보권의 행사)는 위탁자에 대한 회생절차에 의해 영향을 받지 않는다.[114]

다만 위 대법원 판례에도 불구하고 담보신탁의 도산절연 쟁점에 관하여 학설은 나누어지고 있다.[115] 통설은 "도산절연의 효과는 담보신탁의 고유한 특성은 아니고 신탁 특유의 성질로서, 신탁의 도산절연 효과는 신탁이기 때문에 발생하는 것이지 담보 목적의 신탁이기 때문에 발생하는 것은 아니"기 때문에 담보신탁에 대하여 도산절연을 인정하여야 한다고 본다.[116] 반면 반대설에 따르면 "담보신탁의 실질은 담보거래이고, 담보신탁의 설정으로 신탁재산의 소유권은 수탁자에게 이전되지만, 담보신탁의 성질은 담보권의 설정과 그 실질이 유사하고, 특히 외관상 소유권이 이전된다는 점에서 양도담보와 매우 흡사한 면이 있"기 때문에 담보신탁의 도산절연을 부정하여야 한다고 본다.[117]

결; 대법원 2003.5.30. 선고 2003다18685판결
114 한 민(2014), 242-243면: "우리나라의 일관된 대법원 판례에 의하면, 이러한 담보신탁도 신탁법상의 신탁으로 인정되고, 채무자인 위탁자에 대하여 회생절차가 개시되더라도 수탁자 소유의 신탁재산이나 채권자가 보유하는 수익권은 모두 위탁자의 재산이 아니므로 신탁재산의 처분이나 수익권의 행사(또는 신탁재산상에 설정된 담보권의 행사)는 위탁자에 대한 회생절차에 의해 영향을 받지 아니한다. 즉 담보신탁의 신탁재산은 위탁자의 도산으로부터 절연된다." 한 민(2011), 56면; 양진섭(2012), 89면
115 윤진수·최효종(2023), 42면; 담보신탁의 도산절연 쟁점에 대한 일본의 학설과 관련하여서는 윤진수(2018), 719-721면을 참고.
116 윤진수·최효종(2023), 42면; 담보신탁의 도산절연을 인정하여야 한다고 보는 견해와 관련하여서는 이중기(2007), 610면, 이중기·이영경(2022), 222면 및 최수정(2023), 86면 이하를 참고.
117 윤진수·최효종(2023), 42-43면; 담보신탁의 도산절연을 부정하여야 한다고 보는 견해와 관련하여서는 윤진수(2018), 709-711면, 723면 이하 및 정소민(2019),

비록 도산절차 내에서 담보신탁의 수익권(또는 담보신탁재산에 설정된 저당권)을 양도담보권 등과 달리 "담보권으로 취급하지 않는 이론적인 근거가 강하다고 보기는 어려운" 측면이 있으므로 반대설도 일리가 없는 것은 아니나,[118] "담보신탁의 도산절연성은 신탁고유의 법리에 따라 인정되는 것으로서 특별한 법적 근거 없이 담보권과의 기능적 유사성만을 근거로 이를 부정할 수는 없"다고 보는 견해가 더 설득력이 있다.[119]

다. 한국식 담보권신탁과 담보신탁의 차이: 도산 격리성에서의 차이

담보신탁과 담보권신탁의 가장 큰 차이점은 신탁재산이 위탁자의 도산으로부터 절연되는지 여부이다. 담보신탁에서는 채무자인 위탁자에 대하여 회생절차가 개시되더라도 담보신탁의 신탁재산은 위탁자의 도산으로부터 절연된다.[120] 반면 담보권신탁에 의하여 위탁자 소유의

101면 이하를 참고.
[118] 박 준·한 민(2022), 278면
[119] 예컨대 "담보권과의 기능적 유사성은 상계를 포함하여 많이 발견된다. 또한 "담보권설의 논리를 관철하면 대부분의 신탁은 민법 그 밖의 법률상 전통적인 거래구조나 제도와 유사한 기능을 가진 것으로서 그 효력이 문제될 수 있다." 정순섭 (2021), 667-678면
[120] 오영걸(2021), 55-56면; "부동산담보신탁을 일종의 변칙담보제도로 구성하려는 입장에서는 부동산담보신탁의 경우 형식은 신탁이지만 실질은 담보, 즉 신탁의 형식을 빌린 담보제도이기 때문에 신탁의 법리 외에 담보의 법리도 적용되어야 한다고 주장한다." 그러나 "부동산담보신탁을 통하여 수익자(대개 '위탁자의 채권자' 임)가 누리는 담보적 기능은 어디까지나 경제적인 측면에서 인정되는 것일 뿐, 일반적인 담보제도처럼 법적인 측면에서 인정되는 것이라고 할 수 없"다. "특히 신탁을 활용하는 가장 강력한 유인 중의 하나는 도산격리효과인데, 부동산담보신탁을 담보제도로 구성하게 되면 위탁자에 대한 회생절차에서 위탁자인 채권자인 수익자가 보유한 수익권이 논리적으로 회생담보권으로 취급되는 결과 신탁제도를 이용함으로써 발생하는 도산격리효과를 누리지 못하게 된다. 따라서 부동산담보신탁은 어디까지나 신탁제도의 일종이라고 보아야" 한다. 양진섭(2012), 74면

재산상에 담보권이 설정될 경우는 이와 다르다. 담보권신탁에서는 담보물의 소유권이 여전히 채무자에게 속해 있다. 따라서 채무자에게 회생절차개시의 결정이 내려지는 경우, 담보권신탁에서 수탁자에게 설정된 담보권은 채무자의 재산 위에 존재하는 것으로서 회생담보권이 된다.[121] 회생담보권은 위탁자에 의한 회생절차에 구속되고 원칙적으로 회생계획에 따라서만 변제될 수 있다.[122] 담보권신탁의 수익자인 채권자의 입장에서 보면 담보권이 실행될 수 없게 된 것이나 다름없다.[123]

요컨대 담보신탁을 사용하는 경우 대법원 판례에서 인정하고 있는 도산절연효과를 달성할 수 있는 반면 담보권신탁에서는 그러하지 못하다는 점이 두 제도간의 가장 큰 차이점이다.[124]

---

[121] 오영걸(2021), 53-54면

[122] "..담보권신탁의 경우에는 수탁자가 갖는 담보권이 회생절차개시 당시 위탁자 소유 재산상에 존재하는 담보권(질권, 저당권, 양도담보권, 가등기담보권, 전세권, 우선특권 등)에 해당하는 경우에는 채무자 회생 및 파산에 관한 법률(이하 "채무자회생법")에 따라 채권자가 위탁자에 대하여 갖는 권리는 회생담보권(동법 제141조 제1항)이 되므로, 담보권의 행사는 위탁자에 대한 회생절차에 구속되게 된다." 한 민(2011), 56면; 양진섭(2012), 89면; 반면 "채무자가 파산할 경우 채무자의 재산 위에 담보권을 가진 자는 별제권을 갖는다. 별제권이 있을 경우 채무자의 파산의 영향을 받지 않고 자신의 담보권을 실행할 수 있다." 채무자회생법 제411조(별제권) 및 제412조(별제권의 행사)에서 이를 규정하고 있다. 오영걸(2021), 54면

[123] 한 민(2012), 261면; 오영걸(2021), 53-54면

[124] 문혜영(2022), 160면; "요컨대 신탁재산이 위탁자의 도산으로부터 절연되는지 여부가 담보신탁과 담보권 신탁의 가장 큰 차이점이라고 할 수 있다." 한 민(2011), 56면; 양진섭(2012), 89면; 한편, 도산절연이나 도산격리라는 용어는 법령상의 용어가 아니고 학술상으로도 정립된 용어는 아니라는 견해가 있었으나(임채웅(2008), 423면) 종래 실무에서 사용되던 도산격리 또는 도산 절연이라는 표현이 최근에는 일반적인 학술 및 판례상의 용어로 인정되고 있다(예를 들어, 윤진수(2018), 698면; 이계정(2020), 93-94면; 대법원 2018. 10.18. 선고 2016다220143 전원합의체 판결). 이에, 종래 실무에서 사용되던 도산격리 또는 도산절연이라는 표현이 최근에는 일반적인 학술 및 판례상의 용어로 인정되고 있는 것으로 보인다. 문혜영(2023), 2-3면

2. 담보부사채신탁 제도와의 차이

담보부사채는 발행회사의 사채원리금 지급채무를 담보하는 물상담보가 붙어 있는 사채를 의미한다.[125] 사채는 전전 유통됨을 전제로 하여 발행되는 것이고 다수의 사채권자가 있을 수 있기 때문에 부종성원칙이 요구되는 일반적인 담보법리에 따라 사채권자 각각에 대하여 담보권을 설정하는 것은 비현실적이다.[126] 이러한 문제를 신탁이라는 방식을 사용하여 입법적으로 해결하기 위하여 제정된 법이 담사법이다. 동 법에 따라 담보부사채를 발행하게 되면 사채가 전전 유통되더라도 사채권자가 가진 발행회사에 대한 권리가 그 물적담보에 의하여 담보된다.[127] 즉 사채가 전전 유통되더라도 담보권 설정 절차에 대한 추가적인 부담이 없고 이와 관련된 부가적인 거래비용도 발생하지 않는다.

담사법에 따른 담보부사채를 발행하게 되면 담보권은 수탁자인 신탁업자 앞으로 설정되고 그 담보권은 사채권자 전체의 이익을 위하여 신탁업자에게 귀속된다(동법 제60조 제1항). 이 때 신탁업자는 사채권자 전체를 위하여 담보권을 보존하고 실행하여야 하며(동법 제60조 제2항, 제68조) 사채권자는 채권액에 따라 평등하게 담보의 이익을 받는다(동법 제 61조).[128]

담사법에 따른 담보부사채신탁 제도는 신탁을 매개로 한 담보권의 설정방법을 첫 명문화한 사례로서 의미가 크다. 다만 이러한 설정방법은 대출채권과 같은 일반적인 피담보채권에 대해서는 인정되지 않고

---

125 정순섭(2021), 687면
126 정순섭(2021), 687면
127 일본에서도 담보부사채신탁법과 관련하여 유사한 논의가 있었다. 山田誠一(2005), 36-37면; 정순섭(2021), 687면
128 박 준·한 민(2022), 494면; 정순섭(2021), 687면

사채에 한하여만 인정되었기 때문에 대출채권에 대해서는 절차적 불편함과 거래비용의 부담이 계속 남아 있었다. 이에 담보부사채신탁 제도와 유사한 제도를 통하여 대출채권과 같은 일반적인 피담보채권에 대해서도 유사한 혜택을 제공하고자 하였고, 그 결과물로서 개정 신탁법에 따른 담보권신탁 제도가 도입된 것이다. 이로써 신탁을 매개로 한 담보권의 설정방법은 사채뿐만 아니라 일반적인 피담보채권에 대해서도 인정되게 되었다.

제4절 한국식 담보권신탁의 문제점

앞서 논의된 바와 같이, 수익자의 지위 및 수탁자의 의무라는 측면에서 한국식 담보권신탁이 영미식 담보권신탁에 비해 실질적 또는 기능적인 측면에서 미흡하다고 보기 어렵다. 그럼에도 불구하고 개정 신탁법에 따라 한국식 담보권신탁이 도입된 이래 신디케이티드대출에서 이러한 제도가 실제로 사용된 사례는 찾아보기 어렵다.[129]

영미 국가에서는 신디케이티드대출 거래에서 담보권의 설정 방식으로서 담보권신탁 제도가 보편적으로 사용되고 있고, 우리나라에서도 담보권신탁 제도가 가장 잘 활용될 수 있는 거래 유형으로 신디케이티드대출을 꼽을 수 있다는 점에서 이러한 결과는 의외이다.[130]

그렇다면 대체 어떠한 이유로 한국식 담보권신탁 제도가 실무에서 사용되지 못하고 있는 것인지를 파악할 필요가 있다.[131] 이하에서는

---

[129] 문혜영(2022), 143면; 이중기(2007), 663면; 김영도(2019), 56면; 일부 외국 로펌의 문헌에서는 단편적으로 한국에서는 담보권신탁이 가능하므로 병행채무 방식이 필요하지 않다고 보고 있는데, 이는 실무와는 괴리가 있다.

[130] 이중기(2007), 663면

한국식 담보권신탁의 문제점을 검토하고 이에 대한 해결방안을 제시하고자 한다.

제1항 신탁업자가 수탁할 수 있는 재산의 제한: 자본시장법상 규정

한국식 담보권신탁이 당장 사용되지 못하고 있는 가장 큰 이유는 우리나라의 자본시장과 금융투자업에 관한 법률(이하 "자본시장법") 상 신탁업자가 수탁할 수 있는 재산에 담보권이 포함되어 있지 않아 담보권신탁이 제도적으로 활성화되는 데에 있어 필수적인 전제조건이 구비되지 못하고 있기 때문이다.

신탁법은 신탁에 관한 사법적 법률관계를 규정하는 것을 목적으로 하는 일반법의 성격을 가지는 반면 자본시장법은 신탁을 영업으로 하는 신탁업자와 투자자의 법률관계 및 투자자보호를 위한 각종 행정규제를 정하는 것을 목적으로 하는 특별법의 성격을 가진다.[132] 그런데 2011년 개정 신탁법에서 담보권을 신탁가능 재산에 포함하여 담보권신탁의 근거 규정을 마련한지 십년이 넘게 지났음에도 불구하고, 자본시장법은 여전히 신탁재산에 관한 한정적 열거주의를 유지하며 신탁

---

131 2011년 신탁법 개정 이전 국내에서는 신탁법리에 관한 논의가 부족하였고, 담보권신탁에 관한 논의 역시 거의 없다가 2011년 신탁법 개정 이후 비로소 논의가 시작되었다. 실무계에서도 담보권신탁이라는 제도를 이용하려는 구체적인 수요는 드물었거나 있었다고 하더라도 피상적인 수준에 머물렀다. 임채웅(2011), 31면: 2011년 신탁법 개정을 위해 법무부에서 조직한 '신탁법 개정 특별분과위원회'의 회의록을 보면 담보권신탁에 관한 수요가 있는지에 관해 '수요가 있는 것 같다' 거나 '잘 생각이 떠오르지 않'는다와 같은 언급이 있는 정도이다. 법무부, 신탁법 개정 특별분과위원회 회의록 (I)-(II), 2010

132 오영표(2012), 114면

업자가 수탁할 수 있는 재산을 금전, 증권, 금전채권, 동산, 부동산, 부동산 관련 권리, 무체재산권으로 한정하고 '담보권'은 포함하지 않고 있다(자본시장법 제103조 제1항).[133] 이에 신탁업자가 영업행위로서 담보권신탁을 인수하는 것은 아직 허용되고 있지 않은 상황이다.

자본시장법상 신탁업자의 수탁가능재산을 제한하는 규정은 "신탁업자의 건전성을 위한 규제"로서 "신탁재산의 안전성과 확실성"을 강조하기 위한 것이라고 한다.[134] 그런데 신탁업자에 대한 건전성규제가 존재하는 현 시점에는 신탁재산의 범위를 제한하는 이러한 규제를 유지할 명분이 없다.[135] 이러한 불필요한 규제는 무엇보다도 담보권신탁이 실무에서 사용되는 것을 어렵게 한다.[136]

---

[133] 자본시장법 제103조(신탁재산의 제한 등) ① 신탁업자는 다음 각 호의 재산 외의 재산을 수탁할 수 없다. 1. 금전 2. 증권 3. 금전채권 4. 동산 5. 부동산 6. 지상권, 전세권, 부동산임차권, 부동산소유권 이전등기청구권, 그 밖의 부동산 관련 권리 7. 무체재산권(지식재산권을 포함한다); "증권"은 자본시장법상 증권(자본시장법 제4조), "금전채권"은 대출채권, 예금채권, 매출채권 등 일정액의 금전지급을 목적으로 하는 채권, "동산"은 선박, 항공기, 자동차, 기계나 기구 등을 의미한다(정순섭(2021), 779면). 한편 기존의 논의는 자본시장법 제103조 제1항에 따라 신탁업자가 수탁할 수 있는 재산에 '담보권'이 포함되어 있지 않음을 전제하고 있는데, 동 조항의 6호에는 "그 밖의 부동산 관련 권리"를 언급하고 있으므로 신탁업자가 수탁할 수 있는 재산에 '저당권'도 포함된다고 볼 수 있는 여지가 없지 않다. 다만 자본시장법 제103조의 개정 시점이 개정 신탁법이 도입되기 이전이라는 점에 비추어, 담보권신탁 제도가 명문화되기도 전에 자본시장법의 동 조항에서 신탁업자가 수탁할 수 있는 재산에 '담보권'이 포함되는 것을 의도하였다고 보기 어려운 측면도 있다. 한편 자본시장법의 제103조 제1항의 6호에 언급된 "그 밖의 부동산 관련 권리"에 '저당권'이 포함되어 있는 것으로 해석하더라도 신탁업자가 수탁할 수 있는 재산에 개정 신탁법에서 예정하고 있는 다양한 유형의 담보권(저당권, 질권, 양도담보 등)이 모두 포함되도록 하기 위해서는 신탁업자가 수탁할 수 있는 재산의 범위에 '담보권'이 명시적으로 포함되도록 하는 자본시장법 개정안이 조속히 통과되어야 할 것이다.
[134] 정순섭(2021), 779면; 한국증권법학회(2015), 528면
[135] "신탁업자에 대한 건전성규제가 존재하는 현재에는 신탁재산의 범위에 관한 종래의 자본시장법 규제는 바뀌어야 한다." 정순섭(2021), 779면

개정 신탁법에 따라 담보권신탁 제도가 도입된 지 십년이 넘었음에도 불구하고 아직까지 이러한 개정이 이루어지고 않은 배경에는 여러 이유가 있을 것이다. 짐작해 보건대, 담보권신탁 제도에 내재된 여러 법리적 문제 및 제도적 한계로 인하여 이러한 제도가 애초에 활성화되지 못한 탓에 이러한 문제에 대하여 가장 잘 인지하고 있어야 할 실무계에서 정작 목소리를 내지 못한 측면도 분명 있다.

그간 자본시장법을 신탁법의 개정 내용에 부합하게 개정할 필요성이 있다는 취지의 입법 논의가 없었던 것은 아닌데, 정부 및 입법부에서 담보권신탁에 관한 실질적이고 구체적인 필요성을 다소나마 인식한 것은 비교적 근래의 일로 보인다. 관련 입법 논의의 경과에 참고할 만한 점이 있으므로 아래에서 살피도록 한다.

자본시장법상 신탁업자가 수탁할 수 있는 재산의 범위에 담보권을 포함하는 자본시장법 개정안은 2011년 개정 신탁법이 시행된 2012. 7. 26. 직후 정부에 의하여 19대 국회에 제출되었다.[137] 해당 개정안은 자본시장법 제103조 제1항에 제8호에 금전을 제외한 나머지 재산의 담보권을 신설하는 내용[138]을 포함하고 있으며 신탁법의 개정취지와 개정사항을 자본시장법에 반영하기 위한 취지를 제안이유로 들고 있다.[139]

---

[136] 자본시장법 제103조 1항에 따른 제한으로 인하여 "담보권신탁이 인정되고 있지 아니한 실무에서는 신탁을 이용한 담보 형태로" 담보신탁이 자주 사용되고 있다고 한다. 이정수(2024), 20면

[137] 자본시장과 금융투자업에 관한 법률 일부개정법률안(의안번호 1901057). 2012. 8. 6. 제안, 2012. 8. 7. 정무위원회 회부, 2013. 4. 10. 제315회 국회 제1차 전체회의 상정, 2015. 1. 6. 제330회 국회 제1차 법안심사소위 상정, 2016. 5. 29. 제19대 국회 임기만료폐기.

[138] "제103조제1항에 제8호부터 제10호까지를 각각 다음과 같이 신설한다. 8. 제2호부터 제7호까지의 재산에 관한 담보권 9. 제2호부터 제7호까지의 재산과 관련되는 채무(해당 재산의 취득을 위하여 부담하는 금전채무 등을 말한다) 10. 그 밖에 신탁업자가 신탁재산으로 수탁을 받더라도 투자자 보호 및 건전한 거래질서를 해할 우려가 없는 것으로서 대통령령으로 정하는 재산" (자본시장과 금융투자업에 관한 법률 일부개정법률안(의안번호 1901057), 5-6면)

해당 법안은 2013. 4. 10. 제315회 국회 제1차 전체회의에 상정되었으나 수탁 재산 범위 확대 이외의 다른 제안 내용들에 관한 추가적인 논의가 있어야 함을 이유로 통과되지 않았다. 동 법안은 이후 2년여가 지나서야 2015. 1. 6. 제330회 국회 제1차 법안심사소위에 상정되었는데, 개정 신탁업법 개정에 맞추어 자본시장법을 정비하는 취지에 관하여 동감하며 큰 문제는 없다고 보았으나, 여러 개정 내용들이 포함되어 있는 관계로 후속 논의를 계속하는 것으로 정리가 되었다가 이후 임기만료로 폐기되었다.140 법안심사소위의 논의 내용을 살펴보면 비록 담보권신탁을 예로 들지는 않았지만 신탁법에 따른 자본시장법 개정이 되지 않아 신탁업자가 새로운 업을 할 수 없었고 통과가 되면 시장에서 새로운 사업들이 진행될 수 있다는 부분에 공통된 이해가 형성되었던 것으로 보인다.141 다만 해당 법안의 검토보고서 및 법안심사소위의 논의 내용을 살펴보면 당시에는 자본시장법상 신탁재산에 담보권이 포함되도록 하는 것이 시장에 구체적으로 어떠한 영향을 줄 수 있는지에 관한 이해는 없었던 것으로 생각된다.

이후 한동안 신탁업자의 수탁 재산 범위 확대에 관한 자본시장법 개정이 논의되지 않다가 2021년 21대 국회에서야 비로소 다시 제안이 되었는데,142 해당 개정안에서는 자본시장법의 다른 조항에 관한 제안

---

139 자본시장과 금융투자업에 관한 법률 일부개정법률안(의안번호 1901057), 1면; 동 법률안 검토보고서(2013. 4.), 8면; 제315회 국회(임시회) 정무위원회회의록 제1호, 국회사무처, 2013. 4. 10, 34면
140 2016. 5. 29. 제19대 국회 임기만료로 폐기.
141 제330회 국회 정무위원회회의록(법안심사소위원회) 제1호, 국회사무처, 2015. 1. 6. 69면
142 해당 제안은 신탁법과 자본시장법 간 신탁가능 대상이 일치하지 않는 문제가 있다고 하며, 신탁법과 자본시장법의 법적 정합성을 제고하는 한편 다양한 신탁상품의 활용과 운용이 이루어질 필요가 있다는 점을 제안 근거로 하고 있는데, 2012년 개정안과 유사한 취지이다(제388회 국회(임시회) 제1차 정무위원회, 자본시장과 금융투자업에 관한 법률 일부개정법률안 검토보고 〈신탁재산 범위의

은 포함하지 않고 자본시장법 제103조 제1항의 개정만 별도로 제안되었다.[143] 동 개정안의 경우 금전을 제외한 나머지 재산의 담보권의 신설이 제안되었던 2012년 개정안과는 달리 별도의 제한 없이 담보권 일반을 신탁업자의 수탁 재산 범위에 포함하고 있었다.[144] 해당 의안의 검토보고서는 신탁업자의 수탁 재산 범위에 담보권을 추가하는 것과 관련하여 자산유동화의 장점을 구체적으로 언급하면서도 한편으로는 담보권신탁을 허용하는 경우 부종성 원칙 위반 소지가 있으므로 부종성의 실질적 유지가 전제되어야 한다는 취지의 검토를 하고 있다.[145]

2023년에는 2021년 개정 제안과 같은 취지의 내용 외에 자본시장법상 다른 미비점들도 개정하는 내용의 개정안이 제출되었다.[146] 해당 개정안은 자본시장법 제103조 제1항의 신탁업자가 수탁할 수 있는 재산의 범위에 담보권을 추가하는 것을 제안하면서 그 단서로 수익자 보호 및 건전한 거래질서를 저해할 우려가 없어야 한다는 점을 명시하고 있다.[147] 이러한 단서가 부가된 이유는 2021년 개정안의 검토 보고서

확대〉김희곤의원 대표발의(의안번호 제2109170호), 2021. 6., 9-10면
143 자본시장과 금융투자업에 관한 법률 일부개정법률안 (의안번호: 2109170), 김희곤의원 대표발의, 2021. 3. 26. 제안, 2021. 3. 29. 정무위원회 회부, 2021. 6. 22. 제388회 국회(임시회) 제1차 전체회의 상정, 2024. 5. 29. 제21대 국회 임기만료 폐기.
144 "제103조제1항에 제8호부터 제10호까지를 각각 다음과 같이 신설한다. 8. 담보권 9. 영업권 10. 부채" (자본시장과 금융투자업에 관한 법률 일부개정법률안 (의안번호: 2109170), 3면)
145 제388회 국회(임시회) 제1차 정무위원회, 자본시장과 금융투자업에 관한 법률 일부개정법률안 검토보고 〈신탁재산 범위의 확대〉김희곤의원 대표발의(의안번호 제2109170호), 2021. 6., 9-10면
146 자본시장과 금융투자업에 관한 법률 일부개정법률안(의안번호: 2125644), 김희곤의원 대표발의, 2023. 11. 29. 제안, 2023. 11. 30. 정무위원회 회부, 2024. 2. 29. 제413회 국회(임시회) 제1차 전체회의 상정, 2024. 5. 29. 제21대 국회 임기만료폐기.
147 "제103조제1항 각 호 외의 부분 중 "재산 외"를 "재산(해당 재산과 직접적으로 관련된 채무를 포함하되, 수익자 보호 및 건전한 거래질서를 저해할 우려가 있는

내용을 고려한 것으로 보인다. 즉, 채무자의 동의가 없는 담보권 변경이 발생하는 등의 경우 담보물권의 부종성 원칙에 부합하지 않는다는 비판이 제기될 수 있음을 우려하여 신탁가능한 담보권의 범위를 제한할 수 있는 일반 근거를 두고 시행령을 통해 이를 보완하려는 것이다. 이와 관련하여 금융위원회는 대통령령에서 차주가 위탁자인 경우로 신탁가능한 담보권의 범위를 한정하려는 계획을 하였던 것으로 확인된다.[148] 신탁가능한 담보권의 범위를 한정하는 내용의 개정안은 2023년에 처음 제안된 것이다. 그런데 그러한 한정이 "수익자 보호 및 건전한 거래질서를 저해할 우려"라는 식의 다소 모호한 조항에 근거한 시행령에 의한 것인 경우 예측 가능성의 문제가 발생할 수 있어 주의가 필요할 것으로 보인다.

한편 2023년 개정안이 제안되었을 당시에는 정부 및 입법부에서 담보권신탁에 관한 실질적이고 구체적인 필요성을 어느 정도 인식한 것으로 보인다. 해당 법안의 검토보고서는 담보권신탁이 가능할 경우 현행 법령상 가능한 담보신탁대출에 비해 위탁자의 재산 사용권이 보장될 수 있으며, 담보권 설정에 비해서는 수익자의 재산 처분 비용이 경감될 수 있고, 담보권의 관리가 안정적으로 이루어질 수 있다는 장

경우로서 대통령령으로 정하는 경우를 제외한다) 외"로 하고, 같은 항에 제8호 및 제9호를 각각 다음과 같이 신설하며, 같은 조 제3항을 다음과 같이 한다. <u>8. 담보권(수익자 보호 및 건전한 거래질서를 저해할 우려가 없는 경우로서 대통령령으로 정하는 경우로 한정한다)</u> 9. 그 밖에 수익자 보호 및 건전한 거래질서를 저해할 우려가 없는 것으로서 대통령령으로 정하는 재산 ③ 제1항 및 제2항에 따라 수탁하는 재산의 구체적 범위 및 요건, 신탁의 종류, 손실의 보전 또는 이익의 보장, 신탁거래조건 등에 관하여 수익자 보호 및 건전한 거래질서를 위하여 필요한 사항은 대통령령으로 정한다." (자본시장과 금융투자업에 관한 법률 일부개정법률안(의안번호: 2125644), 6면)

148 제413회 국회(임시회) 제1차 정무위원회, 자본시장과 금융투자업에 관한 법률 일부개정법률안 검토보고 〈신탁업 관련 제도 정비〉 김희곤의원 대표발의(의안번호 제2125644호), 2024. 2., 12면

점을 언급하며, 구체적으로 신디케이티드론 대출에서 담보권 관리를 신탁업자에게 집중시킴으로써 안정적인 담보권 관리가 가능해질 것이라고 설명하고 있다.[149]

안타깝게도 2021년 및 2023년 개정안 역시 21대 국회의 임기만료로 폐기되어 신탁법과 자본시장법이 정합되지 못한 상황이 계속되고 있다. 이러한 상황은 신탁업자의 새로운 사업 진출에 장애가 될 뿐 아니라, 신탁법의 개정 취지에 부합하지 않는다.

담보권신탁 제도가 활성화되기 위해서는 자본시장법상 신탁업자의 수탁가능재산에 담보권이 포함되도록 하는 개정안이 속히 채택될 필요성이 있다.

제2항 담보권신탁에 대한 구체적 규정의 부재

담보권신탁에 관하여 개정 신탁법은 상세한 규정을 두고 있지 않을 뿐더러 담보권신탁에 관해서는 담사법의 규정을 준용할 수 있다는 규정조차 없다.[150]

이러한 상황에서 담보권신탁과 관련하여 상세히 규율되지 않은 부분에 대해서는 담사법의 규정을 개정 신탁법의 해석론으로 도입할 수 있는가 하는 의문이 있을 수 있다.[151] 그러나 명시적 규정으로 민법을

---

149 제413회 국회(임시회) 제1차 정무위원회, 자본시장과 금융투자업에 관한 법률 일부개정법률안 검토보고 〈신탁업 관련 제도 정비〉 김희곤의원 대표발의(의안번호 제2125644호), 2024. 2., 11면
150 이는 "신탁 및 신탁법에 관한 충분한 논의가 축적되지 않은 상태에서 단기간에 단행된 법개정"의 한계에 따른 것이기도 하다. 최수정(2023), 24면
151 우리나라와 유사한 제도를 갖춘 일본에서는 담보권신탁은 담보부사채신탁법상 담보구조와 동일하므로 동법에 관한 논의는 담보권신탁 논의에 참고가 될 수 있다는 설명이 있었다. 정순섭(2021), 678면

수정하는 담사법 규정을 신탁법의 일반적인 해석론으로 도입하는 것은 곤란하다.[152]

물론 담사법 규정도 성질에 반하지 않는 범위 내에서 담보권신탁에 유추 적용할 수는 있다고 볼 수 있을 것이다.[153] 다만 그렇게 하는 것은 담보권신탁 제도와 담보부사채신탁 제도의 관계, 또는 신탁법과 담사법과의 관계에 대한 규정의 부재로 인한 법적 불확실성으로 인하여 발생하는 문제에 대한 궁극적인 해결책이 되어주지는 못한다.

관련 문제에 대한 하나의 예로서, 개정 신탁법에는 담보권신탁 제도를 사용하였을 경우, 채권의 변제시기 및 변제 수령권을 다루는 규정이 없다. 반면 담보부사채신탁 제도와 관련해서는 담사법에 이와 관련한 상세한 규정이 포함되어 있다. 담사법에 의하면 신탁업자는 사채권자를 위하여 채권 변제를 받는 데에 필요한 모든 권리를 행사할 수 있다(담사법 제73조).[154] 담보부사채신탁을 사용하는 거래에서는 담사법의 명시적 규정에 따라 신탁업자가 변제금을 수령한 때에 사채원리금 채권은 소멸한다는 점에 이견이 없다.[155]

그런데 개정 신탁법에는 담보권신탁에서 수탁자에게 (수익자인) 채권자를 위한 변제수령권을 인정하는 명문의 규정이 포함되어 있지 않다. 이와 관련하여 담사법의 규정이 준용된다는 언급 역시 없다. 따라서 담보권신탁을 사용하는 거래에서 담보권실행에 의하여 담보권이 소멸하고 수탁자가 해당 변제금을 배당받은 때에 그에 상당하는 피담보채권이 소멸한 것으로 볼 수 있는 것인지, 아니면 수탁자가 배당받은 금원을 실제로 (수익자인) 채권자에게 지급한 때에 소멸한 것으로

---

152 정순섭(2021), 678면
153 정순섭(2021), 678면
154 다만 담사법 제74조, 제75조 등에 따라 일정한 사항에 관하여는 사채권자집회의 결의를 거쳐야 한다.
155 박 준·한 민(2022), 268면

볼 것인지에 대해서는 불확실성이 존재한다.[156] 이러한 불확실성은 관련 사안에 대해서 서로 상충되는 견해를 초래하는 바, 한편에서는 담보권신탁의 수탁자가 담보권실행에 의한 변제금을 수령한 것만으로는 피담보채권은 소멸되지 않고 수탁자가 수익자에게 배당금 등을 교부한 때에 소멸한 것으로 볼 수 있다는 견해가 제시되고,[157] 다른 한편에서는 수탁자가 변제금을 수령한 때에 소멸한 것으로 보는 견해가 제시되고 있다.[158]

이에 대해서는 일반적인 담보권 실행의 경우와 마찬가지로 담보권신탁의 경우에도 담보권이 실행되어 담보권자의 지위를 가지는 수탁자가 변제금을 수령했으면 피담보채무는 소멸한다고 보는 것이 옳다.[159] 비록 개정 신탁법상 변제수령권에 대하여 명시적 규정이 없더라도 담보권신탁의 수탁자는 담보권자의 지위에서 담보권을 실행하여 채권을 회수할 권한을 가지므로 담보권자인 수탁자가 담보권으로 변제금을 수령하였다면 해당 시점에 피담보채무는 소멸한 것으로 보는 것이 합리적이기 때문이다.[160]

우리나라와 같이 담보부사채신탁 제도와 담보권신탁 제도를 모두 갖추고 있는 일본의 상황은 어떠한가를 살펴보면, 일본의 신신탁법은 담보권신탁에서 수탁자에게 변제수령권을 인정하는 명시적 규정을 포함하고 있기 때문에(제55조), 수탁자의 변제수령권에 대하여 우리나라에서와 같은 불확실성은 애초에 존재하지 않는다. 이러한 차이를 고려해 볼 때, 일본에서와는 달리 수탁자의 변제수령권이 명문으로 인정되지 않는 우리나라에서 마치 이에 대한 명문의 규정이 있는 것과 동일

---

[156] 박 준·한 민(2022), 268면
[157] 안성포(2012), 131면
[158] 이중기·이영경(2022), 232면; 최수정(2019), 562면
[159] 박 준·한 민(2022), 268면
[160] 이후 수탁자가 이를 (수익자인) 채권자에게 분배하는 것은 수탁자와 수익자간의 문제이다. 박 준·한 민(2022), 268면

하게 해석하여 개정 신탁법상 수탁자의 변제수령권이 인정된다고 해석하는 것은 곤란하다는 지적도 있다.161

관련 문제에 대한 또 다른 예로서, 담보권신탁에서 담보권의 실행 등 권리행사의 주체가 누가 되는가 하는 문제도 있을 수 있다. 담보부사채신탁과 관련하여서는 담사법에 이에 대한 명시적 규정이 포함되어 있다. 이러한 규정에 따르면 담보부사채신탁의 신탁업자는 총사채권자를 위하여 담보권을 실행해야 하고(동법 제 60조 2항), 신탁업자는 총사채권자를 위하여 부여된 집행력 있는 정본에 의하여 담보물에 대한 강제집행을 하거나 민사집행법상 경매신청 또는 위임을 할 수 있으며(동법 제 72조 1항), 이 경우 채권자에 대한 이의는 신탁업자에게 주장할 수 있다(동법 제 72조 2항).

반면 담보권신탁과 관련하여서는 개정 신탁법에 이에 대한 명시적 규정이 포함되어 있지 않고, 이와 관련하여 담사법의 규정이 준용된다는 언급 역시 없다. 따라서 이에 대한 불확실성이 있다. 이와 관련하여, 담보부사채신탁에 대하여 담사법에서 규정하는 것과 동일한 해석을 담보권신탁에도 적용할 수 있다고 보는 견해가 있다.162 이러한 견해에 따르면, 담보권신탁계약 또는 채권자와 수탁자 사이에 "수탁자로 하여금 채권자에 갈음하여 담보권을 실행하는 데 대한 수권행위가 포함되어 있다."163 이러한 견해에 대해서는 특별한 이견이 없는 것으로 보인다. 수탁자는 담보권신탁의 신탁재산인 담보권의 주체로서 당연히 담보권의 실행 등 권리를 행사할 수 있다고 보는 것이 합당하기 때

---

161 정순섭(2021), 673면; 현 시점에서 이러한 불확실성을 제거하기 위해서는 "신탁설정단계에서 수탁자에게 변제수령의 대리권을 부여하는 약정"을 하는 것을 고려할 수 있다. 이렇게 하면, "수탁자가 변제금을 수령하는 것 만으로도 피담보채권이 소멸한다고 할 수 있다." 양진섭(2013), 98면
162 최수정(2019), 556면
163 최수정(2019), 556면

문이다.[164]

　담사법 규정을 성질에 반하지 않는 범위 내에서 담보권신탁에 유추적용할 수 있다고 보고 담사법의 규정에 의존하여 담보권신탁 제도의 법률적 공백을 채우는 것은 담보권신탁 제도와 관련하여 발생 가능한 법리적인 문제의 해결에 도움이 되는 측면이 분명 있다. 그러나 관련 이슈에 대한 불확실성을 제거하고 이로 인하여 불거질 수 있는 실무적인 혼란이나 어려움을 예방하기 위해서는 개정 신탁법에 담보권신탁에 대한 구체적인 규정을 신설하여 지금과 같이 해석론에 의지하여 문제를 해결해야만 하는 상황을 개선해야 한다.[165]

　한편, 실무적인 측면에서는 이러한 불확실성과 관련하여 담보권신탁계약에 관련 내용을 자세히 규정하는 것도 일종의 해결방안이 될 수 있을 것이다. 그러나 관련 문제를 매번 계약의 조건에 의존하여 해결하는 데에는 한계가 있을 수밖에 없고 여러 비효율성이 야기되기 때문

---

164 정순섭(2021), 684면
165 이와 관련하여 앞서 언급된 프랑스식 담보권신탁에 대한 프랑스민법의 개정 사례는 현행법상 담보권신탁 제도를 갖추고 있음에도 그 해석이나 적용에 있어서의 법적안정성이 부족하여 이를 실무에 사용하지 못하고 있는 우리나라에 시사하는 바가 없지 않다. 좀 더 구체적으로, 개정 신탁법에 담보권신탁에 대한 어떠한 구체적인 규정도 포함되어 있지 않은 우리나라의 상황은 프랑스의 현행 담보권신탁 제도를 규정하는 제2488-6조 내지 2488-12조가 프랑스민법의 개정을 통하여 신설되기 이전의 기존 제2328-1조가 단일 조항으로 구성되어 있었고 내용 또한 추상적이었기 때문에 그 해석과 적용에 있어 법적 불확실성이 컸던 것던 당시의 상황과 유사한 측면이 있다. 개정된 프랑스민법 제2488-6조 내지 2488-12조에서는 기존에 단일의 조항으로 다루고자 했던 담보권신탁 관련 내용을 여러 세부적인 조항에 걸쳐 규정하고 있다. 과거에 해석론에만 의지하여 해결할 수밖에 없었던 법리적 불확실성을 정교하게 풀어 규정함으로써 그 동안 문제나 논란의 대상이 되었던 이슈들을 일거 해결한 것이다. 프랑스민법의 개정 사례를 참고하여 담보권신탁 제도가 실무계에서 널리 활용되기 위해서는 단일적, 원칙적, 선언적 성격의 조항으로는 충분하지 않다는 점을 인지하고 우리 신탁법에 담보권신탁 제도와 관련된 상세 규정을 신설하고 관련 법률과의 관계를 규율하는 규정을 보완할 필요가 있다.

에 이는 근본적인 해결방안이 못 된다.

제3항 타 법률과의 구체적인 법률관계에 대한 규정의 부재

담보권신탁에 대해서는 신탁법 제2조(신탁의 정의)에서만 담보권신탁이 언급되고 있고 부동산등기법 제 87조의 2) 및 신탁등기사무처리에 관한 예규1.나. (7)에서 담보권신탁의 등기절차에 관한 규정을 두고 있을 뿐, 담보권신탁의 구체적인 법률관계에 대해서는 신탁법 자체에서뿐만 아니라 다른 법률에서도 별다른 규정을 두고 있지 않다.166

특히 담보권자와 채권자의 일치를 전제로 하고 있는 채무자회생법, 민사집행법 등 기존 법률의 적용시, 그 구체적인 법률관계에 대한 규정이 없어서 이와 관련한 이슈가 발생하면 전적으로 해석에 의존하여 해결할 수밖에 없는 상황이다. 이는 법률관계의 불확실성을 야기한다는 점에서 문제가 된다.

예컨대 위탁자인 채무자에 대하여 도산절차가 개시된 상황에서 수탁자와 수익자 중에서 누가 (회생절차에서의) 회생담보권자 또는 (파산절차에서의) 별제권자가 되는가 하는 의문이 생길 수 있다.167 이와

---

166 개정 신탁법에는 담보권신탁에 관한 상세한 요건과 효과에 관하여는 명시적인 규정이 없는데, 이는 개정 신탁법의 도입 당시 "아직 관련한 논의가 충분하지 않은 상황에서 입법적으로 모든 문제를 해결하기에는 한계가 있기 때문"이었다. 이에 "담보권신탁을 설정할 수 있는 법적 근거만 분명히 하고 구체적인 내용은 학설과 판례에만 맡겨놓은 것이다." 최수정(2023), 583면; 일본의 경우도 우리와 크게 다르지 않은데 일본의 담보권신탁 제도가 실무에서 활용되지 못하는 이유로서 담보권신탁 제도와 일본의 기타 법률간의 관계가 명확하지 않다는 점이 지적되었다. Satoshi Inoue, Yuki Kohmaru & Hikaru Naganuma(2023)
167 영국에서는 담보권신탁의 수탁자가 단독으로 집행할 수 있는 경우에는 수탁자만 파산을 신청할 수 있지만, 채권자도 직접 행사할 수 있는 경우에는 반드시 수탁자를 통하지 않아도 무방하다. 정순섭(2021), 684면

관련하여 우리나라의 채무자회생법상 담보부사채에 대해서는 특칙이 존재한다(동법 제143조 1항 및 2항).[168] 채무자회생법의 관련 조항은 담보부사채신탁의 수탁자는 사채권자회의 결의에 의해 각각의 사채권자를 표시하지 않고 "총사채권자를 위하여 회생채권 또는 회생담보권의 신고, 의결권의 행사 그 밖의 회생절차에 관한 모든 행위"를 할 수 있다고 규정하고 있다(동법 제143조 1항 및 2항).[169] 채무자회생법의 이러한 명시적 규정에 근거하여 담보부사채의 발행인에 대하여 회생절차나 파산절차가 개시된 경우 회생담보권자나 별제권자는 담보권자인 수탁자라고 보는 것은 가능하다.[170]

반면 채무자회생법에 담보권신탁에 대해서는 별도의 특칙이 존재하지 않는다. 따라서 개정 신탁법상 담보권신탁에서는 동일한 사안을 어떻게 해석하여야 하는지에 대한 불확실성이 있다. 채무자회생법상 명시적인 규정이 없으므로 담보권신탁과 관련하여 신탁행위로 정한 경우 수탁자가 채권자인 수익자를 위해 회생절차나 파산절차에 참가할 수 있다고 보는 견해도 있다.[171] 그렇다면 담보권신탁의 수탁자를 채무자회생법상 회생담보권자나 별제권자로 볼 수도 있는 것인가와 같은 의문도 생긴다. 이에 대하여 담보권신탁은 담보부사채신탁과 마찬가지로 담보권자인 수탁자를 (회생절차에서의) 회생담보권자 또는 (파산절차에서의) 별제권자로 보는 것이 옳다고 보는 견해가 있다.[172] 담보부사채신탁과 담보권신탁이라는 두 제도 모두 담보권은 수탁자, 피담보채권은 수익자가 보유하는 구조적 특징을 가지고 있으므로 이와 관련한 사안에 대해서는 일관된 해석을 적용하는 게 합당해 보인다.[173]

---

168 정순섭(2021), 684면
169 정순섭(2021), 684면
170 정순섭(2021), 685면
171 최수정(2019), 564면
172 정순섭(2021), 684면
173 담보권신탁의 구조상 수탁자가 회생담보권자의 지위가 되는 것이 타당하다는 견

유사한 문제는 수탁자가 담보권을 실행하게 되는 경우에도 발생한다. 민사집행법은 담보권실행을 위한 경매에 있어서 채권자와 담보권자가 동일함을 전제로 하고 있다. 따라서 담보권신탁하에서 민사집행법상의 "채권자"를 수익자인 채권자와 담보권자인 수탁자 중 누구로 해석해야 할 것인지 또는 양자를 모두 포함한다고 해석할 수 있는지가 문제된다. 이 경우 담보부사채신탁과 관련하여서는 신탁업자가 "총사채권자를 위하여 부여된 집행력 있는 정본에 의하여 강제집행을 하거나 민사집행법에 따른 임의경매의 신청 또는 위임을 할 수 있고 이 경우 채권자에 의한 이의는 신탁업자에게 주장할 수 있다"고 담사법에 규정되어 있다(담사법 제72조).[174] 반면 개정 신탁법에는 수탁자가 민사집행법상 "채권자"의 지위에서 담보권을 실행하고 우선 변제를 받을 수 있는 근거규정이 없다.[175] 그러나 개정 신탁법에 명시적인 규정이 없다고 해서 "채권자"를 담보채권의 수익자만을 의미하는 것으로 해석한다면 "채권자로서는 애초에 담보권신탁을 설정할 이유가 없"으므로 합당하지 않을 것이고, 그렇다고 해서 "채권자"를 수익자와 수탁자 모두를 의미하는 것으로 해석한다면 "담보권의 실행이 복잡해지고 양자의 관계 조정이라고 하는 예상치 못한 문제가 야기될 것"이므로 이 역시 합당하지 않을 것이다.[176] 따라서 이와 관련하여서는 수탁자가 민사집행법상 제반 절차에서 채권자의 지위에 갈음한다고 해석하는 것이 타당해 보인다.[177]

해와 관련하여서는 문혜영(2022), 223면을 참조.
174 또한 동법 제73조는 신탁업자는 원칙적으로 총 사채권자를 위하여 채권 변제를 받는 데 필요한 모든 행위를 할 권한이 있다고 규정하고 있고, 동법 제77조 제1항은 사채권자를 위하여 변제받은 금액은 지체 없이 채권액에 따라 각 사채권자에게 지급된다고 규정하고 있다.
175 최수정(2023), 594면
176 최수정(2023), 594-595면
177 최수정(2023), 595면

제4항 기존 제도와 비교시 담보권신탁의 선택 유인

이미 논의된 바와 같이, 담보권신탁 제도는 기존의 담보신탁 제도와 신탁재산의 도산 격리성이라는 측면에서 근본적인 차이를 보인다. 담보신탁 제도를 사용하는 경우 대법원 판례에서 인정하고 있는 도산절연효과를 달성할 수 있는 반면 담보권신탁에 의하여 위탁자 소유의 재산상에 담보권이 설정될 경우 그러하지 못하다.[178] 좀 더 구체적으로, 담보권신탁하에서 담보권에 의하여 담보되는 채권은 위탁자에 대하여 회생절차가 개시되는 경우에는 회생담보권에 해당될 뿐이다(채무자회생법 제141조 제1항).[179] 회생담보권은 위탁자에 의한 회생절차에 구속되고 원칙적으로 회생계획에 따라서만 변제될 수 있다.[180]

이와 관련하여, 도산절연 기능을 갖추고 있는 담보신탁이라는 제도가 사용되고 있는 상황에서 굳이 담보권신탁이라는 대안적 제도를 정비하여 활성화시킬 실익이 무엇인가에 대한 의문이 제기될 수도 있다.[181] 실제로 담보권신탁을 활용할 필요성이 별로 제기되지 않았던 것에 대한 "가장 큰 이유는 대법원 판례에 의해 확립된 기존의 '담보신탁' 법리가 '채권금융기관'의 채권 담보수요를 충분히 충족시키고 있기 때문"이라고 보는 견해[182]가 제시된 바 있다.

---

[178] 대법원 2001.7.13.선고 2001다9267판결; 대법원 2002.12.26.선고2002다4984판결; 대법원 2003.5.30. 선고 2003다18685판결
[179] 양진섭(2013), 100면
[180] 한 민(2012), 261면
[181] "담보권신탁이 신탁의 형식을 취하다 보니 현행 저당권이 누릴 수 없는 수익권의 유통성을 확보할 수 있다는 점, 피담보채권의 채권자는 수익권을 매개로 채권의 변제를 기대한다는 점," 등 담보신탁과 조적으로 유사한 측면이 존재하다. 양진섭(2013), 100면
[182] 다만 최수정(2023), 584면; 이중기(2007), 664면을 보면, 담보권신탁을 활용할 필요성이 별로 제기되지 않는 것 같았다는 저자의 견해에는 "실제 신디케이티드 론과 같이 담보수탁자의 수요가 있는 경우를 제외하고는" 이라는 단서가 붙었다는

그러나 담보권신탁 제도의 실익을 기존의 담보신탁 제도와 연동시켜 판단하는 것은합당하지 않다. 근본적인 측면에서 담보신탁과 담보권신탁은 전혀 다른 두 제도이기 때문이다. 좀 더 구체적으로, 담보신탁은 어떠한 재산을 "담보 목적으로" 신탁하는 것으로서 비록 신탁재산의 소유권이 신탁업자에게 이전되어 신탁업자가 (수익자로서) 대주단을 위하여 신탁법 및 신탁계약상의 의무를 이행하기는 하지만, 담보신탁이라는 제도의 초점은 (위탁자로서) 채무자와 (수익자로서) 채권자들 간의 대외적 관계에 있다고 볼 수 있다. 이와는 대조적으로, 담보권신탁의 목적은 다수의 채권자들이 존재하는 경우 이러한 채권자들 간에 담보권의 설정·보유·관리·실행을 절차적으로 용이하게 하는 데에 있다. 따라서 담보권신탁의 초점은 (담보권자로서) 수탁자와 (수익자로서) 대주들간의 내부관계에 있다고 볼 수 있다.

그럼에도 불구하고 실무계와 학계에서는 이 두 제도를 직접적인 비교 대상으로 보기도 하므로 아래에서는 담보신탁과 비교시 담보권신탁 제도의 선택 유인을 살핀다.

우선, 담보신탁의 가장 큰 장점은 차주의 도산시에 도산절연효과를 제공한다는 데에 있는 것인데 통상의 대출거래에서는 도산 자체가 이례적이므로 (대주들이 대출거래에 참여하는 것이 적절한지를 판단하기 위하여 실행하는 차주에 대한 사전 실사 결과) 차주에 대하여 채무불이행사유의 발생 가능성이 높지 않은 상황에서 (담보권이 아닌) 자산 자체에 대한 소유권을 이전하는 것은 과도하거나 불필요할 수 있다.

개별 당사자들의 입장에서 생각해 보아도 기존의 담보신탁 제도보다 담보권신탁 제도를 선호할 유인은 엄연히 존재한다.

첫째, 담보신탁의 (수익자인) 채권자들은 담보신탁이 아닌 담보권신탁을 설정 받는 대신 좀 더 매력적인 금융 조건(예컨대 높은 이율)

점에 유의해야 한다.

을 선호할 수 있다.[183] 특히 채무자의 영업전망 및 책임재산이 확실하여 도산 가능성이 희박한 상황이라면 담보권신탁은 담보신탁과 동일한 정도로 안전한 담보기능을 수행할 수 있기 때문에,[184] 이러한 경우 채권자에게는 (이자조건을 좀 더 유리하게 협상할 수 있다면) 소유권 대신 담보권만을 신탁받고자 하는 유인이 있다.

둘째, (위탁자인) 채무자의 일반 채권자들의 입장에서 생각해 보면, 회사가 담보의 목적으로 자신이 소유하는 부동산 등을 신탁하게 되면 해당 재산에 대한 소유권 자체가 수탁자에게 이전되게 되고 이는 곧 채무자의 '책임재산'[185] 감소로 이어지므로 일반 채권자들은 채무자의 책임재산 보전이 어렵게 된다.[186] 한편 (위탁자인) 채무자가 자신이 소

---

[183] 이중기(2007), 664면
[184] "대여자의 입장에서 저당권에 비해 담보신탁을 이용하는 것은 채무자의 도산시에 도산절연효과를 누릴 수 있다는 점에서 유리한 것인데, 도산 자체가 이례적인 것이므로, 그 점 때문에 대여자가 저당권 대신 담보신탁을 택할 유인이 그리 크지 않거나, 최소한 금융기관들이 크지 않다고 판단하고 있는 것이라 볼 수 있다." 각도를 조금 달리하여 생각해 보면, 채무자의 도산 사례는 이례적이므로 당사자들은 굳이 담보신탁을 사용하지 않고 담보권신탁을 사용할 유인이 분명히 있다고 볼 수 있다. 임채웅(2009), 111면; 양진섭(2012), 80면
[185] 여기에서 채무자의 '책임재산'이라 함은, 그 채무자가 자신의 채권자들에 대한 채무를 변제하기 위하여 사용할 수 있는 채무자 소유의 동산, 부동산, 채권 등의 재산을 의미하며, 채권자 중 일부만을 위하여 담보권이 설정된 재산과 같이 다른 일반 채권자들에 대한 채무 변제를 위하여 사용될 수 없는 재산은 책임재산에서 제외된다.
[186] 이와 같이 채무자가 '신탁 설정'의 방법으로 책임재산의 감소를 야기하여 채권자를 해하는 경우 관련 담보신탁이 신탁법에 따른 사해신탁(신탁법 제8조)에 해당하는지 여부가 문제될 수 있다. 신탁법 제8조 제1항1 본문은 "채무자가 채권자를 해함을 알면서 신탁을 설정한 경우 채권자는 수탁자가 선의일지라도 수탁자나 수익자에게 민법 제406조 제1항의 취소 및 원상회복을 청구할 수 있다"고 규정하고 있다. 위 신탁법 조항은 민법 제406조 제1항이 규정하고 있는 '채권자취소권'과 동일한 취지하에 입법된 것으로 채무자가 '신탁 설정'의 방법으로 책임재산의 감소를 야기하여 채권자를 해하는 경우, 그 채권자에게 채무자의 책임재산을 유지·보전할 수 있는 권리를 인정하고자 하는 것이다. 신탁법상 사해신탁에

유하는 부동산 등에 대하여 담보권을 신탁하는 경우에도 유사한 문제가 발생할 여지가 있다. 그러나 담보권신탁의 경우에는 (담보신탁에서와는 달리 채무자가 보유하는 재산에 대한 소유권 자체가 이전되는 것은 아니므로) 담보권신탁의 대상이 되는 담보권의 채권최고액을 공제한 나머지 부분은 채무자의 책임재산으로 남게 되어 (위탁자인) 채무자의 일반 채권자들의 공동담보 목적으로 사용될 수 있다.

셋째, (위탁자인) 채무자의 잠재적 채권자들 입장에서도, 이미 이루어진 대출거래에서 회사가 담보의 목적으로 자신이 소유하는 부동산 등을 신탁한 상태라면, 해당 부동산은 대내외적으로 채무자의 재산이 아니라 (수탁자인) 신탁업자의 재산으로 간주되고 이에 따라 신탁부동산에 대해서는 근저당권, 임차권, 전세권 등의 설정이 어렵게 되므로, 이들이 채무자에 대한 별도의 (후속) 대출에 참여하는 경우 담보대상 자산을 확보하는 것이 어렵다.[187]

해당하기 위해서는 사해신탁에 기한 취소 및 원상회복을 구하는 채권자의 위탁자에 대한 피보전채권의 존재를 전제로 객관적 요건으로 당해 신탁설정 행위가 채권자를 해하는 사해행위에 해당하여야 하며 주관적 요건으로 위탁자의 채권자를 해할 의사가 인정되어야 한다. 위 사해신탁행위 및 사해의사에 있어 '채권자를 해함'이라 함은, 위탁자의 신탁설정행위로 인하여 위탁자의 총 책임재산이 감소되어 위탁자의 채권자에 대한 공동담보에 부족이 생기거나 이미 부족 상태에 있는 공동담보가 한층 더 부족하게 됨으로써 위탁자가 채권자의 자신에 대한 채권을 완전하게 만족시킬 수 없는 상태, 즉 위탁자의 소극재산이 적극재산보다 많아지거나 그 정도가 심화되는 것을 의미한다(대법원 1998. 5. 12. 97다57320 판결). 아울러 법원은 '사해행위'에 해당하는지 여부는 행위목적물이 채무자의 전체 책임재산 가운데에서 차지하는 비중, 무자력의 정도, 법률행위의 경제적 목적이 갖는 정당성 및 그 실현수단인 당해 행위의 상당성, 행위의 의무성 또는 상황의 불가피성, 채무자와 수익자 간 통모의 유무와 같은 공동담보의 부족 위험에 대한 당사자의 인식의 정도 등 그 행위에 나타난 여러 사정을 종합적으로 고려하여, 그 행위를 궁극적으로 일반채권자를 해하는 행위로 볼 수 있는지 여부에 따라 최종 판단하여야 한다는 입장이다(대법원 2010. 9. 30. 선고 2007다2718 판결). 담보신탁으로 재산을 이전한 행위를 사해신탁으로 볼 수 있는지 여부와 관련하여서는 정순섭(2012), 181면 이하를 참고.

넷째, 담보신탁의 (수탁자인) 신탁업자의 입장에서 생각해 보아도, 담보신탁에서 신탁재산 자체의 소유권을 수탁받게 되는 수탁자는 소유자로서의 민법상 공작물책임(민법 제758조 1항) 등과 같은 무과실책임에 노출될 수 있기 때문에[188] 이러한 무과실책임을 회피하고 싶은 수탁기관이라면 소유권보다는 담보권을 수탁하는 방안을 선호할 유인이 있다.[189]

마지막으로, (위탁자인) 채무자의 입장에서, 채권의 담보목적으로 자신이 소유하는 재산에 대한 소유권 자체를 이전하는 경우 이로 인하여 채무자와 거래사 또는 고객사 간의 대외적인 관계가 영향을 받을 수 있고 이로 인하여 채무자의 영업상 기타 사업상 차질이 빚어질 수 있다. 따라서 담보신탁에 따른 소유권 이전에 대하여 채무자의 저항이 있을 수 있다.[190]

한편 일반 기업금융의 목적으로 이루어지는 신디케이티드대출 거래에서는 담보물에 포함되는 자산의 유형이 매우 다양한데, 담보신탁은 이와 같이 다양한 유형의 자산을 담보물로 예정하고 있는 대출거래에서 당사자들의 필요를 충분히 충족시켜주지 못한다. 예컨대 실무에서는 대출계약상 담보물을 정의함에 있어 주식, 예금, 지적재산권, 매출채권, 부동산, 보험 등 다양한 유형의 자산을 모두 포함시키는 거래

---

187 채무자의 잠재적 채권자들은 기존 대출거래시 설정된 담보신탁의 후순위 우선수익자가 되는 방안을 고려할 수 있을 것이다. 다만 이 경우 (우선수익자들인) 기존 채권자들의 동의가 필요할 것이다. 즉 (우선수익자들인) 기존 채권자들의 동의 여부에 따라 후순위 권리 설정이 배제될 수도 있다. (위탁자인) 채무자의 수익권을 압류하는 방안도 있다.
188 김동근(2014), 60면
189 이중기(2007), 663면
190 임채웅(2009), 111면; 실무상 담보신탁의 설정에 있어 채무자(위탁자) 측은 "큰 장점을 느끼지 못하여 대체로 소극적인 바, 그 주요 원인은 우선 담보부동산의 소유권을 수탁자에게 이전하는 것 자체에 저항감을 느끼"기 때문이다. 윤진수·최효종(2023), 47면

가 드물지 않다. 만일 이러한 거래에서 차주가 대주들에게 담보를 제공해야 하는 상황이라면, 당사자들은 담보신탁보다는 담보권신탁을 선택할 가능성이 높다.

담보신탁은 담보대상 자산유형이 부동산으로 한정되는 프로젝트금융과 같은 일부 유형의 대출거래에서 주로 사용되고 있고, (부동산 외에) 기업이 보유하는 여러 유형의 자산들을 담보대상으로 하는 일반 기업금융 거래에서는 담보신탁이 거의 사용되지 않고 있다. 그 이유는 이러한 거래에서 담보신탁을 사용하는 것이 (설령 법리적인 측면에서는 문제가 없을지라도) 거래 당사자들이나 기타 이해관계자들의 종합적인 이해관계 등을 고려하였을 때 적절하지 않을 수 있기 때문이다.

예컨대 담보대상 자산에 회사의 주식이 포함되어 있는 경우, 담보신탁을 사용하게 되면 해당 주식에 대한 소유권자/주주의 명의가 신탁업자로 바뀌는 상황이 발생하게 될 텐데, 이는 단순히 금융거래의 차원을 넘어 기업의 운용, 경영, 회계 등 여러 측면에서 영향을 줄 수 있는 중대한 변동사항이므로, 이러한 경우에 기업이 담보신탁 방식을 채택하여 담보를 제공하는 상황을 상정하기는 어렵다. 담보대상 자산에 보험이 포함되어 있는 경우도 마찬가지이다. 통상 신탁업자는 기업이 부보하는 여러 일반적인 영업 또는 특정 사업 관련 보험의 권리자가 되어 직접적으로 보험료를 납부할 의무를 부담하는 것을 꺼려한다. 따라서 이러한 경우에도 담보제공 방식으로서 담보신탁 방식이 채택되기 어렵다.

한편 위 거래에서 당사자들의 합의에 따라 (채무자로서) 기업이 보유하는 특정 자산(예컨대 부동산)에 대해서는 (담보의 목적으로) 담보신탁을 사용하고, 나머지 자산에 대해서는 개별담보설정방식을 사용하여 개별 대주들을 모두 담보권자로 하여 담보권을 설정하거나, 담보권신탁을 사용하여 수탁자만을 담보권자로 하여 담보권을 설정하는 것은 가능할 것이다. 그러나 하나의 대출 거래에서 두 개 이상의 담보방식을 사용하게 되면 문서상으로나 절차상으로나 지나치게 복잡해질 수 있고 거래비용도 더해지므로 당사자들에게 부담이 될 수 있다. 반면 위 거래에서 담보권신탁 방식을 채택한다면 (담보대상 자산유형을 불문하고) 모든 유형의 자산[191] 에 대하여 일관되게, 한 개의 담보방식을 사용하여, 수탁자를 담보권자로, 대주들을 수익자로 하여 담보권을 설정하는 것이 가능하다.

위의 논의에 비추어, 담보권신탁 제도는 기존의 담보제도인 담보신탁과는 별개의 제도로서 기능하고, (담보신탁 제도와 비교하였을 때) 채무자와 영업·사업 등 여러 측면에서 얽혀있는 이해관계자들 간의 대외적인 관계에 영향을 주지않으면서도 (대출거래에 대주로서 참여하는) 다수의 금융기관들에게 쉽고 간편하게 담보권을 설정·등록·유지·집행할 수 있는 대안을 제시한다는 점에서 잠재적 활용도가 매우 높다고 할 수 있다. 따라서 담보신탁 제도와는 별개의 제도로서 담보권신탁 제도를 정비하고 활성화하려는 노력이 필요하다.

제5항 기타 한국식 담보권신탁의 활성화 방안

본 절에 따른 담보권신탁 제도의 문제점에 대한 해결방안에 추가하여, 담보권신탁 제도를 활성화하기 위한 방안으로는 아래 두 가지를 고려할 수 있다.

첫 번째 방안은 (근)저당권을 신탁하는 경우, (근)저당권의 설정시 부담하는 비용에 대하여 감면혜택을 부여하는 것이다. (근)저당권을 신탁하는 경우, 최초 설정 이후 추가적으로 발생하는 등기 이전 비용

---

[191] "담보권신탁에서 담보권은 저당권, 질권, 양도담보 모두 가능하다." 정순섭(2021), 680면

은 발생하지 않겠으나, 최초 설정 비용에 대한 부담은 개별담보설정방식에서와 동일하다. 최초 설정 비용에는 등록면허세가 포함되는데 이는 (통상 피담보채권액의 130%의 수준으로 책정되는) 채권최고액의 0.2%에 달한다. 제도적인 측면에서, 담보권신탁을 활성화하기 위해서는 신탁법상의 신탁을 매개로 하는 (근)저당권의 설정인 경우, 등록면허세 등을 감면해 주는 방안을 고려할 수 있다.[192] 대출채권의 양수도가 잦을 것으로 예상되는 거래는 대체로 고액의 대출거래일 가능성이 높은데, 이러한 거래에서 저당권의 설정등기비용에 혜택이 주어진다면, 이는 당사자들에게 이러한 거래를 적극 추진할 경제적 유인을 제공할 것이다.

앞서 논의된 바와 같이, 신디케이티드대출 거래에서 담보권신탁 제도를 사용하여 담보권을 설정하게 되면, 최초 대출을 실행할 당시에는 대출채권의 양수도를 예정하지 않았던 대주도 추후 금융시장이나 정책의 변화 및/또는 대출 관련 내부 규정의 변경 등의 이유로 대출채권의 양수도가 필요해지는 경우, 자유롭게 이러한 거래를 실행할 수 있게 된다. 즉 담보권신탁 방식을 사용하게 되면 예정되지 않았던 대출채권 거래의 수요도 창출되도록 하기 때문에 대출채권 유통시장의 활성화에 기여한다. 비록 아직까지는 담보권신탁이 여러 문제로 인하여 거래계에서 제대로 활용되지 못하였으나, 담보권신탁에 대하여 이러한 제도적인 혜택을 부여한다면 담보권신탁이 여신금융거래 및 대출채권의 유통시장의 활성화에 기여할 수 있는 하나의 수단으로 정착하

---

192 다만 앞서 논의된 바와 같이 (근)저당권의 설정 비용은 대체로 차주가 부담하기 때문에 대주단은(근)저당권을 신탁하는 데에 소요되는 등록면허세를 절감하는 방안에 대해서 차주사만큼 적극적이지 않을 수 있다. 그러나 등록면허세 등의 감면혜택이 제공되어 전체 거래비용을 절감하는 효과가 분명하다면 비용을 부담하는 주체가 누구인지와 상관없이 담보권신탁 제도의 활성화에 도움이 것이라 생각된다.

는데 도움이 될 것이다. 다만 형평성의 문제가 제기될 수 있다는 점에서 이러한 제도적인 혜택은 담보권신탁 제도가 제도로서 정착하는 데 필요한 시간을 고려하여 한시적으로 제공하는 것을 제안한다.

두 번째 방안은 담보권신탁에서의 수탁자의 업무의 범위 및 그에 수반되는 의무와 책임을 구체적으로 반영한 신탁계약서의 표준 양식을 마련하는 것이다. 해외에서는 신디케이티드대출에서의 수탁자의 업무의 범위 및 그에 수반되는 의무와 책임의 정도와 관련하여서 이미 수십년에 걸쳐 충분한 논의를 진행해왔다. 결과적으로, 영국의 LMA, 홍콩의 APLMA, 미국의 LSTA에서 제작 및 보급하는 표준 계약서 양식에는 담보권신탁 제도와 관련한 시장 표준 조항과 거래 관행이 포함되어 있다. 이에 수탁자의 역할, 책임 및 의무와 관련하여서는 매번 거래시 별도의 구체적인 검토나 협의 없이 대출계약을 체결할 수 있는 단계에 이르렀다. 이는 거래협회는 물론 기본적인 신탁계약서의 표준양식조차 갖추지 못하고 있는 우리나라의 상황과 대조된다.

우리나라에서도 담보권신탁에서의 수탁자의 업무의 범위 및 그에 수반되는 의무와 책임의 정도를 구체적으로 반영한 신탁계약서의 표준양식이 제작 및 보급된다면 담보권신탁을 사용함으로써 추가되는 비용을 줄이는 데 도움이 될 것으로 예상되며, 이는 간접적으로나마 담보권신탁의 활성화에 긍정적인 영향을 줄 것으로 생각된다.

제5절 부종성 측면에서 담보권신탁의 유효성 검토

제1항 담보권신탁에서의 부종성 문제

1. 개정 신탁법 도입 이전

담보권신탁에서의 부종성 관련 논의는 채권과 별도로 담보권만을 신탁의 목적물로 할 수 있는지 측면에서의 부종성에 관한 논의와 수익권과 피담보채권이 분리될 가능성이 없는지 측면에서의 부종성에 관한 논의로 구분된다.

우선 채권과 담보권의 분리로 인한 부종성 문제와 관련하여, 구신탁법에서는 '담보권의 설정'을 신탁 설정의 방식으로 규정하지 아니하고 신탁재산의 이전, 기타의 처분만을 신탁 설정의 방식으로 규정하고 있었다. 따라서 이러한 규정에 근거하여 담보권신탁이 인정된다고 볼 수 있는지를 두고 상반된 의견이 존재하였다.[193] 우선 부정설은 신탁 설정의 방식으로서 '담보권의 설정'이라는 명시적 문구도 없는 상황에서 담보권신탁 제도가 인정된다고 보는 경우, 수탁자가 피담보채권의 채권자가 아니면서 담보권만 보유하는 결과가 되어 저당권의 부종성에 반하므로 담보권신탁을 인정할 수 없다고 보았다.[194] 반면 긍정설

---

[193] 무궁화신탁법연구회(2021), 22면
[194] 무궁화신탁법연구회(2021), 23면; 한 민(2014), 241면; 구신탁법상으로 "이러한 담보권신탁은 신탁법에 명시적 근거가 없을 뿐만 아니라 민법상의 담보물권의 부종성에도 반하므로 허용되지 않는다고 본다." 한 민(2011), 55면; "신탁법리에 관심을 갖는 사람들은 현행법하에서는 담보권신탁을 설정할 수 없다는 생각을 갖고 있었는데, 가장 중요한 이유는 부종성에 반한다는 점이었다." 즉, 개정 신탁법의 도입 이전에 "담보권신탁의 설정이 불가능하다고 하는 것은, 신탁법리상의 이유 때문이 아니라, 물권법리 때문이다." 임채웅(2011), 32면

은 신탁 설정의 방식으로서 '담보권의 설정'이라는 명시적 문구가 없더라도 수탁자는 채권자인 수익자를 위하여 담보권을 보유하는 것이므로 실질적으로 저당권의 부종성에 반한다고 할 수 없고 실무상으로도 필요하므로, 담보권신탁 제도가 인정된다고 보았다.[195]

이와 같이 구신탁법하에서는 담보권신탁 제도가 인정될 수 있는지 여부에 관하여 채권과 별도로 담보권만을 신탁의 목적물로 할 수 있는지 측면에서의 부종성 문제로 인한 불확실성이 있었기 때문에 실무적으로 이를 활용할 수 없었다.[196] 담보권신탁 제도를 실제 활용하기 위해서는 신탁법에 명시적인 근거 규정의 신설이 요구되었다.

2. 개정 신탁법 도입 이후

구신탁법하에서의 채권과 담보권의 분리로 인한 부종성 문제를 둘러싼 견해의 대립은 개정 신탁법에 담보권신탁 제도에 대한 명시적 근거 규정이 신설됨으로써 많은 부분 해소되었다. 하지만 개정 신탁법에 따른 담보권신탁 제도에서도 담보권은 수탁자가 가지게 되고 채권은 수익자가 가지게 되므로 이러한 제도가 부종성의 법리에 반한다고 보는 시각이 여전히 존재하였다.[197] 그러나 개정 신탁법에 따라 담보권

---

195 무궁화신탁법연구회(2021), 23면; 최수정(2023), 582-583면
196 구신탁법에서도 사실 담보권을 신탁할 수 있는 법적 근거는 존재하였으나, 담보권신탁의 구체적인 효력이나 효과에 관한 규정이 없었고, 무엇보다 부동산등기법과 민사집행법과 같은 법률들이 담보권신탁을 알지 못하였다. 결론적으로, "신탁법상 담보권신탁의 설정가능성은 인정할 수 있었지만 관련 규정이 정비되지 않는 한 실제로 그 활용을 기대할 수는 없었다." 최수정(2023), 582-583면
197 가령, 2021년 제388회 국회에 제출된 자본시장과 금융투자업에 관한 법률 일부개정법률안 검토보고서는 "담보권신탁을 허용하는 경우 담보권자(수탁자)와 채권자(수익자)가 분리되는 문제가 발생하는 바, 법리적 관점에서 볼 때 담보물권의 부종성 원칙에 부합하지 않는다는 비판도 있을 수 있[다]"고 하며, 금융위원회는 담보권을 신탁하는 것은 사안에 따라 부종성 위반의 문제가 있을 수 있으며

신탁 제도가 명문화되었음에도 해당 제도가 부종성에 반한다고 해석하는 견해는 부종성의 법리에 관한 과도하게 경직된 해석이다.[198]

특히 "담보권신탁의 수익자가 신탁재산의 담보권에 대해 가지는 수익권은 단순한 채권이 아닌 점,"[199] "수익권과 피담보채권이 분리되지 않는 한 실질적으로 담보권의 부종성은 유지되는 점,"[200] "신탁은 수탁자의 이익만을 위하여 존재할 수 없으므로 "담보권의 설정 그 밖의 재산의 처분"을 인정한 것은 채권자와 담보권자의 형식적 분리를 전제로 한 입법인 점 등"[201]을 종합적으로 고려해 보았을 때, 개정 신탁법에서의 담보권신탁이 담보권의 부종성에 반한다고 보는 것은 타당하지 않다. 비록 담보권신탁 하에서 "담보권은 채권자가 아닌 수탁자에게 귀속되지만 그 담보권은 어디까지나 수익권의 형태로 채권자의 채권을 담보"하는 것이므로, "이러한 신탁의 구조와 재산권 전환기능을 간과하고 담보권자와 채권자가 분리된 외형만을 들어 담보신탁을 부종성에 반한다"고 볼 수는 없는 것이다.[202]

요컨대 채권과 담보권의 분리로 인한 부종성 문제는 입법적으로 해결된 것으로 볼 수 있다.

한편 담보권신탁 제도와 부종성의 법리 간의 관계의 구체적 해석에 관해서는 여러 견해가 존재한다.[203] 부종성 법리는 담보권신탁 제도뿐

신중한 검토가 필요하다는 입장임을 언급하고 있다. (제388회 국회(임시회) 제1차 정무위원회, 자본시장과 금융투자업에 관한 법률 일부개정법률안 검토보고 〈신탁재산 범위의 확대〉 김희곤의원 대표발의(의안번호 제2109170호), 2021. 6., 9-10면)

198 개정 신탁법 "제2조가 명시적으로 담보권의 설정을 규정하고 있음에도 불구하고 이를 무시한 채 그 효력을 부정할 수는 없다." 최수정(2023), 583면
199 정순섭(2021), 677면
200 정순섭(2021), 677면
201 정순섭(2021), 677면
202 최수정(2023), 588면
203 개정 신탁법에 따라 담보권신탁이 제도화되었음에도 불구하고 우리 민법상 담보

만 아니라 우리나라 담보제도의 개선에 중요한 영향을 미치므로, 피담보채권과 수익권의 분리로 인한 부종성 문제를 논하기에 앞서 이하에서는 담보권신탁 제도와 부종성의 법리 간의 관계를 어떻게 해석하는 것이 적절한가를 살핀다.

담보권신탁 제도와 부종성의 법리 간의 관계에 대한 해석은 크게 두 가지로 견해로 구분된다. 첫째, 담보권신탁은 담보물권의 부종성에 대한 예외로서 그 효력이 인정된다는 것은 아니고 실질적으로 보아 담보물권의 부종성을 잠탈하는 것은 아니기 때문에 유효하다고 보아야 한다는 견해이다.[204] 둘째, 담보권신탁은 담보물권의 부종성에 대한 예외를 인정한 것이라는 견해이다.[205]

이 중 담보권신탁을 부종성에 대한 예외로 보는 두번째 견해는 담보권신탁이라는 제도가 현행법 및 해석상의 법리로는 통일성 있게 인정되기 어렵고 부종성의 예외로서 오로지 입법에 의해 인정된다고 본다.[206] 그런데 만일 이러한 견해가 담보권신탁을 민법상 부종성의 법

에 관한 규정이 담보권자와 채권자의 동일성을 전제로 하고 있다는 사실에는 변함이 없기 때문에, 담보권자와 피담보채권자가 다른 경우 이를 어떻게 다룰지의 문제는 여전히 해석론에 맡겨져 있는 것이다. 정순섭(2021), 677면

[204] 예컨대 "수익권 양도 시 채권의 양도절차를 거쳐야 하므로 담보권자와 채권자 간의 분리현상은 발생하지 않아 저당권의 부종성에도 반하지 않는다"는 견해(법무부(2012), 8면), "수익자가 채권자인 한 문제가 없다"는 견해(최수정(2019), 556면); "신탁의 특수성을 고려하여 저당권의 피담보채권에 대한 부종성 대신에 담보권신탁 수익권의 피담보채권에 대한 부종성을 묵시적으로 규정한 것"이라는 견해(신영수·윤소연(2014), 101면), "담보권신탁의 경우 형식상으로는 담보권자(수탁자)와 채권자(수익자)가 분리되는 현상이 발생하지만 수탁자는 수익자를 위하여 담보권을 보유하는 것이어서 실질적으로 이를 동일인으로 파악할 수 있으므로 담보물권의 부종성 원칙을 잠탈하는 것은 아니라는 견해"(임채웅1(2011), 7면) 등이 첫 번째 견해로 분류될 수 있다. 한 민(2014), 248면; 한 민(2011), 58면

[205] 예컨대 "담보권신탁을 이론상 또는 해석상 허용할 수는 없다는 점에서 부종성에 대한 입법상 예외"라는 견해가 두 번째 견해로 분류될 수 있다. 정순섭(2021), 676면; 한 민(2014), 242-245면, 248-249면

[206] 한 민(2011), 58면

리에 대한 완전한 예외로 보아 "수익권의 양도가 피담보채권의 양도에 수반되지 아니한 경우와 아예 피담보채권이 존재하지 아니하는 경우에도 담보권신탁이 가능한 것"[207]으로 보는 것이라면 이를 수긍하기는 어렵다.[208] 담보권신탁이 이러한 정도까지 부종성의 예외를 인정하는 것이라고 보기에는 현행 규정의 법문의 내용만으로는 그 근거가 충분하지 않을뿐더러[209] 부종성의 법리에 대한 이러한 해석은 지나치게 급진적이기 때문이다.

위 두 가지의 견해 중에서는 첫 번째 견해(즉 담보권신탁에서는 채권자와 담보권자가 실질적으로 동일하므로 부종성에 반하지 않는다는 견해)가 더 설득력이 있다. 담보권신탁 제도를 우리법제의 테두리 안에서 수용하기 위해 필요에 따라서는 부종성의 법리를 어느 정도 완화하여 해석할 필요가 있기 때문이다. 그러나 우리 현행법상 채권자와 담보권자가 실질적으로 동일하다고 볼 수 있다면 항상 부종성에 반하지 않는 것이라고 보기에는 무리가 있다. 우리 현행법상 부종성 원칙은 매우 엄격하게 해석되는 편이기 때문이다.[210]

이에 대하여, "채권자가 신탁의 수익권을 취득하는 것을 상정하여 채권자가 담보권자여야 한다는 담보물권의 기본취지에는 부합하는 것이므로, 외관이나 형식에 있어서는 민법 제361조에 반하더라도 실질에서는 부종성 원칙에 부합하는 방법으로 담보권을 설정할 수 있도록 특례를 인정해준 것"이라고 해석하는 게 타당하고, 이러한 관점에서 보완한다면, 첫 번째 견해가 타당한 해석이라고 보는 견해가 제시된 바 있다.[211]

---

207 임채웅(2011), 44면, 47-48면; 한 민(2014), 249면
208 한 민(2011), 58-59면
209 한 민(2014), 249면
210 "현행법의 해석상 채권자와 담보권자가 실질적으로 동일하다고 볼 수 있다면 항상 부종성이 인정된다고 확대 해석하기는 어렵다고 본다." 한 민(2014), 249면; 임채웅(2011), 32면

담보권신탁을 단순히 부종성 원칙의 예외로 보지 않고, 그 실질을 따졌을 때 부종성에 반하지 않는 담보제도라고 보는 견해들이 다수 있다는 것은 고무적이다. 앞서 언급된 바와 같이 담보권신탁과 부종성 간의 관계에 대한 해석의 문제는 단순히 담보권신탁의 맥락에서뿐만 아니라 향후 우리나라의 담보제도의 발전 및 개선이라는 중차대한 과제의 맥락에서도 중요하다. 이러한 차원에서 생각해 보았을 때 담보권신탁과 부종성 간의 관계는 담보권신탁의 실질적인 구조와 메커니즘이 부종성의 궁극적인 취지에 부합하는지 여부에 따라 결정되어야 한다. 이와 같은 부종성에 대한 완화된 해석은 영미 국가에서 부종성의 법리에 부합하는 방식으로서 영미식 담보권신탁을 채택하여 사용해온 것과도 일맥상통하다.

다만 담보권신탁 제도가 부종성의 법리에 실질적으로 부합한다는 입장을 취할 수 있으려면 담보권신탁에서 신탁계약의 내용을 정하거나, 수익자를 특정하거나, 신탁의 목적을 명시함에 있어, 부종성의 관점에서 몇 가지 전제 사항이 충족되어야 할 것이다. 이에 아래에서는 이러한 전제 사항에는 어떠한 것들이 있을지를 검토한다.

3. 부종성 충족의 전제조건

담보권신탁 제도가 부종성의 법리에 실질적으로 부합한다고 보는 데에는 몇 가지 전제조건이 따른다. 이러한 전제 조건은 담보권신탁 제도에서 수익권과 피담보채권이 분리되지 않도록 하기 위한 것이기 때문에 관련 조건의 충족 여부는 (위 1에서 논한 채권과 담보권의 분리로 인한 부종성 문제에 이어) 피담보채권과 수익권의 분리로 인한 부종성 문제로 귀결된다.

---

211 한 민(2011), 52면, 59면

첫 번째 전제조건은 신탁계약의 내용과 관련된다. 일반 저당권을 담보권신탁으로 설정한다고 가정하였을 때 저당권의 소유자는 위탁자가 되고 저당권을 취득하는 자는 수탁자가 되는 신탁계약이 체결되며 이러한 신탁계약에는 저당권의 설정에 대한 합의가 반영된다. 여기서 신탁에 의해 성립되는 신탁의 신탁재산은 저당권이다. 저당권에는 피담보채권이 요구되기 때문에 저당권을 설정하는 합의에는 피담보채권이 특정되어야 한다. 즉 담보권신탁에 필요한 신탁계약에는 저당권의 소유자(채무자 또는 보증인), 저당권을 취득하는자(수탁자), 저당권의 피담보채권, 저당권의 대상이 되는 담보물권을 특정함과 동시에, 저당권의 피담보채권의 채권자를 수익자로 하는 취지가 합의되고 반영되어야 한다.

두 번째 전제조건은 신탁의 수익자를 특정하는 것과 관련된다. 담보권신탁의 수익자는 피담보채권자이어야 한다.[212] 등기법에서는 담보권신탁을 "채권자를 수익자로 지정한 신탁의 경우"라고 한다(부동산등기법 87조의2 1항).[213] 담보권신탁에서 신탁의 목적은 피담보채권이 임의로 변제되지 않는 경우 피담보채권의 변제를 위해 신탁재산(즉 저당권)을 실행하고 배당금을 수익자의 피담보채권의 변제에 충당하는 것이다.[214] 따라서 피담보채권의 채권자를 신탁의 수익자로 특정함으로써 특정 사유의 발생시 신탁재산(즉 저당권)을 실행하여 그로부터 발생한 배당금이 피담보채권자에게 배분되도록 하여야 한다.[215] 담보권신탁에서 담보권의 부종성은 이러한 배분을 통하여 담보권과 피담보채권을 연결함으로써(즉 담보권신탁수익권의 피담보채권에 대한 부종성을 실현함으로써) 구현되는 것이기 때문이다.[216]

---

212 최수정(2019), 556면
213 정순섭(2021), 682면
214 정순섭(2021), 677-688면
215 정순섭(2021), 684-685면

달리 말해, 부종성에 반하지 않는 것으로 인정받기 위해서는 "신탁계약상 채권자가 신탁재산인 담보권의 수익자가 되도록 정해져 있어야 하며" 이 점이 충족되지 않아 수익권이 채권자와 분리되는 상황이 발생하면 담보권의 효력이 상실된다고 보아야 한다.[217]

우리나라의 부동산등기법상 담보권신탁의 수익자를 표시하는 방법에는 첫째, 수익자의 특정, 둘째, 수익자지정권자의 특정, 셋째, 수익자의 지정 또는 변경방법을 정한 경우에는 그 방법의 기재가 있다(부동산등기법 제81조 1항 1호-3호).[218] 담보권신탁의 수익자는 피담보채권의 채권자에 한정되므로 두 번째 방법의 사용은 어렵다.[219] 그러나 세 번째 방법의 사용은 가능하다. 좀 더 구체적으로, 세 번째 방법은 (신탁계약상 특정된 피담보채권자를 수익자로 정하지 않고) 추상적으로 "어느 시점의(from time to time) 피담보채권의 채권자" 또는 "채권자 및 그 양수인 등 수시로 변동되는 채권자"[220]를 수익자로 정함으로써 구현 가능하다.[221] 이 방법을 따르는 경우, 피담보채권이 양도될 때마

---

[216] 정순섭(2021), 677면
[217] 한 민(2011), 52면, 59면
[218] 정순섭(2021), 682면; 한 민(2011), 59면
[219] 정순섭(2021), 682면
[220] 한 민(2014), 59면
[221] 정순섭(2021), 682면; 한편 수익자에 관한 사항이 변경된 경우 수탁자는 지체없이 신탁원부 기록의 변경등기를 신청하여야 한다(부동산등기법 제86조). 피담보채권이 이전되는 경우에는 당연히 수익자의 변경이 뒤따르므로 변경등기가 필요하다. 그런데 수익권의 전전양도가 예정된 경우에는 수탁자의 업무부담이 가중되고 신속한 변경등기를 기대하기가 어렵다. 2013.5.28. 개정 이전의 부동산등기법은 수익자에 관하여 신탁원부에 기재되는 내용을 수익자의 성명 또는 명칭과 주소 또는 사무소 소재지로만 정하였으나, 현행법은 수익자를 지정하거나 변경할 방법을 정한 경우에는 그 방법을 기록하도록 한다(동법 제81조 제1항 제3호). 현행법에 비추어, 신탁등기시에 피담보채권만을 특정하고 그 귀속주체를 수익자로 기재할 수 있는지(즉 위 본문의 내용에 따라 "어느 시점의(from time to time) 피담보채권의 채권자" 또는 "채권자 및 그 양수인 등 수시로 변동되는 채권자"를 수익자로 정할 수 있는지), 그 결과 수익자가 변경된 때에도 별도로 등기를 하지

다 자동적으로 수익자의 변경이 이루어지기 때문에 효율적이다. 이렇게 해야 피담보채권이 양도될 때마다 수익권의 양도절차를 취해야 하는 번거로움을 피할 수 있기 때문이다. 또한 이 방법을 따르는 경우, 담보권신탁 설정 후에 피담보채권과 따로 수익권을 양도하는 것(즉 채권자와 수익자를 분리하는 것)이 불가능해지기 때문에, 피담보채권과 수익권이 분리되어 신탁이 목적달성불능으로 소멸될 여지가 없다.[222]

세 번째 전제조건은 신탁의 목적과 관련된다. 담보권신탁에서의 신탁의 목적은 피담보채권이 임의로 변제되지 않는 경우, 피담보채권의 변제를 위해 신탁재산(즉 저당권)을 실행하고 배당금을 수익자의 피담보채권의 변제에 충당하는 것이다. 따라서 신탁의 목적을 정함에 있어 특정 사유의 발생시 신탁재산(즉 저당권)을 실행하여 그로부터 발생한 배당금이 피담보채권의 변제에 충당되도록 정하여야 한다. 개정 신탁법의 도입 이후 담보권신탁의 부종성은 담보권신탁수익권의 피담보채권에 대한 부종성을 통해서 구현되는 것이기 때문에[223] 신탁의 목적에 저당권을 실행한 배당금을 피담보채권의 변제에 충당하도록 하는 내용이 포함되어 있지 않다면 채권자와 담보권자가 동일하다는 공식이

않아도 되는지에 대하여 의문이 없지 않다. 이와 관련하여 일본에서는 신탁된 담보권에 의하여 담보되는 피담보채권만을 특정하고 그 채권자를 수익자로 표시하면 변경등기를 할 필요가 없고, 따라서 피담보채권 양도시에 별도의 수익자변경 절차를 생략할 수 있는 이점이 있다고 한다. 우리법에 따라서도 이러한 해석이 합당하겠으나 만일 이러한 해석에 불확실성이 있어서 담보권신탁에서 여전히 수익자의 성명 등을 기재하여야 하고, 수익자의 변경이 있을 때에는 변경등기가 필요한 것이라면, 이러한 규정방식에 대해서는 개정이 필요하다. 최수정(2023), 591면

[222] 담보권신탁 설정 후에 피담보채권과 따로 수익권을 양도하여 채권자와 수익자를 분리하는 경우 이러한 수익권 양도는 무효이다. "담보권신탁의 수익권은 성질상 양도가 제한된다. 담보권신탁의 수익권을 양도하는 경우 피담보채권도 함께 양도되어야 한다. 더욱 정확하게는 피담보채권과 수익권이 분리되어 양도되면 그 신탁은 목적달성 불능으로 소멸한다." 정순섭(2021), 682면

[223] 정순섭(2021), 677면; 한 민(2011), 59면

성립하지 않는다. 따라서 이러한 경우에 설정된 저당권은 유효하다고 볼 수 없고, 결과적으로는 관련 신탁계약도 무효가 될 수 있다.

4. 부종성 문제의 입법적 해결 방안

담보권신탁에서 부종성 충족과 관련하여 개정 신탁법상 명시적인 규정은 없다. 그러나 "담보권신탁의 수탁자는 수익자를 위하여 담보권의 설정을 받는 자인 점(제 2조)", "담보권을 신탁재산으로 하여 설정된 신탁의 경우에는 수익증권을 기명식으로만 발행하도록 하여 담보권자와 피담보채권자가 실질적으로 분리되지 않도록 한 점(제 78조 제 2항 단서)" 등에 비추어 볼 때, "담보권신탁에서는 피담보채권자가 반드시 수익자가 되어야 한다"는 것을 알 수 있다.[224]

앞서 논의된 바와 같이 담보권신탁에서 담보권의 실행에 의해 담보권자에게 지급된 자금이 채권자에 대한 피담보채권의 회수에 충당될 것이 담보권신탁계약의 내용, 수익자의 특정, 신탁의 목적 등의 측면에서 확실시된다면 부종성은 충족된다.[225] 한편, 담보권신탁 제도의 사용시 부종성 충족의 전제조건으로서 수익권이 채권자와 분리되지 않도록 위에 언급된 일련의 조치를 취하는 대신, 이러한 문제를 입법적으로 해결하는 방안도 생각해 볼 수 있다.

이러한 해결 방안의 단서는 담사법상 사채권자에게 발급되는 신탁

---

224 양진섭(2013), 90면
225 "담보권은 피담보채권의 회수를 확실히 하기 위하여 성립하고 실행되는 것이며, 담보권자와 채권자가 분리되면 담보권의 실행에 의해 담보권자에 지급된 자금이 피담보채권의 회수에 충당할 수 없게 될 우려가 있고, 그 결과 담보권이 피담보채권의 회수를 확실하게 하지 못한다. 그러나 담보권자와 채권자가 분리되어도 담보권의 실행에 의해 담보권자에게 지급된 자금이 채권자에 대한 피담보채권의 회수에 확실히 충당된다면 담보권의 본래의 취지는 지켜지므로 담보권자와 채권자의 분리를 허용하는 것이 가능하다." 山田誠一(2005), 35-36면

증서에서 찾을 수 있다. 담사법 제13조는 신탁증서에 담보권에 관한 사항과 더불어 채권에 관한 사항이 함께 기재될 것과, 이러한 신탁증서를 신탁업자뿐만 아니라 위탁회사가 함께 기명날인할 것을 규정하고 있다.[226] 이와 같이 신탁증서에 담보권과 채권을 함께 명시하도록 함으로써 담보권과 채권이 분리되지 않도록 하면, 절차적 또는 실무적인 측면에서 담보권과 채권의 분리를 방지하기 위하여 별도의 조치를 취할 필요가 없게 되고, 관련 조치가 부적절하거나 불충분하여 수익권이 채권자와 분리됨으로써 담보권의 효력이 상실되는 상황을 원천적으로 차단할 수 있게 된다. 결국, 담사법 제13조의 규정으로 말미암아, 담보권신탁 제도와 관련하여서는 수탁자와 수익자들에게 맡겨져 있는 부종성 법리의 '실질적' 요건 충족의 문제가 담보부사채신탁과 관련하여서는 입법적으로 해결되어 있는 것이다.

따라서 담사법 제13조에서 규정하고 있는 바와 실질적으로 유사하게 담보권신탁 제도와 관련하여서도 개정 신탁법에 규정할 수 있다면, (채권과 담보권의 분리로 인한 부종성 문제를 개정 신탁법의 도입시 입법적으로 해결한 것과 마찬가지로) 담보권신탁 제도와 관련하여 남

---

[226] "제13조(신탁증서의 기재사항) 신탁증서에는 다음 각 호의 사항을 적고 위탁회사와 신탁업자의 대표자가 기명날인하여야 한다.
  1. 위탁회사와 신탁업자의 상호
  2. 사채의 총액
  3. 각 사채의 금액
  4. 사채 발행의 가액(價額) 또는 최저가액
  5. 사채의 이율
  6. 사채 상환의 방법과 기한
  7. 이자 지급의 방법과 기한
  8. 채권(債券)에 적을 사항의 표시와 이표(利票)를 붙인 채권일 때에는 그 사실의 표시
  9. 담보의 종류, 목적물, 순위, 선순위의 담보를 붙인 채권의 금액, 그 밖에 목적물에 관하여 담보권자에게 대항할 수 있는 권리의 표시
  10. 제28조제1항에 따른 사채인 경우에는 그 사실과 각 회사의 부담 부분

아 있는 수익권과 채권의 분리 가능성에서 비롯되는 부종성의 문제 역시 입법적으로 해결할 수 있게 될 것이다.

한편 담보권신탁 제도의 부종성은 담보권신탁에서 채권자와 수익자가 분리되어서는 안 된다고 보고, 만일 담보권신탁 설정 후 피담보채권과 수익권을 분리하여 양도하게 되면 이러한 수익권의 양도는 무효이고 그 신탁은 목적달성 불능으로 소멸한다고 보는 것인데, 부종성을 완화하여 해석할 필요성에 대한 고민도 필요하다. 예컨대 담보권신탁을 사용하여 담보권을 설정하는 거래에서 채권자 겸 수익권자인 A가 채권만을 분리하여 B에게 양도하는 경우, 이를 채권과 수익권의 분리로 보아 즉시 담보권신탁을 소멸시키는 대신, 이와 같이 분리양도를 한 당사자들의 의사를 먼저 살필 필요가 있다. 예를 들어, 만일 A와 B가 오직 채권만을 양도·양수할 의사였다면 담보권신탁은 목적달성 불능으로 소멸할 것이다. 반면 A가 B에게 (이미 양도한 채권에 추가하여) 수익권까지 양도할 의사였다면 담보권신탁은 유효하다고 보아야 할 것이다. 한편 수익권의 양도에 관하여 당사자들의 의사가 불명확하다면 (특별한 사정이 없는 한) 담보권신탁을 소멸시키기 보다는 A가 B에게 (이미 양도한 채권에 추가하여) 수익권까지 양도할 의무를 부담하는 것으로 보아 담보권신탁이 유효하다고 해석하는 것이 좀 더 합리적일 것이다.

이와 같은 부종성의 완화된 해석은 금융거래의 실무에서 거래의 당사자들이 좀 더 탄력적으로 거래를 계획하고 실행할 수 있도록 해 준다는 점에서 의미가 있을 것으로 생각된다.

제2항 역외거래에서 부종성으로 인한 담보권신탁의 사용 제한 여부

1. 개정 신탁법 도입 이전

피담보채무의 준거법이 영국법인 대출계약에 담보권 설정 방식으로서 영미식 담보권신탁을 규정하고 있다면, 영미식 담보권신탁을 사용하여 우리나라에 소재하는 담보물에 대하여 우리법에 따른 담보권을 설정하는 거래에서 유효한 담보권이 설정된 것으로 볼 수 있는가 하는 문제가 있다.[227]

만일 개정 신탁법에 따라 담보권신탁 제도가 명문화되기 이전에 이 문제에 대하여 우리 법원의 집행판결이 요구되었더라면, 우리 법원은 영국법을 피담보채무의 준거법으로 하는 대출계약서에 포함된 영미식 담보권신탁이 우리법상 부종성에 위배된다는 점에서 공서양속 위반 등의 일반원칙에 반한다고 보고 집행판결의 승인을 인정하지 않았을 것이다.[228] 피담보채무의 준거법이 영국법이더라도 담보권 설정 및 이

---

227 박 준·한 민(2022), 266면; "신탁에 따른 법률관계에 외국적 요소(foreign element)가 없는 경우, 즉 순수한 국내신탁의 경우와 달리 외국적 요소가 있는 신탁('국제신탁')의 경우 국제재판관할과 준거법의 결정이라는 국제사법적 문제가 발생한다." 석광현(2006), 61면

228 (개정 신탁법의 도입 이전) "국제금융거래에서 영미법에 따라 담보권 신탁이 설정되는 경우, 국제사법에 의하여 담보권의 준거법이 우리나라 법이 되는 때(예컨대, 담보물의 소재지가 우리나라인 때)에는 담보권 설정 및 이전의 효력에 관하여 우리나라 법이 적용되게 되는데, 우리 민법상 담보물권의 부종성 원칙으로 인하여 채권자와 담보권자의 분리를 인정하는 영미법상의 담보권 신탁은 우리 현행법상으로는 그 효력이 인정되지 않는다고 본다." 한 민(2011), 55면; "우리 법상 신탁의 법리에 따라 대리은행을 담보권부채권(즉 채권과 담보권 양자)의 수탁자로 지정할 수는 있지만, 피담보채권과 분리하여 담보권만을 신탁하는 것은 종래 실무상 담보권의 부종성 때문에 어려운 것으로 보고 있다." 석광현(2006), 78면; ".. 영국법을 준거법으로 하여 security trust deed를 체결한 상태에서 그 수

전의 효력에 관해서는 결국 우리법이 적용되게 되기 때문에,[229] 민법상 담보물권의 부종성 원칙으로 인하여 채권자와 담보권자의 분리를 인정하는 영미법상의 담보권신탁은 우리법상으로는 그 효력이 인정되지 않는다고 보았을 것이기 때문이다.[230]

요컨대 개정 신탁법에 따라 담보권신탁 제도가 명문화되기 이전에는 부종성의 문제로 인하여 (국내거래에서와 마찬가지로) 역외거래에서도 담보권신탁 제도를 사용하여 우리법상 유효한 담보권을 설정하는 것은 어려웠다.[231]

2. 개정 신탁법 도입 이후

개정 신탁법이 도입됨으로써 담보권신탁 제도가 명문화된 이후의 상황은 다르다. 피담보채무의 준거법이 우리법인 대출계약에 따라 국내 소재 담보물에 대하여 담보권을 설정하는 국내거래에서 담보권신

탁자 앞으로 우리 법에 따른 담보권을 설정하는 거래에서, 과연 유효한 담보권이 설정된 것으로 볼 수 있는지 하는 문제가 있을 수 있다. 한국변호사가 요구받게 될 법률의견서의 측면에서 보자면, 담보권이 우리법상 필요한 요건을 구비하여 수탁자에게 귀속되었 다는 점에 대하여만 법률의견을 낼 수 있을지 모르겠으나, 그처럼 제한적인 법률의견으 로 대주단이 만족할 것인지 의문이거니와 결국 이 경우에도 신탁이 대상이 되는 것은 채권이 아닌 담보권으로서 우리 물권법상 담보권의 부종성 원칙에 반하게 되는 결과가 발생하는 것으로 보인다." 윤여균·우동석(2011), 132면

229 국제사법 제33조 내지 제37조
230 박 준·한 민(2022), 266면
231 석광현(2006), 78면에 따르면, 신탁의 준거법이 외국법인 경우, "우리 법상 신탁의 법리에 따라 대리은행을 담보부채권(즉 채권과 담보권 양자)의 수탁자로 지정할 수는 있지만, 피담보채권과 분리하여 담보권만을 신탁하는 것은 종래 담보권의 부종성 때문에 어려운 것으로 보고 있"으나, "다만 우리 법상으로도 채권이 제3자에게 실질적으로 귀속되었다고 볼 수 있는 특별한 사정이 있는 경우에는 채권자가 아닌 제3자 명의의 근저당권설정등기도 유효하다고 본 대법원 2001. 3. 151 선고 99다48948 전원합의체판결이 있으므로 논란의 여지가 있다."

탁 제도의 사용은 당연히 가능하다. 앞서 논의된 바와 같이, 비록 우리 법상 담보권신탁 제도와 관련하여 법리적인 측면에서 개선 및 보완되어야 할 부분들이 존재하지만, 채권과 담보권의 분리에 따른 부종성 문제는 입법적으로 해결되었기 때문이다.

그렇다면 피담보채무의 준거법이 영국법인 대출계약에 담보권 설정 방식으로서 영미식 담보권신탁을 규정하고 있다면, 영미식 담보권신탁을 사용하여 우리나라에 소재하는 담보물에 대하여 우리법에 따른 담보권을 설정하는 거래에서 유효한 담보권이 설정된 것으로 볼 수 있는지 여부를 (개정 신탁법이 도입된 이후인 현 시점에) 다시 검토할 필요가 있다.

제1항에서의 논의와 마찬가지로 담보권신탁의 준거법이 외국법이더라도 수탁사에게 담보권을 설정하는 것과 기타 담보권에 관한 사항은 신탁이 아니라 법정지인 우리나라의 국제사법에 의하여 결정되는 담보권의 준거법(예컨대 담보목적물이 물건이라면 소재지법)에 따르게 된다. 즉 외국법을 신탁의 준거법으로 하는 담보권신탁의 경우 신탁의 대상이 되는 것은 채권이 아닌 담보권이기 때문에 국제사법에 따를 경우 담보권의 준거법인 우리법이 적용되는 것이다.

만일, 현 시점에, 피담보채무의 준거법이 영미법인 대출계약에 포함된 담보권신탁 조항에 따라 수탁자가 자신의 명의로 우리법상 (채권자들의 피담보채권에 대한) 담보권을 설정·등록·유지·집행할 수 있는지에 대하여 우리 법원의 집행판결이 요구된다면, 우리 법원은 집행판결의 승인을 인정할 가능성이 높다. 우리나라의 실질법에는 부종성의 법리를 규정하는 민법뿐만 아니라, 부종성에 대한 특례로서 담보권신탁을 인정한 개정 신탁법도 포함되기 때문이다. 따라서 (국내거래에서와 마찬가지로) 역외거래에서도 담보권신탁 제도를 사용하여 우리법상 유효한 담보권을 설정하는 것은 유효하다고 보는 것이 타당하다.

반드시 부종성의 측면이 아니더라도, 만일 우리 법원이 위와 달리 판단하여 집행판결의 승인을 인정하지 않는다면 이는 우리나라에서 담보권신탁 제도를 도입한 입법 취지에 반하는 결과를 초래할 것이다. 한국식 담보권신탁은 영미식 담보권신탁을 모델로 삼아 신탁법에 담보권신탁 제도의 사용을 가능케 하는 명문의 규정을 신설함으로써 도입한 제도이다. 우리나라가 이러한 제도를 도입한 것은 국내 금융거래를 넘어 영미의 금융 선진국과 우리나라간에 이루어지는 국제 금융거래에서 호환 가능한 담보권 설정 수단을 염두에 둔 것으로 영미법 개념에 기초하고 있는 담보권신탁 제도를 우리법상 흡수 도입하였다고 보는 것이 입법의 취지에 부합한다. 이와 같은 입법 취지는 우리나라 기업 또는 금융기관이 참여하는 국제금융거래에서의 효율성을 높이고 거래비용을 줄이고자 하는 노력과도 같은 연장선상에 있다.

요컨대 피담보채무의 준거법이 영국법인 대출계약에 담보권 설정 방식으로서 영미식 담보권신탁을 규정하고 있더라도, 영미식 담보권신탁을 사용하여 우리나라에 소재하는 담보물에 대하여 우리법에 따른 담보권을 설정하는 거래에서 한국식 담보권신탁에 필요한 요건을 충족하였다면, 우리법상 유효한 담보권이 설정된 것으로 볼 수 있다.

표 4: 담보권신탁의 거래유형별 활용도

구분	담보권신탁
국내거래에서 사용 가능성	우리 개정 신탁법에 따라 한국식 담보권신탁 제도를 사용하여 우리법상 유효한 담보권을 설정하는 것은 당연히 가능
역외거래에서 사용 가능성	피담보채무의 준거법이 영국법인 대출계약에 담보권 설정 방식으로서 영미식 담보권신탁을 규정하고 있더라도 영미식 담보권신탁을 사용하여 우리나라에 소재하는 담보물에 대하여 우리법에 따른 담보권을 설정하는 거래에서 한국식 담보권신탁에 필요한 요건을 충족하였다면 우리법상 유효한 담보권이 설정된 것으로 볼 수 있음

제6절 소결론

본 장에서는 개별담보설정방식에 대한 대안으로서 담보권신탁 제도를 검토하였다. 본 장에서의 논의를 종합해 볼 때, 담보권신탁이란 "위탁자가 채권자를 수익자로 하여 수탁자에게 담보권을 설정한 후, 채무자의 채무불이행이 있을 경우 수탁자가 담보권의 실행을 통하여 수령한 금전을 수익자에게 교부하여 주는 신탁"이라고 할 수 있다.[232]

개별담보설정방식은 모든 담보권을 개별 대주 앞으로 설정·유지·집행하는 것을 전제로 하는 담보권 설정 방식이기 때문에 개별 대주가 모두 담보권자가 된다. 반면 담보권신탁은 모든 담보권을 오로지 수탁자 앞으로 설정·유지·집행하는 것을 전제로 하는 담보권 설정 방식이기 때문에 유일한 담보권자는 수탁자이다.

좀 더 구체적으로, 담보권신탁에서의 유일한 담보권자는 수탁자이기 때문에 채권의 양수도가 발생하더라도 담보권자가 변경될 필요가 없으므로 이에 따른 부가적인 담보권 이전 절차가 요구되지 않고, 담보권 순위가 바뀔 위험 또한 없기 때문에 담보권의 순위를 보전하기 위한 별도의 계약도 요구되지 않는다.[233] 대출채권의 양수도에도 불구하고 부가적인 담보권 이전 절차가 요구되지 않는다는 점은 담보권신탁을 사용함으로써 많은 시간과 실무적 노력 및 거래비용을 아낄 수 있음을 의미한다.

이러한 장점에 힘입어 영미 국가에서는 신디케이티드대출 거래에서 담보권의 설정 방식으로서 담보권신탁 제도가 보편적으로 사용되

---

[232] 양진섭(2013), 90-91면
[233] 담보권신탁은 "담보권의 설정시에도 편리하고, 사후적으로 일부 대주가 변경되더라도 담보계약을 양도하거나 변경할 필요가 없어 담보관리가 용이하다는 장점이 있다." 석광현(2006), 78면

고 있고, 우리나라에서도 담보권신탁 제도가 가장 잘 활용될 수 있는 거래 유형으로 신디케이티드대출이 꼽힌다. 그럼에도 불구하고 개정 신탁법에 따라 한국식 담보권신탁이 도입된 이래 신디케이티드대출에서 이러한 제도가 실제로 사용된 사례는 찾아보기 어렵다. 신디케이티드대출이라는 구체적인거래의 맥락에서 담보권신탁 제도를 다룬 학계의 논의도 많지 않다.

이와 같이 영미 국가의 상황과는 대조적으로 우리나라에서 담보권신탁 제도가 신디케이티드대출 거래에서 제대로 활용되지 못하고 있는 가장 큰 이유는 현재 자본시장법상 신탁업자가 수탁할 수 있는 재산에 담보권이 포함되어 있지 않아 담보권신탁 제도가 활성화되지 못하고 있다는 데에 있다. 자본시장법의 개정을 통해 이러한 문제를 신속히 해결하여 담보권신탁이 제도적으로 활성화될 수 있도록 해야 한다.

법리적인 측면에서의 문제도 있다. 담보권신탁의 구체적인 법률관계에 대한 규정이 개정 신탁법 자체뿐만 아니라 다른 법률에도 없다. 이러한 법리적인 문제들은 개정 신탁법 및 채무자회생법 등 관련 법률에 담보권신탁과 관련한 규정을 새로이 신설하거나 개정하는 방식으로 해결하여야 한다.

이러한 문제에 추가하여, 본 장에서는 (도산절연 기능을 갖추고 있는 담보신탁이라는 제도가 사용되고 있는 상황에서) 담보권신탁이라는 대안적 제도를 정비하여 활성화시킬 실익이 존재하는가 하는 문제에 대해서도 구체적으로 살펴었다.

(수익자인) 채권자들의 입장에서 생각해 보면, (채무자의 영업전망 및 책임재산이 확실하여 도산 가능성이 희박한 상황에서는) 담보권신탁이 담보신탁과 동일한 정도로 안전한 담보기능을 수행할 수 있으므로 (이자조건을 좀 더 유리하게 협상할 수 있다면) 소유권 대신 담보권만을 신탁받고자 하는 유인이 있다. (수탁자인) 신탁업자의 입장에서 생각해 보아도, 담보신탁에서 신탁재산 자체의 소유권을 수탁받게

되는 수탁자는 소유자로서의 민법상 공작물책임(민법 제758조 1항) 등 같은 무과실책임에 노출될 수 있기 때문에 이러한 무과실실책임을 회피하고 싶은 수탁기관이라면 소유권보다는 담보권을 수탁하는 방안을 선호할 유인이 있다. (위탁자인) 채무자의 입장에서도, 채권의 담보목적으로 자신이 소유하는 재산에 대한 소유권 자체를 이전하는 경우 이로 인하여 채무자와 거래사 또는 고객사 간의 대외적인 관계가 영향을 받을 수 있고 이로 인하여 채무자의 영업·사업상 차질이 빚어질 수 있기 때문에 담보신탁보다는 담보권신탁을 선호할 유인이 있다.

개별 당사자의 관점이 아닌 거래적인 관점에서도 담보신탁과 비교시 담보권신탁을 선택할 유인이 분명히 존재한다. 예컨대 일반 기업금융의 목적으로 이루어지는 신디케이티트대출 거래에서는 담보물에 포함되는 자산의 유형이 매우 다양한데, 담보신탁은 담보대상 자산유형이 부동산으로 한정되는 프로젝트금융과 같은 일부 유형의 대출거래에서 주로 사용되고 있고, (부동산 외에) 기업이 보유하는 여러 유형의 자산들을 담보대상으로 하는 일반 기업금융 거래에서는 담보신탁이 거의 사용되지 못하고 있다. 그 이유는 이러한 거래에서 담보신탁을 사용하는 것이 (설령 법리적인 측면에서는 문제가 없을지라도) 거래당사자들이나 기타 이해관계자들의 종합적인 이해관계 등을 고려하였을 때 적절하지 않을 수 있기 때문이다. 반면 이러한 거래에서 담보권신탁 방식을 채택한다면 (담보대상 자산유형을 불문하고) 모든 유형의 자산에 대하여 일관되게 수탁자를 담보권자로, 대주들을 수익자로 하여 담보권을 설정하는 것이 가능하다.

따라서 우리법상 담보신탁 제도의 활성화를 가로막는 문제들을 신속히 해결하여 우리나라에서도 영미국가에서처럼 신디케이티드대출 거래에서 개별담보설정방식이 아닌 담보권신탁 제도가 기본 담보권 설정 방식으로 사용될 수 있도록 해야 한다.

제5장

개별담보설정방식의 대안 2: 병행채무방식

제1절 의의

제1항 개념

병행채무방식이란 대주들을 위하여 담보대리인을 선임한 후, 차주가 담보대리인에 대하여 대출채무(이하 "원채무")와 동일한(mirror) 금액의 채무(이하 "병행채무")[1]를 부담하기로 하고, 차주가 병행채무를 담보하기 위해 담보대리인에게 담보권을 설정해 주되, 담보대리인은 오직 대주들을 위해서만 그러한 채권과 담보권을 보유하고 관리하며 실행하는 방식이다.[2] 병행채무방식의 핵심은 담보대리인이 병행채무에 대한 채권자 겸 담보권자가 된다는 데에 있다.[3] 즉 병행채무방식을

---

[1] 병행채무라는 용어는 엄밀하게는 채무(debt)만을 가리켜야 하지만 본 연구에서는 편의상 병행채무에 대응하는 채권(claim)을 기리키는 용어로도 사용한다.

[2] Sue Wright(2014), 260면; Sara Barin, Caroline Gregson & Anouschka Zagorski(2024); "Under a parallel debt clause the borrower acknowledges a separate and additional debt owed by it to the security agent. This debt exists simultaneously (in parallel) with the debt owed by the borrower to the lenders, and is equal to the amount owed by the borrower to the lenders at any time during the term of the loan. The borrower grants security in favour of the security agent to secure this parallel debt." Rafal Zakrzewski & Geoffrey Fuller(2019), 232면; "그 동안 우리나라의 국제금융거래 실무에서는 담보권신탁을 이용하고자 하는 경우 직면하게 되는 담보물권의 부종성으로 인한 문제를 피하기 위하여, 채무자가 채권자에 대한 채무와 병행하여 담보수탁자(또는 담보대리인)에 대하여도 동일한 내용의 채무를 병행하여 부담하고, 채권자 또는 담보수탁자(담보대리인)의 어느 일방이 채무를 변제 받은 때에는 채무가 소멸하는 것으로 약정하면서, 담보수탁자(또는 담보대리인)에 대한 위 병행 채무를 담보하기 위하여 담보권을 담보수탁자(담보대리인) 앞으로 설정해 주는 방법을 종종 이용해 왔다." 한 민(2012), 230면; 윤여균·우동석(2011), 132-133면

[3] Rafal Zakrzewski & Geoffrey Fuller(2019), 232면; 한 민(2012), 230면; 윤여균·우동석(2011), 132-133면

적용하더라도 채권자와 담보권자가 동일해야 한다는 담보물권법상 부종성 원칙이 위배되지 않는다.

제2항 구조

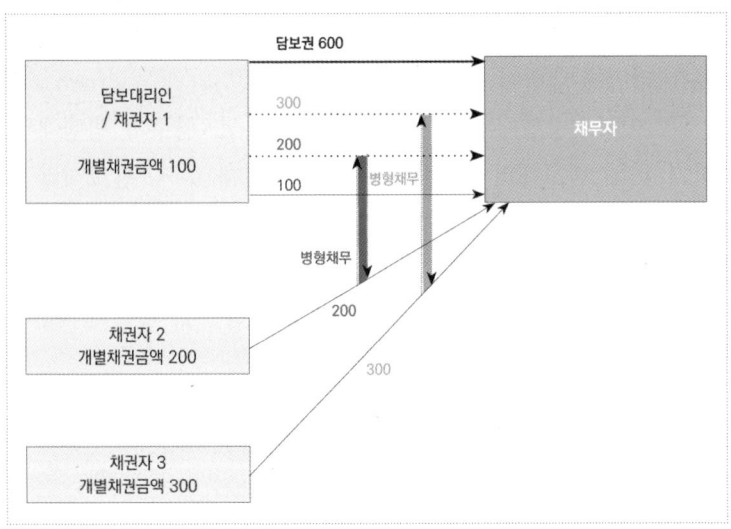

그림 7: 병행채무방식의 구조

병행채무방식에서는 차주가 대주에게 부담하는 개별 차입 채무와 동일한 내용의 채무(즉 병행채무)를 담보대리인에 대하여 부담하게 된다. 그리고 차주는 병행채무를 피담보채무로 하고 담보대리인을 담보권자로 하여 담보권을 설정한다. 병행채무는 개별 차입채무와는 별도의 채무로 성립되지만 차주가 병행채무 조항에 따라 담보대리인에게 지급하는 경우, 개별 차입 채무는 동일한 금액으로 감액·소멸된다.[4]

---

[4] "If the security agent receives any monies in respect of the parallel debt, it

제3항 개별담보설정방식과의 차이점

　개별담보설정방식은 모든 담보권을 개별 대주 앞으로 설정·유지·집행하는 것을 전제로 하는 담보권 설정 방식이다. 따라서 개별 대주가 모두 담보권자가 된다. 대주들을 위하여 담보대리인이 선임되기는 하나 담보대리인은 담보와 관련된 행정적인 관리업무를 수행할 뿐 법적 담보권자는 여전히 개별 대주들이다. 반면 병행채무방식은 모든 담보권을 오로지 (병행채무에 대한 채권자인) 담보대리인 앞으로 설정·유지·집행하는 것을 전제로 하는 담보권 설정 방식이다. 즉 병행채무방식에서 유일한 담보권자는 (병행채무에 대한 채권자인) 담보대리인이다.

　병행채무방식과 개별담보설정방식 간의 차이가 가장 극명한 차이는 대출채권의 양수도가 일어나는 시점에 드러난다. 이 때 개별담보설정방식을 사용하여 담보권이 설정되었다면 대출채권의 양수도에 담보권의 이전이 수반되어야 하고 담보권의 유효성을 유지하기 위해서는 담보권 이전에 요구되는 요건을 일일이 갖추어야 한다. 반면 애초에 병행채무방식에 따라 담보권이 설정되었다면 대출채권의 양수도가 일어나더라도 별도의 담보권 이전 절차가 요구되지 않는다. 앞서 언급된 바와 같이, 병행채무방식에서의 유일한 담보권자는 담보대리인이고 이는 대출채권의 양수도에 영향을 받지 않기 때문이다.

---

　　is required to share them with the lenders under the sharing provisions of the loan or intercreditor agreement." Rafal Zakrzewski & Geoffrey Fuller(2019), 232면

표 5: 개별담보설정방식과 병행채무방식의 비교

구분	개별담보설정방식	병행채무방식
개념	개별 채권자 앞으로 모든 담보권을 설정·유지·집행하는 것을 전제로 하는 담보권 설정 방식	채무자가 채권자에 대하여 부담하는 채무(즉 원채무)와 동일한 내용으로 원채무에 추가하여 담보대리인을 채권자로 하는 별도의 병행채무를 설정하고 병행채무를 피담보채무로 하여 오로지 담보대리인에게만 담보권을 설정하는 방식
담보권 설정자	채무자	채무자
담보권자	개별 채권자들	(병행채무의 채권자로서) 담보대리인 (즉 담보대리인=채권자=담보권자) *(원채무의 채권자인) 개별 채권자들은 계약에 따라 (병행채무의 채권자인) 담보대리인으로부터 대출원리금을 배분받음
담보물의 도산격리 여부	담보대리인의 도산위험 및 담보대리인 고유채권자의 공취력으로부터 담보물이 보호되지 않음	(병행채무의 채권자로서) 담보대리인의 도산위험 및 담보대리인 고유채권자의 공취력으로부터 담보물이 보호되지 않음
담보권 설정 비용 및 절차	비용: 높음 절차: 복잡함	비용: 개별담보설정방식과 동일 절차: 유일한 담보권자는 담보대리인이므로 개별담보설정방식에 비해 구비서류 및 행정적 절차가 간단함
담보권 이전 비용 및 절차	비용: 높음 절차: 복잡함	비용: 없음 절차: 없음; 유일한 담보권자는 담보대리인이므로 채권의 양수도가 발생하더라도 담보권자가 변경될 필요가 없어서 이에 따른 부가적인 담보권 이전 절차가 요구되지 않음

제4항 담보권신탁 제도와의 차이점

병행채무방식에서의 담보대리인은 (단순한 대리인이 아닌) 담보권자의 지위를 보유한다는 점에서 영미식 담보권신탁에서의 수탁자와 유사한 지위를 가진다고 볼 수도 있다. 그러나 병행채무방식과 담보권신탁은 부종성의 문제를 어떻게 해결하는가의 측면에서 차이를 보인다. 담보권신탁은 채권자와 담보권자의 분리를 합법적으로 인정하는 방식으로 볼 수 있다.[5] 반면 병행채무방식은 채권자와 담보권자를 일치시키기 위해서 수시로 변경되는 대주가 아닌 (병행채무에 대한 채권자로서) 담보대리인을 담보권자로 정하는 것을 상정한다. 다시 말해, 담보권신탁이 (신탁이라는 도구를 사용하여) 채권자와 담보권자 간의 불일치를 합법적으로 인정하는 방법으로 문제를 해결하고자 하였다면, 병행채무방식은 애초에 채권자와 담보권자를 일치시키는 방법으로 문제를 해결하고자 하였다고 볼 수 있다.[6]

표 6: 담보권신탁과 병행채무방식의 비교

구분	담보권신탁	병행채무방식
개념	신탁을 매개로 하여 채무자가 위탁자의 지위에서 채권자들을 수익자로 하여 제3자인 수탁자에게 담보권을 설정하는 방식	채무자가 채권자에 대하여 부담하는 채무(즉 원채무)와 동일한 내용으로 원채무에 추가하여 담보대리인을 채권자로 하는 별도의 병행채무를 설정하고 병행채무를 피담보채무로 하여 오로지 담보대리인에게만 담보권을 설정하는 방식

---

5 鈴木 健太郎·宇治野 壯步(2014), 65면
6 일본에서도 담보권신탁 제도와 병행채무방식의 차이를 설명함에 있어, 담보권신탁 제도는 "채권자와 담보권자의 불일치를 합법적으로 인정하는" 방법이고, 병행채무방식은 "수시로 변경되는 대주가 아닌 제3자를 담보권자"로 정함으로써 담보권자와 채권자를 일치시키는 방법이라고 보았다. 鈴木 健太郎·宇治野 壯步(2014), 65면

구분	담보권신탁	병행채무방식
담보권 설정자	(위탁자로서) 채무자	채무자
담보권자	수탁자(통상 담보대리인이 수탁자의 역할을 맡음) (즉 담보권자와 채권자가 상이함) *채권자들은 신탁상 수익자의 지위를 가짐	(병행채무의 채권자로서) 담보대리인 (즉 담보대리인=채권자=담보권자) *(원채무의 채권자인) 개별 채권자들은 계약에 따라 (병행채무의 채권자인) 담보대리인으로부터 대출원리금을 배분받음
담보물의 도산격리 여부	수탁자의 도산위험 및 수탁자의 고유채권자의 공취력으로부터 신탁재산(즉 담보물)이 보호됨	(병행채무의 채권자로서) 담보대리인의 도산위험 및 담보대리인 고유채권자의 공취력으로부터 담보물이 보호되지 않음
담보권 설정 비용 및 절차	비용: 별도의 신탁 설정 비용이 추가되므로 개별담보설정방식보다 높을 수 있음(현재로서는 확인이 어려움) 절차: 유일한 담보권자는 수탁자이므로 개별담보설정방식에 비해 구비서류 및 행정적 절차가 간단함	비용: 개별담보설정방식과 동일 절차: 유일한 담보권자는 담보대리인이므로 개별담보설정방식에 비해 구비 서류 및 행정적 절차가 간단함
담보권 이전 비용 및 절차	비용: 없음 절차: 없음; 유일한 담보권자는 수탁자이므로 채권의 양수도가 발생하더라도 담보권자가 변경될 필요가 없어서 이에 따른 부가적인 담보권 이전 절차가 요구되지 않음	비용: 없음 절차: 없음; 유일한 담보권자는 담보대리인이므로 채권의 양수도가 발생하더라도 담보권자가 변경될 필요가 없어서 이에 따른 부가적인 담보권 이전 절차가 요구되지 않음

제5항 장점

병행채무방식의 장점은 신탁을 매개로 하지 않았음에도 담보권신탁과 유사한 거래적 장점을 그대로 누릴 수 있다는 데에 있다. 병행채무 조항이 대출계약 등에 명확히 규정되어 있고 담보권이 이러한 규정에 따라 설정되기만 한다면, 담보권자와 피담보채권자를 일치시킴으로써 부종성의 문제를 해결할 수 있다. 담보권신탁 제도하에서 유일한 담보권자가 수탁자인 것처럼 병행채무방식하에서 유일한 담보권자는 담보대리인이기 때문에 개별 대주가 아닌 담보대리인만을 위해서 담보권을 설정함으로써 대출채권의 양수도에 영향을 받지 않게 된다. 담보권의 일원적인 유지, 관리 및 집행이 가능하다는 측면에서 절차적, 행정적으로 용이하고 간소하다.

제6항 계약적 구현 및 유의점

　병행채무방식은 신탁을 매개로 하였거나 입법이라는 도구를 사용하여 고안된 것이 아닌, 계약에 기반한 담보권 설정 방식이다. 따라서 병행채무방식이 제대로 구현되기 위해서는 병행채무 조항이 대출계약 등에 명확히 규정되어야 하고, 실제로 담보권이 이러한 규정에 따라 설정되어야 한다.

　병행채무방식이 계약에 기반한 담보권 설정 방식이라는 점을 고려하였을 때, 현 시점에 실제로 이루어지고 있는 국제금융거래에서 병행채무 조항이 어떻게 규정되어 있는지, 관련 조항의 작성 및/또는 해석시 유의할 점은 무엇인지에 대한 검토가 선행되어야 한다. 이는 단순히 실무적인 차원에서의 궁금증을 해소하기 위해서가 아니라 병행채무방식의 실질적 메커니즘을 제대로 이해하기 위해 반드시 필요한 과정이다.

1. 병행채무방식의 계약적 구현

　영미 국가에서 이루어지는 신디케이티드대출에서는 영미식 담보권신탁을 사용하는 경우가 일반적이고 병행채무방식을 사용하는 경우는 거의 없다.[7] 그러나 담보제공자 또는 담보물이 영미 국가 이외의 법역에 존재하는 경우, 담보권신탁에 문제가 발생할 수 있다.[8] 실제로 영국법을 준거법으로 하는 담보부 신디케이티드대출 거래의 당사자가 모두 영국 국외에 있는 경우가 적지 않은데, 담보권신탁에 의한 담보부 신디케이티드대출의 경우, 신탁제도가 존재하지 않는 법역의 법원에서 수탁자가 담보권의 실행을 제기하면 신탁의 성질 결정이라는 어려운 문제가 발생한다.[9]

이러한 배경에는 대부분의 대륙법계 국가에서는 신탁의 개념이 인정되지 않고 이들 법역에 존재하는 자산에 담보권이 설정되는 경우에는 채권자가 아닌 자가 담보권자가 될 수 없다는 점이 자리하고 있다.[10] 따라서 이들 법역이 관련된 신디케이티드대출에서는 병행채무방식이 영미식 담보권신탁을 대체하거나 이와 병용되는 형태로 사용되고 있다. 예를 들어, 독일, 네덜란드,[11] 오스트리아[12] 등의 국가가 참여하는 신디케이티드대출 거래에서는 피담보채무의 준거법이 영미법인 대출계약에 담보권신탁과 병행채무방식을 함께 규정하는 것이 일반적이다.[13]

아래는 영국법을 준거법으로 하는 대출계약에 실제로 포함되어 있는 병행채무방식 관련 조항을 발췌한 것이다.[14]

---

[7] Sue Wright(2014), 258면
[8] Practical Law Finance3(2024)
[9] 洞鷄 敏夫, 池田 順一, 島崎 哲1(2011), 20면
[10] Sara Barin, Caroline Gregson & Anouschka Zagorski(2024)
[11] Ferdinand Hengst, Bas Boutellier & Lisa de Boer(2023); Morgan, Lewis & Bockius LLP(2022), 386면
[12] Dr Peter Kunz & Dr Thomas Seeber(2015); Morgan, Lewis & Bockius LLP(2022), 175-176면
[13] Sara Barin, Caroline Gregson & Anouschka Zagorski(2024)
[14] 본 항의 본문에 기재된 병행채무 관련 규정은 2022년 12월 B사의 인수금융 건과

표 7: 병행채무방식 관련 조항의 예시

[XX]조	병행채무 조항	국문번역문
(a)항	Each Obligor hereby irrevocably and unconditionally undertakes to pay to the Security Agent amounts equal to any amounts owing from time to time by that Obligor to any Secured Party under any Finance Document as and when those amounts are due.	각 채무자는 본건 금융계약상 해당 채무자가 본건 피담보채권자에게 어느 시점에 지급하여야 하는 금액과 동일한 금액을 해당 금액의 지급일에 담보대리인에게 지급할 것을 약정하고 이러한 지급약정은 취소불가능하고 무조건적이다.
(b) 항	Each Obligor and the Security Agent acknowledge that the obligations of each Obligor under paragraph (a) above are several and are separate and independent from, and shall not in any way limit or affect, the corresponding obligations of that Obligor to any Secured Party under any Finance Document (its "Corresponding Debt") nor shall the amounts for which each Obligor is liable under paragraph (a) above (its "Parallel Debt") be limited or affected in any way by its Corresponding Debt provided that: (i) the Parallel Debt of each Obligor shall be decreased to the extent that its Corresponding Debt has been irrevocably; and (ii) the Corresponding Debt of each Obligor shall be decreased to the extent that its Parallel Debt has been irrevocably paid; and (iii) the amount of the Parallel Debt of an Obligor shall at all times be equal to the amount of its Corresponding Debt.	각 채무자와 담보대리인은 위 (a)항에 따른 각 채무자의 의무가 본건 금융계약상 해당 채무자가 피담보채권자에게 지급해야 하는 채무(이하 "원채무")와는 별개의, 개별적이고 독립적인 채무이고, 어떤 식으로든 원채무를 제한하거나 원채무에 영향을 주지 아니하며, 위 (a)항에 따라 각 채무자가 지급해야 하는 채무(이하 "병행채무")는 어떤 식으로든 원채무에 의해 제한을 받거나 원채무에 영향을 받지 아니함을 인지한다. 다만 (i) 각 채무자의 병행채무는 원채무가 (취소불가능한 방식으로) 지급된 경우, 그에 상응하는 만큼 감액되고 (ii) 각 채무자의 원채무는 병행채무가 (취소불가능한 방식으로) 지급된 경우, 그에 상응하는 만큼 감액되며 (iii) 어느 채무자의 병행채무 총액과 원채무의 총액은 항상 동일하게 유지된다.
(c) 항	The security granted under the Finance Documents to the Security Agent to secure the Parallel Debt is granted to the Security Agent in its capacity as the independent and	본건 금융계약상 병행채무를 담보하기 위하여 담보대리인에게 제공된 담보는 원채무에 대한 공동채권자로서의 담보대리인이 아닌, 병행채무에 대한 별도의 독

관련하여 실제로 체결된 선순위대출계약서(Senior Facilities Agreement)에 포함된 병행채무(parallel debt) 조항을 발췌하여 번역한 것이다.

[XX]조	병행채무 조항	국문번역문
	separate creditor of the Parallel Debt and not as a co-creditor in respect of the Corresponding Debt.	립적인 채권자로서의 담보대리인에게 제공된 것이다.
(d) 항	Each Parallel Debt constitutes a single obligation of that Obligor to the Security Agent and an independent and separate claim of the Security Agent to receive payment of that Parallel Debt (in its capacity as the independent and separate creditor of that Parallel Debt and not as a co-creditor in respect of the Corresponding Debt).	각 병행채무는 해당 채무자가 담보대리인에게 부담하는 단일한 의무를 구성함과 동시에 해당 병행채무에 대하여 상환받을 (원채무에 대한 공동채권자가 아닌, 병행채무에 대한 별도의 독립적인 채권자로서) 담보대리인의 독립적인 채권을 구성한다.
(e) 항	For purposes of this clause [XX] (Parallel Debt), the Security Agent acts in its own name and not as agent, representative or trustee of the secured parties and accordingly holds neither its claim resulting from a Parallel Debt nor any transaction security securing a Parallel Debt on trust	본 [XX]조(병행채무)의 목적상, 담보대리인은 어떠한 행위를 함에 있어 본건 피담보채권자들의 대리인이나 수탁자가 아닌, 담보대리인 자신의 명의로 행하는 것이므로 병행채무로 인한 어떠한 청구권이나 병행채무를 담보하는 담보물을 신탁의 형식으로(on trust) 보유하지 아니한다.
(f) 항	All monies received or recovered by the Security Agent pursuant to this clause [XX], and all amounts received or recovered by the Security Agent from or by the enforcement of any security granted to secure the Parallel Debt, shall be applied in accordance with clause [XX] (Partial Payments).	본 [XX]조 (병행채무)에 따라 담보대리인이 수령하거나 회수한 모든 금원과 병행채무를 담보하기 위하여 제공된 본건 담보의 집행으로 인하여 담보대리인이 수령하거나 회수한 모든 금원은 본건 계약의 [XX]조에서 정한 바에 따라 지급되도록 한다.
(g) 항	Without limiting or affecting the Security Agent's rights against the Obligors, each Obligor acknowledges that (i) nothing in this clause [XX] shall impose any obligation on the Security Agent to advance any sum to any Obligor or otherwise under any Finance Document, except in its capacity as Lender; and (ii) for the purpose of any vote taken under any Finance Document, the Security Agent shall not be regarded as having any participation or commitment other than those	각 채무자에 대한 담보대리인의 권리를 제한하거나 그러한 권리에 영향을 주지 아니한 채, 각 채무자는 아래의 사항을 인지한다. (i) 본 [XX]조(병행채무)에 따른 규정 및/또는 기타 본건 금융계약상 그 어떠한 조항도 담보대리인으로 하여금 어느 채무자에 대한 대출의무를 부담시키지 아니한다(다만 대주의 지위에서 담보대리인이 부담하는 대출의무는 제외한다) 및 (ii) 본건 금융계약에 따른 대주단의 의결권 행사와 관련하여 담보대리인

[XX]조	병행채무 조항	국문번역문
	which it has in its capacity as a Lender.	은 대출에 참가하였거나 대출약정금을 가진 것으로 간주되지 아니한다(다만 대주의 지위에서 담보대리인이 가지는 권리가 있는 경우는 제외한다).

2. 병행채무 조항의 작성 및 해석시 유의점

가) 채무자에 대한 이중회수의 방지

병행채무방식이 제대로 작동하도록 하기 위해서는 한 가지 유의할 점이 있는데 이는 위의 병행채무방식의 예시 조항 중 (b)항의 단서(아래 발췌)와 관련된다.[15]

> "다만 (i) 각 채무자의 병행채무는 원채무가 (취소불가능한 방식으로) 지급된 경우,[16] 그에 상응하는 만큼 감액되고 (ii) 각 채무자의 원채무는 병행채무가 (취소불가능한 방식으로) 지급된 경우, 그에 상응하는 만큼 감액되며 (iii) 어느 채무자의 병행채무 총액과 원채무의 총액은 항상 동일하게 유지된다."

위 단서는 병행채무방식의 구조상 두 개의 채무(즉 (1) 차주가 대주들에게 부담하는 대출에 따른 원채무 및 (2) 차주가 담보대리인에게 부담하는, 원채무와 동일한 금액의, 병행채무)가 존재하므로, 이로 인하여 차주에 대한 채권의 이중회수(double-recovery)가 발생하지 않도

---

15 Hannah Sinclair & Bruce Stephen(2021)
16 "병행채무는 원채무의 유효한 성립을 조건으로 성립하여야 하며, 원채무가 무효이거나 취소된 경우 병행채무도 무효로 한다. 원채무가 변제, 대물변제, 공탁, 상계, 채무 면제, 경개, 시효의 완성에 의해 전부 또는 일부가 소멸한 경우 병행채무도 마찬가지로 그 전부 또는 일부가 소멸된다." 洞鷄 敏夫, 池田 順一, 島崎 哲2(2011), 46면

록 삽입된 것이다.17 이를 위하여 담보대리인은 병행채무에 대한 상환을 받는 즉시 해당 금원을 대출계약에서 정한 바에 따라 배분하여야 하고, 원채무는 병행채무가 상환된 금액만큼(pro tanto) 감액되어야 한다.18

나) 병행채무 상환에 따른 원채무의 감액 시점

병행채무의 상환에 따라 원채무가 감액되는 시점을 정확히 언제로 할 것인지에 대해서는 당사자간에 이견이 있을 수 있다. 이와 관련하여 차주는 채무자가 담보대리인에게 병행채무를 상환한 시점에 원채무가 그에 상응하는 금액만큼 감액되어야 한다고 주장할 것이고(이하 "옵션 1"), 대주단은 담보대리인이 병행채무의 상환 명목으로 수령한 금원을 각 대주에게 지급완료한 시점에야 비로소 원채무가 병행채무의 상환금액만큼 감액되어야 한다고 주장할 것이다(이하 "옵션 2").

담보대리인이 채무자로부터 병행채무에 대한 상환금을 지급받은 이후에, 하지만 대주들에게는 병행채무의 상환금에 해당하는 원채무를 지급하기 분배하기 이전에, 담보대리인이 도산하는 경우를 생각해 볼 수 있다. 만일 대주단의 주장대로 옵션 2가 채택되었다면 담보대리인의 도산위험은 오롯이 채무자의 몫이 된다. 채무자가 담보대리인에게는 이미 병행채무를 상환했더라도 원채무는 상환되지 않은 상태로 남아있는 것으로 해석되기 때문이다. 이러한 가능성에 비추어, 채무자가 옵션 1의 채택을 주장하는 것을 비합리적이라고 하기는 어려울 것이다.19

---

17 Sarah Paterson & Rafal Zakrzewski(2017), 826면
18 The Association of Corporate Treasurers(2008); "[S]uch provisions usually go on to state that, to the extent that the indebtedness is paid in the ordinary course under the relevant financial documentation prior to default, such a payment will constitute a pro tanto reduction of the liability to make a payment that is due to the trustee." Sarah Paterson & Rafal Zakrzewski(2017), 826면
19 The Association of Corporate Treasurers(2008)

참고로, 위의 예시 조항의 (b)항 (ii)(아래 발췌)는 옵션 1을 예정하고 있는 것으로 파악된다. 예시 조항의 (a)항에서 "병행채무"를 채무자가 담보대리인에게 지급해야하는 금액으로 정의하고 있으므로, 채무자가 담보대리인에게 부담하는 병행채무를 상환하는 시점에 원채무도 (병행채무의 상환금액만큼) 감액되는 것으로 해석되기 때문이다.

"…다만 … (ii) 각 채무자의 원채무는 병행채무가 (취소불가능한 방식으로) 지급된 경우, 그에 상응하는 만큼 감액되며…"

실제 거래에서는 옵션 1이 좀 더 통상적으로 채택되고 있는 것으로 보이기는 하나, 옵션 2가 채택되는 경우도 없지는 않은 것으로 보인다. 아래는 2021년도에 네덜란드법을 준거법으로 하여 실제로 체결된 병행채무계약에 포함되어 있는 관련 조항을 발췌 및 요약한 것인데,[20] 아래 예시 조항에 따르면 담보대리인이 각 대주에게 병행채무 상환의 명목으로 지급받은 금액을 분배한 시점에야 비로소 원채무가 병행채무의 상환금액만큼 감액되는 것으로 해석된다.

---

20 원문 조항은 다음과 같다:
"*To the extent the Security Trustee irrevocably and unconditionally receives any amount in payment of the Parallel Debt of the [Borrower], the Security Trustee shall distribute such amount among the Secured Parties in accordance with Clause [XX] of the Trust Deed. Upon distribution to the Secured Parties by the Security Trustee of any amount irrevocably and unconditionally received in payment of the Parallel Debt of the [Borrower] (the "Borrower Received Amount"), the [Borrower] Payment Obligations to the Secured Parties shall be reduced by amounts totalling an amount (the "[Borrower] Deductible Amount") equal to the Borrower Received Amount in the manner as if the [Borrower] Deductible Amount was received as a payment of the [Borrower] Payment Obligations on the date of receipt by the Security Trustee of the Borrower Received Amount.*"

"..담보대리인이 병행채무의 상환 명목으로 [차주로부터] 수령한 금액("수령금액")을 본건 피담보채권자들에게 분배하면 [차주가] 피담보채권자들에게 부담하는 원채무는 수령금액에 상당하는 금액(이하 "차감금액")만큼 감액된다.."

결국 국제 신디케이티드대출 거래에서 병행채무의 상환이 원채무를 감액시키는 시점은 당사자 간의 협의에 따라 결정되는 사항으로 파악된다. 위에서 살펴본 바와 같이, 해당 시점을 언제로 정하느냐에 따라, 담보대리인의 도산위험을 부담하는 주체(채무자 vs. 대주단)가 달라질 수 있으므로 병행채무 조항을 협상할 때 이 부분에 대한 면밀한 검토가 이루어져야 할 것이다.

다만 우리법상 병행채무방식을 구현함에 있어[21] 병행채무와 개별 대출채권의 관계를 연대채권으로 개념화하는 경우, 옵션2를 채택하기는 어렵다.[22] 연대채권의 개념을 적용하는 경우, 신디케이티드대출에서 (병행채무에 대한 채권자로서) 담보대리인 1인이 급부를 수령하면 모든 채권자의 대출 채권이 소멸하게 되기 때문이다. 이 때 (병행채무에 대한 채권자로서) 담보대리인이 수령한 급부를 대출계약의 분배 조항에 따라 나머지 채권자들에게 분배하는 것은 내부관계에 관한 문제이다. 따라서 우리법상 병행채무방식을 구현함에 있어서는 대출계약에 (선택의 여지없이) 옵션1의 내용이 반영되도록 하여야 한다.

다) 채무자가 여럿인 경우 병행채무의 정의

대출계약상 채무자가 여럿인 경우, 병행채무 조항을 작성함에 있어 어느 채무자가 담보대리인에게 부담하는 병행채무의 금액은 해당 채무

---

[21] 우리법상 병행채무방식의 유효성에 관한 논의는 본 장 제4절 제3항을 참고.
[22] 본서에서 후술하는 바와 같이, 이는 병행채무와 개별 대출채권의 관계를 우리 민법상 불가분채권로 개념화하는 경우에도 마찬가지이다.

자가 대주단에게 부담하는 원채무의 금액과 일치되도록 해야 한다.[23] 이 부분은 위의 예시 조항의 (a)항(아래 발췌)에서 살펴볼 수 있다.

"각 채무자는 본건 금융계약상 해당 채무자가 본건 피담보채권자에게 어느 시점에 지급하여야 하는 금액과 동일한 금액을 해당 금액의 지급일에 담보대리인에게 지급할 것을 약정하고 이러한 지급 약정은 취소불가능하고 무조건적이다."

병행채무 조항에 어느 채무자("채무자 1")의 병행채무금액이 다른 채무자("채무자 2")의 병행채무 금액과 일치되도록 (또는 채무자 2의 병행채무금액까지도 포함하도록) 규정되어있다면, 채무자 1은 병행채무방식의 적용시 채무자 2의 채무까지 부담하게 될 것이다. 거래 당사자들이 이러한 상황을 의도했을 가능성은 크지 않을 것이다. 설령 채무자 1이 채무자 2의 채무까지 부담하는 것이 거래 당사자들의 실제 의도에 부합한다고 하더라고 이러한 거래의 의도는 굳이 병행채무 조항을 통해서 실현할 부분은 아니다. 이는 대출계약상 보증관련 조항 및/또는 대출계약에 따른 별도의 보증계약에서 따로 규정하는 것이 마땅할 것이다.[24]

라) 병행채무의 지급시기 및 지급환율

병행채무가 원채무와 동일하게 설정되도록 하기 위하여, 병행채무 조항은 각 병행채무가 그에 상응하는 원채무의 지급이 도래하는 시점에, 원채무와 동일한 조건(통화 및 절차 등)에 따라 상환되도록 규정할 필요가 있다.[25] 병행채무방식의 성공적인 활용 여부는 원채무와 병행

---

23 Hannah Sinclair & Bruce Stephen(2021)
24 The Association Of Corporate Treasurers(2008)
25 The Association Of Corporate Treasurers(2008)

채무의 완벽한 일치에 달려 있다고 해도 과언이 아니므로 이 부분은 병행채무 조항의 작성에 있어서 면밀히 검토해야 할 부분 중 하나일 것이다.

마) 병행채무의 준거법

병행채무 조항의 준거법을 정함에 있어서도 원채무의 준거법과 일치되도록 함으로써 원채무와 병행채무의 준거법이 동일하지 않음으로 인해 발생 가능한 잠재적 위험(즉 두 채무가 완벽하게 일치하지 않음으로써 병행채무 조항이 현실에서 당사자들의 의도에 맞게 제대로 맞물려 작동하지 않을 위험)을 사전에 차단할 필요가 있다.[26]

바) 병행채무 조항이 포함된 계약의 체결 방식

영국법에서는 원칙적으로 약인(consideration)이 없으면 계약은 성립되지 않는데, 병행채무방식에 따르는 경우, 담보대리인이 직접 대출을 수행하는 형태를 취하지 않기 때문에 이와 관련하여 이슈가 생길 가능성을 배제할 수 없다. 날인증서(deed)의 형식에 의해 체결된 계약에 대해서는 약인이 불필요하기 때문에, 실무적으로는 병행채무 조항을 담보권설정계약 또는 채권자간계약에 포함시키고 이를 날인증서의 형식으로 체결함으로써 이와 관련된 이슈를 피할 수 있을 것이다.

사) 병행채무의 양도제한

병행채무방식을 유지하기 위해서는 병행채무가 담보대리인에 의해 계속 보유되어야 한다. 병행채무가 본질적으로 양도 불가능한 채무라

---

[26] 병행채무 조항이 별도의 병행채무계약에 반영되어 있는 경우도 있겠으나, 대부분의 경우에는 원채무 관련 대출계약에 병행채무 조항도 함께 포함되어 있을 것이므로 실무에서는 이러한 위험이 크지 않다. The Association Of Corporate Treasurers(2008)

고 볼 수는 없기 때문에 담보대리인에 의한 계속적인 보유를 보장하기 위해서는 담보대리인에 의한 양도 위험에 대처할 필요가 있다. 구체적으로는 (1) 담보대리인의 대주에 대한 의무로서 병행채무 채권을 양도하지 않는 것을 약정하는 것 외에 (2) 담보대리인과 차주 간에 병행채무에 관한 양도제한 특약을 체결하고 차주의 대주에 대한 의무로서 차주가 병행채무에 대한 채권양수도를 수락하지 않을 것을 의무화하는 것을 생각해 볼 수 있다.[27]

아) 담보대리인의 신용위험

병행채무방식을 사용하는 경우, 담보대리인이 가지는 채권은 자신의 책임재산이 되므로 각 대주는 담보대리인의 신용위험에 노출되게 된다. 다만 이와 같이 담보대리인의 신용위험에 노출되는 데에 따른 리스크는 개별담보설정방식을 사용하여 담보권을 설정하는 경우에도 마찬가지로 존재하므로, 병행채무방식 고유의 리스크라고 보기는 어렵다.

한편 신디케이티드대출 거래에서는 이와 같이 대주들이 담보대리인의 신용위험에 노출되는 상황을 최소화하기 위한 방안으로서 일정한 사유가 발생하는 경우[28] 대주가 기존 담보대리인을 새로운 담보대

---

27 鈴木 健太郎·宇治野 壯步(2014), 68-69면.
28 예컨대 대출계약에서 "Impaired Agent"라는 조항을 포함하고 있다면 해당 규정에 따라 담보대리인의 지위를 다른 금융기관에게 이전하도록 하는 것이 가능하다. 여기서 "Impaired Agent"란 (i) 어느 대리은행(담보대리인도 포함)이 대출계약서에 따른 지급 의무를 이행하지 못한 경우(행정적 또는 시스템상의 오류로 인한 지급불이행은 제외), (ii) 어느 대리은행이 대출계약을 해지하거나 무효화하는 행위를 하는 경우(이는 대리은행이 관련 규제기관에 의해 압류된(seized) 상황이고 관련 규제기관이 해당 대리은행으로 하여금 대출계약을 해제하거나 부인하도록 요구할 권한이 있는 경우와 관련된다), (iii) 어느 대리은행이 "Defaulting Lender"에 해당하는 경우 및 (iv) 어느 대리은행에 대하여 도산 또는 이와 유사한 절차가 개시된 경우를 의미한다. 만일 대출계약상 담보대리인이 "Impaired Agent"에 해당하는 경

리인으로 교체할 수 있도록 하는 조항을 포함시키는 경우가 적지 않다.[29] 국제 신디케이티드대출 거래에서 사용되는 대출계약에 이러한 조항이 반영되기 시작한 것은 비교적 최근의 일로서, 2008년 글로벌 금융위기로 인한 일련의 은행 도산사건이 계기가 되었다. 특히 대리은행(담보대리인도 포함)의 역할을 맡은 은행들이 도산절차에 들어가면서 관련 대주들이 이들의 신용위험에 노출되는 상황이 발생한 것을 계기가 되었다. 영국의 LMA 및 미국의 LSTA는 이들의 신용위험 악화에 대한 대응방안으로서, 대리은행이 도산절차에 들어간 경우 또는 변제기가 도래한 지급의무를 이행하지 못하거나 대출계약상 장래의 의무를 이행할 능력을 상실한 경우, 차주가 대리은행을 거치지 않고, 각 대주에게 직접 대출원리금을 상환하거나 일정한 신용도를 갖춘 제3의 은행에 계설된 신탁계좌(trust account)(계좌명의자=차주, 수익자=해당 대주)에 대출원리금을 지급하도록 하는 내용 등을 규정한 선택적인 표준계약 조항을 마련하였다.[30]

우, (A) 대다수 대주들은 (차주와 상의 후) 기존 담보대리인을 새로운 담보대리인으로 교체할 수 있고, (B) 대주들과 차주는 담보대리인을 통하지 않고 관련 당사자에게 직접 지급함으로써 대출계약상의 지급의무를 이행할 수 있으며, (C) 대출계약상 연락 및 통지 등과 관련하여 담보대리인을 통하지 않고 관련 당사자들 간에 직접 연락 및 통지를 할 수 있다. Michael Bellucci & Jerome McCluskey (2016), 540면; Sue Wright(2014), 34-35면; The Association of Corporate Treasurers (2008), 377-340면; Simon Reid(2013)

[29] 독일에서도 신디케이티드대출 거래에서 병행채무방식을 사용하여 담보권을 설정하는 경우, 담보대리인의 신용위험을 줄이기 위하여 일정 사유(예컨대 "Impaired Agent")가 발생한 경우 대주단이 기존 담보대리인을 새로운 담보대리인으로 교체할 수 있도록 하고 있다. 洞鷄 敏夫, 池田 順一, 島崎 哲2(2011), 43면; 鈴木 健太郎·宇治野 壯步(2014), 71면; 영미식 담보권신탁과 병행채무방식을 함께 규정하고 있는 영국법이나 미국 뉴욕주법 등 영미법을 준거법으로 하는 대출계약에도 담보대리인의 신용위험을 줄이기 위하여 일정 사유(예컨대 "Impaired Agent")가 발생한 경우 대주단이 기존 담보대리인을 새로운 담보대리인으로 교체할 수 있도록 하고 있다. Michael Bellucci & Jerome McCluskey(2016), 540면; Sue Wright(2014), 34-35면

국내 신디케이티드대출 거래에도 유사한 조항이 반영되는 경우가 종종 있다. 다만 대리은행(담보대리인도 포함)을 교체할 수 있도록 하는 조항을 대출계약에 포함시키는 것에 대해서는 차주나 대리은행의 저항이 있을 수 있다. 신디케이티드대출 거래에서는 주선은행이 대리은행의 역할을 담당하는 경우가 많은데, 이러한 거래에서 주선은행·대리은행이 지니는 거래적 의미 및 상징성을 고려해 보았을 때, 이들을 (사임이 아닌) 교체의 대상으로 대출계약상 명시적으로 규정하는 것을 바람직하지 않다고 보는 시각이 있는 것이다. 한편 신디케이티드대출 거래에서 대리은행(담보대리인도 포함)의 교체조항을 대출계약에 명시적으로 포함시키는 것이 예민한 이슈일 수 있다는 지적은 미국 LSTA에서도 제기된 적이 있다.[31]

자) 담보권 소멸 후의 처리

병행채무의 목적은 담보대리인에게 담보권을 설정하는 것을 가능케 하는 데에 있기 때문에 담보권이 실행 등에 의해 소멸한 경우, 병행채무를 존속시킬 의미가 사라진다. 따라서 담보권 소멸시 병행채무가 자동소멸한다는 조항을 미리 두는 것이 바람직하다.[32]

---

30 박 준·한 민(2022), 167-168면
31 Michael Bellucci & Jerome McCluskey(2016), 505-506면
32 洞鷄 敏夫, 池田 順一, 島崎 哲2(2011), 43-44면

제2절 사용 배경 및 현황: 독일의 사례

제1항 독일 사례 연구의 필요성

병행채무방식은 영미 신탁의 개념이 인정되지 않는 대륙법계의 국가에서 개별담보설정방식의 대안으로 사용하는 것을 상정하여 고안된, 계약에 기반한 담보권 설정 방식이다.[33] 신디케이티드대출 거래에서 사용될 수 있는 담보권 설정 방식으로서 담보권신탁이 영미법계 국가를 대표하는 방식이라면, 병행채무방식은 대륙법계 국가의 사정을 고려하여 고안된 방식이라고 할 수 있다.[34] 병행채무방식에서는 담보대리인이 병행채무에 대한 채권자 겸 담보권자가 되기 때문에 대륙법계 국가에서 담보물권법상 부종성 원칙이 위배될 것을 염려하지 않아도 된다. 이에 대륙법계 국가에서의 담보제도에 대한 수요를 충족시켜 준다.

다만 병행채무방식이 현재 모든 대륙법계 국가에서 인정되고 있는 것은 아니다. 실제로 병행채무방식에 대한 법적 유효성에 대한 문제가 없는 나라는 독일,[35] 네덜란드[36] 등 일부 유럽국가로 한정된다. 나머지

---

[33] "If the security agent is based in a jurisdiction that does not recognise trusts, a parallel debt structure can be used instead of a security trust." Rafal Zakrzewski & Geoffrey Fuller(2019), 232면

[34] 병행채무방식은 담보권신탁이 허용되지 않는 국가에서 개별 대주에게 일일이 담보권을 설정하지 아니하고, 특정 기관 앞으로 담보권을 설정하고자 고안된 법적 장치이다. 특히, 여러 국가에 걸쳐 이루어지는 해외인수금융과 같은 거래에서 영국과 같이 담보권신탁이 허용되는 국가와 그렇지 않은 국가의 법률을 준거법으로 하여 담보권이 설정되는 경우, 담보권신탁이 허용되지 않는 국가에서 이를 대체하는 방안으로 채택되었다. 윤여균·우동석(2011), 133면

[35] Morgan, Lewis & Bockius LLP(2024); Dr Werner Meier, Dr Sebastian Kaufmann, Dr Andreas Böhme & Dr Axel Schilder(2016); 다만 독일에서 병행채무의 유효성

대륙법계 국가에서는 병행채무방식의 법적 유효성에 대한 불확실성이 없지 않은데, 그 이유는 병행채무방식의 사용 근거가 되는 법률상의 명문 규정을 갖추었거나 상급심 법원판례로써 병행채무방식이 법적으로 유효하고 집행가능한 담보권 설정 방식임을 최종 확인받은 국가가 아직까지는 드물기 때문이다. 그런데 최근 이러한 상황은 변화하고 있다.[37] 예컨대 프랑스에서는 영미법을 피담보채무의 준거법으로 정하는 대출계약에 포함된 병행채무 조항에 근거하여 자국법에 따라 설정된 담보권이 유효하다는 취지의 판결이 프랑스의 최고법원인 파기원에 의해 내려졌고,[38] 일본에서는 병행채무방식의 법률적 근거를 좀 더 명확히 하는 명문의 규정이 민법에 신설되었다.[39]

과연 우리나라에서는 병행채무방식을 사용하여 유효한 담보권을 설정하는 것이 가능한가를 살펴보기에 앞서, 병행채무방식을 문제없이 사용해온 독일의 사례를 검토할 필요가 있다. 이하에서는 독일에서 병행채무방식이 어떠한 배경에서 처음 도입되었고 어떠한 법리적 근거에 따라 현재 사용되고 있는지, 병행채무방식을 사용하는 것과 관련하여 자국법상 특별한 이슈는 없는지 등을 검토한다. 이러한 검토는 우리법상 병행채무방식을 사용하는 것이 가능한가 하는 논의의 시작점이 된다는 점에서 유익하다.

을 인정한 판례는 아직까지 존재하지 않는다.
36 Morgan, Lewis & Bockius LLP(2022), 386면
37 "Nevertheless, the structure is gaining increased acceptance, as evidenced by the fact that it has been held to be effective in France (in the Belvédère case in 2011) and in Poland (file no IV CSK 145/09)." Sue Wright(2014), 260면
38 Sue Wright(2014), 260면
39 Chambers and Partners(2023)

제2항 독일의 담보제도

독일법에도 채권자와 담보권자가 동일해야 한다는 담보물권의 부종성 원칙이 존재한다. 다만 독일법은 부종성을 갖는 담보권(accessory security)과 부종성을 갖지 않는 담보권(non-accessory security)을 구분하고 있기 때문에 모든 담보권에 대하여 부종성 원칙이 적용되는 것은 아니다.[40]

1. 부종성을 갖지 않는 담보권: 토지담보권

우리민법은 상당부분 독일민법을 계수하였다. 우리 민법상 부종성의 법리도 독일민법에 그 뿌리를 두고 있다고 할 수 있다. 그런데 독일민법에는 우리민법에서는 찾아볼 수 없는 부종성이 배제된 담보제도가 존재한다.

좀 더 구체적으로, 독일의 부동산 담보제도는 부종적 담보제도(akzessorische Hypothek)과 비부종적 담보제도(nicht-akzessorische Grundschuld)로 이루어져 있다.[41] 부종성을 가지는 저당권은 채권의 만족을 위해 설정되는 것으로 피담보채권을 전제로 하여 성립하는 데 반하여, 부종성이 없는 토지채무는 채권을 전제로 하지 않고 독자적으로 성립·존속한다.[42] 이 중에서 토지채무는 채권담보의 목적으로 설정되는지 여부에 따라 본래 의미의 토지채무와 '담보를 목적으로 한 토지채무(담보토지채무)'로 구분된다.[43] 둘 중에서 활용도가 높은 것은 담

---

40 Maria Kaczorowska(2017), 78-81면
41 독일민법 제1192조 제1항; 최수정(2023), 586면; 홍윤선1(2020), 170면
42 Dr. habil. Christoph U. Schmid & Christian Hertel(2005), 85면; 홍윤선1(2020), 172-173면
43 홍윤선1(2020), 173면, 176면, 186면

보토지채무(sicherungsgrundschuld)인데, 담보토지채무는 토지채무설정, 피담보채권의 확정 및 채권계약인 담보계약(sicherungvertrag)을 통해 성립한다.[44]

토지채무와 저당권은 둘 다 부동산담보를 목적으로 하는 물적 담보제도로서 피담보채권을 담보하기 위한 담보제도라는 점에서 유사하다. 그러나 저당권의 경우 등기를 통해 피담보채권을 일반인에게 공시하는 반면,[45] 토지채무는 당사자 간의 약정으로 피담보채권과 토지채무관계가 존재하고 토지채무의 사실만을 일정한 공시방법인 등기를 통해 일반인에게 공시하게 된다는 점에서 차이가 있다. 물론 부종성의 측면에서도 둘 간에는 본질적인 차이가 있다. 저당권에는 부종성이 존재하는 반면, 토지채무에는 부종성이 아예 존재하지 않으므로 부종성의 존부가 문제가 되지 않는다.[46]

독일 실무에서는 토지담보제도로서 저당권보다 토지채무가 많이 이용되고 있다.[47] 토지채무에는 부종성이 배제되어 있기 때문에 그러하다. 우선 채무자의 측면에서 보았을 때, 토지채무는 저당권보다 담보설정의 절차가 대체적으로 간단하고 성립요건도 간단하여 용이하게 접근할 수 있다. 따라서 채무자로서는 더 쉽게 필요한 재원을 확보할 수 있다. 다음으로 채권자의 측면에서 보았을 때, 토지채무는 저당권의 경우보다 집행력과 담보력 등에서 더 유리한 경제적 우위의 지위를 가진다. 토지채무의 원인행위인 채권계약(즉 담보계약)의 내용을 당사자 간에 자유롭게 정할 수 있을 뿐만 아니라 그 내용을 등기부에 등재

---

44 Dr. habil. Christoph U. Schmid & Christian Hertel(2005), 89면
45 Dr. habil. Christoph U. Schmid & Christian Hertel(2005), 86면
46 최명구(2019), 72-73면; 독일에서 토지채무가 어떻게 유래하였는지와 관련하여서는 Lars Van Vliet(2012), 147-177면을 참조.
47 Dr. habil. Christoph U. Schmid & Christian Hertel(2005), 85면, 90면; 현재 저당권은 담보토지채무에 비해 그 활용비율이 20% 미만에 그친다고 한다. 홍윤선1(2020), 171면

할 필요가 없기 때문에 더 쉽고 자유롭게 금융거래를 실행할 수 있기 때문이다.48

독일의 국내 또는 역외에서 이루어지는 신디케이티드대출 거래에서도 토지채무를 사용하여 담보권을 설정하는 경우가 많다. 이러한 경우 대출계약상 담보수탁자 또는 담보대리인이 대주단을 위하여 담보권을 설정·유지·집행하는 방식으로 담보권이 설정된다.49 부종성이 배제된 토지채무와 같은 담보권에 대한 담보권의 설정은 담보권신탁에서와 다를 바 없다.50

2. 부종성을 갖는 담보권: 저당권

신디케이티드대출 거래에서 병행채무방식의 수요가 있는 부분은 독일의 부동산담보권 중에서도 부종성을 갖는 담보권(즉 저당권)에 한한다.

부종성을 갖는 담보권에 대해서는 피담보채권이 이전될 때 마다 담보권 이전에 필요한 절차를 이행하여야 한다.51 독일법에는 영미의 신탁 개념이 존재하지 않기 때문에 신탁 구조를 사용하여 담보권을 설정하는 것은 어렵다.52 이러한 경우, 독일에서는 병행채무방식을 사용하

---

48 Dr. habil. Christoph U. Schmid & Christian Hertel(2005), 96면; 최명구(2019), 79면
49 DLA Piper(2017)("Non-accessory security interests (that exist irrespective of a secured claim, such as security assignment, security transfer or land charge) can be held by a security agent for the benefit of the secured parties as trustee under German law (Sicherheitentreuhänder)."); Marco Müller(2014)
50 "Although German law does not have a concept equivalent to a common law trust, it is possible to appoint a security trustee to whom any non-accessory security is granted to hold on trust for the benefit of the finance parties." Louisa Watt, Iden Asl, Reena Patel & Jonty Browne(2021)
51 Dr. habil. Christoph U. Schmid & Christian Hertel(2005), 96면
52 Dr Werner Meier, Dr Sebastian Kaufmann, Dr Andreas Böhme & Dr Axel

는 것이 일반적이다.53 요컨대 독일에서는 부종성을 갖는 담보권에 대하여 형식적인 측면에서는 영미식 담보권신탁과 다르지만 실질적 효능의 측면에서는 이와 유사한 병행채무방식의 활용이 가능하다. 실제로 독일에서는 부종성을 갖는 담보권을 수반하는 신디케이티드대출 거래에서 피담보채권의 양도·매매가 잦을 것으로 예상되는 경우, 거래의 효율성을 높이기 위하여 병행채무방식을 사용하는 것이 보편화되어 있다.54

제3항 독일 실무의 특이점

독일의 병행채무방식의 실무에서는 최초의 각 대주도 각 개별 대출채권에 대하여 담보권자로서 차주와 담보권설정계약을 하는 것이 일반적이다. 이는 병행채무방식에 개별담보설정방식을 추가하여 사용하는 형태로 볼 수 있다. 병행채무방식에 더하여 개별담보를 설정하는 이유는 대주의 담보권을 더 강화하려는 취지이다. 하지만 대주가 채권을 양도할 때는 거래 비용을 고려하여 개별담보는 이전하지 않는 경우가 많고, 채권을 양수한 대주의 담보권은 병행채무방식의 담보대리인을 통해 확보된다.55

Schilder(2016)
53 "Parallel debt structures which capture accessory security rights in a security trustee structure are common and have been used for many years in Germany…" Louisa Watt, Iden Asl, Reena Patel & Jonty Browne(2021); Dr Werner Meier, Dr Sebastian Kaufmann, Dr Andreas Böhme & Dr Axel Schilder(2016)
54 Sue Wright(2014), 260면
55 Marco Müller(2014), 13면

제4항 법리적 근거

독일에서는 병행채무방식이 역외거래에서뿐만 아니라 국내거래에서도 유효하다고 보아 이미 상당 기간 병행채무방식을 활용하여 왔다.[56] 이하에서는 독일법상 병행채무방식이 사용될 수 있는 법리적 근거를 검토한다.

1. 병행채무방식의 법리적 근거

독일민법에는 채무약속(독일민법 제780조: 약속에 의하여 의무를 독립적으로 발생시키는 것으로서 급부를 약속하는 계약)[57] 내지 채무승인(독일민법 제781조: 채무관계의 존재를 승인하는 계약)[58]이라는 두 개의 무인채무에 관한 규정이 존재한다. 동 규정은 물건의 매입채무 등 금전채무의 채무승인에서 물건의 인도채무의 채무승인에 이르기까지 널리 사용된다. 이 두 규정은 무엇보다도 병행채무의 유효성의 근거가 된다는 점에서 중요하다.[59]

독일에서는 이미 '독일판' LMA 대출계약서 표준양식에 병행채무 관련 조항을 반영하여 이를 유용하게 사용하여 왔는데[60] 이렇게 할 수

---

[56] Marco Müller(2014), 13면
[57] 제780조(채무약속): 어떠한 급부를 약속하는 계약에서 그 약속이 독자적으로 의무를 발생시킨다는 내용인 경우에("채무약속"), 그 계약이 유효하기 위하여는, 다른 방식이 정하여지지 아니한 한, 약속의 의사표시가 서면으로 행하여질 것을 요한다. 그 약속을 전자방식으로 하는 것은 배제된다. 양창수(2024), 777면
[58] 제781조(채무인수): 채권관계의 존재를 승인하는 계약("채무승인")이 유효하기 위하여는 승인의 의사표시가 서면으로 행하여질 것을 요한다. 그 승인의 의사표시를 전자방식으로 하는 것은 배제된다. 존재가 승인되는 채권관계의 발생에 관하여 다른 방식이 정하여진 때에는, 승인계약은 그 방식을 요한다. 양창수(2024), 777면
[59] Herbert Schimansky, Hermann-Josef Bunte & Hans-Jürgen Lwowski(2011), 366면

있었던 배경에는 독일민법에 병행채무방식의 근거가 될 만한 명문규정이 포함되어 있었다는 점이 작용하였다고 볼 수 있다.

2. 병행채무의 법리적 해석에 관한 비판적 검토

하지만 독일 민법상 무인채무 관련 조항에 근거한 병행채무의 법리적 해석을 비판하는 견해도 있다.[61] 이들 중에는 병행채무의 여러 특성을 고려하였을 때, 병행채무를 독일민법 제780조에 따른 무인채무에 대한 약속으로 볼 것이 아니라, 법적 원인에 기한 이행약속(causal promise of fulfilment)(이하 "이행약속")으로 보는 게 옳다는 주장도 포함된다.[62] 이러한 주장에 따르면, 병행채무와 원채무 간의 상호적 영향을 고려해 보았을 때 병행채무를 무인채무로 개념화하는 데에는 무리가 있고, 당사자들 간에도 병행채무를 무인채무로 개념화하려는 의사가 없기 때문에 병행채무를 무인채무로 보기보다는 이미 존재하는 채무에 대한, 인과적 성격에 기한, 이행약속으로 보는 게 더 적절하다.[63] 그러나 독일 내에서 이러한 주장에는 설득력이 없다고 보는데 그 이유는 아래와 같다.

첫째, 병행채무가 법적 원인에 기한 이행약속에 해당한다는 주장은 '독일판' LMA 대출계약서 표준양식에 포함된 병행채무 관련 조항에 규정된 내용과 정면으로 대치된다. 동 조항에 따르면, 병행채무는 원채무와는 "별개의, 개별적이고, 독립적인 채무"이다. 이는 병행채무가 원채무와 어떠한 법적 원인관계에도 놓여있지 않고 독립적으로 존재

---

[60] Thomas Ingenhoven & Odilo Wallner(2015), 103면; Watt and Asl, Germany (trade alert), Brownrudnick, October 2021
[61] 이하 독일법상 무인성에 근거한 병행채무방식의 법리적 해석을 비판하는 견해는 Marco Müller(2014)의 내용을 참조하여 정리한 것이다.
[62] Marco Müller(2014), 163면
[63] Marco Müller(2014), 163면

하는 무인채무로 규정되어 있음을 보여준다. '독일판' LMA 대출계약서 표준양식에 포함된 병행채무 관련 조항에서 병행채무의 성격을 이토록 명확하게 규정하였음에도 불구하고, 당사자들이 이에 대한 다른 시정적 해석(corrective interpretation)을 적용하여 병행채무를 원채무에 대한 이행약속이라고 보기는 어렵다.[64] 또한 위에 언급된 병행채무 관련 문구(즉 "별개의, 개별적이고, 독립적인 채무")에 비추어, 당사자들 간에 병행채무를 무인채무로 개념화하려는 의지가 결여되어 있다는 위 주장에도 설득력이 없다.

둘째, 이행약속이 지니는 자기보증(self-guarantee)의 성격은 병행채무의 성격과는 맞지 않다. 위의 주장대로 어느 채무가 이행약속으로 개념화되기 위해서는 해당 채무의 채권자와 원채무에 대한 채권자가 동일해야 한다. 그런데 병행채무의 채권자(즉 담보대리인)와 기존채무의 채권자(즉 대주단)는 동일하지 않다. 또한 위의 주장대로 어느 채무가 이행약속으로 개념화되기 위해서는 해당 채무의 채무자와 기존채무의 채무자도 동일인이어야 한다. 그런데 병행채무의 채무자는 반드시 차주일 필요가 없다. 대출계약상 채무자(obligor)의 지위를 가지는 자라면 병행채무의 채무자가 될 수 있기 때문이다.[65] 이와 같이 병행채무를 자기보증의 성격을 가지는 이행약속으로 개념화하는 데에는 한계가 있다.

셋째, 어느 채무가 기존채무에 대한 이행약속에 해당한다면, 기존채무에 상응하는 채권이 (경개의 방식으로) 제3자에게 이전되는 경우, 차주와 기존 대주 간의 기존 대출계약이 해지되고 차주와 신규 대주 간의 새로운 대출계약이 체결되는 결과가 초래되기 때문에 기존채무와 이행약속 간의 인과적 연결고리는 끊기게 된다. 그런데 병행채무의

---

64 Marco Müller(2014), 163-165면
65 Marco Müller(2014), 165-167면

경우 기존채무에 상응하는 채권이 (경개의 방식으로) 제3자에게 이전되는 경우에도 이에 전혀 영향을 받지 않은 채 존속하게 된다.[66] 병행채무는 애초에 (대주단이 아닌) 담보대리인을 채권자로 하여 설정되었기 때문에 기존 대출채권의 이전으로 인한 채권자의 변동에 영향을 받지 않기 때문이다.

넷째, '독일판' LMA 대출계약서 표준양식에 포함된 병행채무 관련 조항에 따르면, 병행채무는 원채무가 지급된 경우 그에 상응하는 금액만큼 감액되고, 마찬가지로 원채무는 병행채무가 지급된 경우 그에 상응하는 금액만큼 감액된다. 이와 같이 병행채무는 원채무와 상호적으로 영향을 미치는 관계에 놓여있는 채무라는 점에서, 기존채무에 대하여 양방향이 아닌 일방향으로 반응하는 채무(즉 이행약속)라고 볼 수 없다.[67]

위의 주장 외에도 독일민법상 무인채무 관련 조항에 기한 병행채무의 법리적 해석을 비판하는 이들이 없지 않다.

우선 병행채무의 금액이 기존채무의 금액에 연동되어 있다는 것은 병행채무가 기존채무에 부수된다는 것을 의미하기 때문에 병행채무를 독립적인 성격의 무인채무로 볼 수 없다는 주장이 있는데, 이러한 주장은 독일 내에서 아래의 이유로 타당하지 않다고 본다.

첫째, 비록 대출계약상 두 채무의 금액이 연동되어 있는 것은 사실이지만 동 조항에는 병행채무가 기존채무와는 "별개의, 개별적이고, 독립적인 채무"라는 점이 분명히 명시되어 있다. 만일 동 조항에 병행채무의 유효성은 기존채무의 유효성을 전제로 한다는 문구(또는 이와 유사한 취지의 문구)가 포함되어 있다면, 병행채무가 기존채무에 대하여 가지는 의존성을 근거로 병행채무는 무인채무가 아닌, 기존채무에

---

66 Marco Müller(2014), 170면
67 Marco Müller(2014), 167-168면

부수되는 채무라고 주장할 여지가 있을 수도 있다. 하지만 이러한 취지의 문구는 병행채무 관련 조항 어디에서도 찾을 수 없다. 오히려 병행채무 관련 조항은 두 채무 간의 관계가 (금액상으로 연동되어 있기는 하지만) 완전히 독립적으로 존재하는 채무라는 점을 명백히 하고 있다. 예컨대 동 조항은, 병행채무는 "어떤 식으로든 원채무를 제한하거나 원채무에 영향을 주지 아니하며" 병행채무 조항에 따라 각 채무자가 지급해야 하는 (병행채무의) 금액은 "어떤 식으로든 원채무에 의해 제한을 받거나 원채무에 영향을 받지 아니[한다]"라고 규정하고 있다.

둘째, 만일 병행채무가 기존채무에 부수되는 채무라는 취지의 위 주장이 옳다면, 부수적 채무에 해당하는 병행채무는 주된 채무에 해당하는 기존채무에 전적으로 부수되고(accessory) 이에 의존하는(dependent) 채무이어야 할 것이다. 만일 병행채무 관련 조항이 단순히 "병행채무는 기존채무가 상환되거나 소멸된 경우 동 금액만큼 감액되거나 소멸된다"는 취지로만 규정되어 있다면 이러한 주장이 타당하다고 볼 여지가 없다고 할 수는 없다. 하지만 일반적인 병행채무 관련 조항은 병행채무가 기존채무에 대하여 일방향으로(one-sided) 반응하도록 규정되어 있지 않다.[68] 예컨대 '독일판' LMA 대출계약서 표준양식에 포함된 병행채무 관련 조항은 "병행채무는 원채무가 지급된 경우 그에 상응하는 금액만큼 감액되고, 마찬가지로 원채무는 병행채무가 지급된 경우 그에 상응하는 금액만큼 감액된다"는 취지로 규정되어 있다. 즉 병행채무와 원채무는 (금액적인 측면에서) 상호적으로 영향을 미치는 관계에 놓여있는 채무로 규정되어 있다. 이렇듯, 두 채무 간에 존재하는 부수적 관계(accessory connection)가 아닌 상호적 관계(reciprocal connection)에 비추어, 둘 중 어느 하나를 주된 채무로, 나머지 하나를 부수적 채무로, 규정하는 것은 논리적으로 맞지 않다.[69] 부수적 채무에

---

68 Marco Müller(2014), 197면

부수되거나 의존하는 주된 채무를 개념화하기는 어렵기 때문이다.[70]

셋째, 만일 병행채무가 기존채무에 부수되는 채무라는 취지의 위 주장이 옳다면, 기존채무가 (경개의 방식으로) 제3자에게 이전되는 경우, (주된채무로서의) 기존채무와 운명을 같이하는 (부수적 채무로서의) 병행채무는 소멸되어야 할 것이다. 그런데 병행채무는 기존채무가 (경개의 방식으로) 제3자에게 이전되는 경우에도 이에 전혀 영향을 받지 않은 채 존속하게 된다.[71] 병행채무는 애초에 (대주단이 아닌) 담보대리인을 채권자로 하여 설정되었기 때문에 기존 대출채권의 이전으로 인한 채권자의 변동에 영향을 받지 않기 때문이다.[72] 병행채무가 소멸되는 유일한 경우는 기존채무가 완전히 상환되었거나 소멸된 경우로 국한된다.

이상을 종합해 보면, 병행채무는 비록 원채무와 금액적으로 상호 연동되어 있다는 점에서 원채무에 대하여 부분적으로 부수성을 가지기는 하지만, 본질적으로는 (당사자들이 의도에 따라) 기존채무와는 "별개의, 개별적이고, 독립적인 채무"에 해당한다. 병행채무가 어떻게 운영, 관리, 변제, 충족되는지 여부는 기존채무에 부수되거나 의존하는 방식이 아닌, 관련 계약에 포함된 병행채무 관련 조항이 규정하는 바에 따라 결정된다.[73]

결과적으로 병행채무가 무인채무에 해당하지 않는다고 볼 타당한 근거는 없다는 게 독일에서의 지배적인 입장이다.

다음으로 기존채무에서 비롯된 대출관계로 인하여 병행채무에 대하여 이의 또는 항변이 제기될 수 있다는 점에 비추어 병행채무를 무

---

[69] Marco Müller(2014), 196-197면
[70] Marco Müller(2014), 203면
[71] Marco Müller(2014), 170면
[72] Marco Müller(2014), 200면
[73] Marco Müller(2014), 194면

인채무로 볼 수 없다는 주장도 있다. 채무자가 병행채무를 부담함으로써 담보대리인에 대하여 제기 가능한 항변사유로는 채무자들이 대주들에게 대출계약상 원리금을 상환한 경우를 들 수 있을 것이다. 하지만 단순히 병행채무에 대하여 이의 또는 항변이 제기될 수 있다는 사실이 그 자체로 병행채무를 무인채무로 볼 수 없다는 주장의 근거로 사용되기는 어렵다. 물론 무인채무의 주된 성격 중 하나가 원인관계에 얽매이지 않은 독립성이라는 점에 비추어, 이러한 채무가 기존채무에서 비롯된 또는 이와 연계된 이의 또는 항변의 대상이 될 수 있다는 점이 다소 부자연스러울 수 있다. 그러나 무인채무의 독립성이라는 것은 무인채무가 발생된 당해 거래의 전체적 경제적 배경이나 맥락으로부터 무인채무를 완전히 절연시킬 것(isolation of the debt in question from its overall economic context)까지 요구하지는 않는다.[74]

만일 병행채무가 무인채무로 분류될 수 없다는 주장이 옳다면 무인채무에 대하여 어떠한 이의나 항변이 제기되지 않을 것이 무인채무의 성립요건이 되어야 할 텐데 이러한 요건은 독일법상 찾아볼 수 없다. 오히려 계약자유의 원칙에 근거하여 설령 당해 채무가 무인채무라고 할지라도 당사자들이 필요하다고 합의하는 경우에는 동 채무에 대해서도 이의나 항변사유를 두는 것이 가능하다고 보는 것이 옳다.[75]

또한 병행채무의 채권자인 담보대리인이 차주에게 대출을 실행하지 않았음에도 불구하고 차주로부터 금전을 변제 받게 된다는 사실이 부당이득(unjust enrichment)의 관점에서 문제가 될 수 있다는 주장도 있다. 이러한 주장에 따르면, 무인채무에 해당하는 병행채무에는 '법률상의 원인'이 결여되어 있기 때문에, 병행채무 관련 조항에 따라 담보대리인이 차주에게 변제 받게 되는 금전은 부당이득에 해당되고 따

---

74 Marco Müller(2014), 172-175면
75 Marco Müller(2014), 173면

라서 반환청구의 대상이 될 수 있다. 그러나 이러한 주장은 병행채무 관련 조항이 계약상 어떻게 구현되어 있는지, 실제 거래에서 구체적으로 어떻게 사용되는지에 대한 이해의 부족에서 비롯된 것으로 보인다. 앞서 논의된 바와 같이, 병행채무의 금액은 기존채무의 금액에 연동되어 있기 때문에 기존채무가 '0'인 경우 병행채무도 '0'이되고, 기존채무가 상환되거나 소멸된 경우 병행채무도 동 금액만큼 감액되거나 소멸된다.76 즉 병행채무 관련 조항에는 병행채무가 '부당이득'을 야기한다는 주장을 불식시킬 수 있는 계약적 장치가 이미 내재되어 있기 때문에 병행채무의 변제가 차주에게 (부당이득 형태의) 손실을 발생시킬 여지는 없다. 따라서 병행채무가 차주에 대한 '부당이득'을 발생시킬 수 있다는 주장에는 타당성이 없다.

마지막으로 병행채무가 독일 담보물권법상 부종성 원칙에 위배된다는 주장도 있다. 부종성 원칙의 틀에서 살펴보자면, 병행채무는 "주된 채무"에 해당하고 병행채무에 대하여 설정된 담보권은 "부수적 채무"에 해당한다고 볼 수 있다.77 병행채무 조항에 따르면 병행채무의 채권자와 담보권자는 모두 담보대리인이다. 채권자와 담보권자가 일치하는 것이다. 부종성 원칙의 위반은 채권자와 담보권자가 일치하지 않는 경우에 발생한다. 그런데 병행채무 관련 조항에서는 이러한 경우가 발생할 여지가 없다. 단순히 "주된 채무"에 해당하는 병행채무가 추가적인 계약(즉 병행채무 관련 조항이 포함된 대출계약 등)에 구속되고 동 계약의 규정에 영향을 받는다는 이유로 부종성 원칙이 위배되

---

76 Marco Müller(2014), 179면
77 독일법상 무인채무에 대하여 저당권 등의 담보권을 설정하는 행위는 독일 내에서 일반적으로 인정되는 금융 행위로서 실무상으로도 자주 행하여 지는 것으로 보인다. 예컨대 독일민법 제1187조는 일반적으로 채무약속(즉 무인채무)으로 간주되는 무기명채권(bearer bond) 등에 대하여 저당권을 설정하는 것을 예정하고 있다. Marco Müller(2014), 177-178면

없다고 볼 수는 없는 것이다.[78] 이러한 이유로 독일에서는 병행채무가 독일 담보물권법상 부종성 원칙에 위배된다는 주장에는 별 무게를 두지 않는 것으로 보인다.

3. 법원 판례 존부

독일에서 병행채무의 유효성을 인정한 판례는 아직까지 존재하지 않는다.[79] 하지만 독일에서는 병행채무가 계약상의 채무로서 발생하며 독일민법 제780조 또는 제781조에 따른 형식상의 요건이 충족되는 한 다른 요건의 제약없이 자유롭게 설정 가능하다고 보기 때문에[80] 병행채무방식의 유효성에 대한 법원의 판례가 없다는 이유로 해당 방식의 사용에 제약을 받는 것은 아니다.

4. 독일에서의 병행채무방식의 적용범위

독일민법상 무인채무에 관한 규정에 근거하여 병행채무방식은 독일 밖에서 이루어지는 역외거래에서뿐만 아니라 독일 내에서 이루어지는 국내거래에서도 병행채무방식이 사용되고 있다.

---

[78] Marco Müller(2014), 178면
[79] Morgan, Lewis & Bockius LLP(2024); Herbert Schimansky, Hermann-Josef Bunte & Hans-Jürgen Lwowski(2011), 366면; Dr Werner Meier, Dr Sebastian Kaufmann, Dr Andreas Böhme & Dr Axel Schilder(2016)
[80] Herbert Schimansky, Hermann-Josef Bunte & Hans-Jürgen Lwowski(2011), 366면

제5항 우리법제에 주는 시사점

독일민법에는 병행채무방식의 법적 근거가 될 만한 명문의 조항이 존재한다. 이에 독일은 여러 유럽국가 중에서도 병행채무방식의 유효성에 대한 논란이 가장 적은 국가에 속한다. 물론 병행채무방식의 법리적 근거를 비판적으로 보는 이들도 없지 않으나, 앞서 논의된 바와 같이, 이들의 주장은 타당하지 않다. 반면 우리법에는 무인채무를 직접적으로 규정한 조문이 없다. 따라서 우리법상 병행채무방식이 유효하게 사용될 수 있는지의 문제는 독일에서와는 다른 법리적 근거를 요구한다.

제3절 우리나라에서의 사용 가능성: 역외거래

제1항 병행채무방식의 유효성: 실질법과 국제사법의 문제

영미법을 피담보채무의 준거법으로 하는 대출계약에 담보권 설정방식으로서 병행채무방식을 규정하고 있다면, 병행채무방식을 사용하여 우리법에 따른 담보권을 설정하는 거래에서 유효한 담보권이 설정된 것으로 볼 수 있는가에 대한 문제가 있다. 이 문제는 실질법뿐만 아니라 국제사법의 요소를 포함하는 문제이다.

역외거래에서 병행채무방식의 유효성 문제는 프랑스의 최고법원인 파기원에서 정면으로 다루어진 바 있다. Belvédère 판결[81]은 프랑스에

---

[81] Cour De Cassation, Civile, Chambre Commerciale, 13 Septembre 2011, 10-25.533 10-25.731 10-25.908, Publié Au Bulletin; Jean-François Adelle(2011)

서 병행채무방식을 명시적으로 인정한 사상 첫 판결로서[82] 프랑스 내에서도 큰 의미를 지니지만, 동일한 문제로 고민하고 있는 우리나라를 비롯한 여러 대륙법계 국가에도 시사하는 바가 큰 상급심 법원판례이다. 한편 병행채무방식을 다룬 다른 대륙법계 국가의 법원판례로는 폴란드법원의 판례[83] 및 체코법원의 판례[84]를 들 수 있다. 그러나 이들

---

82 Sue Wright(2014), 260면
83 병행채무 관련 폴란드법원의 첫 판결은 2009년 10월 9일자 폴란드 대법원 (Supreme Court of Poland) (Case No. IV CSK 145/09)의 판결이다. 이 건은 외국법에 따라 생성된 병행채무의 사용과 관련되었다는 점에서 언급할 만하다. 하지만 파산 관련 이슈를 다룬 이 건에서는 당사자들 간에 병행채무의 유효성이 전혀 다투어지 않았기 때문에, 병행채무에 대한 폴란드 대법원의 입장을 확인하는 것은 불가능하다. 즉 이 판결로써 외국법에 따라 생성된 병행채무가 폴란드법상 유효한지 여부를 판단할 수는 없다. 다만 이 건의 당사자들 간에 병행채무의 유효성이 전혀 다투어지지 않았다는 점은, 그 자체로, 폴란드 내에서 이루어지는 유사한 역외 금융거래에서 병행채무의 유효성이 전제되고 있는 것이라는 추측을 가능케 한다. 병행채무 관련 이슈를 직접적으로 다룬 폴란드 하급심판결례도 몇 건 있다. 이 중에서 병행채무의 허용 가능성을 다룬 폴란드 파산법원의 판결이 있는데, 이 건에서 법원은 영국법의 적용을 받는 병행채무 조항에 근거하여 폴란드법에 따라 설정된 담보물권의 유효성을 명시적으로 인정하였다. 이 건에서 법원은 파산재단에 대하여 청구된 (영국법의 적용을 받는) 두 채권(즉 원채무에 대한 채권 및 병행채무에 대한 채권)을 모두 인정하면서 (원채무와 더불어 존재하는) 병행채무가 폴란드의 법질서에 위배되지 않는다고 판시하였다. 법원은 이 판결에서 두 채권(즉 원채무에 대한 채권 및 병행채무에 대한 채권) 중 하나를 상환하면 나머지 하나도 동일한 금액만큼 자동적으로 감액되므로, 결과적으로 두 채권으로 인한 이중회수(double-recovery)의 발생 가능성이 없다는 점을 강조했다. 여기서 한 걸음 더 나아가 법원은 병행채무의 메커니즘이 폴란드법상 연대채권의 메커니즘과 유사하다는 점을 언급하였다. 이러한 폴란드 판결례에 비추어, 폴란드 법원은 영국법의 적용을 받는 병행채무 조항에 따라 폴란드법에 따라 설정된 담보물권의 유효성을 대체로 인정하고 있는 것으로 파악된다.
84 체코 판례는 모두 체코법상 도산·파산을 다룬 하급심 판례이고 아직까지 상급심 판례는 나오지 않은 상태이다. 관련 건들에서 병행채무방식에 대한 조항이 기재된 대출계약서의 준거법이 체코법이 아닌 외국법이었기 때문에 이러한 역외거래의 맥락에서 병행채무방식이 체코법상 유효한지 여부에 있어서의 핵심 이슈는 병행채무라는 개념이 체코법상 공서양속에 위배되는지 여부였다. 병행채무의 개

국가의 법원판례는 병행채무방식의 유효성을 간접적으로 다룬 상급심 법원판례이거나 병행채무방식의 유효성을 직접적으로 다룬 하급심 법원판례이다. 결국 현재까지 전 세계를 통틀어 병행채무방식의 유효성을 직접적으로 다룬 유일한 상급심 판례는 프랑스 파기원의 Belvédère 판결이다.

이하에서는 프랑스 파기원의 Belvédère 판례를 참고하여 영미법을 피담보채무의 준거법으로 하는 대출계약에 규정된 병행채무방식을 사용하여 우리법에 따른 담보권을 설정하는 것이 가능한지 여부를 검토한다.

념과 체코법상 공서양속 간에 충돌이 있다는 주장은 최근 체코의 유명 광산업체인 OKD, A.S.라는 회사에 대하여 개시된 파산절차에서 파산관재인에 의해 제기된 바 있다. 체코 역사상 최대규모의 파산으로 알려진 이 건의 파산절차에서 담보대리은행의 자격으로 참여했던 Citibank N.A. London Branch는 미국 뉴욕주법을 준거법으로 하는 대출계약서에 포함된 병행채무 조항에 따라 Kč9.5 Billion(대략 €350 Million)에 상당하는 채권에 대한 청구의 소를 제기하였다. 그러나 파산관재인은 병행채무가 유효함을 인정하고 해당 채권의 가치를 인정해 달라는 Citibank의 요구를 거절하였다. 파산관재인이 이렇게 거절한 이유는 병행채무에 대한 법률상의 원인이 존재하지 않는다고 보았기 때문이다. 체코법은 일부 예외를 제외한 모든 의무에 대하여 법률상의 원인(cause)이 존재할 것을 요구한다. 따라서 채권자가 어떠한 채무에 대하여 법률상의 원인을 입증하지 못하면, 해당 채권자의 채권은 법적구속력을 가지지 아니하고 채무자가 파산에 이르는 경우, 해당 채권은 파산법원에 의해 인정받지 못한다. OKD 파산 건에서 파산관재인은 법률상의 원인의 존재가 체코법이 아닌 외국법을 준거법으로 하는 계약상의 채무에도 동일하게 적용되는 법률상의 요건이라고 주장하였다. 이러한 주장은 법률상의 원인의 부재가 체코법상 공서양속에 따른 자국법의 가치와 충돌될 수 있다는 데에서 비롯되었다. 이에 2016년 9월 Citibank는 병행채무 채권의 유효성과 해당 채권의 가치를 인정해 달라는 취지의 소를 법원에 제기하였다. 이에 대한 판결은 아직 내려지지 않은 상태이다. OKD 파산 건 외에도 병행채무 채권의 유효성에 대하여 다른 체코법원의 판례가 몇 건 있다. 대부분의 건에서, 체코법원은 병행채무 채권의 유효성을 인정하는 듯 보였고 따라서 병행채무의 채권자들은 다른 일반 채권자들(ordinary creditors)과 동일하게 취급되었다. 하지만 병행채무방식이 유효하다는 근거를 구체적으로 다룬 체코의 상급심 판례는 아직까지 나오지 않은 상태이다. 만일 OKD 파산 건에 대한 법원의 판결이 내려진다면 이는 병행채무의 유효성의 근거를 다룬 체코의 최초의 판례가 될 것이다.

제2항 역외거래와 국내거래의 구별 실익

　병행채무방식에 따라 우리법에 따른 담보권을 설정하는 것이 가능한지 여부를 검토하기에 앞서, 이하에서는 병행채무방식의 거래를 역외거래와 국내거래로 구별하는 실익에 관하여 설명한다.

　우리나라에서 병행채무방식을 사용할 수 있는지 여부는 결국 실질적으로 병행채무방식을 사용한 거래에서 설정된 담보권이 유효하게 인정될 수 있는지에 관한 문제로 귀결될 것이다. 한편 담보권의 준거법은 그 동산 또는 부동산의 소재지법을 따르므로(국제사법 제33조 제1항) 담보목적물이 국내에 있는 경우 해당 목적물에 설정된 담보권의 유효 여부는 원칙적으로 피담보채권의 발생 근거가 되는 계약의 준거법이 외국법인지(역외거래) 국내법인지(국내거래) 여부와는 관계가 없다고도 볼 수 있다.

　한편 이와 달리 역외거래와 국내거래를 구분하여 피담보채권의 발생 근거가 되는 계약의 준거법상 해당 채권이 적법하고 유효하게 발생한 경우에는 그 채권을 담보하는 담보권이 우리법에 따라 설정되었더라도 원칙적으로 유효하다고 보지만, 피담보채권의 발생 근거가 되는 계약의 준거법이 우리법인 경우에는 그 계약 자체가 담보의 부종성을 회피할 목적의 거래로서 효력에 대한 논란이 제기될 수 있으므로 당연히 이에 기한 담보권의 효력도 문제가 될 수 있다고 보는 견해도 있다.[85]

　위와 같은 점에 더하여 역외거래와 국내거래는 그 형태 및 관련 외국 사례들에 차이가 있으므로 두 거래를 구분하여 살펴볼 실익이 있다.

---

85 박 준·한 민(2022), 181면

제3항 외국의 사례: 프랑스 파기원의 판례

프랑스파기원(상사부)는 2011년 9월 13일에 내린 판결 Belvédère 판결에서 미국 뉴욕주법을 준거법으로 하여 실행된 국제 대출거래에서 사용된 병행채무방식이 프랑스법상 유효하다고 판시하였다.

가) 프랑스파기원의 사실관계 및 배경

Belvédère 판결의 중심에 있는 Belvédère 라는 프랑스 회사(즉 차주)는 프랑스 부르고뉴 지방의 본(Beaune)이라는 와인 수도에 위치한 '폴란드 보드카'로 가장 유명한 증류주 생산업체이다. 차주는 자금조달을 목적으로 다수의 금융기관을 사채권자(Bondholders)로 하여 2013년 만기가 도래하는 €375,000,000 상당의 변동금리채권(Floating Rate Notes, "FRN")을 발행하였다.

FRN채권의 발행에 요구되는 FRN계약은 미국 뉴욕주법을 준거법으로 하여 작성·체결되었고, 미국계 은행인 Bank of New York Mellon이 수탁은행(Trustee Bank)으로, (프랑스의 담보·보증과 관련하여서는) Natixis France 및 (폴란드의 담보·보증과 관련하여서는) Raiffeisen Bank Polska이 각 담보대리인(Security Agents)으로 선임되었다. 그 외에 일곱 개의 폴란드 자회사는 FRN채권에 대한 보증을 제공하였다.[86]

차주는 FRN채권의 만기가 도래했음에도 FRN채권에 따른 상환의무를 이행하지 못하였다. 이에 2008년 7월 16일, 프랑스의 Beaune 상사법원(즉 1심법원)에서 채무자들에 대한 세이프가드 절차(Procédure de Sauvegarde)[87]가 개시되었다.[88]

---

86 Thierry Arachtingi(2011)
87 프랑스 기업 보호법(Loi n° 2005-845 du 26 juillet 2005 de sauvegarde des entreprises)에 따른 제도로 파산 위험이 있지만 아직 채무 불이행 상태에 이르지 않은 기업이 활동을 지속하면서 동시에 구조조정을 통해 경제적 안정성을 회복할

나) 1심법원의 판결[89] 요지

프랑스 세이프가드 절차상 수탁은행과 담보대리인들은 사채권자들을 위하여, 자신들의 명의로, FRN채권의 (일부가 아닌) 전액(즉 €375,000,000)에 대한 채권증빙(proof of claims)을 법원에 제출하였다. 법원은 이들이 제출한 총 세 건의 채권증빙을 그대로 인정하였다. 이러한 1심법원의 결정은 추후 Dijon항소법원에서도 그대로 인정되었다.

다) 프랑스 Dijon항소법원의 판결 요지

프랑스 Dijon항소법원에 따르면:[90]

첫째, 유럽연합이 채택한 도산절차의 준거법에 관한 EU도산규정(No 1346/2000(Council Regulation (EC) No 1346/2000 of 29 May 2000 On Insolvency Proceedings)(이하 '2000 EU도산규정'이라 한다)의 제4조에 따라, 채권의 신고, 확인 및 인정 여부는 도산절차가 개시된 국가의 법에 따른다. 이에 본 건에서는 프랑스법이 적용된다. 그러나 채권의 존재 여부 및 성질의 준거법은 관련 국제사법 규정에 따라 결정되어야 한다. 2000 EU도산규정에 따라, 담보대리인들이 FRN 계약상 어떠한 지위 또는 자격을 가지는지 여부는 이미 개시된 도산절차에 적용되는 법(즉 프랑스법)이 아닌 본 건에서 문제가 되는 채권(즉 병행채무)의 준거법(즉 FRN 계약의 준거법)에 의해 따라 판단되어야 한다.[91] 따라서 본 건에서 (FRN계약의 준거법인) 미국 뉴욕주법상 병행채무 조항이 유효하다면 프랑스에서도 병행채무 조항은 유효하다고 보아야 한다.

수 있도록 하는 절차이다. 한국의 기업회생절차와 유사하다.
88 Schulte Roth & Zabel LLP(2012)
89 Tribunal de commerce de Dijon, 15 décembre 2009
90 Thierry Arachtingi(2011); Xavier Farde & Etienne Gentil(2011)
91 Xavier Farde & Etienne Gentil(2011)

둘째, 미국 뉴욕주법상 병행채무 조항이 유효하다고 인정하는 것은 프랑스의 국제공서양속에 반하지 않는다. 병행채무 조항은 당시 프랑스민법 제1197조[92]에 따른 (연대채권과 유사한 개념을 일컫는) solidarité active[93]와 유사한 측면이 있고, 병행채무 조항의 메커니즘에 따를 경우 차주가 이중지급의 위험에 노출될 가능성이 없다.[94]

결론적으로, Dijon항소법원은 (담보대리인들의 청구와 관련하여) 미국 뉴욕주법에 따른 병행채무 조항은 프랑스의 국제 공서양속(international public policy rules)에 반하지 않기 때문에 담보대리인들이 제출한 FRN채권의 전액(즉 €375,000,000)에 대한 채권증빙이 그대로 인정되어야 한다고 판시하였다.[95] 이에 채무자들은 Dijon항소법원이 채권증빙을 인정하지 않았어야 한다고 주장하며 프랑스파기원에 항소하였다.[96]

---

[92] "L'obligation est solidaire entre plusieurs créanciers lorsque le titre donne expressément à chacun d'eux le droit de demander le paiement du total de la créance, et que le paiement fait à l'un d'eux libère le débiteur, encore que le bénéfice de l'obligation soit partageable et divisible entre les divers créanciers" (Article 1197); 현재 프랑스 민법에서는 제1311조에서 같은 취지의 내용을 규정하고 있다 ("La solidarité entre créanciers permet à chacun d'eux d'exiger et de recevoir le paiement de toute la créance. Le paiement fait à l'un d'eux, qui en doit compte aux autres, libère le débiteur à l'égard de tous. Le débiteur peut payer l'un ou l'autre des créanciers solidaires tant qu'il n'est pas poursuivi par l'un d'eux.")

[93] Solidarité Active란 로마법 이래로 인정된 제도를 일컫는 용어로서 수인의 채권자가 같은 내용의 급부에 관하여 각자 독립하여 채무자에게 전부의 급부청구권을 가지고, 그 중의 1인이 급부를 수령하면 모든 채권자의 채권이 소멸하는 채권을 의미한다. 연대채권과 유사한 개념으로 이해된다. Jean-François Adelle(2011)

[94] Xavier Farde & Etienne Gentil(2011)

[95] Cour d'appel de Dijon, 21 septembre 2010, RG n° 09/02078, n° 09/02080, n° 09/02082; Thierry Arachtingi(2011)

[96] Cour De Cassation, Civile, Chambre Commerciale, 13 Septembre 2011, 10-25.533 10-25.731 10-25.908; Thierry Arachtingi(2011)

라) 프랑스파기원의 판결 요지

채무자들의 주장에도 불구하고, 프랑스파기원은 아래 내용을 근거로 관련 FRN 계약에 포함된 병행채무 조항이 유효하다는 판결을 내렸다.

병행채무 조항에 따르면 채무자들이 채권자들에게 부담하는 채무(즉 원채무)와 동일한 채무(즉 병행채무)를 채무자들이 담보대리인에게 부담하게 되는데, 이와 관련하여 채무자들은 병행채무가 원채무와 동일한 법률상의 원인(즉 FRN계약서, 그 중에서도 사채권발행계약서(Issue Contract))을 가진다는 점에 비추어, 채무자들이 원채무를 부담함으로써 사채권자들에게 가지는 여러 항변사유가 채무자가 병행채무를 부담함으로써 담보대리인들에게 가지는 항변사유에도 동일하게 적용될 수 있어야 한다고 주장하였다. 채무자들은 그들이 병행채무를 부담함으로써 담보대리은행들에게 가지는 항변사유는 FRN계약상 단 하나의 사유(즉 채무자들이 수탁은행이나 다른 사채권자들에게 원리금을 상환한 경우)로 제한되는데, 이는 항변사유의 불균형을 초래한다고 주장하였다. 좀 더 구체적으로, 채무자들은 그들이 원채무의 채권자들(즉 모든 사채권자들)에 대해 가지는 항변사유에는 아무런 제약이 없는 데에 반해, 채무자들이 병행채무의 채권자들(즉 담보대리은행들)에 대해 가지는 항변사유는 계약상 단 한가지의 사유로 제한되는데, 이 경우 병행채무의 채권자들(즉 담보대리은행들)은 원채무가 소멸된 상황에서도 채무자들로부터 채권을 회수할 수 있는 가능성을 제기한다는 측면에서, 채권자평등의 원칙에 위배된다고 주장하였다. 채무자들은 채권자평등의 원칙이 프랑스민법(제3조) 및 국제사법의 중요한 원칙에 해당한다는 점을 근거로, 병행채무방식이 성립될 수 없다고 주장하였다.

그러나 프랑스파기원은 이러한 채무자들의 주장에 대하여, FRN계약의 병행채무 조항에 포함된 명시적 규정에 따르면 담보대리인이 병행채무를 상환받는 즉시 원채무가 병행채무의 상환금액만큼(pro tanto)

감액되고, 마찬가지로 수탁은행이나 사채권자들이 원채무를 상환받는 즉시 병행채무가 원채무의 상환금액만큼(pro tanto)감액되기 때문에 차무자에 대한 채권의 이중회수가 발생할 위험은 없다며 채무자들의 주장을 인정하지 않았다.

프랑스파기원은 병행채무 조항이 프랑스법상 인정되는지 여부를 판단함에 있어, 병행채무에는 법률상의 원인(꼬즈(cause))이 결여되어 있다는 채무자들의 주장도 살피었다. 채무자들의 주장에 따르면, 프랑스민법에는 계약이 유효하기 위해서는 당사자의 의사 이외에 적법한 꼬즈가 있어야 하고[97] 이러한 꼬즈가 없는 채무관계에는 어떠한 효력도 생기지 아니한다[98]는 명문의 규정이 포함되어 있는데 그럼에도 불구하고, 병행채무에 대해서는 별도의 꼬즈가 존재하지 않으므로 이는 프랑스의 국내 및 국제 공서양속 규정에 반한다.

하지만 프랑스파기원은 이러한 채무자들의 주장에 대하여, 프랑스법이 고수하는 계약상 의무에 대한 꼬즈라는 개념이 모든 측면에서 프랑스의 국제공서양속과 관련되지는 않는다고 설시하였다. 특히 병행채무방식이 인정되는 국가의 법(예컨대 미국 뉴욕주법)을 준거법으로 하여 이루어지는 국제금융거래의 맥락에서는 더욱 그러하다고 하였다. 결국 프랑스파기원은 채무자들의 주장을 인정하지 않았다.

결론적으로 프랑스파기원은 미국 뉴욕주법의 적용을 받는 FRN계약에 포함된 병행채무 조항이 프랑스법상 유효함을 인정하였고, 이로써 병행채무방식은 (적어도 프랑스 밖에서 이루어지는 역외거래에서는) 그 법적 유효성이 인정되는 담보권 설정 방식으로 자리매김할 수 있게 되었다.

---

[97] 프랑스민법 제1108조
[98] 프랑스민법 제1131조

마) Belvédère 판결이 프랑스에 가져온 변화

Belvédère 판결이 내려지기 전에도 프랑스 밖에서 이루어지는 역외 거래에서는 병행채무방식이 종종 사용되었다. 그러나 병행채무에는 프랑스민법상 요구되는 꼬즈가 결여되어 있으므로[99] 병행채무 조항에 근거한 병행채무방식을 사용하는 것이 프랑스의 국내 및 국제 공서양속 규정에 반한다는 보는 견해가 있었다.[100] 따라서 프랑스 밖에서 영

---

[99] 프랑스민법은 명문의 규정으로 계약의 유효요건으로서 꼬즈가 존재하고 또 적법하여야 할 것을 요구하고 있다. 좀 더 구체적으로, 프랑스민법 제1108조는 "약정이 유효하기 위해서는 4가지 조건이 필수불가결하다: 1. 의무를 부담하는 당사자의 승낙, 2. 그의 행위능력, 3. 의무부담의 실체를 이루는 확정된 목적(objet), 4. 채무의 적법한 꼬즈"라고 규정하고 있다. 또한 프랑스민법 제 1131조는 "꼬즈가 없는 채무, 또는 허위의 꼬즈 혹은 불법적인 꼬즈에 기인하는 채무는 아무런 효과도 가질 수 없다"고 규정하고 있다. 그런데 병행채무방식에서 (차주가 병행채무를 부담하는 상대방 당사자로서) 담보대리인은 (차주가 원채무를 부담하는 상대방 당사자로서) 대주단과는 달리, 차주에게 대출을 실행하지 않는다. 이에 비추어, 병행채무에는 꼬즈가 결여되어 있다고 볼 여지가 있다. 프랑스민법상 꼬즈는 약정이 유효하기 위한 필수불가결한 조건 중 하나이기 때문에 병행채무방식은 유효하지 않다는 주장이 가능한 것이다. 하지만 이러한 주장에 설득력이 떨어진다고 보는 견해도 적지 않았다. 반대의 견해에 따르면 병행채무의 꼬즈는 병행채무방식을 적용하게 된 합법적인 상업적 근거(legitimate commercial reasons)에서 찾을 수 있는데, 예컨대 병행채무방식을 사용하지 않았더라면 적용되었을 개별담보설정방식이 지니는 여러 불필요한 거래비용을 피함과 동시에, 대출채권의 양수도에 따른 담보권의 이전 절차를 간소하고 용이하게 한다는 점이 바로 그것이다. 이렇듯 병행채무방식을 사용하는 상업적 근거가 병행채무의 꼬즈를 구성하고 이로써 충분하다고 보는 견해는 프랑스가 아닌 다른 대륙법계 국가에서도 찾을 수 있다. 다만 프랑스민법상 꼬즈(또는 기타 대륙법계 국가의 법상 요구되는 법적 원인)라는 것은 어느 의무나 채무에 대하여 존재하는 직접적인 법적 원인이나 근거를 일컫는 것이지, 이와 관련된 간접적이고 포괄적인 상업적 동기나 목적을 일컫는다고 보기는 어려울 것이다. 프랑스민법상 꼬즈 따라서 위에 언급된 상업적 근거(즉 거래비용의 절감 및 담보권 이전 절차의 간소화)를 이유로 병행채무에 대하여 꼬즈가 있다고 보는 것은 다소 무리한 생각이다. The Use of Parallel Debt in South-East Europe(2013)

[100] 이러한 주장은 Belvédère 건에서도 제기된바 있다. Jean-François Adelle(2011)

미법을 피담보채무의 준거법으로 정하여 이루어지는 역외거래에 대해서도 병행채무방식의 유효성에 대한 불확실성이 없지 않았다.

그러나 Belvédère 판결에 따라 병행채무방식의 법적 효력과 유효성이 인정되는 것으로 최종 확인됨에 따라 이러한 불확실성이 제거되었다. 다만 앞서 언급된 바와 같이 Belvédère 판결은 어디까지나 피담보채무의 준거법을 영미법으로 하는 대출계약에 따른 프랑스 현지에서의 담보권의 설정과 관련된 사안에 대한 것이기 때문에, 피담보채무의 준거법을 프랑스법으로 하는 대출계약에 따른 신디케이티드대출 거래에서 Belvédère 판결에 의존하여 병행채무방식을 사용하는 것은 어렵다.[101]

제4항 우리법상 유효성 여부

Belvédère판결에 비추어, 본 절의 서두에 제기된 문제(즉 영미법을 피담보채무의 준거법으로 하는 대출계약에 담보권 설정 방식으로서 병행채무방식을 규정하고 있다면, 병행채무방식을 사용하여 우리법에 따른 담보권을 설정하는 거래에서 유효한 담보권이 설정된 것으로 볼 수 있는가)에 대해서는 긍정의 답변이 나올 확률이 높다.

---

[101] 종합해 보건대, 프랑스의 현행법상 (i) 피담보채무의 준거법을 영미법으로 하는 대출계약에 따른 신디케이티드대출 거래에서 프랑스 현지법상 담보권을 설정함에 있어서는 병행채무방식 또는 프랑스식 담보권신탁의 사용이 가능하고 (ii) 피담보채무의 준거법을 프랑스법으로 하는 대출계약에 따른 신디케이티드대출 거래에서 프랑스법상 담보권을 설정함에 있어서는 프랑스식 담보권신탁 방식이 사용가능한 것으로 이해된다. Lionel Dechmann, Etienne Gentil, Xavier Farde & Michel Houdayer(2018), 50-51면; "In the context of cross-border transactions with main documents not governed by French law, parallel debt structures can still be used, but those provisions are now less relevant for France if a security agent is appointed in accordance with Article 2488-6 et seq. of the French Civil Code." Bredin Prat(2023)

우리나라 밖에서 이루어지는 역외거래에서 병행채무방식이 유효하게 사용될 수 있다고 보는 근거로서 (i) 병행채무방식의 유효성 문제는 채권의 성립 및 효력의 문제인 점 및 (ii) 영국법이나 미국 뉴욕주법 등 영미법을 준거법으로 하는 대출계약에서 병행채무방식을 규정하고 있고 해당 외국법상 병행채무방식이 유효하다고 볼 수 있다면, 대출계약상 차주가 부담하는 병행채무를 담보하기 위하여 우리법상 설정되는 담보도 (담보권의 준거법인 우리법상 유효한 담보권을 설정하는 데 필요한 요건을 구비하였다면) 유효하다고 볼 수 있는 점을 제시할 수 있다.[102]

위에 비추어, 병행채무방식이 관련 외국법상 적법하고 구속력 있고 집행가능하다는 외국 법률자문사의 법률의견이 있고, 우리나라 법률자문사에서 그러한 의견이 옳고 정확함을 전제로 하여 병행채무방식에 따라 설정된 우리법상 담보가 적법하고 구속력 있고 집행가능하다는 법률의견을 제공할 수 있다면 (병행채무가 우리나라의 선량한 풍속이나 그 밖의 사회질서에 어긋나지 않는다는 전제 하에) 병행채무를 담보하기 위한 우리법에 따른 담보권 설정은 허용되고 이에 대한 집행판결도 가능한 것으로 판단된다. 실무에서도 역외거래에 한해서는 대출계약의 준거법상 병행채무방식이 적법하고 유효하다는 전제 하에 병행채무방식이 인정된다고 보는 취지의 법률의견을 낼 수 있는 대형 법률자문사가 있는 것으로 파악된다.[103]

---

[102] 일본에서도 일본 밖에서 이루어지는 역외 신디케이티드대출 거래에서 병행채무방식이 유효하게 사용될 수 있다고 보는 근거로서 (i) 병행채무방식의 유효성 문제는 채권의 성립 및 효력의 문제인 점, (ii) 채권의 성립 및 효력의 준거법에 대해서는 원칙적으로 당사자가 자유롭게 정할 수 있는 점, (iii) 국제사법상 담보물권의 피담보채무의 준거법이 담보물권의 준거법과 동일해야 한다는 규칙은 존재하지 않는 점, (iv) 영국법이나 미국 뉴욕주법 등 영미법을 준거법으로 하는 대출계약에서 병행채무방식을 규정하고 있고 해당 외국법상 병행채무방식이 유효하다고 볼 수 있다면 대출계약상 차주가 부담하는 병행채무를 담보하기 위하여 일본법상 설정되는 담보도 유효하다고 볼 수 있는 점이 제시된 바 있다. 鈴木 健太郎·宇治野 壯步(2014), 64면

이와 관련하여, 최근 해외법인인 A사를 위한 역외 담보부 대출거래에서 (차주로서) 해외법인인 A사는 한국회사에 대하여 보유하고 있는 주식에 대하여 (대주로서) 다수의 해외 금융기관들을 위하여 주식근질권을 설정하고자 하였다. 동 주식근질권을 설정함에 있어 거래 당사자들은 개별담보설정방식을 사용하는 대신, (영국법을 준거법으로 하는) 대출계약에 포함된 병행채무 관련 조항에 따라 담보대리인을 유일한 근질권자로 두는 병행채무방식을 사용하였다. 당시 차주사를 대리하여 국내법 자문을 맡은 법률자문사의 의견서에는 대출계약의 준거법인 영국법상 병행채무방식이 적법하고 유효하다는 전제사항이 기재되어 있었다.[104] 이러한 전제사항은 영국법을 준거법으로 하는 대출계약에서 병행채무방식을 규정하고 있고 영국법상 병행채무방식이 유효하다면, 대출계약상 차주가 부담하는 병행채무를 담보하기 위하여 우리 법상 설정되는 담보(즉 주식근질권)도 유효하다고 볼 수 있는 점을 분명히 하기 위한 것이다.

종합해 보건대, 아직까지 공식적인 입장을 내놓지 않은 국내의 대형 법률자문사도 없지는 않으나, 우리나라에서도 역외거래에 대해서는 병행채무방식의 유효성을 인정하는 추세인 것은 분명하다.[105] 대부

---

103 주요 국내 대형로펌의 실무 동향을 파악해 본 결과, 2곳에서는 역외거래에 한하여 병행채무방식의 사용에 관하여 대체로 가능하다는 취지의 입장인 것으로 보이나, 1곳에서는 아직 보수적인 입장을 고수하고 있는 것으로 파악된다.: "The generally accepted view is that a parallel debt structure may be used to provide for such arrangement." Shin & Kim(2014)
104 해당 의견서에서 실제로 사용된 문구는 다음과 같다: "...That the Korean parallel liability (as defined in the [loan agreement]) is legal, valid and binding, enforceable in accordance with the terms of the relevant documents and agreements under the laws of any jurisdiction by which such relevant documents are governed."
105 한편 일본의 경우, 2020년 4월 민법의 개정을 통하여 연대채권에 대한 규정을 신설하여 병행채무방식에 대한 좀 더 명확한 법리적 근거를 갖추기 전에도, 일본 밖에서 이루어지는 역외거래에 한하여서는 병행채무방식이 유효하다고 보았다.

분의 대륙법계 국가에서 Belvédère 판결을 역외거래에서 병행채무방식의 유효성을 인정하는 공식적인 근거로 보고 있는 점을 고려해 볼 때, 우리나라에서도 이와 같이 하는 게 바람직하다. Belvédère 판결에도 불구하고 아직도 역외거래에 대해서조차 병행채무방식이 인정되지 않는다고 보는 것은 국제적 기준에 비추어, 지나치게 보수적이고 경직된 접근이다.[106]

제4절 우리나라에서의 사용 가능성: 국내 거래

제1항 병행채무방식의 유효성: 실질법의 문제

역외거래가 아닌, 한국 내에서 이루어지는 국내거래에서 병행채무방식을 사용하여 유효한 담보권을 설정할 수 있는가 하는 문제는 오롯이 우리 실질법의 문제이다. 그런데 아직까지 병행채무라는 개념 자체나 병행채무방식의 유효성을 심도있게 다룬 우리나라의 문헌은 매우 드물고 이에 대한 연구 자료도 거의 없는 실정이다. 우리법을 피담보채무의 준거법으로 하는 대출계약에 포함된 병행채무 조항에 따라 우리법상 담보권을 설정하는 경우, 이러한 담보권을 유효하다고 볼 수 있는지에 대한 실무가들의 의견 또한 거의 전무한 상태이다.

한편, 일본에서는 개별담보설정방식을 대체할 만한 담보권 설정 방식으로서 병행채무방식에 대한 연구를 꾸준히 진행하여 왔고 역외거

Satoshi Inoue, Yuki Kohmaru & Hikaru Naganuma(2023); 당시 일본에서 역외거래에 한하여서는 병행채무방식이 유효하다고 본 근거는 본 항에서 논의된 바와 다르지 않다.

106 鈴木 健太郎·宇治野 壯步(2014), 64면; Chambers and Partners(2023)

래에서는 병행채무방식을 사용하여 담보권을 설정해 왔다.[107] 일본에서는 일본 개정민법이 시행되기 전까지는 일본법에 따른 국내거래에 대해서는 병행채무방식을 인정할 만한 법적 근거가 불명확하다고 보았고,[108] 이러한 문제를 해결하고자 일본 개정민법에 연대채권 규정을 신설함으로써 병행채무방식을 사용할 수 있는 명확한 법적 근거를 마련하였다.[109] 결과적으로 일본은 입법이라는 도구를 사용하여 병행채무방식의 유효성을 인정할 법리적 근거를 좀 더 명확히 할 수 있게 되었고, 이로써 일본 밖에서 이루어지는 역외거래에서는 물론, 일본 내에서 이루어지는 국내거래에서도 병행채무방식을 사용하여 담보권을 설정하는 것이 가능해졌다.[110]

우리나라와 가장 유사한 법체계를 갖추고 있는 일본의 사례는 아직까지 병행채무방식에 대한 논의 및 연구가 매우 부족한 우리나라에게 중요한 참고 사례가 될 수 있다. 특히 우리나라의 국내거래에서 병행채무방식을 사용할 수 있도록 하기 위해서는 어떠한 과정이 선행되어야 하는가에 대해 중요하고 의미있는 방향성을 제시해 줄 것이다. 이하에서는 일본의 사례를 참고하여 한국 내에서 이루어지는 국내거래에서 병행채무방식을 사용하여 유효한 담보권을 설정할 수 있는지 여

---

107 일본에서는 2020년 4월 민법의 개정을 통하여 연대채권에 대한 규정을 신설하여 병행채무방식에 대한 명확한 법리적 근거를 갖추기 전에도 일본 밖에서 이루어지는 역외거래에 대해서는 병행채무방식이 유효하다고 보았다. Satoshi Inoue, Yuki Kohmaru & Hikaru Naganuma(2022); 참고로 2022년 12월 B사의 인수금융 건과 관련하여 실제로 체결된 영국법을 준거법으로 하는 선순위대출계약서(Senior Facilities Agreement)에 포함된 병행채무(parallel debt) 조항에 따라 체결된 일본법을 준거법으로 하는 1순위 주식질권설정계약서(First Priority Share Pledge Agreemen)에서도 병행채무방식이 사용된 바 있다. 동 계약은 (질권설정자로서) 채무자가 (병행채무의 유일한 채권자이자 담보권자로서) 담보대리인을 위하여 (피담보채무로서) 병행채무를 담보한다고 규정하고 있다.
108 Hidehiko Suzuki(2015), 3면
109 Satoshi Inoue, Yuki Kohmaru & Hikaru Naganuma(2023)
110 Satoshi Inoue, Yuki Kohmaru & Hikaru Naganuma(2023)

부를 검토한다.

제2항 외국의 사례: 일본의 입법 사례

1. 개정 일본민법 도입 이전 '일본식' 병행채무방식의 개념화

일본법은 영미법과는 법률의 체계가 다르고 독일법과 같이 무인의 채무부담행위에 관한 규정을 따로 두고 있지 않다. 따라서 일본에서도 오랫동안 개별담보설정방식에 의존하여 담보부 신디케이티드대출 거래를 실행할 수밖에 없었고 이로 인하여 대출채권의 양수도시 많은 어려움과 불편함을 겪었다.[111]

일본에서도 (우리나라와 마찬가지로) 이론적으로는 담보권신탁 제도의 사용이 가능하였으나 실무에서 이러한 제도가 사용된 사례는 거의 없었고,[112] 역외거래에 한하여 병행채무방식이 사용되고 있을뿐이었다.[113] 이러한 점을 고려하여, 일본법상 병행채무방식을 도입하기 위해서는 외국의 사례를 참조하되, 일본법제를 고려한 일본식 병행채무방식을 구현할 필요가 있다는 게 일본 학자 및 실무가들의 생각이었다.[114]

일본식 병행채무방식은 병행채무의 개념과 연대채권의 개념을 혼합하여 구현한 방식을 의미한다.[115] 독일에서 사용되고 있는 병행채무

---

111 鈴木 健太郎·宇治野 壯步(2014), 62-63면;
112 洞雞 敏夫, 池田 順一, 島崎 哲1(2011), 17면; Hiroki Aoyama & Yuki Matsuda (2022)
113 Satoshi Inoue, Yuki Kohmaru & Hikaru Naganuma(2022)
114 Satoshi Inoue, Yuki Kohmaru & Hikaru Naganuma(2022); 洞雞 敏夫, 池田 順一, 島崎 哲1(2011), 23면
115 영미 국가를 포함한 외국에서 병행채무와 연대채권, 병행채무방식과 (연대채권의 개념을 사용하는 담보권 설정 방식을 일컫는) 연대채권방식이 별개의 개념으로

방식과 일본식 병행채무방식 간에 실질적 차이가 있다고 보기는 어렵고, 다만 일본식 병행채무방식에서는 병행채무와 개별 대출채권의 관계를 연대채권으로 개념화했다는 정도의 차이가 있다.[116]

일본식 병행채무방식은 다음의 단계로 이루어진다.

첫 번째 단계. 차주는 채무부담의 의사표시에 따라 차주가 각 대주에게 부담하는 채무와 동일한 내용의 채무(즉 채권액, 변제·상환일 및 기타 차주가 대주에게 부담하는 채무와 동일한 내용의 병행채무)를 담보대리인에게 부담한다. 여기서 병행채무는 개별 대출채권의 유효한 성립을 조건으로 한다.[117]

두 번째 단계. 위 단계에 따라, 차주와 담보대리인 간에는 개별 대출채권과 동일한 수의 병행채무가 존재하게 된다. 병행채무와 개별 대출채권 간의 관계를 정함에 있어, 개별 대출채권이 변제·상환 또는 기타 사유로 감액 또는 소멸하는 경우, 병행채무도 이에 상응하여 감액 또는 소멸하도록 하고, 병행채무가 감액 또는 소멸하는 경우, 개별 대출채권도 이에 상응하여 감액 또는 소멸하도록 한다. 즉 개별 대출채

서 사용되고 있는 것과는 대조적으로, 일본에서는 연대채권이라는 용어를 일반적으로 복수 채권 간의 상호관계를 표현하고자 하는 경우에 사용하여 왔다. 이에 일본에서는 병행채무와 개별 대출채권 간의 관계도 연대채권의 관계로 개념화될 수 있다고 보았다. 다만 병행채무와 연대채권, 그리고 병행채무방식과 연대채권방식이 서로 대립되는 의미를 가지도록 사용할 경우 혼란이 초래될 수 있다고 보았다. 이와 같은 혼란을 피하기 위하여 일본에서는 우선 채무 성립의 측면을 파악하기 위한 용도로 차주와 담보대리인 간의 채무를 지칭하는 용어로서 '병행채무'를 사용하고, 다음으로 일단 성립된 병행채무와 다른 대출채권 간의 관계를 설명하려는 경우에 사용되는 실정법상 및/또는 강학상의 개념으로서, 연대 관계에 놓인 복수의 채권이 존재하는 경우에 각 채권을 가리키는 용어로서 연대채권을 사용된다는 점을 분명히 할 필요가 있다. 洞鶏 敏夫, 池田 順一, 島崎 哲1(2011), 24면; 우리나라에서도 병행채무방식을 개념화함에 있어 일본식 병행채무방식을 참고하고 있는 것으로 파악된다. 박 준·한 민(2022), 181면(각주 106)

116 洞鶏 敏夫, 池田 順一, 島崎 哲1(2011), 24면
117 洞鶏 敏夫, 池田 順一, 島崎 哲1(2011), 23면

권과 병행채무가 연대채권의 관계에 놓이도록 설정한다.[118]

세 번째 단계. 차주는 병행채무를 피담보채권으로 하여 오직 담보대리인만을 위하여 담보권을 설정한다.[119]

즉 일본에서는 담보대리인이 각 대주의 대출채권과 연대채권 관계에 놓여 있는 병행채무를 여러 개 보유하고 있고, 이를 피담보채권으로 하는 담보권이 설정되는 구조를 염두에 두었다.

2. 일본법상 병행채무방식의 유효성 근거

일본법상 병행채무방식이 유효한가에 대하여, 일본에서는 계약자유의 원칙에 따라 공서양속에 반하지 않는 한 계약당사자는 자유롭게 권리의무관계를 설정할 수 있으므로 병행채무방식 또한 이러한 관점에서 당연히 유효하다고 보는 견해가 있었다.[120] 하지만 병행채무라는 개념은 일본법상 새로운 개념이기 때문에 단순히 계약자유의 원칙에 의존하는 것보다는, 이러한 개념에 대하여 다각도에서 신중하게 검토할 필요가 있고, 그 유효성의 근거에 대하여도 상세한 논의 및 연구가 뒷받침되어야 한다고 보았다.[121]

일본법상 병행채무방식이 유효하다고 본 이들은 병행채무의 본질은 종래의 일본 민사법의 제도 및 해석론에 비추어 정합적으로 설명하는 것이 가능하다고 주장하였다.[122] 이러한 주장에 따르면 병행채무의 본질은 '공동대출', '병존적 채무인수', '제3자를 위한 계약' 등에 비추어 설명 가능하다.

---

118 洞鷄 敏夫, 池田 順一, 島崎 哲1(2011), 24면
119 洞鷄 敏夫, 池田 順一, 島崎 哲1(2011), 24면
120 洞雞敏夫·島崎哲(2011), 4면; 洞鷄 敏夫, 池田 順一, 島崎 哲1(2011), 24면
121 洞雞敏夫·島崎哲(2011), 4면; 洞鷄 敏夫, 池田 順一, 島崎 哲1(2011), 24면
122 洞鷄 敏夫, 池田 順一, 島崎 哲1(2011), 24면

우선 공동대출이라는 개념에 비추어 병행채무를 인정하는 견해에 따르면, 여러 사람이 금전을 대출하여 하나의 금전소비대차계약을 체결하는 공동대출의 경우, 개별 대주에 대하여 대출채권이 성립되고 개별 대출채권 간에 불가분채권관계가 형성된다고 보는 것이 계약 당사자들의 의사에 부합하다고 볼 수 있고, 이러한 관계를 근거로 연대채권 관계를 일으킬 수 있다.[123] 병행채무도 공동대출에 의한 채무의 일종으로 볼 수 있으므로 개별 대주들에 대한 대출채권들 간에 연대의 약정을 붙임으로써 연대채권 관계를 일으킬 수 있다.[124]

다음으로 병존적 채무인수의 유효성에 비추어 일본법상 병행채무의 유효성을 인정하는 견해에 따르면 병행채무는 단순히 병존적 채무인수의 역(逆)에 해당하는 형태이고, 채권자가 다수인 경우의 채무부담 행위라고 할 수 있으며, 채무부담 행위라고 하는 법률행위에 대해서는 병존적 채무인수라고 구별할 필요가 없기 때문에 병행채무를 유효한 것으로 볼 수 있다.[125] 물론 병존적 채무인수와 병행채무 간에 차이점이 없는 것은 아니다. 병존적 채무인수의 경우 실질적으로 유사한 효과를 제공하는 보증(guarantee)이 실체법상 채권발생의 원인으로 규정되어 있기 때문에 그 유효성을 인정하기가 쉽다.[126] 반면 병행채무의 경우 보증의 비유(analogy)를 들어 근거로 내세울 수 없으므로, 보증채무에 대한 명문 규정의 존재가 병존적 채무인수를 인정하는 데에 있어

---

[123] 예컨대 부부가 제3자에게 금전을 대출해 주는 경우이다. 이와 같이 처음부터 복수의 대주가 공동으로 금전소비대차계약을 체결하는 경우, 연대채권 또는 준공유의 채권이 발생한다고 보는 것이 자연스러운 해석일 것이다. 담보대리인과 각 대주가 공동으로 (채권자로서) 대출계약서를 체결하는 경우, 담보대리인은 그 본질을 대출계약서에 근거한 대출채권으로 하는 병행채무를 취득하는 것으로 설명할 수 있다. 洞鶏 敏夫, 池田 順一, 島崎 哲1(2011), 24면; 洞雞敏夫·島崎哲(2011), 4면
[124] 洞鶏 敏夫, 池田 順一, 島崎 哲1(2011), 24면
[125] 洞鶏 敏夫, 池田 順一, 島崎 哲1(2011), 25면
[126] 洞鶏 敏夫, 池田 順一, 島崎 哲1(2011), 25-26면

서 본질적인 이유가 된다면 병행채무의 유효성을 병존적 채무인수와의 유사성에서 유추해 내기란 어려울 것이다.127 하지만 보증채무에 대한 명문규정의 존재가 병존적 채무인수를 인정하는 데 본질적인 이유가 될 필요는 없고, 오히려 원채무의 존재를 전제로 하여 원채무와 동일한 채무(즉 병행채무)를 채무자의 의사 및 의지에 따라 부담시킨다는 점에서 병존적 채무인수의 유효성의 근거를 찾을 수 있다는 견해가 제시된 바 있다.128 이에 따르면 병행채무에 대해서도 "원채무의 존재"와 "채무자의 채무부담 의사표시"를 근거로 채무의 발생을 인정하는 것이 가능하다.129

마지막으로 제3자를 위한 계약이라는 개념에 비추어 병행채무를 인정하는 견해가 있다.130 이러한 개념에서 논리를 찾는다면, 굳이 병존적 채무인수(또는 보증)와의 유사성을 따질 필요 없이, 일본민법 제

---

127 洞鷄 敏夫, 池田 順一, 島崎 哲1(2011), 26면
128 일본민법에는 구체적인 채무를 기초로 하여 동일한 내용의 채무가 성립되는 것이 인정되는 예로서 병존적 채무인수가 존재한다. 병존적 채무인수란 종래의 채무자의 채무를 면제시키지 않고 제3자(인수인)가 채권관계에 가입해서 종래의 채무자와 더불어 새로이 동일한 채무를 부담하는 계약이다. 병존적 채무인수가 있는 경우 종래의 채무자는 채무를 면하지 못하고 인수인은 종래의 채무자의 채무와 동일한 채무를 부담하게 된다. 병존적 채무인수의 유효성은 판례·학설상 의심 없이 인정되고 있다. 병존적 채무인수에 비추어 병행채무의 유효성을 논의하기 위해서는 병존적 채무인수의 유효성의 근거가 무엇인지부터 살펴보는 게 합당하겠지만, 병존적 채무인수의 법적 근거에 대하여 명확하게 설시한 법원판례는 없는 것으로 파악되며, 이에 대하여 논한 학설 또한 많지 않다. 다만 채무인수를 논한 일본의 초기 학설 중에는 채무인수의 법적 근거로서 "원채무의 존재를 전제로 하여 이와 관련하여 새로운 채무를 부담해야 한다는 것으로 약정하는 계약은 유효하게 성립할 수 있으니.." 라든가 "보증이나 연대채무가 제도적으로 마련되어 있는 것에 [비추어] 그 유효성에 대한 의심은 없다"와 같은 언급을 포함하는 경우가 있었다. 洞雞敏夫·島崎哲(2011), 5-6면; 洞鷄 敏夫, 池田 順一, 島崎 哲1(2011), 25-26면
129 洞雞敏夫·島崎哲(2011), 5-6면; 洞鷄 敏夫, 池田 順一, 島崎 哲1(2011), 25-26면
130 洞雞敏夫·島崎哲(2011), 4-5면; 洞鷄 敏夫, 池田 順一, 島崎 哲1(2011), 25-26면

537조[131]에서 제3자를 위한 계약을 인정하고 있음에 비추어, 병행채무의 성립을 주장하는 것이 가능해진다.[132]

3. 일본법상 병행채무방식의 유효성을 둘러싼 기타 논의

병행채무방식의 유효성을 둘러싼 다른 논의도 이루어졌는데, 이를 간략히 정리하면 아래와 같다.

첫 번째 논의는 부당이득과 관련된다. 병행채무방식에 따르면 담보대리인이 차주에게 대출을 실행하지 않았음에도 불구하고 차주로부터 금전을 변제 받기 때문에 이렇게 변제 받은 금전에 법률상의 원인이 부족함을 이유로, 차주로부터 부당이득[133]에 근거한 반환청구의 대상이 되는 것이 아닌가에 대한 의문이 제기될 수도 있다.[134] 하지만 병행채무의 변제가 개별 대출채권을 (해당 변제금액에 상응하여) 감액·소멸시킨다는 점에서 이중지급이 허용될 여지가 없다. 이러한 측면에서 차주에게 어떠한 손실도 발생하지 않을 것임이 명백하기 때문에 법률상 원인의 부재가 문제되는 경우는 없다.[135]

두 번째 논의는 공서양속과 관련된다. 근대 일본법의 전제가 되는 계약자유의 원칙과 더불어, 일본민법에서 구체적인 채무를 기초로 하여 동일한 내용의 채무가 성립되는 것이 인정된다는 점에 비추어 볼

---

131 송영민(2013), 312면; 최원준(2017), 19면, 36-37면; 장재현(2014), 432-433면
132 병행채무 조항에 따르면, 낙약자가 요약자에게도 혜택을 제공할 의무를 부담한다는 점에서, 낙약자가 수익자에게만 혜택을 제공할 의무를 부담하는 '제3자를 위한 계약'의 전형적인 형태와는 차이가 있으나, 낙약자가 요약자에게 채무를 부담하기로 합의하고 수익자에게 채무를 부담하는 것을 약속하는 것은 단순히 합의의 문제이며, 제3자를 위한 계약과 본질적으로 모순된다고 볼 수는 없다. 洞鷄 敏夫·島崎哲(2011), 4-5면; 洞鷄 敏夫, 池田 順一, 島崎 哲1(2011), 26면
133 일본민법 제703조
134 洞鷄 敏夫, 池田 順一, 島崎 哲1(2011), 26면
135 洞鷄 敏夫, 池田 順一, 島崎 哲1(2011), 26면

때, 공서양속 위반 등의 일반원칙에 위배되지 않는 한 병행채무의 유효성을 부정할 근거는 없다.[136] 다만 일본에서는 공서양속 위반 등의 일반원칙의 관점에서 유의할 점을 제시하였는데 여기에는 (i) 병행채무 조항이 차주에게 불측의 손해를 발생시키지 않는지 여부, (ii) 병행채무 조항이 대주에게 불측의 손해를 발생시키지 않는지 여부, (iii) 병행채무 조항이 차주, 대주, 또는 담보대리인 중 특정 당사자에게 지나치게 유리하게 작용하는 것은 아닌지 여부 등이 포함된다.[137] 병행채무가 채권자의 수(기존 대주단에서 담보대리인을 포함하도록)를 증가시킨다는 점에서 (i)이 문제될 여지가 있고, 병행채무의 변제가 개별 대출채권을 (해당 변제금액에 상응하여) 감액·소멸시킨다는 점에서 (ii)가 문제될 여지가 있다.[138] 하지만 병행채무 조항에는 차주의 이중지급 방지 등 어느 일방 당사자에게 불측의 손해를 발생시키는 상황 등에 대비한 메커니즘이 내재되어 있기 때문에 위에 제시된 사항에 비추어 실질적으로 문제가 발생할 가능성은 없다.

요컨대 일본에서는 (비록 일본에는 독일에서와 같이 병행채무의 법적 근거가 될 만한 명문의 규정은 없더라도) 공동대출, 병존적 채무인수, 제3자를 위한 계약과 같은 개념에 비추어 병행채무를 일본법상 정합적으로 설명하는 것이 가능하다고 보았다. 또한 병행채무의 구체적인 메커니즘을 고려해 보았을 때, 일본법상 부당이득 또는 공서양속의 위반 등과 관련하여 이슈가 발생할 가능성도 크지 않다고 보았다.

---

136 洞雞敏夫·島崎哲(2011), 6면; 洞鷄 敏夫, 池田 順一, 島崎 哲1(2011), 26면
137 洞雞敏夫·島崎哲(2011), 6면; 洞鷄 敏夫, 池田 順一, 島崎 哲1(2011), 26면
138 洞鷄 敏夫, 池田 順一, 島崎 哲1(2011), 26면

4. 일본 개정민법에 연대채권 조항의 신설

가) 일본 개정민법에 연대채권 조항의 신설 배경

일본 구민법은 연대채권에 대한 규정을 두지 않았고, 법률상 연대채권 관계를 발생시키는 예도 거의 없었으나, 일본에서는 계약에 의해 연대채권관계를 발생시키는 것은 가능하다고 보았다.[139] 비록 연대채권이 실제로 사용되는 사례는 드물지만 그 존재나 발생 자체를 부정하는 것은 아니었다는 게 일본의 학설이다.[140]

그런데 앞서 언급된 바와 같이 병행채무의 유효성을 인정할 수 있으려면 (병행채무를 공동대출, 병존적 채무인수, 제3자를 위한 계약 등의 개념에 비추어 일본법상 정합적으로 설명하는 단계에 이어), 병행채무와 개별 대출채권의 관계를 연대채권으로 개념화하는 단계가 요구된다. 즉 일본법상 병행채무방식을 구현하는 데 있어 연대채권은 중요한 개념적 요소이다.[141]

이에 대하여, 일본에서는 (일본민법에 연대채권에 대한 명문의 규정이 없는 상태에서도) 계약 등에 의해 연대채권관계를 발생시키는 것은 가능하다고 보았다.[142] 예컨대 일본에서는 발생시킬 수 있는 계약의 내용으로, 첫째, 연대채권자를 금전소비대차계약상 채권자로 두고 복수의 대출채권에 대하여 연대의 특약을 붙인다는 내용(이하 "공동대출구성")이 제시되었고, 둘째, 연대채권자를 금전소비대차계약상 채권

---

[139] 과거 일본에서는 연대채권에 실용성이 없거나 경제적 의미가 없다고 보았기 때문에, 연대채권의 효과에 대해서는 논의된 바가 거의 없었다. 洞鷄 敏夫, 池田 順一, 島崎 哲2(2011), 40면
[140] 즉 연대채권이라는 개념이 실제로 사용되는 사례가 드물기 때문에 연대 채권에 관한 규정을 따로 마련해 둘 필요가 없었다는 취지이지, 연대채권의 효력을 부정하는 것이 아니라는 취지이다.
[141] 洞鷄 敏夫, 池田 順一, 島崎 哲1(2011), 31면
[142] 岩川 隆嗣(2013), 29면; Satoshi Inoue, Yuki Kohmaru & Hikaru Naganuma(2023)

자로 두는 대신, 연대채권자로 하여금 연대채권창출의 합의에 따라 새로이 채권을 취득하도록 한다는 내용(이하 "연대채권창출합의구성")이 제시되었다.143

공동대출구성에 따르면, 연대채권관계는 하나의 계약에 따라 발생되는 것을 원칙으로 하되, 실질적 원인을 동일하게 하는 하나의 금전소비대차계약에 의하여 발생하는 복수채권을 특약에 따라 연대채권관계로 설정할 수 있다.144

연대채권창출합의구성에 따르면, (공동대출구성에서와 마찬가지로) 연대채권은 동일한 원인에 근거하여 발생해야 하고 다른 원인에 근거하여 발생한 연대채권은 인정되지 않는다. 다만 연대채권관계를 복수의 계약에 의해 발생시키는 경우에도 실질적 원인을 동일하게 하는 동일한 매매대금지급 채무, 또는 동일한 금전소비대차계약상의 채무 등에 대하여 연대채권관계를 발생시킬 수 있다.145

---

143 岩川 隆嗣(2013), 29면
144 岩川 隆嗣(2013), 30-31면; 한편 연대채권의 발생원인을 공동대출구성으로 보는 것이 신디케이티드대출 거래에서 예정하는 병행채무의 목적에 비추어 적절한가에 대한 논의도 있었다. 이와 관련하여, 신디케이티드대출은 대주가 대출의무를 부담하는 낙성적 금전소비대차계약으로 구성되어 있는데, 담보대리인이 이러한 계약상 대주로서 지위를 가진다는 것은 담보대리인이 각 대주와 공동으로 대출의무를 부담한다는 것을 의미한다. 그러나 신디케이티드대출 거래에서 담보대리인은 대출의무를 부담하지 아니한다. 이와 관련하여 담보대리인의 대출의무를 특별히 면제한다는 특약을 포함시키는 것도 고려할 수 있겠지만, 대출의무가 면제된 대주에게 낙성적 금전소비대차계약은 별 의미가 없다. 岩川 隆嗣(2013), 32-33면
145 일본의 학설에 따르면, 연대채권은 동일한 원인에 근거하여 발생해야 하고 다른 원인에 근거하여 발생한 연대채권은 인정되지 않는다. 이에 따르면, 복수의 계약에 의하여 발생하는 연대채권의 경우, 동일한 금전소비대차계약상의 채무에 대하여 연대채권관계를 만들어 내는 계약(금전소비대차계약 및 사후적인 연대채권창출합의계약)에 의하여는 인정될 수 있으나, 실질적 원인을 달리하는 별도의 계약상의 채권에 대하여 연대채권관계를 발생시키는 것(금전소비대차계약 및 금전소비대차계약 및 연대채권창출합의계약)은 불가능하다. 岩川 隆嗣(2013), 30-31

한편 일본민법상 이익부분이 '0'인 연대채권(즉 경제적 실질이 없는 연대채권)도 유효하게 발생 가능한가에 대한 의문도 제기되었다.[146] 일본식 병행채무방식은 연대채권자 간의 내부관계에 따라 담보대리인이 차주로부터 회수한 금전을 전액 대주에게 상환하도록 설계되어 있기 때문에, 대주단의 연대채권 이익부분은 '100'이고, 담보대리인이 가지는 연대채권의 이익부분은 '0'이다.[147] 이와 관련하여, 연대채권은 "내부분배를 본질로 한다"는 견해에 따르면, 이익부분이 '0'인 연대채권은 연대채권의 본질에 반하는 채권으로서 (채권 자체 또는 이익부분이) 무효로 판단될 여지가 있다. 왜냐하면 이익부분이 '100'인 연대채권자가 급부를 받는 경우, 다른 연대채권자에 대하여 내부분배가 이루어지지 않을 텐데 이는 내부분배라고 하는 연대채권의 본질에 반한다고 볼 수 있기 때문이다.[148]

면, 42면; 한편, 연대채권의 발생원인을 연대채권창출합의구성으로 보는 것이 신디케이티드대출 거래에서 예정하는 병행채무의 목적에 비추어 적절한가에 대한 논의도 있었다. 일본에서는 연대채권창출합의의 법적 성질을 분석하기 위해서는 병존적 채무인수의 법적 성질에 관한 논의를 참조할 수밖에 없다고 보았다. 왜냐하면 연대채권창출합의는 원채무자가 신채권자에게 새로운 채무를 부담하는 것을 내용으로 하고 있고, 병존적 채무인수계약도 신채무자가 원채권자에 대해 새롭게 채무를 부담하는 것을 내용으로 하고 있기 때문에 두 관계에서 공통분모를 찾는 것이 가능하기 때문이다. 연대채권의 발생원인을 연대채권창출합의구성으로 보는 것이 신디케이티드대출 거래에서 예정하는 병행채무의 목적에 비추어 적절한가 하는 질문의 관점에서 살펴보면, 연대채권창출합의구성에 따르는 경우, 담보대리인이 금전소비대차계약상 대주로서의 지위를 가지지 않기 때문에 공동대출구성에 따른 문제는 발생하지 않는다. 따라서 적어도 신디케이티드대출 거래의 맥락에서는 (담보대리인을 대주로 구성하는 경우 발생 가능한 문제를 피할 수 있다는 측면에서) 연대채권창출합의구성이 병행채무에 대한 담보권의 일원적 관리라는 목적에 더 부합한다고 볼 수 있다. 이러한 취지에서, 대주, 담보대리인, 차주, 이렇게 3자의 합의에 의해 '각 대주가 취득하는 대출채권에 대해, 담보대리인을 연대채권자로 한다'라는 취지의 계약이 체결되어야 할 것이다. 岩川 隆嗣(2013), 32-33면
146 岩川 隆嗣(2013), 33-35면
147 岩川 隆嗣(2013), 33면

그러나 신디케이티드대출에 있어서의 담보대리인과 대주단의 관계는 위임 내지 준위임 관계라고 해석될 수 있으므로 담보대리인은 대주단의 대리인이라고 볼 수 있다.149 일본식 병행채무방식에서 담보대리인과 대주단의 내부관계는 위임 내지 준위임의 위탁 내용으로서 각 대출채권에 대한 추심위임이 포함되어 있다고 볼 수 있다.150 따라서 일본식 병행채무의 구조상 연대채권의 이익부분이 '0'이라는 이유로 병행채무의 유효성을 부정할 수는 없다.151

나) 일본의 입법 추진: 일본 개정민법에 연대채권 조항의 신설

일본 구민법은 동일한 채권에 대하여 수인의 채권자가 있는 경우로서 분할채권(제427조)과 불가분채권(제428조, 제429조, 제431조)의 규정을 두고 있을 뿐이었다.152 2020년에 시행된 개정 일본민법에서는 이러한 분할채무의 원칙에 대하여는 개정이 없고 그대로 유지되는 대신, 분할채무의 예외인 연대채권관계, 불가분채권관계 등을 중심으로 개정되었다.153

---

148 岩川 隆嗣(2013), 34면
149 岩川 隆嗣(2013), 34-35면
150 岩川 隆嗣(2013), 34-35면
151 岩川 隆嗣(2013), 36면
152 일본의 하급심판결례와 학설에서는 연대채권이라는 개념을 인정한 사례가 있었는데 거기에서는 연대채권은 수인의 채권자가 채무자에게 동일한 가분급부에 대하여 가지는 채권으로 각 채권자는 각자 독립하여 전부의 급부를 청구하는 권리를 가지고, 그 중 1인의 채권자가 그 급부를 수령하면 모든 채권자의 채권이 소멸하는 것이라고 하고 있다. 김성수(2020), 185면
153 "2017년에 일본민법(채권관계)의 전면개정을 위한 법률안(정식명칭 「민법의 일부를 개정하는 법률」)이 국회를 통과하여 공포되었고, 2020년에 개정 일본민법이 시행되었다. 이 개정으로 일본민법은 1896년 제정된 후 120년 만에 민법(채권관계)이 전면개정되었다. 특히, 다수당사자의 채권관계에 관한 내용은 여러 측면에서 근본적으로 개정되었다. 개정 일본민법(채권법)은 다수당사자의 채권관계를 채권편(제3편)에서 다수당사자의 채권 및 채무(제3절)이라는 이름으로 총칙(제1

개정 일본민법은 무엇보다도 연대채권에 관한 규정을 신설하였다. 개정 일본민법 제432조에 따르면, 연대채권을 가지는 각 채권자는 "채권자 전원을 위하여" 전부 또는 일부의 이행을 청구할 수 있고 채무자는 "채권자 전원을 위하여" 각 채권자에게 이행을 할 수 있다.[154] 개정 일본민법에서는 연대채권자의 내부관계에 대하여는 규정을 두고 있지 않지만, 변제를 수령한 채권자는 다른 채권자에게 내부관계에 의하여 급부를 분배하고 특별한 사정이 없으면 평등한 비율로 추정하는 것으로 한다.[155]

한편 일본민법은 연대채무와 불가분채무의 구분의 경우와 같이 연대채권인가 불가분채권인가는 급부의 성질이 가분인가 불가분인가에 의하여 구별하여야 한다는 입장이다.[156] 이에 개정 일본민법 제428조(불가분채권)은 채권의 목적이 성질상 불가분인 경우에 수인의 채권자가 있는 경우를 불가분채권 관계로 규정하였고, 제432조는 채권의 목적이 성질상 가분인 경우에 법령의 규정 또는 당사자의 의사표시에 의하여 수인이 연대하여 채권을 가진 경우에 수인의 채권자는 연대채권을 가지는 것으로 규정하였다.[157]

다) 일본 개정민법에 연대채권 조항 신설의 의미

연대채권에 대한 명문규정은 병행채무방식의 유효성의 직접적인 근거가 될 수 있다는 점에서 의미있는 발전이다.[158] 물론 앞서 논의된 바와 같이 개정 일본민법이 도입되기 전에도 계약 등에 의해 연대채권

관), 불가분채권과 불가분채무(제2관), 연대채권과 연대채무(제3관), 보증채무(제4관)을 규정하고 있다." 김성수(2020), 149-15면
154 김성수(2020), 186면
155 김성수(2020), 186면; 조인영(2023), 88-91면
156 김성수(2020), 186-187면
157 김성수(2020), 186-187면
158 Satoshi Inoue, Yuki Kohmaru & Hikaru Naganuma(2023)

관계를 발생시키는 것은 가능하다고 보았다.[159] 그러나 연대채권에 대한 명문의 규정 없이 실무가들이 병행채무방식을 사용하는 것에 소극적이었기에, 병행채무방식의 근거를 좀 더 명확히 하는 차원에서 개정 일본민법에 연대채권 조항을 신설하였다.[160]

개정 일본민법에 연대채권에 대한 명문 규정이 신설된 수 있었던 데에는 개별담보설정방식의 대안으로서 고려된 일본식 병행채무방식을 둘러싸고 학자들과 법률가들간에 계속적인 논의와 연구가 큰 역할을 했다. 실제로 연대채권에 대한 명문규정을 도입하는 과정에서 연대채권에 대한 명문의 규정을 도입하는 데에 실익이 있는지에 대하여 적지 않는 논쟁이 있었던 것으로 파악되는데,[161] 그 실익에 대한 직접적인 근거로서 신디케이티드대출 거래에서의 병행채무방식 도입의 필요성이 제기되었다.[162] 특히 2013년 2월 중간시안 및 동년 4월 보충설명이 공표되면서 연대채권에 관한 규정을 마련하는 것이 제안되었을 당시, 실무가들 사이에서는 연대채권이 신설될 경우 금융거래의 맥락에서 병행채무에서의 활용 외에는 즉각적인 이용 방안이 없다는 취지의

---

159 Satoshi Inoue, Yuki Kohmaru & Hikaru Naganuma(2023); 岩川 隆嗣(2013), 29면
160 "[U]se of the parallel debt structure in Japan could be boosted by the amendments to the Civil Code of Japan that came into effect in April 2020, which explicitly introduced the concept of joint and several claims among multiple creditors created by a contract with features similar to a parallel debt structure. Although it was generally understood, even before the civil code amendments, that joint and several claims of this kind could be validly created, the civil code amendments have prompted discussion of the feasibility of a parallel debt structure under Japanese law. In view of these developments, it is anticipated that the civil code amendments will soon be used in practice as the legal basis for a parallel debt structure in future transactions." Chambers and Partners(2023); Hiroki Aoyama & Yuki Matsuda (2022)
161 김성수(2020), 208면
162 近藤優子(2019), 49, 52면; 鈴木 健太郎·宇治野 壮歩(2014), 62면

언급이 있었다.163 연대채권에 대한 명문규정을 신설하는 데에 있어 직접적인 실익의 예로서 병행채무방식이 거론되었던 것이다.164

제3항 우리법상 병행채무방식의 유효성 여부

국내거래에서 병행채무방식이 우리법상 인정될 수 있는가 하는 문제와 관련하여 독일의 사례는 우리에게 큰 도움이 되지 못한다. 독일의 경우와는 대조적으로 우리법에는 병행채무의 법률적 근거가 될 만한 명문의 규정이 없기 때문이다. 따라서 우리법상 병행채무방식의 유효성을 인정하기 위해서는 독일에서와는 다른 법적 근거를 찾아야 할 것이다.

한편 일본에서는 병행채무의 개념이 종래의 일본 민법의 제도 및 해석론에 비추어 정합적으로 설명하는 것이 가능하다고 보았다. 따라서 일본에서의 논의가 우리법 체계하에서도 유사하게 적용될 수 있는지에 대한 검토가 필요하다.

우선 일본에서는 병행채무도 공동대출에 의한 채무의 일종으로 볼 수 있고 개별 대주들에 대한 대출채권들 간에 연대의 약정을 붙임으로써 연대채권 관계를 일으킬 수 있다고 보았는데, 우리법에서도 이러한 논리가 인정될 수 있다.

다음으로 일본에서는 병행채무의 유효성을 병존적 채무인수의 유효성에 비추어 인정하는 견해165가 있는데, 우리민법에도 병존적(또는 중첩적) 채무인수라는 개념이 엄연히 존재하는 바,166 일본에서의 이러

---

163 鈴木 健太郞·宇治野 壯步(2014), 62면
164 近藤優子(2019), 49, 52면; 鈴木 健太郞·宇治野 壯步(2014), 62면
165 洞洞鷄 敏夫, 池田 順一, 島崎 哲2(2011), 25면
166 다만 우리민법은 병존적 채무인수에 대하여 직접적으로 규정하고 있지는 않다.

한 논의는 우리나라에도 적용 가능하다.167 우리법상 병존적 채무인수는 "인수인이 기존의 채무관계에 추가되어, 원채무자와 함께 독립하여 채권자에 대하여 각자 동일한 내용의 채무를 부담하는 것 또는 이를 목적으로 한 계약"을 의미한다.168 병존적 채무인수는 종래의 채무관계에는 아무런 영향을 주지 않고, 다만 인수인이 중복하여 동일한 내용의 채무를 부담하는 것이라는 점에서 인적 보증과 유사한 반면,169 병존적 채무인수는 종래 채무자의 채무가 인수인에게 이전되어 채무자는 면책되고 인수인만이 종래와 동일한 내용의 채무를 부담하는 면책적 채무인수와는 구분된다.170 다만 보증채무는 주채무에 대하여 강한 부종성 및 보충성을 지니고 종속된다는 점에서 채무자와 인수인이 각자 독자적인 채무를 부담하는 병존적 채무인수와 구별되는 측면이 있다. 비록 우리민법에 명문의 규정은 없으나, 병존적 채무인수는 채권자와 인수인 간에 체결될 수 있고 인수인과 채무자 간에 체결될 수 있다. 이 중에서 인수인과 채무자 사이에 체결되는 것에 대해서는 판례상 및 학설상 제3자를 위한 계약의 하나라고 해석되고 있다.171 이러

---

167 우리법상 채무인수란 채무의 동일성을 유지하면서 그 채무를 타인(인수인)에게 이전시키는 계약을 말한다. 이 때 채무를 새롭게 이전받는 사람을 인수인이라고 한다. 채무인수에는 인수인이 새로이 채무자가 되고 채무자는 채무관계에서 탈퇴하여 면책되는 면책적 채무인수, 양수인이 종래의 채무자와 함께 독립하여 채권자에 대하여 각자 동일한 내용의 채무를 부담하는 중첩적(병존적) 채무인수 및 넓은 의미의 채무인수로 인수인이 채무자에 대하여 그 채무를 이행할 것을 약정하는 이행인수가 있다.
168 전원열(2016), 303~326면, 309면
169 전원열(2016), 303~326면, 309면
170 전원열(2016), 303~326면, 308~309면: "민법상의 면책적 채무인수에는, 제3자(인수인)와 채권자 사이의 계약으로 성립하는 것 (제453조)과 제3자와 채무자 사이의 계약으로 성립하는 것(제454조)의 두 가지가 있는 데, 후자의 경우에는 채권자의 승낙이 그 계약의 효력발생요건으로 되어 있다(동조 제2 항). 결국 면책적 채무인수를 위해서는 채권자와 인수인의 양자의 의사가 필수적이다."
171 "병존적 채무인수를 제3자를 위한 계약이라고 보는 것은 독일에서도 일본에서도

한 병존적 채무인수의 개념에 비추어, 우리나라에서도 병행채무에 대해서, 병존적 채무인수의 역(逆)에 해당하는 형태로서, 채권자가 다수인 경우 원채무의 존재 및 채무자의 채무부담 의사표시를 근거로 하여 채무의 발생을 인정하는 것이 가능할 것이다.

마지막으로 일본에서는 병행채무의 유효성을 제3자를 위한 계약에 비추어 인정하는 견해[172]가 있는데, 제3자를 위한 계약이라는 개념은 우리 민법에도 존재하므로[173] 우리법에서도 이러한 논리가 인정될 수 있다.[174]

병행채무의 개념화와 더불어, 우리법상 병행채무방식을 인정하는 것이 우리법상 공서양속에 위배되는가 하는 문제도 살펴보아야 한다. 일본의 사례에서 제시된 바와 같이, 공서양속 위반 등의 일반원칙의 관점에서 유의해야 할 부분으로 제시된 사항들은 우리나라에도 그대로 적용된다. 따라서 우리나라에서도 이러한 점들을 종합적으로 고려하여야 한다.[175] 이와 관련하여 병행채무방식이 차주, 대주, 담보대리은행 등 대출계약의 당사자들의 권익에 위협이 되는 경우를 상정하기란 어렵다. 오히려 병행채무방식은 (개별담보설정방식에 수반되는 비용과 절차적 번거로움을 현저히 줄여준다는 측면에서) 차주의 자금조달비용을 낮춰주고, 대출채권의 양도 시에도 별도의 담보권 이전 절차를 수반하지 않으므로 대주들의 거래비용을 절감해 준다는 점에서 당사자들 모두에게 이로운 금융기법이라고 이해하는 게 합리적일 것이다. 좀 더 구체적으로, 병행채무 조항에는 차주의 이중지급(또는 대주의 이중회수)을 방지하는 메커니즘이 내재되어 있기 때문에 위의 사항

모두 통설이다." 전원열(2016), 303~326면, 310~311면
[172] 洞雞敏夫·島崎哲(2011), 4-5면
[173] 민법은 제539조 내지 제542조
[174] 송영민(2013), 312면; 최원준(2017), 37면; 장재현(2014), 432-433면
[175] 洞雞敏夫·島崎哲(2011), 6면; 洞洞鶏 敏夫, 池田 順一, 島崎 哲2(2011), 26면

에 비추어 실질적으로 문제가 발생할 가능성은 거의 없다. 따라서 병행채무 조항이 계약 당사자들에게 불측의 손해 등을 발생시킬 것이라고 보기 어렵다. 따라서 병행채무방식이 우리나라의 공서양속 위반 등의 일반원칙에 반한다고 볼 수 없다.

위의 논의에 비추어 볼 때, 우리법에도 (개정 일본민법을 도입하기 전의 일본법과 마찬가지로) 병행채무의 개념을 설명할 수 있는 여러 법적 개념들이 존재하고, 이로써 병행채무는 우리법의 제도 및 해석론에 비추어 정합적으로 설명 가능하다고 볼 수 있다. 또한 병행채무를 인정하는 것과 관련하여 공서양속의 측면에서 특별한 문제가 있다고 보기도 어렵다.

이와 같이 우리법상 병행채무의 개념을 설명하는 것이 가능하다면, 우리법상 병행채무와 개별 대출채권의 관계를 연대채권으로 개념화하는 것 역시 가능한지 여부도 검토되어야 한다. 비록 우리 민법상 연대채권에 관한 명문의 규정은 없지만,[176] 학설과 실무상 연대채권의 개념을 인정하고 있다.[177] 학설상 연대채권은 "수인의 채권자가 동일한 내용의 급부에 관하여 각각 독립하여 전부 또는 일부의 급부를 청구하는 권리를 가지나 그 가운데의 1인 또는 수인이 1개의 전부의 급부를 수령하면 모든 채권자의 채권이 소멸하는 다수당사자의 채권"이다.[178]

---

[176] "우리나라의 경우처럼 연대채권관계에 관하여 명문 규정조차 두지 않는 것은 입법례로는 오히려 예외적인 경우에 해당한다. 대륙법계인 독일이나 프랑스는 오래전부터 연대채권에 관한 명문 규정을 두고 있고, 유럽계약법원칙, 유럽공통참조기준초안이나 UNIDROIT 국제상사계약원칙 등 최근 비교법적 연구를 집대성한 각종 국제적 원칙 또한 모두 연대채권에 관한 명시적 규정을 두고 있다. 우리 민법의 태도에 영향을 미쳤던 일본도 최근 연대채권에 관한 한 개의 관을 추가하는 민법 개정을 마친 바 있다." 조인영(2023), 74면

[177] "연대채권은 법령 또는 당사자의 의사표시에 의하여 성립하는데, 신디케이티드론에 의한 채권이나 공유건물의 임대차에 있어서 전체 임대인과 임차인의 합의로 차임채권을 연대채권으로 하기로 한 경우 등이 대표적인 예로 거론된다." 조인영(2023), 90면

따라서 병행채무방식을 우리법상 개념화함에 있어서도 연대채권이 인정된다고 볼 수 있고, 결론적으로 우리 현행법상 병행채무방식이 유효하다고 볼 수 있다.

한편 굳이 연대채권의 개념에 의존하지 않고도 우리 민법에서 이미 명시적으로 규정하고 있는 불가분채권의 개념을 사용하여 병행채무방식을 구현하는 방안도 고려할 수 있을 것이다. 다만 병행채무방식에서 (각 대주가 보유하는) 개별 채권과 (병행채무의 채권자로서 담보대리인이 보유하는) 병행채무의 급부의 성격은 가분이기 때문에 불가분채권의 개념을 사용하여 병행채무방식을 구현하는 것은 연대채권의 개념을 사용하는 것만큼 정합적이지 않은 측면이 있다.

그런데 우리 현행 민법은 불가분채무와 연대채무는 구별하지만 불가분채권과 연대채권은 구별하지 않는다. 좀 더 구체적으로, 우리 민법은 불가분채권에 관하여 "채권의 목적이 그 성질 또는 당사자의 의사표시에 의하여 불가분인 경우에 채권자가 수인인 때에는 각 채권자는 모든 채권자를 위하여 이행을 청구할 수 있고 채무자는 모든 채권자를 위하여 각 채권자에게 이행할 수 있다"고 규정하고 있다. 즉 우리 민법상 불가분채권은 불가분급부를 목적으로 하는 채권으로서 급부의 목적이 성질상 불가분인 것(성질상의 불가분급부)뿐만 아니라 "급부의 목적이 성질상으로는 가분이나 당사자의 의사표시로 분할하여 급부하는 것을 허용하지 않기로 하는 것(의사표시에 의한 불가분급부)"도 포함하고 있다.[179]

이는 앞서 언급한 개정 일본민법에서 의사표시에 의한 불가분성을 지니는 급부를 더 이상 불가분채권으로 규정하지 아니하고 (대신 이를 연대채권으로 규정하고), 성질상 급부가 불가분인 채권만을 불가분채

---

178 김성수(2020), 205면.
179 조인영(2023), 74-75면; 불가분채권의 개념의 존재 목적은 다수의 채권자가 존재하는 경우 변제를 간편하게 해주는 데에서 찾을 수 있다.

권으로 규정하고 있는 것과는 차이가 있다.

또한 불가분채권과 마찬가지로 연대채권도 "다수의 채권자가 채무자에 대하여 각기 급부의 전부 또는 일부를 청구할 수 있고, 채권자 중의 한 사람이 채권을 수령하면 모든 채권이 소멸되는 채권"이라고 정의될 수 있다.[180] 결국, 우리의 현행 민법상 의사표시에 의한 불가분채과 연대채권을 구분짓기는 어렵다.

위의 논의에 비추어, 피담보채무의 준거법이 우리법인 신디케이티드 대출계약에서 (각 대주가 보유하는) 개별 대출채권과 (병행채무의 채권자로서 담보대리인이 보유하는) 병행채무가 (연대채권의 관계가 아닌) 불가분채권의 관계가 되도록 합의하여 정하는 것은 가능해 보인다.

한편 병행채무방식의 구현에 있어 담보대리인과 각 대주의 관계를 연대채권 관계로 구성할 것인지 아니면 불가분채권 관계로 구성할 것인지 여부의 문제는 이들 간의 내부관계에 관한 문제이고, 신디케이티드 대출계약상 차주와 대주들 간의 관계, 또는 대주들 간의 관계에 영향을 미치지 아니한다. 이에 비추어, 신디케이티드대출 계약에서 병행채무방식을 구현함에 있어 담보대리인과 각 대주의 관계를 구체적으로 어떻게 구성할지 여부(연대채권 관계 vs. 불가분채권 관계)는 신디케이티드 대출계약의 기본적인 메커니즘이나 대출계약에 포함된 다른 조항들에 영향을 미치지 아니할 것으로 생각된다.

---

[180] 조인영(2023), 78면

표 8: 병행채무방식의 거래유형별 활용도

구분	병행채무방식
국내거래에서 사용 가능성	우리법의 제도 및 해석론에 비추어 병행채무의 개념을 설명하는 것이 가능하고 병행채무와 개별 대출채권의 관계를 불가부채권 또는 연대채권으로 개념화하는 것 역시 현행법상 가능.
역외거래에서 사용 가능성	영미법을 준거법으로 하는 대출계약에서 병행채무방식을 규정하고 있고 해당 법상 병행채무방식이 유효하다면, 대출계약상 차주가 부담하는 병행채무를 담보하기 위하여 (담보권의 준거법인) 우리법상 유효하게 설정되는 담보권 역시 유효하다고 볼 수 있음

표 9: 담보권신탁과 병행채무방식의 거래유형별 활용도 비교

구분	담보권신탁	병행채무방식
국내거래에서 사용 가능성	우리 개정 신탁법에 따라 한국식 담보권신탁 제도를 사용하여 우리법상 유효한 담보권을 설정하는 것은 당연히 가능	우리법의 제도 및 해석론에 비추어 병행채무의 개념을 설명하는 것이 가능하고 병행채무와 개별 대출채권의 관계를 불가부채권 또는 연대채권으로 개념화하는 것 역시 현행법상 가능.
역외거래에서 사용 가능성	피담보채무의 준거법이 영국법인 대출계약에 담보권 설정 방식으로서 영미식 담보권신탁을 규정하고 있더라도, 영미식 담보권신탁을 사용하여 우리나라에 소재하는 담보물에 대하여 우리법에 따른 담보권을 설정하는 거래에서 한국식 담보권신탁에 필요한 요건을 충족하였다면 우리법상 유효한 담보권이 설정된 것으로 볼 수 있음	영미법을 준거법으로 하는 대출계약에서 병행채무방식을 규정하고 있고 해당 법상 병행채무방식이 유효하다면, 대출계약상 차주가 부담하는 병행채무를 담보하기 위하여 (담보권의 준거법인) 우리법상 유효하게 설정되는 담보권 역시 유효하다고 볼 수 있음

제4항 병행채무방식의 사용 근거 보강 방안: 연대채권 조항의 신설

앞서 논의된 바와 같이, 비록 우리 민법상 연대채권에 관한 명문의 규정은 없더라도 학설과 실무상 연대채권의 개념을 인정하고 있기 때문에 병행채무와 개별 대출채권의 관계를 연대채권으로 개념화하는 것은 가능하고, 굳이 연대채권의 개념에 의존하지 않더라도, 우리 민법에서 이미 명시적으로 규정하고 있는 불가분채권의 개념을 사용하여 병행채무방식을 구현하는 것 역시 가능하다.

다만 병행채무와 개별 채권의 급부의 성격은 가분이기 때문에 병행채무방식을 구현함에 있어 연대채권의 개념을 사용하는 것이 불가분채권의 개념을 사용하는 것보다 더 정합적일 것이다.

비록 당장 우리 민법에 연대채권에 관한 명문의 규정이 없더라도 우리법상 연대채권의 개념은 학설과 실무상 널리 인정된다는 점에는 이견이 없으나, 아직 법률상 명문의 규정이 없다는 점은 그 자체로 병행채무방식의 실무적 활용을 저해하는 요소가 될 수 있다. 예컨대 연대채권의 개념에 따른 병행채무방식을 사용하는 신디케이티드대출 거래에 대하여 법률의견서가 요구되는 경우, 학설에 의존하여 대주단이 만족할 만한 수준의 법률의견서를 제공하기 위해서는 적지 않은 부연설명이 요구될 것이고, 이렇게 되면 실무가들은 병행채무방식의 사용에 소극적일 수 있다. 따라서 우리나라의 대출 실무에서 병행채무방식의 활용도를 높이기 위한 방안으로서 우리 민법에도 연대채권 조항을 신설할 것을 제안한다.[181]

우리 민법에 불가분채권과 구별하여 연대채권에 관한 규정을 신설하는 경우 성질상 급부가 불가분인 채권인 경우에 한하여 불가분채권

---

181 Satoshi Inoue, Yuki Kohmaru & Hikaru Naganuma(2023)

으로 규정하고 의사표시에 의한 불가분성을 지니는 급부는 (기존의 불가분채권이 아닌) 연대채권으로 규정할 수 있을 것이다.

사실 연대채권에 대해서는 이미 한 차례 개정시안이 논의된 바 있다. 법무부는 민법 개정위원회를 구성하여 2004년과 2014년에 개정안을 마련한 바 있는데, 2014년 개정 시안의 논의과정에서 다수당사자의 채권관계에 관한 것 중 유일하게 개정안이 마련되었던 것이 연대채권에 관한 규정이었다.[182] 이에 최종 개정시안(이하 "2014년 개정시안")에는 그 동안 민법에는 규정되어 있지 않지만 학설과 실무상 인정되던 연대채권에 관한 조항(제412조의 2)을 신설하는 내용이 포함되어 있다.[183] 당시의 신설 조문은 다음과 같다.[184]

> (2014년 개정시안에 포함된) 제412조의2 (연대채권)
> ① 수인의 채권자가 각자 채무자에게 채무의 이행을 청구할 수 있고 채무자는 채권자 중 1인에게 이행하면 다른 채권자에 대한 의무도 면하는 때에는 그 채권은 연대채권으로 한다.
> ② 어느 연대채권자에 관한 사항은 제3항에 의하여 모든 채권자에게 효력이 있는 것을 제외하고는 다른 연대채권자에게 효력이 없다.
> ③ 연대채권에 관하여는 제410조 제2항,[185] 제416조,[186] 제418조 제1항,[187]

---

[182] 조인영(2023), 106면
[183] 김성수(2020), 203면
[184] 김성수(2020), 203면
[185] 제410조(1인의 채권자에 생긴 사항의 효력) ②불가분채권자 중의 1인과 채무자간에 경개나 면제있는 경우에 채무전부의 이행을 받은 다른 채권자는 그 1인이 권리를 잃지 아니하였으면 그에게 분급할 이익을 채무자에게 상환하여야 한다.
[186] 제416조(이행청구의 절대적 효력) 어느 연대채무자에 대한 이행청구는 다른 연대채무자에게도 효력이 있다.
[187] 제418조(상계의 절대적 효력) ①어느 연대채무자가 채권자에 대하여 채권이 있는 경우에 그 채무자가 상계한 때에는 채권은 모든 연대채무자의 이익을 위하여 소멸한다.

제420조,[188] 제422조[189]의 규정을 준용한다.[190]

이와 같이 2014년 개정시안 제412조의2에서는 학설과 실무상 인정되는 연대채권의 개념을 명문화하였다. 그러나 민법 개정작업에서 연대채권 규정은 최종적으로 채택되지 않았다. 실제로 연대채권이라는 개념이 사용되는 사례가 드물기 때문에 굳이 이를 명문화할 실익이 부족하다고 보았기 때문이다. 실제로 연대채권과 관련된 논의에서는 '연대채권을 명문화할 정도로 실무상 연대채권이 문제되는 경우가 있는가,' '이미 학설과 실무상 인정되는 연대채권을 명문화할 정도의 실익이 과연 있는가,' '연대채권의 명문화가 단순히 외국 입법례의 체계 답습에 지나지 않는 것은 아닌가'와 같은 의문이 제기되었다.[191]

그러나 연대채권이라는 개념은 금융거래, 특히 신디케이티드대출에서 병행채무방식과 같은 담보권 설정 방식을 도입할 수 있는 직접적인 법적 근거가 되는 개념임이 분명하다. 따라서 연대채권 규정을 명문화하는 데에는 명백한 실익이 있다. 앞서 언급된 바와 같이, 일본에서도 2013년 2월 중간시안 및 동년 4월 보충설명이 공표되면서 연대채권에 관한 규정을 마련하는 것이 제안되었을 당시, 연대채권을 명문화할 정도의 실익이 있는지에 대한 의구심이 제기되었으나, 이에 대한 답변으로 금융거래의 맥락에서 병행채무에서의 활용이 언급된 바 있다.[192] 비록 연대채권이 실제로 사용될 수 있는 사례가 제한적이기는 하나, 병행채무의 사용을 뒷받침하는 근거로 사용될 수 있다는 점이

---

188 제420조(혼동의 절대적 효력) 어느 연대채무자와 채권자간에 혼동이 있는 때에는 그 채무자의 부담부분에 한하여 다른 연대채무자도 의무를 면한다.
189 제422조(채권자지체의 절대적 효력) 어느 연대채무자에 대한 채권자의 지체는 다른 연대채무자에게도 효력이 있다.
190 김성수(2020), 203면.
191 김성수(2020), 204면
192 近藤優子(2019), 49면, 52면

명시적으로 제시된 것이다. 다만 신디케이티드대출 업무를 주로 다루는 금융권 실무가들이 아니라면, 개별담보설정방식의 대안으로서 병행채무방식을 사용할 필요가 있다는 점을 인지하고 있는 이가 많지 않다. 따라서 향후 민법에 연대채권에 대한 명문의 규정을 신설할 실익을 논함에 있어 (일본에서 그랬던 것처럼) 연대채권의 구체적인 사용 방안으로서 신디케이티드대출에서 병행채무방식을 제시할 필요가 있다.[193]

한편 만일 우리 민법에 이러한 명문 규정을 신설한다면 연대채권의 절대적 효력사유를 어느 정도의 범위로 인정할 것인가에 대한 검토도 선행되어야 할 것이다. 연대채권의 절대적 효력사유를 어느 정도의 범위로 인정할 것인가에 대해서는 크게 연대채무의 관련 규정을 참조하는 방법과 불가분채권의 관련 규정을 참조하는 방법을 고려할 수 있다. 현행 민법은 연대채무에서는 절대적 효력사유를 비교적 넓게 인정하고 불가분채권에서는 절대적 효력사유를 비교적 좁게 인정하기 때문에 어느 규정을 참조하는지 여부에 따라 연대채권의 효력발생 범위가 달라지게 된다.

연대채권의 규정을 신설한다면 연대채권자들이 가지는 주관적 연대관계를 고려하여 (불가분채권의 규정이 아닌) 연대채무의 규정과 균형을 맞추어 그 법률관계를 규율하는 것이 타당할 것이다. 의사표시에 의한 불가분채권인 연대채권은 (성질상 불가분채권과 비교시) '의사표

---

[193] 연대채권에 대한 명문의 규정을 신설할 실익에 대한 의문은 우리나라에서 현 시점에서도 계속 제기되고 있다. "[2014년 개정시안에서] 연대채권을 명문으로 인정한 것은 일본 개정법과 같은 태도이다. 다만 개정 전 일본민법이 연대채권에 관한 규정을 전혀 두지 않은 것은 明治民法의 입법자에 의한 명시적인 입법자의 의사에 의한 것이었다. 일본민법이나 우리 법에서 연대채권의 신설논의가 이러한 체계의 수용을 거부한 입법자의 의사를 뛰어넘을 만큼 과연 실익이 있는가를 자문해볼 필요가 있다. 혹시 단순히 외국 입법례의 체계 답습이라는 것 외에 그 실익은 무엇일까?" 신디케이티드대출에서 병행채무방식을 도입하는 데에 연대채권에 대한 명문규정의 신설이 반드시 선행되어야 한다는 점은 이러한 질문에 대한 구체적인 답변이 될 수 있을 것이다. 김성수(2020), 205면

시'라는 특수한 추가 사정이 고려되어야 하므로, 불가분채권보다 절대적 효력사유의 범위를 넓게 잡는 것이 당사자들의 의사에 부합하는 측면이 있기 때문이다.[194]

한편 2014년 개정시안도 연대채무의 절대적 효력사유에 관한 관련 규정을 준용하는 태도를 취하고 있다. 이에 따라 제412조의2 제3항에서는 연대채무에 관한 이행청구(제416조), 채권자 본인의 상계(제418조 제1항), 혼동(제420조), 채권자지체(제422조)를 준용한다. 즉, 이행청구, 채권자 본인의 상계, 혼동, 채권자지체에는 절대적 효력(혼동은 지분 범위에서 절대적 효력)이 인정된다.[195] 그러나 연대채무에서 절대적 효력이 인정되는 경개(제417조)나 지분 범위 내에서 절대적 효력이 인정되는 면제(제419조)는 제3항의 준용 규정에 해당하지 않기 때문에 상대적 효력만이 있다. 그 결과 채권자 1인의 경개나 면제시, 채무전부를 이행받은 다른 채권자는 그 1인이 권리를 잃지 아니하였으면 그에게 분급할 이익을 채무자에게 상환하여야 할 뿐이다(제410조 제2항).[196] 그러나 면제에 대해서도 연대채무에 관한 규정을 준용하고,[197] 경개에 대해서는 지분 범위에서 절대적 효력을 인정하는 규정을 신설

---

[194] 한편 "연대채권에 관한 규정이 강행규정이 아닌 이상 당사자는 대외적 효력이나 1인에게 발생한 사유의 효력에 관하여 얼마든지 특약을 체결할 수 있"다. 조인영(2023), 105면

[195] 조인영(2023), 107면

[196] 조인영(2023), 107면

[197] 면제에 대해서는, 상대적 효력을 인정하는 경우, 절대적 효력을 인정하는 경우, 지분의 범위의 절대적 효력을 인정하는 경우 등 법제마다 태도를 달리한다. 이는 결국 채권자 1인에 의한 면제 시 그로인한 불편함 내지 불이익을 다른 나머지 연대채권자들에게 돌릴 것인가, 아니면 채무자에게 돌릴 것인가에 관한 가치 판단의 문제로 귀결되는데 상대적 효력을 인정하는 법제에서는 한 채권자가 다른 채권자의 이익을 침해하는 처분을 할 수 없도록 하기 위하여 면제에 상대적 효력만 인정한다고 한다. 그러나 다른 채권자의 이익을 침해할 수 없도록 하기 위해서라면 지분 범위 내에서만 절대적 효력을 인정함으로써 그 목적을 충분히 달성할 수 있다. 조인영(2023), 107-108면;

하는 것이 바람직하다.[198]

이상의 논의를 종합해 볼 때, 연대채권에 대한 규정은 (2014년 개정시안에 포함된 제412조의2 (연대채권)에 추가적인 개정 및 보완사항을 반영하여) 아래와 같이 개정하는 게 바람직할 것이다.[199]

> [제413조] (연대채권)
> ① 수인의 채권자가 각자 채무자에게 채무 [전부 또는 일부][200]의 이행을 청구할 수 있고 채무자는 채권자 중 1인에게 이행하면 다른 채권자에 대한 의무도 면하는 때에는 그 채권은 연대채권으로 한다.
> ② 연대채권자 중 1인과 채무자 사이의 경개는 그 연대채권자의 지분 범위에서 다른 연대채권자에게도 효력이 있다.
> ③ 연대채권에 관하여는 제416조, 제418조 제1항, 제419조,[201] 제420조, 제422조의 규정을 준용한다.
> ④ 그 밖에 어느 연대채권자에 관한 사항은 제3항에 의하여 모든 채권자에게 효력이 있는 것을 제외하고는 다른 연대채권자에게는 효력이 없다.

위에 추가하여, 다수당사자에 관한 제2관이 '불가분채권과 불가분채무'로 되어 있음을 고려하여, 현행 민법의 '제3관 연대채무'도 '제3관 연대채권 및 연대채무'로 수정하고, 연대채권에 관한 조문을 제413

---

198 개정 일본민법에서도 연대채무자 중 1인에 대하여 발생한 사유의 효력 등에 관한 규정이 신설되어 경개, 면제 등을 절대적 효력사유로 하고 있다는 점을 상기할 필요가 있다. 김성수(2020), 187면
199 조인영(2023), 109면
200 제1항의 규정 중 '채무의 이행을 청구할 수 있고'를 '채무 전부 또는 일부의 이행을 청구할 수 있고'로 규정한다면, 연대채권자 1인은 자신의 지분뿐 아니라 이를 초과하는 부분에 대한 이행까지도 청구할 수 있다는 의미가 보다 명확해 질 것이라는 의견이 제시된 바 있다. 조인영(2023), 106-107면
201 제419조(면제의 절대적 효력) 어느 연대채무자에 대한 채무면제는 그 채무자의 부담부분에 한하여 다른 연대채무자의 이익을 위하여 효력이 있다.

조로 규정하는 것이 순서상 타당하다는 의견이 제시된바 있다.[202] 우리 민법에 연대채권에 대한 명문의 규정을 신설할 주요 유인이 다수당사자 채권관계의 개념을 체계화하는 데에 있다는 점 등을 고려하여 볼 때,[203] 이렇게 하는 것이 타당하다. 이상의 내용을 종합하여 보면 다음과 같다.

표 10: 연대채권 관련 신설규정의 제안

현행민법	2014년 개정시안에 포함된 연대채권 관련 신설규정	2014년 개정시안에 추가적인개정 및 보완사항을 반영한 연대채권 관련 신설규정
제3관 연대채무 제413조(연대채무의 내용) 수인의 채무자가 채무전부를 각자 이행할 의무가 있고 채무자 1인의 이행으로 다른 채무자도 그 의무를 면하게 되는 때에는 그 채무는 연대채무로 한다.	제3관 연대채권과 연대채무 제412조의2 (연대채권) 수인의 채권자가 각자 채무자에게 채무의 이행을 청구할 수 있고 채무자는 채권자 중 1인에게 이행하면 다른 채권자에 대한 의무도 면하는 때에는 그 채권은 연대채권으로 한다.	제3관 연대채권과 연대채무 제413조(연대채권) 수인의 채권자가 각자 채무자에게 채무 <u>전부 또는 일부</u>의 이행을 청구할 수 있고 채무자는 채권자 중 1인에게 이행하면 다른 채권자에 대한 의무도 면하는 때에는 그 채권은 연대채권으로 한다.
	어느 연대채권자에 관한 사항은 제3항에 의하여 모든	<u>연대채권자 중 1인과 채무자 사이의 경개는 그 연대채권자의 지분</u>

---

202 다만 그 경우 총 1118개에 조항에 이르는 민법 전체의 조문번호가 제413조부터 하나씩 밀리게 되는 것은 불편과 혼란을 초래할 수 있고, 연대채무에 대한 제414조와 제415조는 연대채무의 정의와 그로부터 자연히 도출되는 1인에 대한 이행청구 가능성에 관한 것으로서 하나의 조문으로 묶더라도 특별 최소화하는 것이 바람직하다."조인영(2023), 108면

일본 개정민법에서도 일본 개정민법(채권법)을 개정하는 목적 중 하나가 민법 제정 이후의 사회·경제적 변화에 대응하여 더 이해하기 쉬운 민법전을 만드는 데 있었다. 이에, 일본 개정민법(채권법)은 채권편(제3편)에서 다수당자사의 채권 및 채무(제3절)이라는 이름으로 총칙(제1관), 불가분채권과 불가분채무(제2관), 연대채권과 연대채무(제3관), 보증채무(제4관)을 규정하고 있다. 김성수(2020), 150면 한 문제가 없으므로, 이를 제414조 1, 2항으로 규정함으로써 전체 조문의 이동을 최소화하는 것이 바람직하다."조인영(2023), 108면

203 김성수(2020), 150면

현행민법	2014년 개정시안에 포함된 연대채권 관련 신설규정	2014년 개정시안에 추가적인개정 및 보완사항을 반영한 연대채권 관련 신설규정
	채권자에게 효력이 있는 것을 제외하고는 다른 연대채권자에게 효력이 없다.	범위에서 다른 연대채권자에게도 효력이 있다.
	연대채권에 관하여는 제410조 제2항, 제416조, 제418조 제1항, 420조, 제422조의 규정을 준용한다.	연대채권에 관하여는 제416조, 제418조 제1항, 제419조, 제420조, 제422조의 규정을 준용한다.
		그 밖에 어느 연대채권자에 관한 사항은 제3항에 의하여 모든 채권자에게 효력이 있는 것을 제외하고는 다른 연대채권자에게는 효력이 없다.
제414조(각 연대채무자에 대한 이행청구) 채권자는 어느 연대채무자에 대하여 또는 동시나 순차로 모든 연대채무자에 대하여 채무의 전부나 일부의 이행을 청구할 수 있다.		제414조(연대채무의 내용 및 연대채무자에 대한 이행청구) 수인의 채무자가 채무 전부를 각자 이행할 의무가 있고 채무자 1인의 이행으로 다른 채무자도 그 채무를 면하게 되는 때에는 그 채무는 연대채무로 한다. 채권자는 어느 연대채무자에 대하여 또는 동시나 순차로 모든 연대채무자에 대하여 채무의 전부나 일부의 이행을 청구할 수 있다.

제5절 부종성 측면에서의 병행채무방식의 유효성 검토

제1항 논의의 배경

본 장의 제3절(역외거래에서 병행채무방식의 유효성) 및 4절(국내거래에서 병행채무방식의 유효성)의 논의는 결국 담보권의 준거법인 우리법상 해당 담보권이 유효하게 설정될 수 있는지 여부로 귀결되며 그 중심에는 부종성의 법리가 자리하고 있다. 본 절에서는 병행채무방식이 우리법상 부종성 법리의 측면에서 문제가 되는지 여부를 검토한다.

담보물권의 부종성 위반 여부는 담보물권의 준거법인 소재지법을 기준으로 하여 판단되어야 하는 문제이므로[204] 이하의 부종성 관련 논의는 (피담보채무의 준거법을 불문하고) 병행채무방식에 따라 우리법상 담보권을 설정하는 모든 거래(즉 역외거래 및 국내거래)에 적용된다.

제2항 부종성을 극복하는 담보권 설정방식으로서 병행채무방식

우리나라, 일본 및 프랑스에서 도입한 담보권신탁 제도, 그리고 병행채무방식은, 그 외관이나 형식에 무관하게 본질적으로는 부종성 문제를 극복하기 위하여 고안된 것이다. 이 중에서도 병행채무방식은 영미의 신탁 개념이나 원리를 계수한 담보제도나 기타 입법으로써 마련한 담보제도에 비해 자국법의 법률개념에 더 부합하는 측면이 있다. 형식상 채권자와 담보권자가 분리되는 담보권신탁 제도와는 달리, 병행채무방식은 애초에 채권자와 담보권자가 일치되도록 하기 때문이다.

역외거래에서는 물론 국내거래에서도 병행채무방식의 유효성을 인정하고 있는 독일에서는 병행채무방식이 부종성에 반하여 인정될 수

---

[204] 국제사법(법률 제18670호, 2022. 1. 4., 전부개정) 제33조 제1항; 종래 섭외사법의 경우 담보권의 준거법은 물건의 소재지법이라는 견해가 통설이었으나, 이와 함께 물건의 소재지법과 피담보채권의 준거법을 누적적용하자는 견해, 법정담보물권의 성립과 효력을 구분하여 전자에 관하여는 물건의 물권의 소재지법과 피담보채무의 준거법을 누적적용하고, 후자에 관하여는 물건 소재지법에 의하는 견해 등도 주장되었다. 석광현(2013), 242면.

없다는 주장은 타당성이 없다고 본다.[205] 한편 일본의 문헌에서도 병행채무방식이 부종성에 반한다는 취지의 논의나 언급은 찾아보기 어렵다.

그러나 정작 병행채무방식에 대한 구체적인 논의나 연구가 거의 없는 우리나라의 실무가들 사이에서는 여전히 부종성 등과 관련하여 병행채무방식의 유효성에 관한 의문이 제기되고 있다. 비록 병행채무방식에 따라 생성된 병행채무가 담보대리인의 담보 취득을 목적으로 하므로 형식상 부종성 원칙에 위배되지 않으나, 실질적인 측면에서는 담보의 부종성을 회피할 목적의 거래이므로 우리 민법이 예정하고 있지 않은 담보물권의 창설로 물권법정주의에 위반될 소지가 있다거나 부종성 문제를 회피하기 위한 통정허위표시 등을 이유로 효력이 부정될 수 있다고 보는 것이다.[206]

실제 병행채무방식이 사용되고 있는 일부 역외거래에서는 (국내 소재 담보물에 대하여 담보권의 준거법인 국내법상 설정된 담보권에 대하여) 국내 법률자문사의 법률의견서를 발급함에 있어 집행에서의 문제가 생길 가능성을 우려하여 유보적인 입장을 취하기도 하는 것으로 파악된다.

제3항 우리나라 대법원 판례에 비추어 본 병행채무방식의 부종성 문제

위에서 논의된 바와 같이, 병행채무방식과 관련하여서는 형식상 부

---

205 Marco Müller(2014), 178면
206 박 준·한 민(2022), 181면(각주 106); 통정허위표시 등을 이유로 효력이 부정될 수 있다는 견해로는 윤여균·우동석(2011), 133면

종성의 문제가 없다고 보아 이러한 담보권 설정 방식에 대해서 부종성의 문제가 있다고 보는 것이 과도하다고 보는 견해도 있을 수 있으나, 일부 문헌 및 실무에서는 여전히 부종성에 관한 의구심을 제기하고 있으므로, 이하에서는 구체적으로 우리나라 법원의 태도에 비추어 병행채무방식과 관련된 부종성 문제를 검토한다.

우리나라 대법원 판결에 따르면 채권자가 아닌 제3자 명의로 경료된 근저당권의 유무효의 판단 기준으로서 첫째, 당사자 간의 합의 여부, 둘째, 근저당권 명의만을 신탁한 것인지 여부, 셋째, 채권의 이전을 수반하는 제3자 명의의 근저당권인지 여부를 들 수 있다.[207]

첫 번째 기준(당사자 간의 합의 여부)에 따르면, 당사자 간의 합의에 의하지 아니하고, 채권자 아닌 제3자 명의로 경료된 근저당권은 무효이다.[208] 이 때 근저당권이 무효가 되는 것은 부종성의 관점보다는 먼저 실체관계에 부합하지 아니하는 등기이기 때문이다.[209]

두 번째 기준(근저당권 명의만의 신탁 여부)에 따르면, 피담보채권을 제3자에게 이전하거나 귀속시키지 아니하고 근저당권 명의만을 제3자에게 신탁한 경우 그러한 제3자 명의의 근저당권등기는 무효로 본다.[210] 이렇게 보는 이유는 근저당권 명의만을 신탁하는 것은 담보권과 피담보채권을 분리하여 처분할 수 없다는 근저당권의 부종성의 원칙 내지 수반성의 원칙에 명백히 반하기 때문이다.[211]

세 번째 기준(채권의 이전을 수반하는 제3자 명의의 근저당권인지

---

207 대법원 2001. 3. 15. 선고 99다48948 전원합의체 판결; 남영찬(2002), 163면
208 남영찬(2002), 163면
209 김재형(2000), 219-220면; "일본 최고재판소 소화 59.12.20. 판결은 회사대표가 일방적으로 "융자계약시 종업원 명의로 한 근저당권설정등기는 특단의 사정이 없는 한 등기에 부합하는 실체상의 관계를 결여한 무효의 등기"라고 판시하고 있다." 남영찬(2002), 163면
210 남영찬(2002), 163-164면
211 김재형(2000), 230면; 남영찬(2002), 164면

여부)에 따르면, 어떤 법률행위를 통하여 채권을 근저당권 명의자가 될 제3자에게 이전하고 채권자 및 채무자와 제3자 사이의 합의에 대하여 제3자를 근저당권자로 등기하는 경우 그 근저당권은 제3자의 채무자에 대한 채권을 담보하는 근저당권으로서 유효하다.[212] 이 때 근저당권자가 되는 제3자에게 채권을 이전시키는 방법에는 여러가지가 있겠으나, 근저당권만의 명의신탁은 근저당권의 부종성에 반하여 무효이고,[213] 그 외에 "표시상의 효과의사에 대응하는 내심적 효과의사가 결여된 통정허위표시는 무효이므로" 채권 이전 요건을 충족하지 못한다.[214] 반면 "제3자를 위한 계약을 통하여 채권을 수익자인 제3자에게 이전(귀속되게)"하는 것과 "제3자와 채권자가 불가분적 채권자가 되도록 하는 것은 채권 이전 요건을 충족한다고 보았다.[215] 이하에서는 위 세 가지의 기준에 비추어 병행채무방식을 검토한다.

우선 병행채무방식에서는 관련 대출계약의 당사자간에 명시적인 합의가 이루어지고, 이에 따라 병행채무방식의 구체적인 메커니즘이 관련 조항에 반영되게 된다. 따라서 병행채무방식이 위 첫 번째 기준(당사자 간의 합의 여부)에 위배된다고 볼 수 없다.

다음으로, 병행채무방식에서는 비록 (채권자들이 아닌) 담보대리인이 근저당권의 명의자가 되기는 하지만, 이 때 담보대리인은 (채무자가 채권자들에게 부담하는 원채무와 동일한 금액으로) 채무자가 담보대리인에게 부담하도록 설정되는 병행채무에 대한 채권자의 자격으로서 근저당권의 명의자가 되는 것이다. 따라서 피담보채권과 분리하여 근저당권의 명의만을 제3자에게 신탁하는 경우와는 명백히 구분된다. 따라서 병행채무방식이 위 두 번째 기준(근저당권 명의만의 신탁 여

---

[212] 대법원 1995.9.26. 선고 94다33583판결; 남영찬(2002), 164면
[213] 남영찬(2002), 165면
[214] 남영찬(2002), 164면
[215] 대법원 2001. 3. 15. 선고 99다48948 전원합의체 판결; 남영찬(2002), 165-166면

부)에 위배된다고 보기는 어렵다.

　마지막으로, 병행채무방식이 위 세 번째 기준에 따라 "채권의 이전을 수반하는 제3자 명의의 근저당권"에 해당한다고 볼 수 있는지 여부에 대해서는 명확한 답변이 어려운 측면이 있다. 병행채무방식의 메커니즘을 고려해 보았을 때, 적어도 표면적·형식적인 측면에서 보았을 때에는, (원채무에 대한 채권자인) 채권자들로부터 ("제3자"이자 병행채무에 대한 채권자인) 담보대리인에게로 (적어도 통상적인 의미에서) "채권의 이전"이 이루어졌다고 보기 어렵기 때문이다.

　좀 더 구체적으로, 병행채무방식에서는 (i) 원채무와 동일한 병행채무를 생성하여 (병행채무에 대한 유일한 채권자인) 담보대리인을 저당권의 명의자로 하는 담보권을 설정하고, (ii) (병행채무에 대한 피담보채권자로서) 담보대리인이 채무자로부터 병행채무를 상환·변제받는 즉시, 해당 금원을 대출계약에서 정한대로 (원채무의 채권자인) 채권자들에게 배분(이 때 원채무는 병행채무가 상환·변제된 만큼 감액)하는 구조를 예정하고 있다. 즉, "제3자"인 담보대리인에게 채권을 이전하여 해당 "제3자"를 근저당권자의 명의자로 두는 것이 아니라, "제3자"인 담보대리인 앞으로 (기존 채권과 동일한) 채권을 하나 더 설정하여 해당 "제3자"를 근저당권자의 명의자로 두는 것이다.

　비록 표면적·형식적인 측면에서 보았을 때 병행채무방식의 구조상 (적어도 통상적인 의미에서) "채권의 이전"이 수반된다고 보기는 어려우나, 병행채무방식이 (대법원 판례에서 근저당권자가 되는 제3자에게 채권을 이전시키는 방법으로 언급된바 있는) 제3자를 위한 계약이나 불가분적 채권관계의 형성을 통한 채권의 이전을 수반한다고 볼 여지는 있다.[216]

---

[216] "근저당권은 채권담보를 위한 것이므로 원칙적으로 채권자와 근저당권자는 동일인이 되어야 하지만, 제3자를 근저당권 명의인으로 하는 근저당권을 설정하는 경우 그 점에 대하여 채권자와 채무자 및 제3자 사이에 합의가 있고, 채권양도, 제3

예컨대 제3자를 위한 계약을 통하여 채권을 수익자인 제3자에게 이전(귀속되게) 할 수 있는데,[217] 앞서 논의된 바와 같이 병행채무는 제3자를 위한 계약의 개념에 비추어 설명 가능하다. 병행채무방식에 관한 계약을 (낙약자로서) 채무자, (요약자로서) 채권자들, (제 3자 및 수익자로서) 담보대리인 간의 제 3자를 위한 계약으로 구성하여, 채권(즉 병행채무에 대한 채권)을 (수익자인) 담보대리인에게 귀속되도록 하고, (낙약자인) 채무자로 하여금 (수익자인) 담보대리인에게 채권을 이행하도록 하고, (요약자인) 채권자들은 낙약자로 하여금 수익자에게 채권을 이행할 것을 청구하도록 할 수 있기 때문이다. 구체적 약정에 따라 (제3자인) 담보대리인과 채권자들이 불가분적 채권자나 연대채권자가 되는 것 역시 상정 가능하다.

한편, "제3자"인 담보대리인 앞으로 설정된 채권(즉 병행채무에 대한 채권)은 채무자, 채권자들 및 "제3자"인 담보대리인 3자간 명시적인 합의에 따른 것이므로 (표시상의 효과의사에 대응하는) 내심적 효과의사가 결여된 통정허위표시에 해당한다고 보기는 어렵다.[218] 이와 관련하여 병행채무방식이 국내법적 측면에서 그 효력을 인정받기 쉽지 않을 것이라는 견해의 근거로 후순위담보권자의 입장에서 통정허위표시 등을 이유로 그 효력을 부정하는 취지의 의견도 있었으나[219] 이는 타당하다고 보기 어렵다.

위에 비추어, 역외거래와 국내거래를 불문하고 우리나라에서 병행채무방식을 통한 거래 및 해당 거래에서의 담보권은 유효하게 성립하

자를 위한 계약, 불가분적 채권관계의 형성 등 방법으로 채권이 제3자에게 실질적으로 귀속되었다고 볼 수 있는 특별한 사정이 있는 경우에는 제3자 명의의 근저당권설정등기도 유효하다고 보아야 할 것이"다(대법원 2001. 3. 15. 선고 99다48948 전원합의체 판결의 다수의견).

217 대법원 2001. 3. 15. 선고 99다48948 전원합의체 판결; 남영찬(2002), 165면
218 남영찬(2002), 164면
219 윤여균·우동석(2011), 133면

고, 우리나라 법원 역시 병행채무방식에서는 채권자가 아닌 자에게 저당권을 설정하는 데 대한 당사자의 합의가 존재하고, 채권자에게 실질적으로 저당권이 귀속되었다고 볼 수 있는 특별한 사정이 있는 것으로 보아 병행채무방식의 거래에서 설정된 담보권의 효력을 인정할 가능성이 높다.

현실적인 측면에서 보더라도 부종성의 문제를 극복하고자 고안된 담보권 설정 방식에 대하여, 형식상 부종성의 문제가 없음에도 실질의 측면을 이유로 그 유효성을 부정하는 해석은 과도한 측면이 있다. 또한 독일, 네덜란드, 프랑스, 일본 등 일부 대륙법계 국가에서 일반적으로 승인되고 있는 해외 금융기법을 우리 법원이 부종성의 법리를 기계적으로 적용하여 부정할 가능성은 높지 않다.

담보권신탁 제도를 사용하는 데에 법리적, 실무적 문제가 없는 영미 국가를 제외하고, 담보제도의 개선은 모든 대륙법계 국가들이 공통적으로 안고 있는 과제라고 볼 수 있다. 이들 국가에는 부종성의 법리가 영미 국가에서보다 훨씬 엄격하게 해석·적용되기 때문이다. 하지만 지금까지 살펴본 바와 같이 많은 대륙법계 국가들에서는 빠르게 진화하는 금융시장에 적응하기 위하여 자국의 법해석 및 법제를 유연하게 하는 방식으로 새로운 금융거래 방식 및 금융상품에 대한 실무계의 수요에 부응하려고 노력하고 있으며 이는 우리나라에 시사하는 바가 적지 않다.

우리나라의 경우 적어도 병행채무방식에 관해서는 그 유효성과 관련한 명시적인 판례가 아직 없기는 하나 학계의 통일된 해석을 통해 이와 관련한 불명확성을 정리할 필요가 있다.[220]

---

[220] 부종성 관련 논의와 관련하여서는 남영찬(2002), 163면 이하를 참고.

제6절 소결론

본 장에서는 개별담보설정방식의 대안으로서 병행채무방식에 대하여 살펴보았다. 병행채무방식이란 차주가 대주에 대하여 부담하는 채무(즉 원채무)와 동일한 내용으로, 원채무에 추가하여 담보대리인을 채권자로 하는 별도의 병행채무를 설정하고, 병행채무를 피담보채무로 하여 오로지 담보대리인에게만 담보권을 설정하는 방식이다. 병행채무방식에서는 담보대리인이 병행채무에 대한 채권자 겸 담보권자가 된다. 따라서 채권자와 담보권자가 동일해야 한다는 담보물권법상 부종성 원칙에 위배되지 않으므로 대륙법계 국가에서 개별담보설정방식의 대안으로 활용된다.

병행채무방식이 인정되는 대표적인 국가는 독일이다. 독일법에는 채무약속 내지 채무승인이라는 무인채무에 관한 규정이 존재한다(독일민법 제780조 및 제781조). 이 조항은 엄격하게 무인채무에 관한 계약이 공식계약임을 정한 것으로, 병행채무의 유효성을 직접 인정하는 규정은 아니지만 근거로 되어 있다.

가까운 일본에서는 (통상의 병행채무의 개념과 연대채권의 개념을 혼합하여 구현한 방식을 일컫는) 일본식 병행채무방식에 대한 연구를 진행해 왔다. 일본식 병행채무방식은 병행채무와 개별 대출채권의 관계를 연대채권으로 개념화했다는 점에서 통상의 병행채무방식과 차이를 보이지만, 그 외에 실질적인 차이는 없는 것으로 보인다.

프랑스 파기원의 Belvédère 판결에 비추어, 영국법이나 미국 뉴욕주법을 준거법으로 하여 병행채무 조항을 포함하는 대출계약이 체결된 상태에서 담보대리인 앞으로 우리법에 따른 담보권을 설정하는 거래에서, 과연 유효한 담보권이 설정된 것으로 볼 수 있는지여부에 대하여 현 시점에 우리 법원의 판결이 요구된다면, 이에 대해서는 유효하다는 판결이 나올 가능성이 높다. 이에 대한 근거로서, 병행채무방식의 유효성 문제는 채권의 성립 및 효력의 문제인 점, 영국법이나 미국 뉴욕주법 등 영미법을 준거법으로 하는 대출계약에서 병행채무방식을 규정하고 있고 해당 외국법상 병행채무방식이 유효하다고 볼 수 있다면, 대출계약상 차주가 부담하는 병행채무를 담보하기 위하여 우리법상 설정되는 담보는 (담보권의 준거법인 우리법상 유효한 담보권을 설정하는 데 필요한 요건을 구비하였다면) 유효하다고 볼 수 있는 점 등을 제시할 수 있을 것이다.

반면 국내거래에 대하여 병행채무방식을 사용하는 것이 우리법상 가능할 지 여부는 좀 더 고차원적인 논의를 필요로 한다. 그 이유는 (역외거래가 아닌) 국내거래에서 병행채무방식이 우리법상 인정될 수 있는지 여부는 병행채무의 본질을 고려해 보았을 때 우리 민법의 제도 및 해석론에 비추어 병행채무의 개념을 정합적으로 설명하는 것이 가능한지 여부에 달려있기 때문이다. 일본의 사례에 비추어 볼 때, 우리법에도 (개정 일본민법을 도입하기 전의 일본법과 마찬가지로) 병행채무의 개념을 설명할 수 있는 여러 법적 개념들이 존재하고, 이로써 병행채무는 우리법의 제도 및 해석론에 비추어 정합적으로 설명 가능하다고 볼 수 있다. 우리법상 병행채무와 개별 대출채권의 관계를 연대채권으로 개념화하는 것 역시 가능하다. 비록 우리 민법상 연대채권에 관한 명문의 규정은 없더라도, 학설과 실무상 연대채권의 개념을 인정하고 있기 때문이다. 따라서, 우리 현행법상 병행채무방식은 (역외거래에서와 같이) 국내거래에 대해서도 (우리법상 담보권이 유효하게 설정되었다는 전제 하에) 유효하다고 볼 수 있다. 다만 우리 민법에 연대채권에 관한 명문의 규정이 없는 상태이기 때문에, 병행채무방식을 사용하는 것에 실무가들이 소극적일 수 있다. 따라서 병행채무방식의 실무적 활용도를 높이기 위해서는 우리도 일본처럼 병행채무방식에 대한 명문의 법적 근거를 좀 더 명확히 하는 차원에서 민법에 연대채권 조항을 신설할 것을 제안한다. 다만 우리 민법에 연대채권 조항이 신설되기 전까지는 우리 민법에서 이미 명시적으로 규정하고 있는 불가분채권의 개념을 사용하여 병행채무방식을 구현하는 방안을 고려할 수 있을 것이다. 우리 민법상 불가분채권은 성질상의 불가분급부뿐만 아니라 의사표시에 의한 불가분급부도 포함한편 병행채무방식이 담보의 부종성을 회피할 목적으로 사용된다고 보고 그 효력에 의구심이 제기되기도 하는데, 이는 타당하지 않다. 만일 병행채무방식의 유효성에 대하여 우리 법원의 판결이 요구된다면, 우리법원은, 제3자 명의의 근저당권 등에 관한 우리나라 대법원 판결 등에 비추어, 병행채무방식이 우리나라의 대법원 판례 등에서 유효하다고 보는 "채권자 아닌 제3자 명의로 경료된 근저당"에 해당한다고 보고 병행채무방식의 유효성을 인정할 가능성이 높다.

앞서 언급된 바와 같이 우리나라를 비롯한 여러 대륙법계 국가가 안고 있는 담보제도의 문제의 근원은 부종성에서 비롯된다. 이러한 점을 모두가 인지하고 있는 현 상황에서, 이를 극복하고자 고안된 담보제도에 대하여, 더구나 형식상 부종성의 문제가 없는 병행채무방식을 가지고, 또다시 부종성을 문제삼아 이러한 담보제도의 유효성을 부정하는 것은 바람직한 접근이 아니다.

한편, 본 연구에서는 별도의 대안적 담보 설정 방식으로서 (담보권신탁 제도와 병행채무방식에 추가하여) 연대채권방식을 다루지는 않았다. 연대채권방식이 사용되는 국가는 러시아를 포함한 일부 동유럽 국가로 한정된다는 점에서,[221] 연대채권방식이 담보권신탁 제도나 병행채무방식과 동일한 중요도를 가진다고 보기 어렵다는 판단에서 그리하였다. 그러나 개별담보설정방식의 대안으로서 연대채권의 개념에

---

221 Philippe Max & Timothy Stubbs(2013)

기반한 연대채권방식도 고려하는 것은 당연히 가능하다.[222]

신디케이티드대출에 연대채권방식을 적용한다면 (대주들 중 한 군데를) 담보대리인으로 선임한 다음, 해당 담보대리인을 (신디케이트를 구성하는) 각 대주와 연대채권자의 관계에 놓이도록 하고, 해당 담보대리인으로 하여금 연대채권 조항에 따라 대주들이 가지는 채권의 전부에 대하여 담보권을 설정 받도록 하여, 추후 이러한 담보를 실행할 수 있는 권한을 가지도록 거래 구조를 생각해 볼 수 있을 것이다.[223] 연대채권방식에 따라 담보권을 설정하는 경우, (연대채권자로서) 담보대리인이 유일한 담보권자가 되므로 추후 대출채권의 양수도가 발생하더라도 (담보권자에는 아무런 변동이 없으므로) 별도의 담보권 이전 절차를 밟을 필요가 없다.

실제로 러시아 등 일부 대륙법계 국가에서는 병행채무방식에 비해 연대채권방식의 법적 안정성이 더 높다고 보고 연대채권방식을 사용하기도 한다.[224]

한편, 연대채권방식을 사용하는 경우, 병행채무방식의 유효성의 논의시 제기되는 부종성의 문제가 발생하지 않는다. 병행채무방식에서는 (채무자가 채권자들에 대하여 부담하는 원채무에 추가하여) 채무자가 담보대리인에 대하여 부담하는 별도의 채무(즉 병행채무)를 설정하

---

[222] Sue Wright(2014), 261면
[223] Sue Wright(2014), 261면
[224] Philippe Max & Timothy Stubbs(2013); Morgan, Lewis & Bockius LLP(2024); 신디케이티드대출 거래에서 담보권의 설정 방식으로서 연대채권방식을 채택하여 사용하고 있는 국가는 러시아 등 일부 대륙법계 국가에 한정되는 것으로 파악되지만, 연대채권에 대한 명문의 규정을 갖추고 있는 국가들은 적지 않다. 예컨대 연대채권에 대한 명문의 규정은 독일민법(제428조), 프랑스민법(개정 제1311조), 스위스채무법(제150조), 루마니아신민법(제1.434조 이하)에서 찾아볼 수 있고, 그 외에도 유럽계약법원칙(제10: 201조 이하)이나 공통참조기준안(DCFR) 제III.-4: 202조 이하에서도 이를 규정하고 있다. 최근 일본도 민법에 연대채권에 대한 명문의 규정을 신설한 바 있다. 조인영(2023), 80-98면

기 때문에, (병행채무에 대한 채권자인) 담보대리인을 담보권자로 하여 담보권을 설정하는 행위가 "채권자가 아닌 자가 담보권자가 되는 담보권의 설정"에 해당하는 것이 아닌가 하는 측면에서 문제가 제기될 수 있는 반면, 연대채권방식에서는 (병행채무와 같은 별도의 채무를 설정하지 않고) 채권자들 중 1인을 연대채권자로 정하여 해당 연대채권자를 담보권자로 하여 담보권을 설정하기 때문에 부종성의 문제가 제기될 여지가 없기 때문이다.

그러나 연대채권방식에서는 차주가 (연대채권자의 역할을 맡은) 어느 한 대주에게 채무의 전부를 상환하는 경우, 나머지 대주들이 해당 대주의 도산위험으로부터 격리되지 않는다. 이는 대주단으로 하여금 연대채권방식의 사용을 꺼리게 하는 이유가 될 수 있다. 물론 개별담보설정방식이나 병행채무방식에서도 대주들은 담보대리인의 도산위험으로부터 격리되지 않는다. 그러나 개별담보설정방식이나 병행채무방식에서는 담보대리인의 도산위험을 최소화하기 위하여 담보대리인에 대하여 일정한 사유(예컨대 담보대리인에 대하여 도산 또는 이와 유사한 절차가 개시된 경우) 대주들이 기존 담보대리인을 새로운 담보대리인으로 교체할 수 있도록 하는 조항을 대출계약에 포함시킬 수 있고, 실제로 해당 사유가 발생하게 되면, 담보대리인을 교체함으로써 관련 문제의 현실적인 해결이 가능한 측면이 있다. 반면 연대채권방식에서는 연대채권자가 단순한 담보대리인이 아닌 실제로 대출채권을 보유하고 있는 대주이기 때문에 개별담보설정방식이나 병행채무방식에서와 같은 메커니즘으로 문제를 해결하는 것이 어려울 수 있다. 실제로 연대채권의 개념을 인정하는 민법상의 명문 규정을 갖추고 있는 일부 대륙법계 국가에서는 나머지 대주들이 어느 한 대주의 도산위험에 노출될 가능성을 배제하기 어렵다는 이유로, 독자적인 담보권 설정방식으로서 연대채권방식의 선호도는 아주 높지 않다.

그럼에도 일단 법리적인 측면에서는 (담보권신탁 제도와 병행채무방식에 추가하여) 연대채권방식을 사용하여 담보권을 설정하는 것은 가능할 것이다.

제6장
결 론

본 연구에서는 신디케이티드대출 거래에 사용될 수 있는 담보권 설정 방식을 검토하였다. 특히 우리나라에서 이루어지는 신디케이티드대출 거래에서 사용되고 있는 현행 담보권 설정 방식인 개별담보설정방식의 대안으로서 담보권신탁 제도 및 병행채무방식을 검토하였다.

이러한 논의의 배경으로서, 제2장에서는 신디케이티드대출 거래에서 대출채권의 양수도를 간명하고 용이하게 하는 것이 왜 중요한지를 살펴보았다. 해외 주요 금융선진국에서 이루어지는 신디케이티드대출 거래에서는 금융기관들이 추후 대출채권의 양수도를 염두에 두고 대출거래에 참여하는 경우가 일반적이다. 대출채권의 양수도는 은행에 대한 건전성 규제에 부합하기 위한 목적, 안정적인 신디케이트를 구성하기 위한 목적, 대출 포트폴리오를 다각화하기 위한 목적 등 여러 목적으로 이루어진다. 신디케이티드대출은 통상 담보 제공 조건부로 이루어지므로 대출채권의 양수도시 담보의 처리가 간명하게 이루어져야 한다.

제3장에서는, 대출채권의 거래라는 측면에서, 우리나라의 현행 담보권 설정 방식인 개별담보설정방식의 문제점을 검토하였다. 개별담보설정방식은 모든 담보권을 개별 대주 앞으로 설정·유지·집행하는 것을 전제로 하는 담보권 설정 방식으로서, 담보권자와 채권자는 동일해야 한다는 부종성 원칙을 충실하게 따른다. 그런데 우리나라의 현행 담보제도는 대출채권의 양수도를 어렵게 한다. 대출채권의 이전시 별도의 담보권 이전 절차가 수반되기 때문이다. 담보권 이전에 요구되는 등기·등록 비용은 대출규모에 연계되기도 하기 때문에 상당한 금액에 달한다. 담보권 이전에 수반되는 절차적 복잡성 및 추가 거래비용의 발생은 국내거래에서뿐만 아니라, 한국 소재 담보권의 설정이 요구되

는 해외 신디케이티드대출 거래에서도 문제가 된다. 대출채권의 양수도를 염두에 두고 있는 해외 금융기관들의 대출거래를 저해할 수 있기 때문이다.

대출채권의 거래가 활발히 일어나지 못함으로써 대출채권의 유통시장이 제대로 발전하지 못한다면 대출시장의 발전 또한 기대하기 어렵다. 실제 해외사례를 보면 대출채권의 거래가 늘어나면 그에 따라 대출 규모도 커지고, 이로 인하여 대출시장이 활성화되면 대출채권의 거래가 또다시 증가하는 선순환적 발전 양상이 있음을 볼 수 있다. 따라서 대출채권의 거래를 활성화하는 데 도움이 되는 담보제도를 연구하는 것은 우리 금융시장의 발전에 있어 매우 중요하다.

이러한 배경하에, 제4장에서는 개별담보설정방식의 대안으로서 담보권신탁 제도를 검토하였다. 담보권신탁은 채무자가 위탁자의 지위에서 채권자들을 수익자로 하여 제3자인 수탁자에게 담보권을 설정하여 주는 것을 의미한다. 담보권신탁은 다른 유형의 신탁과 본질적으로 같으며 다만 신탁재산이 담보권이라는 점에서 차이가 있다. 개별담보설정방식에서는 개별 대주가 모두 담보권자가 되는 반면, 담보권신탁에서는 모든 담보권이 오로지 수탁자 앞으로 설정·유지·집행되기 때문에 수탁자가 유일한 담보권자가 된다. 담보권신탁은 여러 장점을 제공한다. 특히 담보권신탁에서의 유일한 담보권자는 수탁자이기 때문에 채권의 양수도가 발생하더라도 담보권자가 변경될 필요가 없어서 이에 따른 부가적인 담보권 이전 절차가 요구되지 않는다.

우리나라에서도 2012년 개정 신탁법에 따라 영미 국가에서 보편적으로 사용되는 담보권신탁 제도를 도입한 바 있다. 개정 신탁법은 담보권 설정에 있어 외관이나 형식에 있어서는 부종성의 법리에 반하더라도 실질에서는 부종성 원칙에 부합하는 방법으로 담보권을 설정할 수 있도록 특례를 인정해 준 것으로 해석된다.

개정 신탁법에 따른 한국식 담보권신탁은 영미식 담보권신탁과 비교하였을 때 그 실질이나 기능에 있어서 근본적으로 다르다고 보기 어렵다. 그럼에도 불구하고 개정 신탁법에 따라 한국식 담보권신탁이 도입된 이래, 신디케이티드대출에서 이러한 제도가 실제로 사용된 사례는 거의 없다.

우리나라에서 담보권신탁 제도가 실제 거래에서 활용되지 못하고 있는 가장 큰 원인으로 현재 우리나라의 자본시장법상 신탁업자가 수탁할 수 있는 재산에 담보권이 포함되어 있지 않아 담보권신탁이 제도적으로 활성화되지 못하고 있다는 점을 들 수 있다. 이러한 문제의 해결을 위하여, 자본시장법상 신탁업자가 담보권신탁 제도를 이용하는 것이 허용되도록 자본시장법이 조속히 개정되어야 할 것이다.

우리나라에서 담보권신탁 제도가 실제 거래에서 활용되지 못하고 있는 또다른 원인으로 법리적인 측면에서의 문제를 들 수 있다. 개정 신탁법에는 담보권신탁의 구체적인 법률관계에 대한 규정이 신탁법 자체뿐만 아니라 다른 법률에도 없다. 이러한 법리적인 문제들은 개정 신탁법 및 채무자회생법 등의 관련 법률에 담보권신탁 관련 규정을 새로이 신설하거나 개정하는 방식으로 해결하여야 한다.

굳이 담보권신탁이라는 대안적 방식을 사용하지 않고도 (도산격리기능까지 구비한)담보신탁과 같은 기존의 담보제도로써 개별담보설정방식에서 비롯되는 문제를 충분히 해소할 수 있는 것이 아닌가 하는 의문도 제기될 수 있다. 그러나 이는 합당하지 않다. 대출을 제공하는 금융기관의 입장에서 개별담보설정방식의 대안으로서 담보권신탁이 아닌 담보신탁을 사용하는 것은 차주의 도산시에 도산절연효과를 누릴 수 있다는 점에서 유리한 것인데, 도산 자체가 이례적인 것이므로 차주에 대하여 채무불이행사유의 발생 가능성이 높지 않은 상황에서 (담보권이 아닌) 자산 자체에 대한 소유권을 이전하는 것은 과도하다고 볼 여지가 높다. 실무에서도 신디케이티드대출 거래에 참여하는 금융기관들은 담보신탁을 개별담보설정방식의 실질적인 대안으로 생각하지 않는다. 특히 담보대상 자산이 부동산으로 한정되는 프로젝트금융이 아닌 일반 기업금융 거래에서는 기업이 보유하는 다양한 유형의 자산을 담보대상 자산에 포함시켜 대출을 실행하게 되는데, 이 경우 담보신탁을 사용하여 모든 유형의 자산을 담보로 제공하는 경우를 상정하기란 어렵다. 예컨대 회사의 주식이나 지분을 담보로 제공하는 경우를 생각해 보았을 때 담보신탁을 사용하게 되면 해당 주식이나 지분의 소유권자·주주의 명의가 신탁업자로 바뀌는 상황이 발생할 텐데 채무자의 입장에서 이를 감수하고 담보신탁 제도를 선택하지는 않을 것이기 때문이다. 다른 유형의 자산에 대해서도 유사한 문제가 있을 수 있다. 반면 담보권신탁 방식은 담보대상이 되는 자산의 유형을 불문하고 수탁자를 담보권자로, 채권자들을 수익자로 하여 담보권을 설정할 수 있도록 해주기 때문에 이러한 거래에서의 활용도가 매우 높다. 따라서 기존 담보제도와는 별개의 제도로서 담보권신탁 제도를 정비하고 활성화시킬 이유는 충분하다.

한편 담보권신탁 제도와 관련하여 계속해서 막연하게 제기되고 있는 부종성 문제에 대해서도 검토하였다. 개정 신탁법이 도입되기 전에는 신탁 설정의 방식으로서 '담보권의 설정'이라는 명시적 문구도 없는 상황에서 담보권신탁 제도가 인정된다고 보는 경우, 수탁자가 피담보채권의 채권자가 아니면서 담보권만 보유하는 결과가 되어 저당권의 부종성에 반하므로 담보권신탁을 인정할 수 없다고 보았다. 한편, 피담보채무의 준거법이 영국법인 대출계약에 담보권 설정 방식으로서 영미식 담보권신탁을 규정하고 있다면, 영미식 담보권신탁을 사용하여 우리나라에 소재하는 담보물에 대하여 우리법에 따른 담보권을 설정하는 거래에서 유효한 담보권이 설정된 것으로 볼 수 있는가에 대한 문제에 대해서도 부정적이었다. 그러나 개정 신탁법이 도입됨으로써 담보권신탁 제도가 명문화된 이후, 채권과 별도로 담보권만을 신탁의 목적물로 할 수 있는지의 측면에서의 부종성은 입법적으로 해결되었다.

이에 비추어, 만일 현 시점에 피담보채무의 준거법이 영미법인 대출계약에 포함된 담보권신탁 조항에 따라 수탁자가 자신의 명의로 우리법상 (채권자들의 피담보채권에 대한) 담보권을 설정·등록·유지·집행할 수 있는지에 대하여 우리 법원의 집행판결이 요구된다면, 우리 법원은 집행판결의 승인을 인정할 가능성이 높다. 우리나라의 실질법에는 부종성의 법리를 규정하는 민법뿐만 아니라, 부종성에 대한 특례로서 담보권신탁을 인정한 개정 신탁법도 포함되기 때문이다. 따라서 피담보채무의 준거법이 영국법인 대출계약에 담보권 설정 방식으로서 영미식 담보권신탁을 규정하고 있더라도, 영미식 담보권신탁을 사용하여 우리나라에 소재하는 담보물에 대하여 우리법에 따른 담보권을 설정하는 거래에서 한국식 담보권신탁에 필요한 요건을 충족하였다면, 우리법상 유효한 담보권이 설정된 것으로 볼 수 있다.

부종성에 기한 법적 유효성에 관한 막연한 불확실성을 이유로 담보권신탁 제도가 아닌 기존의 방식을 고수하는 것은 합당하지 않다. 앞서 언급된 바와 같이, 채권과 별도로 담보권만을 신탁의 목적물로 할 수 있는지 측면에서의 부종성 문제는 개정 신탁법이 도입됨에 따라 이미 입법적으로 해결되었다. 담보권신탁의 설정 후 수익권과 채권이 분리될 여지가 없는지 측면에서의 부종성 문제는 담보권자와 피담보채권자가 실질적으로 분리되는 일이 발생하지 않도록 (신탁계약상 특정된 피담보채권자를 수익자로 정하지 않고) 추상적으로 "어느 시점의 (from time to time) 피담보채권의 채권자" 또는 "채권자 및 그 양수인 등 수시로 변동되는 채권자"를 수익자로 정하는 방법 등을 통하여 통제 가능하다. 이러한 부종성 문제를 아예 입법적으로 해결하는 방안도 있다. 따라서 담보권신탁에서 부종성이 실제로 문제될 여지는 별로 없다.

제5장에서는 개별담보설정방식의 대안으로서 병행채무방식을 검토하였다. 병행채무방식이란 차주가 대주에 대하여 부담하는 채무(즉 원채무)와 동일한 내용으로, 원채무에 추가하여 담보대리인을 채권자로

하는 별도의 병행채무를 설정하고, 병행채무를 피담보채무로 하여 오로지 담보대리인에게만 담보권을 설정하는 방식이다. 병행채무방식에서는 담보대리인이 병행채무에 대한 채권자 겸 담보권자가 된다. 따라서 채권자와 담보권자가 동일해야 한다는 담보물권법상 부종성 원칙에 위배되지 않는다.

병행채무방식이 인정되는 대표적인 국가는 독일이다. 독일법에는 채무약속 내지 채무승인이라는 무인채무에 관한 규정(독일민법 제780조 및 제781조)이 존재하는데 이러한 조항은 엄격하게 무인채무에 관한 계약이 공식계약임을 정한 것으로 병행채무의 유효성을 인정하는 법리적 근거로 간주된다. 이러한 법리적 근거에 의거하여 독일에서는 역외거래에서뿐만 아니라 국내거래에서도 병행채무방식을 사용하는 것이 가능하다고 본다.

독일과는 달리, 프랑스에는 병행채무방식을 사용하는 것에 대한 명문의 법리적 근거가 존재하지 않는다. 그러나 2011년 프랑스의 최고법원인 파기원(상사원)의 Belvédère 판결에 따라 적어도 프랑스 밖에서 이루어지는 역외거래에서는 병행채무방식의 법적 효력과 유효성이 인정되는 것으로 최종 확인되었다. 이에 영국법, 미국 뉴욕주법 등 영미법을 피담보채무의 준거법으로 정하는 대출계약에 병행채무 조항이 포함되어 있고, 이러한 조항에 따라 프랑스법에 따른 담보권의 설정이 요구되는 경우, 병행채무방식이 유효하게 사용될 수 있는 근거가 분명해졌다. 다만 아직 프랑스 국내에서 이루어지는 거래에 대해서는 병행채무방식의 법리적 근거가 확립되었다고 보기 어렵다.

한편 일본은 우리보다 한 발 앞서, 통상의 병행채무방식과 연대채권방식을 혼합한 일본식 병행채무방식에 관한 연구를 진행해 왔다. 일본 내에서 병행채무방식이 유효하다고 보는 근거로서 첫째, 병행채무의 본질은 공동대출, 병존적 채무인수, 제3자를 위한 계약의 법리에 비추어 일본법상 정합적으로 설명하는 것이 가능하다는 점, 둘째, 일본민법에 연대채권에 관한 규정을 신설함으로써, 병행채무와 개별 대출채권의 관계를 연대채권으로 개념화하는 것이 가능해졌다는 점을 들 수 있다.

외국의 사례에 비추어, 우리법상 병행채무방식이 유효하게 사용될 수 있는가 하는 문제는 거래의 유형에 따른 검토를 필요로 한다. 우선 병행채무방식이 역외거래에서 활용될 수 있는가 하는 문제는 실질법과 국제사법에 관한 것이다. 본 연구에서는 만일 현 시점에 영미법을 준거법으로 하여 병행채무 조항을 포함하는 대출계약이 체결된 상태에서 담보대리인 앞으로 우리법에 따른 담보권을 설정하는 거래에서, 과연 유효한 담보권이 설정된 것으로 볼 수 있는가에 대해서도 검토하였다. 이러한 문제에 대한 현행법상 우리 법원의 입장을 예측해 본다면, 우리 법원에서는 유효하다는 판결을 내릴 가능성이 높다. 이에 대한 근거로서 병행채무방식의 유효성 문제는 채권의 성립 및 효력의 문제인 점, 영미법을 준거법으로 하는 대출계약에서 병행채무방식을 규정하고 있고 해당 외국법상 병행채무방식이 유효하다고 볼 수 있다면, 대출계약상 차주가 부담하는 병행채무를 담보하기 위하여 우리법상 설정되는 담보도 (담보권의 준거법인 우리법상 유효한 담보권을 설정하는 데 필요한 요건을 구비하였다면) 유효하다고 볼 수 있는 점을 제시할 수 있다.

다음으로 피담보채무의 준거법이 우리법인 대출계약에 병행채무 조항을 반영하고 이에 따라 국내 소재 담보물에 대하여 담보권을 설정하는 것이 가능한가 하는 문제도 검토하였다. 일본의 사례에 비추어 생각해 보았을 때, 우리법에도 병행채무의 개념을 설명할 수 있는 여러 법리적 개념들이 존재하므로 병행채무는 우리법의 제도 및 해석론에 비추어 정합적으로 설명 가능해 보인다. 우리법상 병행채무와 개별 대출채권의 관계를 연대채권으로 개념화하는 것 역시 가능하다. 비록 우리 민법상 연대채권에 관한 명문의 규정은 없더라도, 학설과 실무상 연대채권의 개념을 인정하고 있기 때문이다. 다만 우리 민법에 연대채권에 관한 명문의 규정이 없는 상태이기 때문에, 병행채무방식을 사용하는 것에 실무가들이 다소 소극적일 수 있으므로 병행채무방식의 실무적 활용도를 높이기 위해서는 우리도 일본처럼 병행채무방식에 대한 명문의 법적 근거를 좀 더 명확히 하는 차원에서 민법에 연대채권 조항을 신설할 필요가 있다.

한편 우리 민법에서 이미 명시적으로 규정하고 있는 불가분채권의 개념을 사용하여 병행채무방식을 구현하는 방안도 고려할 수 있다. 물론 병행채무와 개별 채권의 급부의 성격은 가분이기 때문에 불가분채권의 개념을 사용하여 병행채무방식을 구현하는 것이 연대채권의 개념을 사용하는 것만큼 정합적이지 않을 수 있다. 그러나 우리 민법상 불가분채권은 불가분급부를 목적으로 하는 채권으로서 성질상의 불가분급부뿐만 아니라 의사표시에 의한 불가분급부도 포함하고 있으므로, 피담보채무의 준거법이 우리법인 신디케이티드 대출계약에서 (각 대주가 보유하는) 개별 대출채권과 (담보대리인이 보유하는) 병행채무가 불가분채권의 관계가 되도록 합의하여 정하는 것도 가능할 것이다.

병행채무방식과 관련하여 제기되고 있는 부종성 문제에 대해서도 검토하였다. 특히 병행채무방식이 담보의 부종성을 회피할 목적으로 사용된다고 보고 그 효력에 의구심이 제기되기도 하는데, 이는 타당하지 않다. 만일 병행채무방식의 유효성에 대하여 우리 법원의 판결이 요구된다면, 우리법원은, 제3자 명의의 근저당권 등에 관한 우리나라 대법원 판결 등에 비추어, 병행채무방식이 우리나라의 대법원 판례 등에서 유효하다고 보는 채권자 아닌 제3자 명의로 경료된 근저당에 해당한다고 보고 병행채무방식의 유효성을 인정할 가능성이 높다.

현실적인 측면에서 보더라도 부종성의 문제를 극복하고자 고안된 담보권 설정 방식에 대하여, 형식상 부종성의 문제가 없음에도 실질의 측면을 이유로 그 유효성을 부정하는 해석은 다소 과도한 측면이 있는 것으로 보인다. 또한 독일, 네덜란드에서 일반적으로 승인되고, 프랑스 파기원의 Belvédère 판결 이후 (일본을 포함하는) 여러 대륙법계 국가에서 승인되는 추세에 있는 해외 금융기법을 우리 법원이 부종성을 이유로 부정할 가능성은 높지 않다.

신디케이티드대출 거래에서 담보설정방식의 중요성에도 불구하고 그간 실무계 및 학계 어느 쪽에서도 이러한 부정적 효과에 관한 문제의식 및 개선 방안에 관한 논의가 거의 이루어지지 않았다. 실무계에서는 오랜 기간 동안 대안적 담보설정방식의 법적 유효성에 관한 막연한 불확실성을 이유로 기존의 방식을 고수하는 경우가 대부분이었다.

우리나라의 이러한 상황은 해외 주요 금융선진국과 달리 국내에서는 아직 대출채권의 유통시장이 활성화되지 않은 현실에 기인한 측면도 있다. 하지만 이를 대출채권 거래 수요의 부족으로 보기는 어려우며, 오히려 개별담보설정방식의 고수 등 유통시장 활성화를 저해하는 요소들로 인하여 잠재된 대출채권 거래 수요가 억제된 채 제대로 발현되지 못하고 있다고 보는게 더 정확하다. 따라서 현 시점의 국내 대출채권 양수도의 수요에 기인하여 현행 담보권 설정 방식에 관한 문제 제기의 필요 여부를 판단하는 것은 현실적이지 못하다. 우리나라에도 발현되지 않은 잠재적 대출채권 거래의 수요는 크고, 이러한 수요를 충족시킬 수 있는 유통시장의 활성화가 절실히 필요한 상황이다.

한편, 우리나라 신디케이티드대출의 유통시장을 확대 및 발전의 필수적인 전제 조건으로서 현행 담보권 설정 방식에 대한 대안적 방식을 논의하는 것을 두고 신디케이티드대출에 대해서만 유통 특례를 부여하려는 것이라고 해석하는 것은 곤란하다. 앞서 언급된 바와 같이 현재 우리나라의 상황은 대부분의 해외 금융선진국에서 이미 오래 전에 신디케이티드대출에 특화된 유통 관련 거래 협회를 설립하여 활발히 운영 중인 상황과는 매우 대조적이다. 이에 비추어, 현 시점에 우리나라 신디케이티드대출의 유통시장을 발전시켜 나가기 위한 필수적인 전제 조건으로서 대출채권의 양수도에 용이한 대안적 담보권 설정 방식을 논하는 것은 신디케이티드대출의 유통시장에 특례를 주기 위한 것이 아니라, 오히려 우리나라 유통시장의 발전을 저해하는 고질적인 문제와 비효율성을 제거함으로써 신디케이티드대출의 유통시장이 시장 참가자들의 본연의 취지대로 제대로 기능하고 대출시장과 맞물려 균형 있게 발전할 수 있도록 회복시켜주기 위함이다.

현행법상 우리나라에서 담보설정시 거의 예외 없이 모든 담보권을 개별 대주 앞으로 설정·유지·집행하는 것을 전제로 하는 개별담보설정방식을 고수하고 있는 이유는 부종성 원칙을 충실하게 따르기 위함이다. 우리나라에서 현행 담보권 설정 방식의 대안으로 활용을 고려할 수 있는 방식들이 이미 법적으로 명문화되거나(담보권신탁제도) 실무상 제한적으로나마 사용되고 있음(병행채무방식)에도 불구하고, 이러한 대안적 방식들과 관련하여서는 다소 막연하게 또는 추상적으로 부종성 관련 우려가 제기되고 있어 실무적으로 이러한 대안적 방식들이 제대로 활용되지 못하고 있는 실정이다. 그러나 본 연구에서 검토한 바와 같이, 이러한 대안적 방식들은 모두 부종성의 문제를 해결하는 담보권 설정 방식이다. 예컨대 담보권신탁은 (신탁이라는 도구를 사용하여) 채권자와 담보권자 간의 불일치를 합법적으로 인정하는 방법으로 부종성의 문제를 해결하고, 병행채무방식은 애초에 채권자와 담보권자를 일치시키는 방법으로 문제를 해결한다. 각 대안적 방식과 관련하여 (형식적인 측면이 아닌) 실질적 측면에서도 부종성 문제가 해결되었는가에 대해서도 긍정적인 답변이 가능하다. 특히 개별담보설정방식의 각 대안적 방식은 제3자를 근저당권 명의인으로 하는 근저당권을 설정하는 것에 대한 우리나라의 대법원 판례 법리와도 기본적으로 그 취지를 같이 한다고 볼 여지가 충분하다.

따라서 우리나라에서 담보권신탁 제도나 병행채무방식을 사용함에 있어 부종성의 우려를 계속적으로 제기하는 것은 바람직하지 않다. 설령 개별담보설정방식의 대안적 방식을 활용하는 데 있어 부종성의 우려가 완전히 해소되지 않은 부분이 발견되더라도 관련 대안적 방식의 확립이나 도입을 위하여 필요하다고 판단되는 경우에 한하여 부종성의 법리를 일부를 좀 더 유연하게, 완화하여 해석할 필요가 있다.

우리나라의 현행 담보제도 개선 및 부종성의 법리에 대한 해석의 변화의 필요성에 관한 본 연구에서의 문제 제기를 바탕으로 추후 관련 주제에 관한 세부적 논의가 학문적, 실무적으로 활성화되기를 기대한다.

표 11: 담보권 설정 방식의 비교

구분	개별담보설정방식	담보권신탁	병행채무방식
개념	개별 채권자 앞으로 모든 담보권을 설정·유지·집행하는 것을 전제로 하는 담보권 설정 방식	신탁을 매개로 하여 채무자가 위탁자의 지위에서 채권자들을 수익자로 하여 제3자인 수탁자에게 담보권을 설정하는 방식	채무자가 채권자에 대하여 부담하는 채무(즉 원채무)와 동일한 내용으로 원채무에 추가하여 담보대리인을 채권자로 하는 별도의 병행채무를 설정하고, 병행채무를 피담보채무로 하여 오로지 담보대리인에게만 담보권을 설정하는 방식
담보권 설정자	채무자	(위탁자로서) 채무자	채무자
담보권자	개별 채권자들	수탁자(통상 담보대리인이 수탁자의 역할을 맡음) (즉 수탁자와 채권자가 상이함) *채권자들은 신탁상 수익자의 지위를 가짐	(병행채무의 채권자로서) 담보대리인 (즉 담보대리인=채권자=담보권자) *(원채무의 채권자인) 개별 채권자들은 계약에 따라 (병행채무의 채권자인) 담보대리인으로부터 대출원리금을 배분받음
담보물의 도산	담보대리인 의도산위험 및	수탁자의 도산위험 및 수탁자의 고유채권자의 공취력으로부터 신탁재산(즉 담보물)이 보호됨	(병행채무의 채권자로서) 담보대리인의 도산위험 및 담보대리인 고유채권자의 공취력으로부터 담

구분	개별담보설정방식	담보권신탁	병행채무방식
격리 여부	담보대리인 고유채권자의 공취력으로부터 담보물이 보호되지 않음		보물이 보호되지 않음
담보권 설정 비용 및 절차	비용: 높음 절차: 복잡함	비용: 별도의 신탁 설정 비용이 추가되므로 개별담보설정방식보다 높을 수 있음(현재로서는 확인이 어려움) 절차: 유일한 담보권자는 수탁자이므로 개별담보설정방식에 비해 구비서류 및 행정적 절차가 간단함	비용: 개별담보설정방식과 동일 절차: 유일한 담보권자는 담보대리인이므로 개별담보설정방식에 비해 구비 서류 및 행정적 절차가 간단함
담보권 이전 비용 및 절차	비용: 높음 절차: 복잡함	비용: 없음 절차: 없음; 유일한 담보권자는 수탁자이므로 채권의 양수도가 발생하더라도 담보권자가 변경될 필요가 없어서 이에 따른 부가적인 담보권 이전 절차가 요구되지 않음	비용: 없음 절차: 없음; 유일한 담보권자는 담보대리인이므로 채권의 양수도가 발생하더라도 담보권자가 변경될 필요가 없어서 이에 따른 부가적인 담보권 이전 절차가 요구되지 않음
거래 유형별 유효성	국내거래: 유효함	국내거래: 우리나라의 개정 신탁법에 따른 담보권 설정 방식으로서 당연히 유효함	국내거래: 우리법의 제도 및 해석론에 비추어 병행채무의 개념을 설명하는 것이 가능하고 병행채무와 개별 대출채권의 관계를 불가분채권 또는 연대채권으로 개념화하는 것 역시 현행법상 가능
	역외거래: 유효함	역외거래: 피담보채무의 준거법이 영국법인 대출계약에 담보권설정 방식으로서 영미식 담보권신탁을 규정하고 있더라도 영미식 담보권신탁을 사용하여 우리나라에 소재하는 담보물에 대하여 우리	역외거래: 영미법을 준거법으로 하는 대출계약에서 병행채무방식을 규정하고 있고 해당 법상 병행채무방식이 유효하다면, 대출계약상 차주가 부담하는 병행채무를 담보하기 위하여 (담보권의

구분	개별담보설정방식	담보권신탁	병행채무방식
		법에 따른 담보권을 설정하는 거래에서 한국식 담보권신탁에 필요한 요건을 충족하였다면 우리법상 유효한 담보권이 설정된 것으로 볼 수 있음	준거법인) 우리법상 유효하게 설정되는 담보권 역시 유효하다고 볼 수 있음
부종성 문제	부종성의 법리에 가장 충실한 담보권 설정 방식으로서 부종성 문제가 없음	담보권신탁 제도는 외관이나 형식에 있어서는 부종성에 반하더라도 실질에서는 부종성 원칙에 부합하는 방법으로 담보권을 설정할 수 있도록 특례를 인정해준 것으로 해석됨. 따라서 담보권신탁 자체에 대해서는 부종성의 문제가 없음; 한편 피담보채무의 준거법이 영국법인 대출계약에 담보권 설정 방식으로서 영미식 담보권신탁을 규정하고 있더라도 영미식 담보권신탁을 사용하여 우리나라에 소재하는 담보물에 대하여 우리법에 따른 담보권을 설정하는 거래에서 한국식 담보권신탁에 필요한 요건을 충족하였다면 우리법상 유효한 담보권이 설정된 것으로 볼 수 있음	병행채무방식은 애초에 채권자와 담보권자를 일치시키는 방법으로 부종성의 문제를 해결하였다고 볼 수 있으므로 형식상 부종성의 문제가 없음; 한편 병행채무방식이 담보의 부종성을 회피할 목적으로 사용된다고 보고 그 효력에 의구심이 제기되기도 하는데 이는 타당하지 않음. 만일 병행채무방식의 유효성에 대하여 우리 법원의 판결이 요구된다면, 우리법원은, 제3자 명의의 근저당권 등에 관한 우리나라 대법원 판결 등에 비추어, 병행채무방식이 우리나라의 대법원 판례 등에서 유효하다고 보는 "채권자 아닌 제3자 명의로 경료된 근저당"에 해당한다고 보고 병행채무방식의 유효성을 인정할 가능성이 높음

참고문헌

1. 국내 문헌

(1) 단행본

강윤희 외(2023)　　강윤희 외, 프랑스민법전, 박영사, 2023
고유강(2023)　　고유강, 프랑스 개정 담보법상 담보신탁(fiducie-sûreté), 비교사법 제30권 4호(통권 제1003호), 2023
김재형(2000)　　김재형, 근저당권연구, 박영사, 2000
곽윤직(1992)　　곽윤직, 민법주해(제7권) 물권4, 박영사, 1992
곽윤직·김재형(2024)　　곽윤직·김재형, 물권법, 박영사, 2024
남영찬(2002)　　남영찬, 근저당권의 피담보채권과 부종성, 민사실무연구회, 11권, 2002
무궁화신탁법연구회(2021)　　무궁화신탁법연구회·광장신탁법연구회, 주석신탁법, 박영사, 2021
박 준·한 민(2022)　　박 준·한 민, 금융거래와 법, 박영사, 2022
반기로·박훤일(1996)　　반기로·박훤일, 대출참가거래의 법적 성질 및 거래상 유의점, 산은조사월보, 제483호, 한국산업은행, 1996
법무부(2012)　　법무부, 신탁법해설, 홍문사, 2012
석광현(2013)　　석광현, 국제사법 해설, 박영사, 2013
성낙주(2020)　　성낙주, 항공기금융, 박영사, 2020
송옥렬(2024)　　송옥렬, 상법강의(제14판), 홍문사, 2024
신용균 외(2004)　　신용균 외, 대출채권의 유통시장, 부연사, 2004
양창수(2024)　　양창수, 2024년판 독일민법전, 박영사, 2024
양창수·김형석(2023)　　양창수·김형석, 민법 3: 권리의 보전과 담보, 박영사, 2023
오영걸(2021)　　오영걸, 신탁법, 홍문사, 2021
이중기(2007)　　이중기, 신탁법, 삼우사, 2007

이중기·이영경(2022)   이중기·이영경, 신탁법, 삼우사, 2022
임채웅(2009)   임채웅, 신탁법연구, 박영사, 2009
임채웅(2011)   임채웅, 신탁법연구2, 박영사, 2011
전경준(2021)   전경준, M&A금융과 실무, 삼일인포마인, 2021
정순섭(2017)   정순섭, 은행법, 지원출판사, 2017
정순섭(2021)   정순섭, 신탁법, 지원출판사, 2021
정순섭(2023)   정순섭, 금융법, 홍문사, 2023
정순섭·노혁준1(2014)   정순섭·노혁준 편, 신탁법의 쟁점(제1권), 소화, 2014
정순섭·노혁준2(2014)   정순섭·노혁준 편, 신탁법의 쟁점(제2권), 소화, 2014
지원림(2023)   지원림, 민법강의(제20판), 홍문사, 2023
최수정(2007)   최수정, 일본신신탁법, 진원사, 2007
최수정(2019)   최수정, 신탁법, 박영사, 2019
최수정(2023)   최수정, 신탁법, 박영사, 2023
한국증권법학회(2015)   한국증권법학회, 자본시장법주석서 1, 박영사, 2015

(2) 논문

권영준(2018)   권영준, 도산해지조항의 효력, 비교사법 제25권 2호, 2018
김동근(2014)   김동근, 신탁재산의 증권화에 관한 연구 - 담보신탁과 담보권신탁을 중심으로, 원광법학 제30집 제1호, 2014
김명수(2017)   김명수, 유럽연합도산규정 개정안에 대한 고찰 - 재판관할과 준거법을 중심으로, 한양법학 제28권 제3집(통권 제59집) 2017
김성수(2020)   김성수, 일본 개정민법(채권법)(2017년)의 다수당사자의 채권관계 - 주요 개정내용과 우리 법의 시사점을 중심으로, 연세대학교 법학연구원 제30권 제1호, 2020
김성은(2016)   김성은, 포괄근저당권의 규제에 관한 소고, 동아대학교 법학연구소, 2016
김영주(2020)   김영주, 국제도산과 담보권 - 2015 EU도산규정을 중심으로, 저스티스 통권 제180호, 2020
김효선(2024)   김효선, 쌍방미이행 쌍무계약서에서 도산해지조항에 관한 연

구: 최근 입법의 비교법적 연구를 중심으로, 저스티스 통권 제200호, 2024
문혜영(2022)   문혜영, 담보신탁과 담보권신탁에 대한 연구, 인권과 정의 Vol. 509, 2022
문혜영(2023)   문혜영, 도산절차에서의 신탁의 법리, 서울대학교 법학박사학위 논문, 2023
민경백(2012)   민경백, 신탁회사의 현황 및 신탁법 개정에 따른 새로운 신탁사업 모색, 은행법학회, 은행법연구 5권 1호, 2012
박세민(2000)   박세민, 보험계약의 본질과 신뢰관계의 법적고찰, 보험학회지 제55집, 한국보험법학회, 2000
박찬동(2014)   박찬동, 국제대출거래에서 주간사의 신인의무에 관한 연구, 국제거래법연구 제23권 제2호, 2014
법무부(2010)   법무부, 신탁법 개정안 해설, 법무부 상사법무관, 2010
백기웅(2020)   백기웅, Syndicated Loan 契約 대주간의 분배조항에 관한 비교법적 考察 - 대법원 2015.9.10. 선고 2013다207521 (부당이득금) 판례를 중심으로, 법학연구 제 61권 제 4호, 부산대학교 법학연구소, 2020
서봉석(2007)   서봉석, 독일의 담보용 토지채무권과 우리나라 저당권 관련 자산의 유동화에 관한 법리적 고찰, 경영법률 18집 1호 229-258, 2007
석광현(2006)   석광현, 국제금융에서의 신탁과 국제사법, BFL 제17호, 2006
석광현(2008)   석광현, 도산국제사법의 제 문제: 우리 법의 해석론의 방향 (Choice of Rules in the Cross-border Insolvency under Korean Law), 사법통권 4호, 사법발전재단, 2008
석광현·조영균(2009)   석광현·조영균, 국제 항공기금융에 관한 법적 문제점, 석광현·정순섭 편, 국제금융법의 현상과 과제(제1권), 소화, 2009
송영민(2013)   송영민, 제3자를 위한 계약의 발전과 일본민법의 대응, 재산법연구 제30권 제3호, 2013
송지민(2022)   송지민, 혼합법계의 신탁 - 스코틀랜드, 루이지애나주, 남아프리카 공화국의 사례를 중심으로, 연세법학 제39호, 2022
신영수·윤소연(2014)   신영수·윤소연, 부동산신탁의 쟁점, 정순섭·노혁준 편, 신탁법의 쟁점(제2권), 소화, 2014

심인숙(2011) 심인숙, 프랑스 제정법상 '신탁' 개념 도입에 관한 소고, 중앙법학 제13집 제4호, 2011
안성포(2012) 안성포, 담보권신탁의 기본적 법률관계, 선진상사법률연구 통권 제59호, 법무부, 2012
안성포(2013) 안성포, 채권금융기관에 의한 담보신탁의 활용, 증권법연구 제13권 제3호, 2013
양진섭(2012) 양진섭, 부동산담보신탁에 관한 소고 - 신탁법 전면 개정과 관련하여, BFL 제52호, 2012
양진섭(2013) 양진섭, 담보권신탁의 도입에 따른 신탁실무의 변화, 사법논집 제57집, 2013
여하윤(2016) 여하윤, 프랑스 민법상의 원인(cause)론을 정리(整理)하며 - 2016년 개정 프랑스 민법의 cause의 삭제에 대한 감회를 겸하여, 인권과 정의, 462, 2016
오영표(2012) 오영표, 新신탁법 시행에 따른 자본시장법상의 법적 쟁점 - 신탁법과 자본시장법의 조화로운 共存을 모색하며, 은행법연구 제5권 제1호, 2012
오창석(2014) 오창석, 개정신탁법이 신탁 실무에 미치는 영향, 정순섭·노혁준 편, 신탁법의 쟁점(제2권), 소화, 2014
우동석·김혜원(2015) 우동석· 김혜원, BFL제 73호, 2015
윤여균·우동석(2011) 윤여균· 우동석, 해외인수금융의 사례와 법적 쟁점, 국제거래법연구 제20권 제2호, 2011
윤진수(2018) 윤진수, 담보신탁의 도산절연론 비판, 비교사법 제52권 제2호, 한국비교사법학회, 2018
윤진수·최효종(2023) 윤진수·최효종, 담보신탁의 경제적 분석: 도산절연의 문제를 중심으로, 법경제학연구 제20권 제1호, 2023
윤태영(2010) 윤태영, 다수당사자 채권관계에서의 분할주의원칙 제한을 위한 합리적 모색 - '연대의 추정'에 대하여 비판적으로 검토하며-, 재산법연구 26권 3호, 2010
이동진(2012) 이동진, 계약이전의 연구 - 상대방의 동의 요건의 기능과 위치를 중심으로, 서울대학교 법학 제 53권 제1호, 2012

이미현(2021)　이미현, 담보부사채 발행의 현황과 과제, 금융법연구, 18권 3호, 2021
이미현·고훈(2004)　이미현·고훈, 국제대출계약의 특징과 구조 – 신디케이티드론을 중심으로, BFL제 5호, 2004
이성삼·정해삼(2004)　이성삼·정해삼, 피담보 채권의 양도성과 근저당권의 관계, 중앙법학 제6집 제2호, 2004
이연갑(2014)　이연갑, 신탁법상 수익자 보호의 법리, 경인문화사, 2014
이연갑1(2015)　이연갑, 개정 신탁법상 수탁자의 권한과 의무, 책임, 정순섭·노혁준 편, 신탁법의 쟁점(제1권), 소화, 2015
이연갑(2015)　이연갑, 위임과 신탁: 수임인과 수탁자의 의무를 중심으로, 비교사법 제22권 1호, 2015
이정선(2022)　이정선, 우리나라 저당권과 부동산담보신탁 – Mortgage와 Deed of Trust와의 비교를 중심으로, 연세법학 제39호, 2022
이계정(2020)　이계정, 신탁의 경제적 분석, 법조, 제69권 제4호, 법조협회, 2020
이정수(2024)　이정수, 2023년 금융법 중요판례평석, 인권과 정의, 520호, 2024
이준형(2010)　이준형, 프랑스 민법의 충전저당 (hypothèque rechargeable)에 관한 연구, 한국민사법학회, 49권, 2호, 2010
이중기(2009)　이중기, 신탁법의 개정방향, 신탁법 총칙의 개정, 신탁관계인제도의 개정, 새로운 신탁의 도입, 선진상사법률연구 제48호, 2009
이중기(2013)　이중기, 담보신탁과 담보권신탁 – 부종성과 신탁관리인의 역할, 도산격리성을 중심으로, 증권법연구 제14권 제2호, 2013
임채웅(2008)　임채웅, 도산격리의 연구 한국민사소송법학회지 제12권 제1호, 한국사법행정학회, 2008
임채웅(2010)　임채웅, 신탁선언의 연구, BFL 제39호, 2010
임채웅(2011)　임채웅, 담보권신탁 연구, 홍익법학 제12권 제1호, 2011
장재현(2014)　장재현, 제3자를 위한 계약(민법 제539조, 제541조)에 대한 개정론, 경북대학교 법학연구원 제45집, 2014
전원열(2016)　전원열, 면책적 채무인수, 병존적 채무인수, 이행인수의 구별기준, 저스티스 통권 제156호, 2016

정순섭(2008) 정순섭, 금융규제법상 포괄개념 도입의 가능성과 타당성 - 자본시장통합법상 금융투자상품의 개념을 중심으로, 서울대학교 법학, 제49권 제1호, 2008

정태윤(2007) 정태윤, 독일에서의 부당이득의 삼각관계에 대한 논의가 우리 민법에도 그대로 타당한가? - 채권이 양도되어 이행된 후 보상관계가 해제된 경우를 중심으로, 비교사법 제14권 제4호, 2007

정태윤(2012) 정태윤, 프랑스 신탁법, 비교사법 제19권 제3호, 한국비교사법학회, 2012

조영균·김영민(2018) 조영균·김영민, "항공기금융의 최근 동향", BFL 제90호, 서울대학교 금융법센터, 2018

조인영(2023) 조인영, 불가분채권과 연대채권 - 다수당사자의 채권관계에 관한 민법 개정 방향을 중심으로, 민사법학 제102호, 2023

최명구(2019) 최명구, 독일의 토지채무와 공시 그리고 그 시사점, 한국재산법학회, 35권4호, 2019

최수정(2013) 최수정, 담보를 위한 신탁, 법조 제62권 제8호, 법조협회, 2013

최수정(2018) 최수정, 신탁법 개정 제안, 법제연구 제 54호, 2018

최수정1(2023) 최수정, 타인 채무의 담보를 위하여 신탁을 설정한 위탁자의 지위, 선진상사법률연구, 제101호, 2023

최은순(2010) 최은순, 자기신탁에 관한 고찰 - 신탁법 개정안을 중심으로, 고려대학교 법학박사 학위논문, 2010

최원준(2017) 최원준, 제3자를 위한 계약의 법리적 전개- 일본에서의 입법과 이론적 전개를 중심으로, 법학연구 제 25권 제1호, 2017

최준규(2023) 최준규, 국제도산에서 도산해지조항의 준거법 결정 - 도산전형적 법률효과?, 서울대학교 법학, 2023, 64(1), 206, 2023

한 민(2008) 한 민, 국제금융과 국제도산법에 관한 소고1- 실무상의 문제점 분석을 중심으로, BFL제27호, 2008

한 민1(2011) 한 민, 미이행 쌍무계약에 관한 우리 도산법제의 개선방향, 선진상사법률연구 통권 제53호, 법무부, 2011

한 민(2011) 한 민, 신탁제도 개혁과 자산유동화, BFL 제50호, 2011

한 민(2012) 한 민, 신디케이티드 대출에 관한 법적 검토, 이화여자대학교 법

학논집 제 16권 제 4호, 2012
한 민(2014) 한 민, 신탁제도 개혁과 자산유동화, 정순섭·노혁준 편, 신탁법의 쟁점(제2권), 소화, 2014
황재훈(2019) 황재훈, 프랑스법상 연대채권·채무, 한국법학원, 저스티스 통권 제175호, 2019
홍윤선1(2020) 홍윤선, 독일 민법상의 담보토지채무 연구 - 2008년 개정에 관한 논의를 중심으로, 전북대학교 법학연구소 법학연구 통권 제63집, 2020
홍윤선2(2020) 홍윤선, 저당권의 부종성의 이론적 고찰 - 구조와 기능을 중심으로, 이화여자대학교 법학논집 제25권 제1호 통권 71호, 2020
홍윤선(2022) 홍윤선, 저당권이 담보하는 채권과 저당권의 귀속주체의 동일성 - 대법원 2020. 7. 9. 선고 2019다212594 판결의 검토, 토지법학 제38권 제1호, 2022

(3) 기타 자료

금융감독원 보도참고자료(2023) 금융감독원 보도참고자료, 제4차 은행권 경영·영업 관행·제도 개선 TF 실무작업반 논의 결과, 금융위원회 금융산업국 은행과, 2023.3.23.
김영도(2019) 김영도, 국내 대출채권 유통시장의 필요성과 도입방안 검토, 한국금융연구원 KIF VIP 리포트, 2019
news1뉴스(2023) "김희곤 의원, '신탁제도 혁신' 자본시장법 개정안 대표발의", news1뉴스, 2023.11.30
독일 법령용어 해설집(2006) 독일 법령용어 해설집, 한국법제연구원(법령용어정비사업팀), 2006
이병관(2022) 이병관, 일본 은행들의 미국 신디케이티드론 시장 지출 확대와 과제, 금융브리프 제 31권 10호, 2022
이재복·윤경수(2018) 이재복·윤경수, 대출채권 유통시장의 현황 및 국내시장 활성화 조건, 산은조사월보, 제 752호, 2018
이데일리(2022) "신탁 가능 재산에 채무·담보권 추가……조각투자 기반마련",

이데일리, 2022.10.12., https://www.edaily.co.kr/news/read?newsId=03919606632492264&mediaCodeNo=257&OutLnkChk=Y

자본시장과 금융투자업에 관한 법률 일부개정법률안(의안번호 1901057); 동 법률안 검토보고서(2013. 4.); 제315회 국회(임시회) 정무위원회회의록 제1호, 국회사무처, 2013. 4. 10; 제330회 국회 정무위원회회의록 (법안심사소위원회) 제1호, 국회사무처, 2015. 1. 6.

자본시장과 금융투자업에 관한 법률 일부개정법률안 (의안번호: 2109170); 제388회 국회(임시회) 제1차 정무위원회, 자본시장과 금융투자업에 관한 법률 일부개정법률안 검토보고 〈신탁재산 범위의 확대〉 김희곤의원 대표발의(의안번호 제2109170호), 2021. 6.

자본시장과 금융투자업에 관한 법률 일부개정법률안(의안번호: 2125644); 제413회 국회(임시회) 제1차 정무위원회, 자본시장과 금융투자업에 관한 법률 일부개정법률안 검토보고 〈신탁업 관련 제도 정비〉 김희곤의원 대표발의(의안번호 제2125644호), 2024. 2.

금융위원회(2022) "종합재산관리 및 자금조달기능 강화를 위한 신탁업 혁신 방안", 금융위원회, 2022.10.13.

2. 일본 문헌

鈴木 健太郎·宇治野 壮歩(2014) 鈴木 健太郎·宇治野 壮歩, 連帯債権を利用したパラレルデット: 民法(債権関係)改正に関する中間試案に基づく論点整理, 金融法務事情, No. 1988, 2014

青山 大樹(2010) 青山 大樹, 担保権信託(セキュリティトラスト)の実務動向と新展開, Structured Finance Bulletin, 2010年

山田誠一(2005) 山田誠一, 第4章 セキュリティ・トラストの実体法上の問題, 一般社団法人全国銀行連合会, 2005

岩川 隆嗣(2013) 岩川 隆嗣, パラレルデットの有効性に関する考察, 東京大学法科大学院ローレビュー編集委員会 編 8, 2013

近藤優子(2019) 近藤優子, 連帯債権規定の新設と残された課題 —民法改正関連資

料からの考察—, 流経法学 第19巻 第 1 号, 2019

洞雞敏夫·島崎哲(2011)　　洞雞敏夫·島崎哲, 国内シンジケートローンにおけるパラレルデット方式の活用--連帯債権構成による担保権の集中管理, SFJ ジャーナル 5 号. 2-3 頁, 2011)

洞鷄 敏夫, 池田 順一, 島崎 哲1(2011)　　洞鷄 敏夫, 池田 順一, 島崎 哲, パラレルデット方式による新しい担保付シンジケートロ-ンの試み(上) パラレルデット方式の諸外国における活用状況と日本法上の位置付け, NBL (952) 16-27, 2011

洞鷄 敏夫, 池田 順一, 島崎 哲2(2011)　　洞鷄 敏夫, 池田 順一, 島崎 哲, パラレルデット方式による新しい担保付シンジケートローンの試み(下) パラレルデット方式の諸外国における活用状況と日本法上の位置付け, NBL (953) 40-47, 2011

長谷川貞之(2012)　　長谷川貞之, EU取引法と日本民法への示唆:「ユーロ抵当」構想をめぐる議論を中心に. 法学紀要(日本大学). 53 巻, 2012

3. 서양 문헌

(1) 단행본

Michael Bellucci & Jerome McCluskey(2016)　　Michael Bellucci & Jerome McCluskey, The LSTA's Complete Credit Agreement Guide, 2nd ed., McGraw Hill Education, 2016

James R. Booth & Lena Chua Booth(2006)　　James R. Booth & Lena Chua Booth, Loan Collateral Decisions and Corporate Borrowing Costs, Journal of Money, Credit, and Banking, Vol 38, No. 1, 2006

Alastair Hudson(2013)　　Alastair Hudson, The Law of Finance, 2nd ed., Thomson Reuters (Professional) UK Limited, 2013

Marco Müller(2014)　　Marco Müller, Die "parallel debt" bei der Übertragung von Konsortialkreditanteilen: Zugleich ein Beitrag zur Lehre von der gleichrangigen Zweckgemeinschaft, Peter Lang GmbH, Internationaler Verlag der Wissenschaften; 1st ed, 2014

Sarah Paterson & Rafal Zakrzewski(2017)　Sarah Paterson & Rafal Zakrzewski, Paterson, & Zakrzewski on The Law of International Finance, 2nd ed., Oxford University Press, 2017

Philip H. Pettit(2012)　Philip H. Pettit, Equity and the Law of Trusts, Oxford University Press, 12th ed., 2012

Herbert Schimansky, Hermann-Josef Bunte & Hans-Jürgen Lwowski(2011)　Herbert Schimansky, Hermann-Josef Bunte & Hans-Jürgen Lwowski, Bankrechts-Handbuch, 4. Aufl, C.H.BECK, 2011

Lee M. Shaiman & Bridget K. Marsh(2022)　Lee M. Shaiman & Bridget K. Marsh, The Handbook of Loan Syndications and Trading, 2nd ed., McGraw Hill Education, 2022

Allison Taylor & Alicia Sansone(2007)　Allison Taylor & Alicia Sansone, The Handbook of Loan Syndication & Trading, LSTA, McGrawHill, 2007

Philip R Wood(2008)　Philip R Wood, Law and Practice of International Finance, University Edition, Sweet & Maxwell, 2008

Sue Wright(2014)　Sue Wright, The Handbook of International Loan Documentation, Palgrave Macmillan, 2nd ed., 2014

Rafal Zakrzewski & Geoffrey Fuller(2019)　Rafal Zakrzewski & Geoffrey Fuller, McKnight and Zakrzewski on The Law of Loan Agreements and Syndicated Lending, Oxford University Press, 2019

(2) 논문

Artjom Buligin(2010)　Artjom Buligin, Looking for Godot: structural consideration for secured syndicated lending to Russian borrowers, 1 JIBFL 44, 2010

Robert Michael Bushman, Abbie Smith & Regina Wittenberg-Moerman(2010)　Robert Michael Bushman, Abbie Smith & Regina Wittenberg-Moerman, Price Discovery and Dissemination of Private Information by Loan

Syndicate Participants, Journal of Accounting Research, Vol. 48, No. 5, 2010

Lionel Dechmann, Etienne Gentil, Xavier Farde & Michel Houdayer(2018) Lionel Dechmann, Etienne Gentil, Xavier Farde & Michel Houdayer, France Introduces New Legal Regime for Security Agents in Debt Financings, 14 Pratt's J. Bankr. L. 47, 2018

Rebecca S. Demsetz(2000) Rebecca S. Demsetz, Bank Loan Sales: A New Look at the Motivations for Secondary Market Activity, Journal of Financial Research, Vol. 23 No. 2, 2000

A. Burak Güner(2006) A. Burak Güner, Loan Sales and the Cost of Corporate Borrowing, The Review of financial studies, Vol.19, 2006

Anurag Gupta, Ajai K. Singh & Allan A. Zebedee(2006) Anurag Gupta, Ajai K. Singh & Allan A. Zebedee, Liquidity in the Pricing of Syndicated Loans, AFA 2007 Chicago Meetings Paper, 2006

Henry Hansmann & Ugo Mattei(1998) Henry Hansmann & Ugo Mattei, The Functions of Trust Law: A Comparative Legal and Economic Analysis, New York University Law Review, Vol.73:434, 1998

Michael J. Highfield & Donald J. Mullineaux(2004) Michael J. Highfield & Donald J. Mullineaux, When Are Commercial Loans Secured?, The Financial Review, Vol.39 (1), 2004

Barry Howcroft, Alper Kara & David Marques-Ibanez(2014) Barry Howcroft, Alper Kara & David Marques-Ibanez, Determinants of syndicated lending in European banks and the impact of the financial crisis, Journal of International Financial Markets, Institutions & Money, Vol. 32, 2014

R. Glenn Hubbard, Kenneth N. Kuttner & Darius N. Palia(2002) R. Glenn Hubbard, Kenneth N. Kuttner & Darius N. Palia, Are There Bank Effects in Borrowers' Costs of Funds? Evidence from a Matched Sample of Borrowers and Banks, The Journal of Business, Vol 75, No. 4, 2002

John P. Hunt(2014) John P. Hunt, Should the Mortgage Follow the Note?,

Ohio State Law Journal, Vol. 75.1 2014

Megan Elizabeth Jones(1999) Megan Elizabeth Jones, Bankers Beware: The Risks of Syndicated Credits, 3 N.C. Banking Inst. 169, 1999

Maria Kaczorowska(2017) Maria Kaczorowska, Accessoriness of Mortgage and the Development of a European Mortgage Market. Considerations from the Perspective of Polish Law in view of the Proposal of a Non-Accessory Eurohypothec, Transformacje Prawa Prywatnego, 2017

Mark J. Kamstra, Gordon S. Roberts & Pei Shao(2014) Mark J. Kamstra, Gordon S. Roberts & Pei Shao, Does the secondary loan market reduce borrowing costs?, Review of Finance, Volume 18, Issue 3, 2014

Jae Hyung Kim(2014) Jae Hyung Kim, Development of Security Rights Law since the Codification of the Civil Code of Korea, Journal of Korean Law, Vol. 13, 271-300, 2014

John H. Langbein(1995) John H. Langbein, The Contractarian Basis of the Law of Trusts, 105 Yale L.J. 625, 1995

John H. Langbein(1997) ohn H. Langbein, The Secret Life of the Trust: The Trust as an Instrument of Commerce, 107 Yale L.J. 176, 1997

Peter J. Nigro, Jonathan D. Jones & Murat Aydogdu(2010) Peter J. Nigro, Jonathan D. Jones & Murat Aydogdu, Some Evidence On The Secondary Market Trading Of Syndicated Loans, Journal of Business & Economics Research, Vol.8 (5), 2010

Peter J. Nigro, Jonathan D. Jones & William W. Lang(2005) Peter J. Nigro, Jonathan D. Jones & William W. Lang, Agent Bank Behavior In Bank Loan Syndications, The Journal of Financial Research, Vol. 28 No. 3, 2005

George G. Pennacchi(1988) George G. Pennacchi, Loan Sales and the Cost of Bank Capital, Journal of Finance 43, 1988

Mitchell A. Petersen & Raghuram G. Rajan(1994) Mitchell A. Petersen & Raghuram G. Rajan, The Benefits of Lending Relationships: Evidence From Small Business Data, The Journal of Finance, Vol. XLIX, No. 1,

1994

Simona Petrisor(2015)　Simona Petrisor, Considerations regarding the Concept of Security Agent in Syndicated Loans, Central Bank Journal of Law and Finance, Vol. 2, Issue 2, 2015

Andreas Rahmatian(2010)　Andreas Rahmatian, A Comparison of German Moveable Property Law and English Personal Property Law, Journal of Comparative Law, Vol. 3, No. 1, 2010

Muriel Renaudin(2013)　Muriel Renaudin, The modernisation of French secured credit law: law as a competitive tool in global markets, 24 I.C.C.L.R. 385, 2013

Dr. habil. Christoph U. Schmid & Christian Hertel(2005)　Dr. habil. Christoph U. Schmid & Christian Hertel, Real Property Law and Procedure In the European Union – General Report (Final Version), European University Institute (EUI) Florence/European Private Law Forum Deutsches Notarinstitut (DNotI) Würzburg, 2005

Anker Sorensen & Brice Mathieu(2015)　Anker Sorensen & Brice Mathieu, The fiducie-surete: the most effective French security interest?, 30 J.I.B.L.R. 621, 2015

Andrew J M Steven(2009)　Andrew J M Steven, Accessoriness and Security Over Land, 13 Edin LR 387, 2009

Hidehiko Suzuki(2015)　Hidehiko Suzuki, Japan, 7 JIBFL 456, 2015

Tomasz Tomczak(2022)　Tomasz Tomczak, Accessoriness of Cape Town international interest, Uniform Law Review, 2022

Lars van Vliet(2012)　Lars van Vliet, The German Grundschuld, 16. Edin LR 147, 2012

Dale A. Whitman(2014)　Dale A. Whitman, What we have learned from the mortgage crisis about transferring mortgage loans, 49 Real Property, Trust and Estate Law Journal, 2014

Richard Wilson KC(2023)　Richard Wilson KC, Trustees' powers—challenging exercises of discretion, Trusts & trustees, Vol.29 (10), 2023

Philip R. Wood(2023)   Philip R. Wood, Syndicated Credit Agreement: Majority Voting, The Cambridge Law Journal, Vol. 62, Issue 2, 2023

Rongxin Zen(2021)   Rongxin Zen, A Comparative Study of the Reusable Mortgage Systems in French Civil Code and Chinese Civil Code, Journal of Politics and Law, Vol. 14, No. 4, 2021

(3) 기타 자료

Jean-François Adelle(2011)   Jean-François Adelle, Recognition and Enforcement of parallel debt in France, November 2011 [https://www.worldservicesgroup.com/publications.asp?action=article&artid=4313] (최종방문일: 2023.3.5.)

Hiroki Aoyama & Yuki Matsuda(2022)   Hiroki Aoyama & Yuki Matsuda, The Lending and Secured Finance Review, Eighth Edition, The Law Reviews, 2022 [https://www.mhmjapan.com/content/files/00065281/The%20Lending%20and%20Secured%20Finance%20Review%208th%20Edition%20-%20Japan%20Chapter.pdf] (최종방문일: 2024.1.14.)

Thierry Arachtingi(2011)   Thierry Arachtingi, France: Recognition of Trusts and Parallel Debt structures (September 27, 2011) [https://www.cliffordchance.com/briefings/2011/09/france_recognitionoftrustsandparalleldeb.html] (최종방문일: 2023.6.15.)

Sara Barin, Caroline Gregson & Anouschka Zagorski(2024)   Sara Barin, Caroline Gregson & Anouschka Zagorski, Lending in Developed Markets, Practical Law UK Practice Note, 2024

Bloomberg Professional Services(2024)   Bloomberg Professional Services, APAC loans market overview in 2023, January 23, 2024 [https://www.bloomberg.com/professional/insights/markets/apac-loans-market-overview-in-2023/] (최종방문일: 2024.3.2.)

Bloomberg Professional Services1(2023)   Bloomberg Professional Services, Q1 2023 APAC loans market overview, July 19, 2023 [https://www.bloomberg.com/professional/blog/q1-2023-apac-loans-market-overview/] (최종방문

일: 2024.1.3.)

Bloomberg Professional Services2(2023)　Bloomberg Professional Services, 2023 년 4분기 대한민국 리그테이블 코멘터리 –Syndicated Loans [https://www.bloomberg.co.kr/blog/2023-q4-korea-league-commentary/] (최종방문일: 2024.2.5.)

Bowmansm(2019)　Bowmansm, Security Structures – The Cross-Jurisdictional Compromise, June 24, 2019 [https://bowmanslaw.com/insights/banking-and-financial-services-regulatory/security-structures-the-cross-jurisdictional-compromise/] (최종방문일: 2023.5.20.)

Chambers and Partners(2023)　Chambers and Partners, Acquisition Finance 2023 (Chapter on Japan), 2023 [https://practiceguides.chambers.com/practice-guides/acquisition-finance-2023/japan/trends-and-developments] (최종방문일: 2024.1.15.)

Clifford Chance(2018)　Clifford Chance, Loan Trading Across the Globe, July 2018 [https://www.cliffordchance.com/content/dam/cliffordchance/PDF/Loan-Trading-Across-the-Globe-1.PDF] (최종방문일: 2024.2.15.)

Cour de cassation, civile, Chambre commerciale, 13 septembre 2011, 10-25.533 10-25.731 10-25.908, Publié au bulletin [https://www.legifrance.gouv.fr/juri/id/JURITEXT000024567597/] (최종방문일: 2023.8.13.)

Christine Ezcutari & Martin Gdanski(2017)　Christine Ezcutari & Martin Gdanski, France adopts a new regime for security agents, Norton Rose Fulbright Global Publication, May 2017 [https://www.nortonrosefulbright.com/en/knowledge/publications/b63989d0/france-adopts-a-new-regime-for-security-agents] (최종방문일: 2023.8.13.)

Xavier Farde & Etienne Gentil(2011)　Xavier Farde & Etienne Gentil, Belvédère Court of Appeal decision confirms efficacy of parallel debt mechanism under French law, January 24, 2011 [https://www.lexology.com/library/detail.aspx?g=de723474-3066-4cd4-9d40-e224084163c1] (최종방문일: 2023.8.13.)

DLA Piper(2017)　Giving and taking guarantees and security in Germany, DLA

Piper Investment Rules of the World (Last modified 20 Oct 2017) [https://www.dlapiperintelligence.com/investmentrules/countries/index.html?p=debt-finance&t=giving-taking-guarantees-security&c=DE&s=restrictions] (최종방문일: 2023.5.16.)

Richard Gray, Suhrud Mehta & Daisy East(2010) Richard Gray, Suhrud Mehta & Daisy East, Transfer of Syndicated Loans: Similar Objectives, Subtle Differences, IFLR, 2010 [https://www.milbank.com/a/web/1001/DecJan2010_FLR_Similar_Ojectives_Subtle_Differences.pdf] (최종방문일: 2023.5.16.)

Anurag Gupta, Ajai K. Singh & Allan A. Zebedee(2006) Anurag Gupta, Ajai K. Singh & Allan A. Zebedee, Liquidity In The Pricing Of Syndicated Loans, AFA 2007 Chicago Meetings Paper, 2006

Ferdinand Hengst, Bas Boutellier & Lisa de Boer(2023) Ferdinand Hengst, Bas Boutellier & Lisa de Boer, De Brauw Blackstone Westbroek, Acquisition Finance in the Netherlands: Overview, Practical Law UK, Feb 1, 2023 [https://uk.practicallaw.thomsonreuters.com/4-628-3166?transitionType=Default&contextData=(sc.Default)&firstPage=true] (최종방문일: 2023.5.16.)

Thomas Ingenhoven & Odilo Wallner(2015) Thomas Ingenhoven & Odilo Wallner, The Acquisition and Leveraged Finance Review (Chapter 9), 5th Edition, Law Business Research Ltd., 2015 [https://www.milbank.com/a/web/110142/The-Acquisition-and-Leveraged-Finance-Review-Germany.pdf] (최종방문일: 2023.8.13.)

Satoshi Inoue, Yuki Kohmaru & Hikaru Naganuma(2023) Satoshi Inoue, Yuki Kohmaru & Hikaru Naganuma, Acquisition Finance 2023 – Japan, Global Practice Guides, Chambers and Partners, 2023 [https://practiceguides.chambers.com/practice-guides/acquisition-finance-2023/japan/trends-and-developments] (최종방문일: 2024.2.5.)

https://www.lma.eu.com/ (최종방문일: 2024.1.14.)

https://www.lma.eu.com/membership (최종방문일: 2024.1.14.)

https://www.jsla.org/ (최종방문일: 2024.1.14.)

Tsvetan Krumov(2016) Tsvetan Krumov, Holding Security Interests under Syndicate Lending in Bulgaria, 2016 [https://www.schoenherr.eu/content/holding-security-interests-under-syndicate-lending-in-bulgaria/] (최종방문일: 2023.8.16.)

Dr Peter Kunz & Dr Thomas Seeber(2015) Dr Peter Kunz & Dr Thomas Seeber, The Austrian Parallel Debt: an Overview, September 2015 [https://www.kunzwallentin.at/sites/default/files/publikationen/2018-06/TS_the_austrian_parallel_debt_IBA_newsletter_October_2015.pdf] (최종방문일: 2023.8.16.)

Barbara Kusak(2017) Barbara Kusak, Czech Republic and Poland: parallel debt in court practice, February 17, 2017 [https://www.noerr.com/en/insights/czech-republic-and-poland-parallel-debt-in-court-practice] (최종방문일: 2023.8.16.)

Loan Market Association(2018) Loan Market Association, A Loan Market Association Guide to Secondary Loan Market Transactions, 2018

Philippe Max & Timothy Stubbs(2013) Philippe Max & Timothy Stubbs, European Security for Syndicated loans - Overview of Some Key Jurisdictions, Dentons, December 5, 2013 [https://www.dentons.com/en/insights/newsletters/2013/december/5/bank-notes/bank-notes-december-2013/european-security-for-syndicated-loans-an-overview-of-some-key-jurisdictions] (최종방문일: 2023.8.16.)

Dr Werner Meier, Dr Sebastian Kaufmann, Dr Andreas Böhme & Dr Axel Schilder(2016) Dr Werner Meier, Dr Sebastian Kaufmann, Dr Andreas Böhme & Dr Axel Schilder, Chambers Global Practice Guides - Banking and Finance: Germany - Law & Practice, Chambers and Partners, 2016 [https://www.kslaw.com/attachments/000/003/889/original/6-13-16_2016_Chambers_Banking_and_Finance_Germany_-_Law__Practice.pdf?1494907240] (최종방문일: 2024.1.14.)

R. Jake Mincemoyer & Karen Buzard(2024) R. Jake Mincemoyer & Karen Buzard, Allen & Overy LLP, Structuring and Restructuring European Leveraged Finance Transactions, Practical Law Practice

Faster Capital(2024)　Opportunities and Challenges - Syndicated loan market: Exploring its growth and trends, Faster Capital, 5 March 2024 [https://fastercapital.com/content/Syndicated-loan-market--Exploring-its-growth-and-trends.html] (최종방문일: 2024.2.5.)

Practical Law Capital Markets(2024)　Practical Law Capital Markets, Debt securities: fiscal agent v trustee, Practical Law UK Practice Note, 2024

Practical Law Finance1(2024)　Practical Law Finance, Loan transfers: overview, Practical Law UK Practice Note Overview, 2024

Practical Law Finance2(2024)　Practical Law Finance, Security trust deeds: overview, Practical Law UK Practice Note Overview, 2024

Practical Law Finance3(2024)　Practical Law Finance, Security trusts in finance transactions: overview, Practical Law UK Practice Note, 2024

Practical Law Finance4(2024)　Practical Law Finance, Understanding The Syndicated Loan Market, Practical Law UK Practice Note, 2024

Bredin Prat(2023)　Bredin Prat, A general introduction to lending and secured finance in France, 2023, Lexology, July 18, 2023

Simon Reid(2013)　Simon Reid, Rommel Harding-Farrenberg, John Mosley & Ben Emblin, Timely reminders for corporate borrowers in Australia following the Silicon Valley Bank collapse, 13 March 2013 [https://www.corrs.com.au/insights/timely-reminders-for-corporate-borrowers-in-australia-following-the-collapse-of-silicon-valley-bank] (최종방문일: 2024.2.5.)

Tony Rhodes(2009)　Tony Rhodes, Syndicated Lending: Practice and Documentation, 5th ed. 2009

Satoshi Inoue, Yuki Kohmaru & Hikaru Naganuma(2022)　Satoshi Inoue, Yuki Kohmaru & Hikaru Naganuma, The Acquisition and Leveraged Finance Review: Japan, 2022 [https://thelawreviews.co.uk/title/the-acquisition-and-leveraged-finance-review/japan] (최종방문일: 2024.4.5.)

Schulte Roth & Zabel LLP(2012)　Schulte Roth & Zabel LLP, Recognition of trustee filing in French insolvency safeguard proceedings, April 26 2012 [https://www.lexology.com/library/detail.aspx?g=0eb5d95c-9b7c-4752-ba

c6-ff45982577e9] (최종방문일: 2023.3.5.)

Shin & Kim(2014)　Shin & Kim, IFLR Report (Cross-Border Financing) (South Korea), 2014

Naoya Shiota & Yusuke Murakami(2015)　Naoya Shiota & Yusuke Murakami, The Acquisition and Leveraged Finance Review (Chapter 14: Japan), 2nd Edition, Law Business Research Ltd., 2015 [https://www.mhmjapan.com/content/files/00020034/Japan.pdf] (최종방문일: 2024.1.15.)

Hannah Sinclair & Bruce Stephen(2021)　Hannah Sinclair & Bruce Stephen, Cross Jurisdictional Issues in Finance Transactions (Part I): Parallel Debt, 3 March 2021 [https://brodies.com/insights/banking-and-finance/cross-jurisdictional-issues-in-finance-transactions-part-i-parallel-debt/] (최종방문일: 2023.8.16.)

Slaughter and May(2022)　Slaughter and May, A Borrower's Guide to the LMA's Investment Grade Agreements, 6th, edition (2022, November)

Squire, Sanders & Dempsey L.L.P.(2009)　Squire, Sanders & Dempsey L.L.P., Security for Parallel Debt Questioned by Poland's Supreme Court, November 2009 [https://www.squirepattonboggs.com/~/media/files/insights/publications/2009/11/poland-law-alert/files/security_for_parallel_debt_questioned_by_polish___/fileattachment/security_for_parallel_debt_questioned_by_polish___.pdf (최종방문일: 2023.8.16.)

The Association of Corporate Treasurers(2008)　The Association of Corporate Treasurers, London, The ACT Borrower's Guide to the LMA Facilities Agreement for Leveraged Transactions, Slaughter and May, October 2008 [https://www.treasurers.org/ACTmedia/lma-leveraged-transactions0908.pdf] (최종방문일: 2024.3.16.)

The Association of Corporate Treasurers(2022)　The Association of Corporate Treasurers, London, The ACT Borrower's Guide to the LMA Investment Grade Agreements (6th Edition), Slaughter and May, November 2022 [https://www.treasurers.org/best-practice/borrowers-guide-LMA-investment-grade-agreements] (최종방문일: 2024.3.16.)

Morgan, Lewis & Bockius LLP(2018) The International Comparative Legal Guide to: Lending & Secured Finance 2018, 6th edition, Morgan, Lewis & Bockius LLP, 2018

Morgan, Lewis & Bockius LLP(2021) The International Comparative Legal Guide To: Lending & Secured Finance 2022, 9th Edition, Morgan, Lewis & Bockius LLP, 2021

Morgan, Lewis & Bockius LLP(2022) The International Comparative Legal Guide To: Lending & Secured Finance 2021, 10th Edition, Morgan, Lewis & Bockius LLP, 2022

Morgan, Lewis & Bockius LLP(2024) The International Comparative Legal Guide To: Lending & Secured Finance 2023, Morgan, Lewis & Bockius LLP, 2023-2024

The Use of Parallel Debt in South-East Europe(2013) The Use of Parallel Debt in South-East Europe (16 September 2013) [https://boyanov.com/BNV_resources/uploads/2013/10/The-use-of-parallel-debt-in-South-East-Europe-1510133.pdf] (최종방문일: 2023.3.5.)

Angelique Thiele(2003) Angelique Thiele, Issues to consider when using security trustee, A special IFLR supplement, 2003 [https://www.legal500.com/wp-content/uploads/assets/legal500/images/stories/firmdevs/boek15468/issues_to_consider_when_using_security_trustees-def.pdf] (최종방문일: 2023.8.16.)

Nina Vjestica & Djordje Dimitrijevic(2021) Nina Vjestica & Djordje Dimitrijevic, Parallel Debt Concept Under the Local Legal Framework, February 1, 2021[https://ceelegalmatters.com/briefings/15850-bosnia-and-herzegovina-parallel-debt-concept-under-the-local-legal-framework] (최종방문일: 2023.8.16.)

Wardynski & Partners(2012) Wardynski & Partners, Parallel Debt in Polish legal practice, August 2012 [https://www.worldservicesgroup.com/publications.asp?action=article&artid=4722] (최종방문일: 2023.8.16.)

Louisa Watt, Iden Asl, Reena Patel & Jonty Browne(2021) Louisa Watt, Iden

Asl, Reena Patel & Jonty Browne, Germany (trade alert), Brownrudnick, October 2021 [https://brownrudnick.com/wp-content/uploads/2021/10/Trade-Alert-Germany-2021.pdf] (최종방문일: 2024.2.5.)

Charlotte Winter(2014) Charlotte Winter, The role of the security trustee, Norton Rose Fulbright, UK, July 29, 2014 [https://www.lexology.com/library/detail.aspx?g=3044208f-0ccb-4045-a684-fcabe6aa23a4] (최종방문일: 2023.10.13.)

Muyang Wu & Zijun Liu(2020) Muyang Wu & Zijun Liu, Corporate Loan Pricing and Collateral Decision in Hong Kong: Evidence From Granular Transaction-Level Data, Hong Kong Monetary Authority, 2020] (최종방문일: 2023.10.13.)

Oliver Wyman(1999) Oliver Wyman, Credit Process Redesign: Rethinking The Fundamentals, Oliver Wyman Report Vol. 9 No. 1, 1999

Glenn Yago & Donald McCarthy(2004) Glenn Yago & Donald McCarthy, The U.S. Leveraged Loan Market: A Primer, Milken Institute Report, 2004

최준희

• 학력

The University of New South Wales 법학·경영학 학사(Distinction)(2004)
The College of Law 변호사 연수과정 졸업(2005)
Columbia Law School - LL.M.(최우등졸업, James Kent Scholar)(2018)
서울대학교 법학대학원 법학박사(PhD)(상사법)(2024)

• 경력

호주 뉴사우스웨일즈주 변호사(2005)
Freehills ((현)Herbert Smith Freehills) 소속변호사, 호주, 시드니(2005)
Macquarie Bank Limited 애널리스트, 호주, 시드니(2006)
법무법인(유) 광장, 파트너 변호사(2006~현재)
국제재무분석사(CFA Charterholder)(2011)
미국 뉴욕주 변호사(2018)

신디케이티드대출의 담보에 관한 연구

초판 인쇄 2025년 05월 14일
초판 발행 2025년 05월 21일

저　자　최준희
펴낸이　한정희
펴낸곳　경인문화사
등　록　제406-1973-000003호
주　소　경기도 파주시 회동길 445-1 경인빌딩 B동 4층
전　화　(031) 955-9300　팩　스　(031) 955-9310
홈페이지　www.kyunginp.co.kr
이메일　kyungin@kyunginp.co.kr

ISBN　978-89-499-6859-9 93360
값　29,000원

＊ 저자와 출판사의 동의 없는 인용 또는 발췌를 금합니다.
＊ 파본 및 훼손된 책은 구입하신 서점에서 교환해 드립니다.

서울대학교 법학연구소 법학 연구총서

1. 住宅의 競賣와 賃借人 保護에 관한 實務硏究
   閔日榮 저 412쪽 20,000원
2. 부실채권 정리제도의 국제 표준화
   鄭在龍 저 228쪽 13,000원
3. 개인정보보호와 자기정보통제권 ●
   권건보 저 364쪽 18,000원
4. 부동산투자회사제도의 법적 구조와 세제
   박훈 저 268쪽 13,000원
5. 재벌의 경제력집중 규제 ●
   홍명수 저 332쪽 17,000원
6. 행정소송상 예방적 구제 ●
   이현수 저 362쪽 18,000원
7. 남북교류협력의 규범체계
   이효원 저 412쪽 20,000원
8. 형법상 법률의 착오론 ●
   안성조 저 440쪽 22,000원
9. 행정계약법의 이해
   김대인 저 448쪽 22,000원
10. 이사의 손해배상책임의 제한 ●
    최문희 저 370쪽 18,000원
11. 조선시대의 형사법 -대명률과 국전- ●
    조지만 저 428쪽 21,000원
12. 특허침해로 인한 손해배상액의 산정 ●
    박성수 저 528쪽 26,000원
13. 채권자대위권 연구
    여하윤 저 288쪽 15,000원
14. 형성권 연구 ●
    김영희 저 312쪽 16,000원
15. 증권집단소송과 화해 ●
    박철희 저 352쪽 18,000원
16. The Concept of Authority
    박준석 저 256쪽 13,000원
17. 국내세법과 조세조약
    이재호 저 320쪽 16,000원
18. 건국과 헌법
    김수용 저 528쪽 27,000원
19. 중국의 계약책임법
    채성국 저 432쪽 22,000원
20. 중지미수의 이론 ●
    최준혁 저 424쪽 22,000원
21. WTO 보조금 협정상 위임·지시
    보조금의 법적 의미 ●
    이재민 저 484쪽 29,000원
22. 중국의 사법제도 ▲
    정철 저 383쪽 23,000원
23. 부당해고의 구제
    정진경 저 672쪽 40,000원
24. 서양의 세습가산제
    이철우 저 302쪽 21,000원
25. 유언의 해석 ▲
    현소혜 저 332쪽 23,000원
26. 營造物의 개념과 이론 ●
    이상덕 저 504쪽 35,000원
27. 미술가의 저작인격권 ●
    구본진 저 436쪽 30,000원
28. 독점규제법 집행론
    조성국 저 376쪽 26,000원
29. 파트너쉽 과세제도의 이론과 논점
    김석환 저 334쪽 23,000원
30. 비국가행위자의 테러행위에 대한 무력대응
    도경옥 저 316쪽 22,000원
31. 慰藉料에 관한 硏究
    -不法行爲를 중심으로- ●
    이창현 저 420쪽 29,000원
32. 젠더관점에 따른 제노사이드규범의 재구성
    홍소연 저 228쪽 16,000원
33. 親生子關係의 決定基準
    권재문 저 388쪽 27,000원
34. 기후변화와 WTO = 탄소배출권 국경조정 ▲
    김호철 저 400쪽 28,000원
35. 韓國 憲法과 共和主義 ●
    김동훈 저 382쪽 27,000원
36. 국가임무의 '機能私化'와 국가의 책임
    차민식 저 406쪽 29,000원
37. 유럽연합의 규범통제제도 - 유럽연합
    정체성 평가와 남북한 통합에의 함의 -
    김용훈 저 338쪽 24,000원
38. 글로벌 경쟁시대 적극행정 실현을 위한
    행정부 법해석권의 재조명
    이성엽 저 313쪽 23,000원
39. 기능성원리연구
    유영선 저 423쪽 33,000원
40. 주식에 대한 경제적 이익과 의결권
    김지평 저 378쪽 31,000원
41. 情報市場과 均衡
    김주영 저 376쪽 30,000원
42. 일사부재리 원칙의 국제적 전개
    김기준 저 352쪽 27,000원
43. 독점규제법상 부당한 공동행위에 대한
    손해배상청구 ▲
    이선희 저 351쪽 27,000원
44. 기업결합의 경쟁제한성 판단기준
    - 수평결합을 중심으로 -
    이민호 저 483쪽 33,000원
45. 퍼블리시티권의 이론적 구성
    - 인격권에 의한 보호를 중심으로 - ▲
    권태상 저 401쪽 30,000원
46. 동산·채권담보권 연구 ▲
    김현진 저 488쪽 33,000원

47. 포스트 교토체제하 배출권거래제의
    국제적 연계 ▲
    이창수 저 332쪽 24,000원
48. 독립행정기관에 관한 헌법학적 연구
    김소연 저 270쪽 20,000원
49. 무죄판결과 법관의 사실인정 ▲
    김상준 저 458쪽 33,000원
50. 신탁법상 수익자 보호의 법리
    이연갑 저 260쪽 19,000원
51. 프랑스의 警察行政
    이승민 저 394쪽 28,000원
52. 민법상 손해의 개념
    – 불법행위를 중심으로 –
    신동현 저 346쪽 26,000원
53. 부동산등기의 진정성 보장 연구
    구연모 저 388쪽 28,000원
54. 독일 재량행위 이론의 이해
    이은상 저 272쪽 21,000원
55. 장애인을 위한 성년후견제도
    구상엽 저 296쪽 22,000원
56. 헌법과 선거관리기구
    성승환 저 464쪽 34,000원
57. 폐기물 관리 법제에 관한 연구
    황계영 저 394쪽 29,000원
58. 서식의 충돌
    –계약의 성립과 내용 확정에 관하여–
    김성민 저 394쪽 29,000원
59. 권리행사방해죄에 관한 연구
    이진수 저 432쪽 33,000원
60. 디지털 증거수집에 있어서의 협력의무
    이용 저 458쪽 33,000원
61. 기본권 제한 심사의 법익 형량
    이민열 저 468쪽 35,000원
62. 프랑스 행정법상 분리가능행위 ●
    강지은 저 316쪽 25,000원
63. 자본시장에서의 이익충돌에 관한 연구 ▲
    김정연 저 456쪽 34,000원
64. 남북 통일, 경제통합과 법제도 통합
    김완기 저 394쪽 29,000원
65. 조인트벤처
    정재오 저 346쪽 27,000원
66. 고정사업장 과세의 이론과 쟁점
    김해마중 저 371쪽 26,000원
67. 배심재판에 있어서 공판준비절차에 관한 연구
    민수현 저 346쪽 26,000원
68. 법원의 특허침해 손해액 산정법
    최지선 저 444쪽 37,000원
69. 발명의 진보성 판단에 관한 연구
    이헌 저 433쪽 35,000원
70. 북한 경제와 법
    – 체제전환의 비교법적 분석 –
    장소영 저 372쪽 28,000원

71. 유럽민사법 공통참조기준안(DCFR)
    부당이득편 연구
    이상훈 저 308쪽 25,000원
72. 공정거래법상 일감몰아주기에 관한 연구
    백승엽 저 392쪽 29,000원
73. 국제범죄의 지휘관책임
    이윤제 저 414쪽 32,000원
74. 상계
    김기환 저 484쪽 35,000원
75. 저작권법상 기술적 보호조치에 관한 연구
    임광섭 저 380쪽 29,000원
76. 독일 공법상 국가무문론과 보장국가론 ●
    박재윤 저 330쪽 25,000원
77. FRAND 확약의 효력과
    표준특허권 행사의 한계
    나지원 저 258쪽 20,000원
78. 퍼블리시티권의 한계에 관한 연구
    임상혁 저 256쪽 27,000원
79. 방어적 민주주의
    김종현 저 354쪽 25,000원
80. M&A와 주주 보호
    정준혁 저 396쪽 29,000원
81. 실손의료보험 연구
    박성민 저 406쪽 28,000원
82. 사업신탁의 법리
    이영경 저 354쪽 25,000원
83. 기업 뇌물과 형사책임
    오택림 저 384쪽 28,000원
84. 저작재산권의 입법형성에 관한 연구
    신혜은 저 286쪽 20,000원
85. 애덤 스미스와 국가
    이황희 저 344쪽 26,000원
86. 친자관계의 결정
    양진섭 저 354쪽 27,000원
87. 사회통합을 위한 북한주민지원제도
    정구진 저 384쪽 30,000원
88. 사회보험과 사회연대
    장승혁 저 152쪽 13,000원
89. 계약해석의 방법에 관한 연구
    – 계약해석의 규범적 성격을 중심으로 –
    최준규 저 390쪽 28,000원
90. 사이버 명예훼손의 형사법적 연구
    박정난 저 380쪽 27,000원
91. 도산절차와 미이행 쌍무계약
    – 민법·채무자회생법의 해석론 및 입법론 –
    김영주 저 418쪽 29,000원
92. 계속적 공급계약 연구
    장보은 저 328쪽 24,000원
93. 소유권유보에 관한 연구
    김은아 저 376쪽 28,000원
94. 피의자 신문의 이론과 실제
    이형근 저 386쪽 29,000원
95. 국제자본시장법시론
    이종혁 저 342쪽 25,000원

96. 국제적 분쟁과 소송금지명령
  이창현 저 492쪽 34,000원
97. 문화예술과 국가의 관계 연구
  강은경 저 390쪽 27,000원
98. 레옹 뒤기(Léon Duguit)의
  공법 이론에 관한 연구
  장윤영 저 280쪽 19,000원
99. 온라인서비스제공자의 법적 책임
  신지혜 저 316쪽 24,000원
100. 과잉금지원칙의 이론과 실무
  이재홍 저 312쪽 24,000원
101. 필리버스터의 역사와 이론
  − 의회 의사진행방해제도의 헌법학적 연구 −
  양태건 저 344쪽 26,000원
102. 매체환경 변화와 검열금지
  임효준 저 321쪽 24,000원
103. 도시계획법과 지적
  − 한국과 일본의 비교를 중심으로 −
  배기철 저 267쪽 20,000원
104. 채무면제계약의 보험성
  임수민 저 308쪽 24,000원
105. 법인 과세와 주주 과세의 통합
  김의석 저 304쪽 22,000원
106. 중앙은행의 디지털화폐(CBDC)
  발행에 관한 연구
  서자영 저 332쪽 24,000원
107. 국제거래에 관한 분쟁해결절차의 경합
  − 소송과 중재
  이필복 저 384쪽 27,000원
108. 보건의료 빅데이터의 활용과 개인정보보호
  김지희 저 352쪽 25,000원
109. 가상자산사업자의 실제소유자 확인제도
  차정현 저 332쪽 24,000원
110. 비용편익분석에 대한 법원의
  심사 기준 및 방법
  손호영 저 378쪽 28,000원
111. 기후위기 시대의 기후·에너지법
  박지혜 저 347쪽 26,000원
112. 프랑스의 공무원 파업권
  이철진 저 396쪽 30,000원
113. 토지보상법과 건축물
  − 건축물 수용과 보상의 법적 쟁점 −
  박건우 저 327쪽 24,000원
114. 의약발명의 명세서 기재요건 및 진보성
  이진희 저 372쪽 28,000원
115. 공정거래법상 불공정거래행위의 위법성
  정주미 저 260쪽 19,000원
116. 임의제출물 압수에 관한 연구
  김환권 저 304쪽 23,000원
117. 자금세탁방지의 법적 구조
  이명신 저 386쪽 29,000원
118. 독립규제위원회의 처분과 사법심사
  유제민 저 358쪽 28,000원
119. 부작위범의 인과관계
  김정현 저 300쪽 23,000원

120. 독일의 회사존립파괴책임
  김동완 저 369쪽 27,000원
121. 탈석탄의 법정책학 − 삼부의 권한배분과
  전환적 에너지법에 대한 법적 함의 −
  박진영 저 299쪽 23,000원
122. 공식배분법의 입장에서 바라본 Pillar 1 비판
  노미리 저 254쪽 19,000원
123. 기업집단의 주주 보호
  김신영 저 378쪽 28,000원
124. 국제도산에서 도산절차와 도산관련재판의
  승인 및 집행에 관한 연구
  김영석 저 504쪽 38,000원
125. 스타트업의 지배구조에 관한 법적 연구
  이나래 저 400쪽 30,000원
126. 역외 디지털증거 수집에 관한 국제법적
  쟁점과 대안
  송영진 저 326쪽 25,000원
127. 법인 대표자의 대표권 제한에 관한 연구
  − 판례법리를 중심으로 −
  백숙종 저 364쪽 28,000원
128. 유동화신탁 소득의 과세에 관한 제도 설계 연구
  조경준 저 306쪽 24,000원
129. 지식재산권 라이선서의 도산에 대한
  라이선시의 보호방안에 관한 연구
  권창환 저 446쪽 35,000원
130. 탈중앙화 자율조직(DAO)과 회사법
  남궁주현 저 302쪽 23,000원
131. 독일 공법상 계약에 관한 연구
  정의석 저 424쪽 33,000원
132. 법정시설 과밀수용 방지를 위한 정책적·법적 대책
  신용해 저 328쪽 26,000원
133. 도산절차에서의 신탁의 법리
  문혜영 저 394쪽 30,000원
134. 임원배상책임보험의 법적문제
  양희석 저 446쪽 35,000원